La saga de la Maison-Blanche

Jean-Luc Hees

La saga de la Maison-Blanche

ÉDITIONS FRANCE LOISIRS

Ouvrage réalisé sous la direction éditoriale d'Alain Noël
et de Victor Loupan

Édition du Club France Loisirs,
avec l'autorisation des Presses de la Renaissance.

Éditions France Loisirs,
123, boulevard de Grenelle, Paris.
www.franceloisirs.com

© Presses de la Renaissance, 2006.
ISBN : 978-2-298-01168-5

Avant-propos

Je suis né à Évreux, une petite ville qui a longtemps abrité, jusqu'au milieu des années 1960, une importante base militaire américaine, maillon sensible du dispositif de défense de l'Otan. Nous vivions parmi des milliers de soldats américains et de leurs familles. Les rues d'Évreux, le samedi soir, ressemblaient davantage à ce qu'on pouvait voir dans les films de James Dean qu'à une cité normande traditionnelle : des Chevrolet Impala, des pick-up GMC, des motos BSA, aux garde-boue chromés, des décapotables rutilantes et des MP's armés d'un immense gourdin blanc, veillant à ce que les militaires en goguette ne sèment pas la panique dans les bars. Les enfants adoraient les soldats américains. Les enfants ne font pas de politique et nous ne nous demandions pas ce que ces géants bien nourris, en Levis, faisaient là, chez nous, en France. Nous n'avions pas encore intégré l'idée d'une indépendance nationale. En tout cas, ces Américains, si souriants, si décontractés, si généreux, me séduisaient beaucoup, sans parler des vélos à guidon motard et des tartes à la cannelle.

Évidemment, cette proximité avec nos amis d'Outre-Atlantique, cette attirance, ne s'est pas éteinte après le départ des troupes américaines, ordonné par le général de Gaulle et je n'ai eu de cesse de découvrir les États-Unis. Ce fut chose faite à la fin des années 1970 et, après plusieurs séjours en Californie, je décidai qu'il était temps d'aller exercer là-bas ma coupable activité de journaliste. « *Go west youg man* », comme l'écrivait Penwarren. En fait, c'était « *go east* » puisque, en Amérique, la politique se décide à Washington.

J'y suis resté dix ans. Des années passionnantes qui m'ont fait découvrir une autre pratique de mon métier. Mais c'est une autre histoire.

J'avais presque trente ans et, à cet âge, les idées sont relativement bien ancrées. Je dois dire que les miennes étaient bien naïves. L'Amérique est un pays complexe, notamment sur le plan politique. J'y suis arrivé plutôt conservateur et j'en suis reparti plutôt raisonnable. Disons « démocrate ». Et je suis heureux de constater que ma fille, qui est américaine, a parcouru, beaucoup plus vite, le même chemin que son père.

Il est de bon ton, en tout cas en France, de simplifier outrageusement la vision que l'on a des États-Unis. La plupart du temps, même les « experts » s'y mettent puisque c'est ce qu'on attend d'eux : renvoyer l'image d'un pays gouverné par des cow-boys, ou des brutes, ou des ignorants, ou des obsédés sexuels mal dégrossis, une espèce assez mal définie, bien moins intelligents que les meilleurs produits de notre vieille civilisation. Rendez-vous compte, l'ENA n'existe pas en Amérique ; on se demande comment ces gens peuvent bien régler leurs problèmes sociaux ou économiques, et encore plus comment ils peuvent se permettre de gendarmer le monde depuis plus de soixante ans. C'est à l'évidence un coup d'œil erroné et stupide sur la marche des États-Unis et sur la société américaine.

Qu'on ne s'y trompe pas. Je ne suis pas un américanophile primaire. Je suis même très critique envers leur comportement actuel. Mais essayons au moins de reconnaître les qualités majeures de nos amis américains : le courage, car il leur revient de prendre des décisions, et des convictions. Nos élites pensent, généralement, qu'il suffit d'être intelligent pour gouverner, ou plutôt, pour administrer sur la longueur sa carrière politique. Nous sommes des gens sophistiqués, donc plutôt pessimistes, ce qui nous autorise à ne rien faire. Les Américains, eux, sont des sauvages, bien utiles tout de même lorsque, précisément, nos élites faillissent.

La relecture de l'histoire des États-Unis m'a passionné. J'ai trouvé dans la vie et le caractère de ceux qui ont mené leur pays à travers les vicissitudes du temps une vraie force et un vrai courage, à quelques notables exceptions près. J'y ai vérifié en tout cas qu'aucun coup d'État n'était venu tuer la démocratie, que la Constitution tient bon malgré les épreuves et les tentations droitisantes d'une minorité agissante et que les Américains, ce peuple barbare, n'avaient jamais oublié les leçons de leur seule et unique guerre civile. À part cela, bien sûr, cette jeune République continue de commettre bien des erreurs, mais vous remarquerez que ses dirigeants se renouvellent régulièrement, ce qui, à mon humble avis, illustre une assez bonne santé politique et une source d'espérance pour chaque citoyen. Puisse cet exemple inspirer un jour prochain notre classe politique.

Introduction

À ce jour, quarante-deux hommes ont connu l'immense honneur de devenir locataires de la Maison-Blanche. En attendant qu'une femme installe ses meubles au 1600 Pensylvannia Avenue. L'avenir se chargera de réparer cette anomalie.

Mais l'histoire retiendra que ces quarante-deux personnages ont tous été exceptionnels, quel que soit le jugement politique ou personnel que l'on peut porter sur eux. Exceptionnels parce que aucun d'entre eux, à aucun moment de son mandat, n'a oublié qu'il était américain. Et cela quels que soient son origine, son éducation, son rang social, sa fortune. C'est ce qui rend fascinant un voyage dans les couloirs de la Maison-Blanche. Un bâtiment somme toute bien récent et bien modeste comparé aux palais de la vieille Europe. Disons que le parcours et l'énergie des hommes qui y ont résidé ont fabriqué la légende de cette bâtisse construite en 1800, dans une zone marécageuse bordant le Potomac. À l'époque, la ville de Washington n'existait pas encore. Et pour cause. George Washington, le premier président des États-Unis, n'avait achevé son mandat que trois ans plus tôt et la toute nouvelle capitale fédérale, baptisée en son honneur, n'était encore qu'un village à peine dégrossi et très inconfortable. En fait, comme dira Abigail Adams, la première *First Lady* à essuyer les plâtres de la Maison-Blanche, au propre et au figuré, Washington est un « trou » tout à fait déprimant, comparé à New York et à Philadelphie où s'était exercée, auparavant, la magistrature suprême.

Ce qui justifie la saga de la Maison-Blanche, c'est donc la nature des hommes qui y ont résidé, avec des fortunes diverses. Et sans doute faut-il, pour se faire comprendre, parcourir quelques pages d'histoire plus ou moins récente, et en extraire quelques exemples.

Andrew Jackson a été président des États-Unis pendant deux mandats, entre 1829 et 1837. C'était un homme pittoresque et extrêmement sourcilleux lorsqu'il y allait de son honneur. Et de l'honneur de sa femme, Rachel. Un jour de 1806, le très susceptible Andrew Jackson a fait une mauvaise rencontre dans les rues de Nashville. Il s'est pris de querelle avec un certain Charles Dickinson à propos d'un pari sur une course de chevaux, une des passions du Tennessee. Rapidement, le ton est monté et le distingué Mister Dickinson, membre de la jeunesse dorée locale, a commis l'irréparable en mettant en doute l'honnêteté et la morale de Mme Jackson. Le duel était inévitable avec un handicap tragique pour le futur président des États-Unis : Charles Dickinson était un as du pistolet, probablement le meilleur tireur du Tennessee. Autrement dit, Andrew Jackson savait qu'il était un homme mort. Qu'à cela ne tienne. La rencontre sur le champ eut lieu le lendemain à l'aube, selon les règles, quelque part de l'autre côté de la frontière, dans le Kentucky. À l'époque, les pistolets étant relativement imprécis, on ne finassait pas avec les distances : huit pas d'écart entre les deux adversaires – ce qui, à bien y réfléchir, constitue une toute petite distance entre la vie et l'éternité. Selon les règles d'engagement, il revenait au jeune Dickinson de tirer le premier. Ce qu'il fit sans état d'âme. Il ne pouvait guère manquer sa cible et la balle alla fracasser les côtes de Jackson. Lequel ne dut sa vie finalement qu'à son coupe-vent, relativement épais, et qui ralentit le projectile. Au tour de Jackson de faire feu : il lève soigneusement son pistolet et appuie sur la détente mais le chien s'arrête à mi-course. Jackson, calmement, décoince le chien, le relève et tire. Dickinson s'écroule, mortellement blessé. « Je voulais le tuer, dira Andrew Jackson, et même s'il m'avait logé une balle dans la tête à son premier tir, je serais resté debout suffisamment longtemps pour le tuer. » Au temps pour la détermination du septième occupant de la Maison-Blanche.

Une autre anecdote sur ces hommes qui ont dirigé l'Amérique. John Kennedy avait servi dans la Marine pendant la Seconde Guerre mondiale et il était fier, à juste titre, de ses états de service. Avec humour, il répétait qu'il était devenu un héros malgré lui puisqu'il s'était contenté de laisser les Japonais couler son bateau, une vedette du type PT109. C'était en août 1943, dans le Pacifique Sud. Il y avait des rescapés, mais parmi eux des blessés dont l'un avait sombré dans l'inconscience. John Kennedy avait alors attrapé un bout de sa ceinture de sauvetage avec les dents et avait nagé ainsi près de trois kilomètres, jusqu'au rivage, avec son encombrant fardeau.

C'était un chapitre très important de la vie du président, une expérience à la fois traumatisante et enrichissante, tragique et fondatrice. Et la légende du jeune commandant héroïque du PT109 coulé par un destroyer japonais ne le desservirait pas plus tard, dans sa carrière politique.

Devenu président, Kennedy, qui prenait beaucoup de libertés avec la moralité, a toujours manifesté la plus profonde tendresse pour les enfants. Et pas seulement les siens. Chaque jour, les jardins de la Maison-Blanche accueillaient des myriades de gamins des écoles. Ce qui, il faut bien le dire, compliquait un peu la tâche des agents du Secret Service et surtout emplissait l'illustre bâtiment de cris et de chants parfois gênants, l'été, lorsque les fenêtres du Bureau Ovale étaient grandes ouvertes. Mais Kennedy adorait les gosses et saisissait toutes les occasions pour aller leur faire une bise et les honorer de sa présence.

Un jour, l'assistante chargée de l'emploi du temps du président conduisit à travers les allées de la Roseraie une armée de petits handicapés en fauteuil roulant. C'était une visite spéciale pour des enfants atteints par la maladie ou un accident de la vie. Il n'était pas prévu qu'ils aperçoivent le président qui d'ailleurs était attendu au Département d'État pour une conférence de presse. L'entourage pressait John Kennedy pour qu'il déjeune rapidement avant de se rendre à Foggy Bottom. Mais de la fenêtre de son bureau il avait aperçu cette cohorte de petits handicapés et décida d'aller les saluer, un par un. Et pas à la va-vite. Un mot pour chacun, un geste, un baiser. Et les témoins de la scène se souviennent que Kennedy semblait comprendre ce que ces petits malades lui disaient, dans leur langage parfois impénétrable. Un garçonnet notamment avait attrapé le bas de la veste du président et lui racontait son histoire avec une énergie farouche. Kennedy s'était accroupi près du fauteuil roulant, pendant que ses conseillers s'impatientaient en regardant leur montre. Encore quelques minutes de borborygmes et Kennedy se redresse, fonce vers son bureau et revient avec son vieux calot de commandant de vedette lance-torpilles. Une relique à laquelle il devait tenir. Il coiffe son petit visiteur de ce couvre-chef mythique et repart à toute allure vers ses obligations. Sans déjeuner, bien sûr.

Ceux qui se trouvaient là ce jour-là se souviennent de la joie de l'enfant. Il avait réussi à expliquer, dans son langage, à l'homme agenouillé près de son fauteuil roulant, que son père avait servi lui aussi pendant la guerre dans les « PT Boats » et que son père était mort.

Un mot encore sur les hommes de la Maison-Blanche, des hommes durs et combatifs, des hommes résolus et rompus aux batailles politiques.

Nous sommes en juin 1965. Lyndon Johnson, déjà, se débat avec les prémices de l'engagement militaire américain au Vietnam. C'est un Texan, au comportement souvent très rude et au langage carrément grossier. Mais Johnson, comme tous les occupants de la Maison-Blanche, a des obligations sociales, notamment celles qui sont liées à la vie mondaine de tout chef de l'exécutif, dans le monde entier. Ce soir-là, la

Maison-Blanche brille de tous ses feux à l'occasion du premier Festival des Arts. Les Kennedy étaient passés par là et avaient beaucoup modifié le train-train de la vie quotidienne à Washington, notamment en matière culturelle. Le gratin américain de la peinture, de la littérature et de la musique était donc invité par le président et Lady Bird. Parmi les invités, une certaine Sarah Vaughan qui allait éblouir pendant une heure les visiteurs de la Maison-Blanche par l'étendue de son talent. Sarah Vaughan a été une des plus grandes chanteuses de toute l'histoire du jazz, et ce soir-là, vu les circonstances, elle s'était surpassée. Les applaudissements étaient mérités et ce fut un moment de triomphe pour la chanteuse noire.

Alors que les invités quittaient la Maison-Blanche, un des conseillers du président découvre Sarah Vaughan effondrée, en larmes, dans sa loge. Entre deux sanglots, elle explique que vingt ans auparavant, lorsqu'elle se produisait dans un club de jazz de Washington, elle n'était même pas autorisée à séjourner dans un hôtel de la capitale. Ségrégation oblige. « Et ce soir, j'ai chanté pour le président des États-Unis à la Maison-Blanche. Lorsque j'ai terminé, Lyndon Johnson m'a invitée à danser… Et c'est trop pour moi. »

On ne peut séparer l'histoire de la Maison-Blanche des hommes qui l'ont occupée. Ils ont été des citoyens avant, pendant et après. Qu'ils soient riches, pauvres, cultivés ou ignorants, bons vivants ou sinistres, chanceux ou non, adroits ou malhabiles, actifs ou indolents, amers ou heureux, aucun n'a jamais oublié que son temps de commandant en chef était compté et qu'il faudrait retourner à la vie civile. Aucun n'a oublié qu'il n'était qu'un locataire de la Maison-Blanche et qu'il faudrait rendre les clefs et déménager ses petites affaires lorsque le successeur viendrait prendre possession des lieux, quelles que soient les circonstances. Ce qui sans doute explique l'énergie des présidents américains, que cette énergie soit bien ou mal utilisée. Seul Roosevelt a séjourné longtemps à la Maison-Blanche, de 1933 à 1945. Il fut un très grand président et fut confronté à d'immenses tragédies, de la Grande Dépression à la Seconde Guerre mondiale. Sans parler de ses tragédies personnelles, liées à la maladie. Mais tout grand homme qu'il se révélât aux yeux de l'histoire, le Congrès estima que « trop, c'est trop » et que la démocratie s'accommodait mal finalement de l'extrême longévité. La démocratie a besoin de sang neuf et de présidents qui se renouvellent, pas de présidents à vie. Sage réflexion qui conduisit à une réforme de la Constitution limitant la durée du pouvoir exécutif à deux mandats de quatre ans. Ce qui empêche quiconque, président, membre de sa famille, entourage, de s'approprier les ors et les pompes de la République.

1

Une capitale improbable, des hommes d'exception et une présidence à inventer

George Washington est l'Américain préféré des Américains. Il a toutes les vertus et on ne lui connaît aucune petitesse, aucun défaut, aucune tare. C'est un héros. C'est le Père Fondateur, avec d'autres bien sûr. On ne plaisante jamais sur George Washington, et c'est très bien ainsi. Les États-Unis ont à peine deux siècles et demi d'existence et ont besoin de cette colonne vertébrale morale.

À part ça, George Washington n'était qu'un homme, même si pour ses compatriotes, c'est un demi-dieu. Vous l'avez compris, l'Histoire avec un grand H est passée par là et, pour reprendre les termes de son premier biographe, l'honorable Mason Locke Weems, « Washington [était] pieux comme Aristide, modéré comme Épictète, patriote comme Regulus supplicié par les Carthaginois, impartial comme Sévère, modeste comme Scipion l'Africain, prudent comme Fabius, rapide comme Marcellus, ferme comme Hannibal, désintéressé comme Cincinnatus, rigoureux comme Caton le Censeur et respectueux de la loi comme Socrate ». Washington était plus grand que la réalité et ses successeurs devront vivre avec. Un sauveur de l'humanité. Même le grand Thackeray a connu quelques sérieux problèmes lorsqu'il a osé utiliser le personnage de George Washington dans un de ses romans. Thackeray, illustre écrivain, avait humanisé, pour les besoins de la fiction, un homme au-dessus des lois normales de la nature. Et cela plus de cinquante ans après sa mort. Bref, Washington est intouchable. Encore aujourd'hui. C'est une idole. Et bien sûr, il n'a jamais connu la Maison-Blanche, et encore moins la bonne ville qui porte son nom.

Retour en arrière. Malgré toutes ses qualités post-humes, Washington n'est pas un grand général, un nouveau César volant au secours de la jeune Révolution américaine menacée dans sa chair par les terribles Tuniques rouges de Sa Majesté le roi d'Angleterre. Simplement, il est là au moment où le pays a besoin de lui, et déjà, comme d'autres, il va démontrer cette absolue loyauté des Américains envers la patrie. C'est un dogme. On ne s'agenouillera plus jamais devant un souverain, quel qu'il soit. Washington parvient à surmonter d'incroyables difficultés sur le champ de bataille, face à une armée de professionnels, efficaces et entièrement voués à leur mission. C'est Washington, commandant en chef des armées continentales, qui va réunir les conditions de la victoire et qui obtiendra des Anglais l'indépendance de l'Amérique, en 1783. Là où Washington diffère du commun des mortels, c'est qu'après cette victoire, il refusera obstinément de prendre le pouvoir. Le pays est en plein trouble, il est à prendre. Mais le général en chef croit sans réserve à l'établissement d'une République, dirigée à tous les niveaux par un gouvernement civil. Il soutiendra l'élaboration de la Constitution qui donne le pouvoir, tout le pouvoir, au peuple, en 1789, et la même année, élu premier président des États-Unis, il mettra en œuvre cette même philosophie politique : être au service du peuple pour le bien commun.

Au-delà du mythe révolutionnaire, George Washington était un personnage pour le moins coincé, gai comme un jour sans pain et froid comme un glaçon. Même si dans sa jeunesse il avait su parfois se laisser emporter par un certain romantisme. D'ailleurs, il appréciait la compagnie féminine et l'on a même pu dire, sans attenter à sa mémoire, qu'il aimait flirter lorsque l'occasion se présentait. Resituons tout de même les choses à leur époque, un peu guindée. Son épouse, Martha, n'a pas eu beaucoup de souci à se faire : son digne mari n'était pas homme à s'écarter du droit chemin. Une chose encore à propos du premier président des États-Unis : personne ne peut prétendre l'avoir vu sourire un jour. Il avait de sérieux problèmes de dentition. Comme l'écrit drôlement et méchamment Bob Dole, longtemps sénateur du Kansas, et candidat républicain malheureux dans la course à la Maison-Blanche, Washington était toujours le premier à la guerre, le premier pour faire la paix mais bon dernier dès qu'il s'agissait d'humour. D'ailleurs, Mark Twain – qui n'en manquait pas, d'humour – disait qu'il était encore plus grand que Washington, réputé pour son incapacité à mentir, car lui, Mark Twain, en était tout à fait capable. En revanche, Washington était plutôt connaisseur en matière équestre. Un monarque espagnol lui avait fait don d'un remarquable étalon pour ses écuries de Mount Vernon, la résidence qu'il chérissait. Royal Gift, l'étalon, avait refusé les honneurs de trente-cinq bonnes et belles juments américaines et Washington, toujours à court d'argent, malgré sa gloire, avait offert l'insémination à dix dollars pièce, précisant bien, dans la publicité qu'il avait fait paraître dans le journal local, que « son étalon était bien trop snob vu ses origines royales pour s'abaisser à fréquenter des juments issues de la plèbe ». Comme quoi, George Washington avait malgré tout soit un soupçon d'humour, soit une fibre républicaine réellement surdimensionnée.

George Washington est donc choisi par ses pairs, à l'unanimité, pour devenir le premier président des États-Unis d'Amérique. On va s'interroger pendant un certain temps sur la meilleure façon de s'adresser à celui qui incarne tous les espoirs de la nouvelle nation. On pense à « Sa Majesté », « Sa Hauteur », « Son Altesse » et puis la raison républicaine va faire de lui « Monsieur le Président ». Vive la simplicité. Sachez enfin que plus de 10 % des élèves américains fréquentant la maternelle pensent encore aujourd'hui que George Washington occupe toujours le Bureau Ovale. Ce qui en dit long sur sa popularité actuelle. Et, comme dit l'autre, on prierait volontiers pour que ce soit vrai.

Washington n'ayant pas encore donné son nom et son prestige à la ville qui deviendrait la capitale des États-Unis, tout restait à faire. En attendant, il vivra, avec son épouse Martha, à New York, d'où il administrera avec sagesse et circonspection les premiers pas de la toute jeune et fringante république.

Mais le président sait qu'il va falloir fédérer ces populations et ces territoires si divers. C'est pour cela qu'il souhaite la création d'une toute nouvelle capitale fédérale, qui aura autorité sur l'ensemble. C'est un projet qui le passionne et dans lequel il s'investit énormément, en compagnie de son ami Jefferson. Il va donc superviser l'opération, et tout particulièrement les plans de ce qui deviendra la Maison-Blanche, le premier bâtiment érigé dans la zone marécageuse de Georgetown.

Les travaux démarrent en 1791. Il faut d'abord nettoyer le site, ce qui n'est guère aisé vu les conditions climatiques propres à la région. Il peut faire abominablement froid l'hiver et terriblement chaud l'été. Pour avoir une idée des températures qui règnent dans la contrée, il faut se souvenir que la ville est à la même latitude que Naples mais que les conditions continentales qui dominent à l'ouest et l'influence des courants atlantiques occasionnent bien des déboires lorsque l'hiver s'installe.

Un concours d'architectes est organisé par le gouvernement pour tenter d'établir le meilleur « rapport qualité/prix ». Washington est ambitieux pour sa ville mais il est très attentif à la dépense publique. D'autant plus que la dette de la nation, déjà, est spectaculaire. C'est le prix de la guerre d'Indépendance.

C'est finalement un Irlandais, fraîchement débarqué aux États-Unis, qui va dessiner et construire la Maison-Blanche. Il s'appelle James Hoban et il est compétent.

La pierre utilisée provient d'Aquia Creek, à quelques kilomètres de là, de l'autre côté du Potomac, en Virginie. Les tailleurs de pierre viennent d'Écosse et ce sont eux qui vont élever les murs de la Maison-Blanche, avec des blocs de grès. Le travail est pénible et traîne en longueur. L'essentiel de la main-d'œuvre est noir. Ce sont des esclaves qui ne seront pas rétribués pour ce travail puisque les entrepreneurs ne sont autres que leurs propriétaires. Remarquez, les Noirs américains fréquenteront longtemps et quotidiennement la Maison-Blanche puisqu'ils constitueront la majeure partie du personnel attaché au service de la demeure présidentielle. Et cent vingt ans après son inauguration, la secrétaire particulière de Woodrow Wilson continuera d'exiger que Noirs et Blancs ne soient pas mélangés parmi les rangs du personnel. Chacun mange à des tables séparées. En réaction, Eleanor Roosevelt, quelques années plus tard, licenciera tous les Blancs et exigera du personnel exclusivement noir pour le service de son mari.

On se souvient sans doute que c'est un architecte français, Pierre L'Enfant, qui avait reçu la mission de dessiner les plans de la ville de Washington. On lui avait demandé à l'occasion s'il avait quelques idées sur l'édification d'un palais présidentiel. L'Enfant avait vu grand. Trop grand pour la jeune, pieuse et austère République, et ses goûts de luxe, à l'européenne, avaient été renvoyés aux oubliettes de l'architecture. Mais, même à l'économie, cette Maison-Blanche, qui peu à peu s'érigeait dans les terrains vagues de Georgetown, s'annonçait comme le bâtiment le plus grand jamais construit en Amérique.

Ah ! la jeune Amérique. Il faudra attendre huit années avant que la Maison-Blanche ait un toit et qu'un président, enfin, vienne s'y installer. En l'occurrence, il s'appelle John Adams et il n'est pas ravi du cadeau. Et sa femme donc ! Il faut dire que le bâtiment est loin d'être terminé. Les escaliers sont encore virtuels, simplement dessinés sur les plans. La bâtisse manque de portes, de fenêtres. Elle est humide. Il ne faut pas moins de dix-sept cheminées pour chauffer à peu près l'ensemble des pièces utilisables mais, pour couronner le tout, le budget de fonctionnement alloué à la demeure du président est ridicule. Le premier hiver est glacial et la réserve de bois de chauffage est consommée en quelques jours. Les chemins alentour étant impraticables, la famille Adams se calfeutre en claquant des dents et en attendant le retour du printemps.

Mais qu'importe ! Quel autre pays, à part sans doute le Brésil, a fait le pari insensé de partir de rien pour édifier cette toute jeune et balbutiante République ? Qui a su déployer autant d'énergie et de pragmatisme pour tenter de concilier des intérêts géographiques, commerciaux et humains totalement divergents ? En tout cas, la pose de la première pierre de la Maison-Blanche, le 13 octobre 1792, a constitué un moment marquant et fondateur des États-Unis, même si le président en exercice, George Washington, n'avait pu assister à la cérémonie, accaparé ailleurs par ses fonctions. Le Tout-Washington était là, c'est-à-dire quelques centaines d'âmes, marchant dans la boue des chemins. Les invités s'étaient d'abord rassemblés dans une auberge de Georgetown, Fountain Inn, pour arroser l'événement avant de se rendre en procession à la future maison du président, par ordre de préséance dans la hiérarchie de la franc-maçonnerie locale. Les responsables désignés par George Washington avaient fait du bon travail. Ils avaient dessiné un quadrilatère de dix miles de côté, délimité par le port d'Alexandria à la frontière de la Virginie et en annexant la surface requise sur le territoire du Maryland. Une nouvelle capitale, une cité fédérale, était née. Et afin que nul ne l'ignore, sous la première pierre scellée en ce jour solennel, une inscription rappelait aux générations futures que l'Amérique n'était pas un pays comme les autres : « *Vivat Respublica* ».

Bien sûr, tout restait à faire, et pour achever la résidence du président, et pour faire vivre cette République. La première pierre avait été posée en ce samedi 13 octobre 1792 au milieu de nulle part, ou plus exactement au milieu des champs et des taillis. La ville de Washington n'existait pas encore.

Au fil des années, brique après brique, pierre après pierre, un bâtiment élégant a fini par s'élever sur ce site encore à moitié sauvage. Les murs furent badigeonnés à la chaux. Le bâtiment avait trouvé son nom : la « Maison-Blanche ». Mais il faudra attendre l'élection de Teddy Roosevelt, en 1901, pour que le papier à en-tête du président porte la mention de la Maison-Blanche. C'est aujourd'hui l'adresse la plus célèbre du monde.

La vie des nations est trépidante et les événements se succèdent. C'est tellement vrai dans la vie de la Maison-Blanche que son architecte originel, James Hoban, ne reconnaîtrait pas aujourd'hui ses plans. Pourtant, notre Irlandais aura vu ce chantier à deux reprises. Lors de sa construction bien sûr, et puis lors de sa reconstruction, quelques années plus tard. Les troupes anglaises entre-temps étaient repassées par là et avaient mis le feu au bâtiment, histoire d'humilier leurs anciens colonisés. L'incendie avait fait de terribles dégâts et n'avait laissé qu'une carcasse calcinée et quasi irrécupérable. Qu'à cela ne tienne ! Le gouvernement fédéral avait mis les bouchées doubles et reconstruit l'ensemble en y apportant déjà d'ailleurs certaines modifications. C'est une spécialité washingtonienne : chaque président y a ajouté sa patte au fil des années. La Maison-Blanche est un monument en perpétuelle transformation, alors même que la machine gouvernementale y travaille nuit et jour dans des locaux fort exigus. Il a fallu y introduire l'électricité. Et auparavant, l'eau courante et des sanitaires. Le chauffage n'a pas été une mince affaire, pas plus que l'air conditionné absolument indispensable pendant les mois d'été. Le téléphone n'est arrivé que tardivement. Comme le télégraphe dont l'absence compliqua beaucoup la vie d'Abraham Lincoln pendant les années dramatiques de la guerre civile. Jefferson, qui avait du goût, a rajouté deux ailes à l'ensemble, ce qui a considérablement amélioré l'allure générale de la Maison-Blanche. Teddy Roosevelt a fait ôter les affreuses serres qui abritaient les légumes réservés à la table présidentielle. On a également débarrassé les pelouses des animaux divers, vaches et chevaux, qui y paissaient tranquillement tout au long de l'année. Le fameux Bureau Ovale s'est transporté pendant des décennies d'un bout à l'autre de la résidence avant de s'installer sans doute définitivement face à la Roseraie. Harry Truman, en homme pragmatique, fatigué de recevoir des morceaux de plafond sur la tête, a littéralement vidé la structure de son contenu pour tout remettre en état, à tel point que les bulldozers circulaient librement d'un bout à l'autre de la Maison-Blanche comme à l'intérieur d'une coque vide. Grâce à Truman, qui a fait remplacer les poutres d'origine par des structures métalliques, la Maison-Blanche est solide comme un roc.

Résultat : une assez jolie résidence, pas trop arrogante pour une nation régulièrement tentée par les excès en tout genre. Au total, cent trente-deux pièces, ce qui peut sembler considérable pour un seul homme, sa famille et le personnel qui y est attaché, mais il faut garder en mémoire que la Maison-Blanche, à la différence de l'Élysée par exemple, ou du 10 Downing Street, est le cœur même de l'activité du gouvernement des États-Unis. C'est là que les choses se passent et se décident. C'est là que le président travaille, reçoit et vit. C'est là que l'histoire du monde se joue pratiquement tous les jours que Dieu fait. Et cette maison, si typique, si grande et si modeste au fond, appartient aux Américains. À tous les Américains.

Pas facile de succéder à George Washington, l'icône de l'Amérique, et John Adams, deuxième président des États-Unis, le savait mieux que quiconque. D'ailleurs le malaise était palpable lors de son inauguration. Toute l'assistance avait les yeux braqués sur celui qui s'en allait et pas un regard pour le nouveau venu. Il faut dire aussi que Washington n'était pas mécontent de rentrer chez lui après toutes ces années de service et qu'il avait clairement fait sentir à John Adams qu'il avait mis les pieds dans un monde très difficile, celui de la politique.

Le nouveau président n'est pas vraiment préparé à ce qui l'attend. Heureusement, il ne se fait guère d'illusions sur la nature humaine. « L'homme, disait-il, parvient toujours à trouver de bonnes raisons pour croire n'importe quelle absurdité pourvu que ça l'arrange… On peut toujours l'amener à penser que le noir est blanc, que le vice est la vertu, que la folie est sagesse et que l'éternité ne dure qu'un instant. » Comme on peut voir, c'était un optimiste-né. Avec une qualité : « Per-

sonne ne pourra jamais dire que je suis devenu un politicien car je ne l'ai jamais été. » Sur ce plan, il avait
raison. Il ne durera que le temps d'un mandat et son
passage à la Maison-Blanche se fera dans la douleur.
John Adams, qui n'était pas réputé pour sa modestie,
possédait en tout cas deux vertus majeures : l'amour de
sa ferme et l'amour de l'Amérique.

À l'Amérique, il avait déjà beaucoup donné pendant la guerre d'Indépendance et ensuite, en servant
fidèlement George Washington en tant que vice-président. C'est un statut qu'il avait modérément apprécié, vu la stature de Washington. Vivre dans son
ombre lui portait de temps en temps sur les nerfs.
D'ailleurs, lorsque la colère montait en lui, John
Adams surnommait Washington « vieille tête de mouton », ce qui n'est pas si mal vu lorsqu'on examine les
portraits du premier président. John Adams confiait
à ses quelques amis qu'il avait compris finalement
l'aura dont était auréolé George Washington.
D'abord il y avait sa grande taille. Et puis il était né
en Virginie. Et alors ? l'interrogeait-on sur ce point.
« Eh bien ! en Virginie, même les oies passent pour des
cygnes », répondait-il. Et puis surtout, toujours
d'après John Adams, il y avait chez Washington cette
formidable capacité à ne rien dire. C'est effectivement
une manière de gouverner parfois remarquablement
efficace.

Quoi qu'il en soit, John Adams était bon patriote. Il
a fait souvent preuve de sagesse et de courage. Il a
représenté son pays en France, puis en Angleterre, avec
beaucoup de dignité.

John et Abigail Adams ont donc été les premiers
locataires de cette austère Maison-Blanche, encore en

chantier, froide et humide comme les marais environnants. Président est la fonction la plus prestigieuse, ici comme ailleurs, mais qu'en est-il quand on ne trouve pas à proximité un magasin pour faire ses emplettes les plus courantes ? C'était là le tourment quotidien de la *First Lady*, la redoutable Abigail Adams. Et que dire du linge à laver et à étendre ? Et du bois pour entretenir les cheminées ?

John Adams prit donc le chemin de Washington à l'automne de l'année 1800. Dans un premier temps, il s'y rendit seul. Abigail était « indisposée ». Il est probable qu'elle préférait le confort de sa ferme, à Quincy, dans le Massachusetts. Elle ne faisait pas mystère de son irritation et aurait adoré séjourner comme par le passé à Philadelphie, qui après New York, avait fait office de capitale provisoire. Car Washington n'avait encore rien d'une ville, avec tout juste, çà et là, quelques rares immeubles en construction au bord du Potomac et de ses brumes hivernales.

John Adams avait un autre problème : l'argent. Car cela coûtait cher de faire office de président. Pendant longtemps d'ailleurs, ce problème financier viendra compliquer la vie des chefs de l'exécutif américain. En bon maquignon, plutôt près de ses sous, l'illustre George Washington avait vendu une partie de son mobilier de Philadelphie à son successeur. Un dollar est un dollar, n'est-ce pas ?

Quoi qu'il en soit, le 1er novembre 1800, John Adams dort à la Maison-Blanche. Il est donc le premier. Le lendemain, il envoie un message à son épouse, un message assorti d'un gros mensonge : « Ma chère, la maison est habitable. Et maintenant, j'exige votre présence. »

En fait six pièces seulement sont « habitables » et encore, à condition de ne pas être frileux ni trop regardant sur le confort. Sans parler de la boue qui entoure la demeure et des cabanes de chantier plantées aux alentours.

Abigail Adams va tout de même obtempérer et se rendre à Washington, en plein hiver. Un voyage de près de mille kilomètres, avec une seule étape à New York où son fils Charles est en train de mourir, des suites d'une cirrhose du foie. Il succombera aux effets de l'alcoolisme le 1er décembre. Entre-temps, Abigail est repartie, et elle et son entourage vont se perdre aux alentours de Baltimore avant de rejoindre finalement la toute nouvelle capitale. Surprise : c'est un désert sur des kilomètres et des kilomètres de forêt et de broussailles. Commentaire d'Abigail Adams en arrivant : « C'est le trou le plus répugnant que j'aie eu l'occasion de voir. C'est indigne de toute activité, quelle qu'elle soit, et cela en dit long sur la respectabilité de ceux qui vivent ici. » Abigail n'a jamais eu la langue dans sa poche.

Toujours bon patriote, son mari, lui, voyait plus loin et envisageait l'avenir : « Je prie, écrivit-il, pour que cette maison soit bénie, et pour que tous ceux qui résideront sous ce toit soient des hommes honnêtes et sages. »

À l'époque en tout cas, le gouvernement était sage puisque la capitale fédérale n'employait que cent cinquante fonctionnaires. L'Amérique était gérée à l'économie. La ville, il faut le dire, ne comptait pas plus de cinq cents familles. La vie sociale était donc réduite à

31

sa plus simple expression, loin des extravagances des autres centres du pouvoir dans le monde. Le Capitole, où siège le Congrès, Sénat et Chambre des Représentants, était loin d'être terminé. Et il n'y avait pas encore de toilettes dignes de ce nom à la Maison-Blanche. Les Adams ne disposaient que d'une cabane au fond du jardin, ce qui en dit long sur la modestie affichée de la fonction de président des États-Unis en 1800.

Autre cadeau de la République à John Adams : sept chevaux d'un âge déjà avancé, un chariot et une voiture. Pas de carrosse. Le choc a tout de même été rude pour les Adams, qui avaient voyagé longtemps en Europe en tant que diplomates et qui s'étaient habitués aux fastes des cours européennes. Mais ce style de vie, heureusement, ne leur était pas monté à la tête. John Adams était un agriculteur dans l'âme. Tout de même, on est surpris par l'inventaire des possessions de la Maison-Blanche : quelques meubles, quelques rideaux, trois services de table et deux vases en argent. Et trente-trois paires de drap. Heureusement, car vu l'humidité ambiante, il faut les changer quotidiennement pour les faire sécher. Cette question du chauffage allait d'ailleurs conditionner l'agencement de l'ensemble. Les rayons du soleil étant les seuls alliés des occupants, John Adams décida d'installer son bureau dans une pièce jouxtant sa chambre, côté est.

Au niveau du personnel, la maison ne menait pas grand train non plus. Deux domestiques, venant de la ferme des Adams, et quelques aides, payés de la poche du président. Hormis le couple présidentiel, deux autres occupants : leur fils Thomas et leur petite fille Susannah, dont le père, Charles, venait de s'éteindre à New York.

Pendant que John Adams ruminait sa rancœur à l'égard de Thomas Jefferson, qui allait le remplacer à la présidence, pendant qu'il s'employait à éviter une guerre ouverte avec la France, les travaux se poursuivaient à l'intérieur de la Maison-Blanche, le « château » comme disait Abigail. Un escalier provisoire avait dû être construit d'urgence pour permettre aux résidents de circuler dans la maison. Une cuisine avait été installée au sous-sol, sous l'entrée nord.

Dans ces conditions, recevoir n'était pas une mince affaire et les mondanités étaient réduites au minimum. Le président se contentait généralement de recevoir les membres du Congrès. D'ailleurs, par mauvais temps, les réceptions présidentielles étaient assez peu courues vu l'épaisseur de la boue qui recouvrait Pensylvannia Avenue et les chemins menant à la Maison-Blanche. Les souliers et les perruques des visiteurs supportaient mal l'aventure, et encore moins les visiteuses.

Abigail Adams fut très vite découragée et retourna à la maison sans attendre la fin du mandat de son mari. Elle fut la première vraie « présidente » et elle conservera une place particulière dans l'histoire des « *First Ladies* ». Il faut noter qu'elle sera longtemps la seule femme à avoir épousé un président avant d'en avoir enfanté un autre, jusqu'à ce que Barbara Bush partage avec elle cette insigne particularité. Au-delà, Abigail est un personnage, et une féministe dans un monde résolument machiste. Alors que John Adams travaillait à l'élaboration de la Déclaration d'indépendance à Philadelphie, sa femme lui avait adressé une lettre : « N'oublie pas les femmes. Dans le nouveau Code civil que vous êtes en train d'élaborer, soyez plus généreux que vos ancêtres l'ont été à notre égard. Ne remettez pas des pouvoirs illimités aux maris. Souvenez-vous que s'ils le pouvaient, tous les hommes seraient des tyrans. Et sachez que si vous ne prêtez pas suffisamment d'attention aux femmes, nous nous rebellerons et nous ne respecterons aucunement des lois qui ne nous représentent pas. Ceci ne mérite aucune discussion… » Cette lettre date de mars 1876 et il faut reconnaître que John Adams en fit bon usage. Il répondit à sa femme : « En pratique, vous savez que nous sommes vos sujets. Nous n'avons de "maître" que le nom et avant de l'abandonner, ce qui reviendrait à subir votre despotisme, je suis sûr que George Washington et tous nos braves patriotes se lèveraient en armes… »

Adams, une fois de plus, se retrouve seul, condamné à attendre l'investiture de son ancien ami, Jefferson, prévue pour le mois de mars 1801. Il n'aura au total passé que quatre mois à la Maison-Blanche.

Le 4 mars 1801, John Adams avait fait ses valises et quitté la ville à quatre heures du matin. Il ne voulait pas être là lorsque Jefferson prêterait serment sur la Bible. Il rentrait chez lui, dans la nuit, vers le Nord, le Massachusetts.

Des années plus tard, Adams et Jefferson allaient enfin se réconcilier et entretiendraient même une correspondance fournie. Mais les deux hommes continueront de se différencier profondément sur l'essence même de la vie sur terre. Jefferson aurait aimé tout recommencer, vivre une nouvelle existence. John Adams était beaucoup plus amer sur le sujet : « J'ai eu un père, écrit-il à Jefferson, et je l'ai perdu. J'ai eu une mère. Je l'ai perdue. J'ai eu une épouse, je l'ai perdue. J'ai eu des enfants. Perdus. J'ai eu des amis de valeur et honorables. Disparus. Et plutôt que de connaître encore de tels chagrins, je préfère en finir et rencontrer mon destin. »

Le 17 juin 1826, Adams reçut la visite de Daniel Webster, chez lui à Quincy. Adams entrait dans sa quatre-vingt-dixième année. L'ancien président semblait frêle et manifestement souffrait de la chaleur de cette fin de printemps. Webster s'enquit évidemment de la santé d'Adams :

« Vous semblez en forme aujourd'hui.

— Oh ! je ne sais pas, monsieur Webster. J'ai habité cette vieille carcasse pendant bien des années. Elle est en très mauvais état. Les portes sont ouvertes à tous les vents. Et d'après ce que j'entends dire, il semble que le propriétaire n'ait pas l'intention de procéder à des réparations. »

Quelques jours plus tard, l'aventure touchait à sa fin. Adams dut s'aliter définitivement. Un serviteur le réveilla un matin et lui demanda s'il connaissait la date de ce jour.

« Oh oui ! répondit John Adams, nous sommes le 4 juillet, un jour de gloire, le jour de l'Indépendance. Soyez bénis. »

Le même jour, Thomas Jefferson, son vieil ami et adversaire, s'éteignait chez lui, à Monticello, loin de là, en Virginie. Peu après midi, dans un dernier sursaut, John Adams était brièvement sorti de son coma, pour marmonner : « Et dire que Jefferson va me survivre. » Il mourut avant le coucher du soleil.

John Adams était avocat et pourtant il n'avait pas une grande estime pour une profession qui, on le verra, aura donné de nombreux présidents à l'Amérique.

« Vous me demandez, disait-il, pourquoi il y a de plus en plus d'avocats dans ce pays alors même que nous avons déjà été bien plumés. La raison, d'après moi, en est simple : les moutons sont souvent tondus, mais la laine repousse. » Clairvoyant John Adams.

2

14 août 1814 : la Maison-Blanche est incendiée par les Anglais

Un autre avocat va donc succéder à John Adams.

Thomas Jefferson a cinquante-huit ans. Lui aussi est une figure de la lutte pour l'indépendance. Il se révèle être un homme d'État plutôt anticonformiste. C'est lui qui recevra à la Maison-Blanche Andrew Merry, l'ambassadeur de Grande-Bretagne à Washington, en chemise de nuit et en pantoufles. Le diplomate, en rage, se sentit insulté, autant que le pays qu'il représentait. Mais Jefferson avait un credo : la simplicité républicaine, que cela plaise ou non. Et puis il avait manifesté, dès le début, une vraie sympathie pour la Révolution française. Ses opposants avaient donc prédit qu'en cas d'élection, Jefferson ferait brûler la Bible, abolir le mariage et priver les propriétaires de leurs droits. Une sorte d'extrémiste de gauche, en somme.

Bref, Jefferson ne plaisait pas à tout le monde et la campagne présidentielle fut rude. Mais ses amis étaient aussi dévoués à sa cause que ses ennemis avaient juré sa perte. C'est ainsi qu'immédiatement après son installation à la Maison-Blanche, un certain John Leland, de Cheshire, dans le Massachusetts, invita ses concitoyens à honorer leur nouveau président en fabriquant le plus grand fromage du monde. Chacun fut appelé, un certain jour, à offrir le lait de ses vaches. On construisit pour l'occasion un pressoir spécial et, avec beaucoup de cérémonie, on confectionna un fromage de près de sept cents kilos. Le plus délicat était à venir puisqu'il fallut ensuite acheminer le « cadeau » à Washington, ce qui prit trois semaines. Jefferson, jusqu'en 1805, servit à ses invités des vestiges de ce monstrueux fromage. Avec un morceau de gâteau et un verre de punch.

Jefferson s'installe, tant bien que mal, à la Maison-Blanche dont il déplore, lui aussi, l'extrême inconfort. Les rues de la ville sont toujours aussi boueuses et tout est rudimentaire. Le Capitole n'est toujours pas achevé. Quant à la Maison-Blanche, les toilettes sont toujours dans le jardin, dans les taillis qui entourent la résidence.

Mais Jefferson, au moins, a les manières d'un président. Il est grand, encore mince, et son allure est aristocratique. Le jour de son inauguration, il choisit de se rendre à pied de son hôtel jusqu'au Capitole. Il porte beau avec sa redingote grise, ses culottes grises et ses bas gris. Il est impatient de prendre les rênes du pays. D'autant plus que son élection a été délicate. Il a été choisi *ex aequo* avec le candidat à la vice-présidence qui, à l'époque, se présentait de façon totalement indépendante, et Aaron Burr s'est retrouvé avec le même nombre de voix au collège électoral. C'est finalement la Chambre des Représentants qui départagera les deux hommes. Résultat : Jefferson est élu président avec à ses côtés un vice-président qui le hait. Ce 4 mars 1801, Jefferson prête serment et retourne illico à la taverne qui l'héberge depuis plusieurs semaines, chez Conrad et McMunns, au coin de C Street et de New Jersey Avenue. Jefferson estimait que la Maison-Blanche n'était pas prête à l'accueillir et de toute façon, sa merveilleuse demeure de Monticello, construite selon ses propres plans, lui semblait plus raffinée que la bâtisse affectée au président. Ajoutons que pour Jefferson, l'accession à la présidence n'était pas l'événement de sa vie. Il était davantage fier de sa contribution décisive à la Déclaration d'indépendance. D'ailleurs, curieusement, il n'en souhaitait pas la paternité et avait demandé à son ami John Adams de rédiger un premier brouillon qui serait soumis au Congrès. Mais Adams avait refusé, estimant, à juste titre, que son ami était dix fois plus compétent que lui pour cette tâche. Jefferson s'était exécuté de mauvaise grâce, pour constater avec agacement que ledit Congrès avait tranquillement déshabillé son texte avant de l'adopter. C'est Benjamin Franklin qui lui avait remonté le moral en lui racontant les aventures d'un ami chapelier, désireux d'ouvrir boutique et qui avait soumis à ses amis ses projets d'enseigne. Son panneau disait : « John Thompson, chapelier, fabricant et marchand de chapeaux », avec le dessin d'un couvre-chef, pour faire bonne mesure. Ses amis lui avaient immédiatement signalé que « chapelier » et « fabricant de chapeaux » constituaient un pléonasme. Et qu'au fond, on se doutait bien qu'il ne les donnait pas, ses chapeaux. À quoi bon, donc, signaler qu'ils étaient à vendre. Etc. Bref, il n'était resté au-dessus de la boutique que le dessin d'un chapeau. Ce qui ravit Jefferson et le rassura sur le sort de sa Déclaration d'indépendance. Les Américains venaient d'inventer à la fois la publicité et le marketing.

Jefferson était un homme exceptionnel. Il savait tout sur tout, pour un homme de son époque. À tel point qu'un jour, John Kennedy recevant un certain nombre de prix Nobel à la Maison-Blanche, avait dit ceci : « Messieurs, soyez les bienvenus en cette demeure. Vous êtes à vous tous la plus impressionnante collection de talents jamais rassemblés ici. Excepté lorsque Thomas Jefferson dînait ici, tout seul. »

Jefferson était également un homme perpétuellement actif, et il s'immergeait totalement dans le travail pour s'extraire de tout stress, quelle qu'en soit l'origine. « Je ne connais aucune personne laborieuse, affirmait-il, qui ait sombré dans l'hystérie. »

Un mystère continuera de planer sur la personne de Thomas Jefferson, cet homme qui, à soixante-dix ans, prétendait que l'amour ressemblait aux poulains : « Il faut les dresser avant de les monter. » Ce mystère tient aux relations qu'il a entretenues avec ses esclaves et notamment les femmes servant à Monticello, puis à la Maison-Blanche.

Un jour de juillet 1806, un esclave de Monticello, Joe Fosset, s'enfuit de la plantation. Très vite, on devine qu'il essaie de se rendre à Washington, à deux cents kilomètres au nord. Joe Fosset a vingt-six ans. Sur les terres de Jefferson, il occupe la fonction de maréchal-ferrant. En s'enfuyant, il prend un risque énorme. Mais il veut rejoindre à tout prix sa bien-aimée. Celle-ci s'appelle Edith, surnommée Edy. Elle a quitté la plantation quatre ans plus tôt pour servir son maître à la Maison-Blanche, comme aide-cuisinière sous les ordres d'un Français, Julien. Avec elle, une autre esclave, qui travaille également en cuisine, Fanny.

Apparemment, notre fuyard, Joe Fosset, s'est échappé sur un coup de tête. Il a entendu des rumeurs sur sa belle et ne peut plus attendre. Le couple est séparé depuis déjà quatre longues années. Joe sera arrêté dès son arrivée à Washington et sera emprisonné brièvement avant d'être renvoyé à Monticello. Il devra attendre trois années de plus, jusqu'au départ de Jefferson de la Maison-Blanche, pour retrouver sa bien-aimée et élever avec elle ses huit enfants. Sauf que l'on ne comprend pas tout à fait comment certains de ces enfants ont été conçus en l'absence du père. Pendant les quatre premières années du séjour d'Edy à Washington, alors qu'elle n'a pas vu Joe, deux enfants sont en effet nés. Et un troisième mourra à la Maison-Blanche.

On ne sait si Jefferson, qui, à l'évidence, a eu une relation avec Edy, ignorait tout du lien affectif qui la liait à Joe ou s'il a tout simplement choisi de l'ignorer.

Lorsque Jefferson mourra, le 4 juillet 1826, le testament qu'il a établi prévoit d'affranchir Joe Fosset. Mais Jefferson est endetté et ses créanciers décident de vendre les autres esclaves de la plantation, dont Edy, ses cinq enfants et ses deux petits-enfants. Joe a vu sa famille vendue à quatre acheteurs différents. Il lui faudra des années pour récupérer une partie – une partie seulement – de sa progéniture.

Quant à Fanny, l'autre aide-cuisinière de la Maison-Blanche, elle aussi rejoindra la couche du maître, président des États-Unis. Elle accouchera en décembre 1806. L'enfant mourra à l'âge de deux ans.

Mais la plus connue des esclaves de Thomas Jefferson, c'est Sally Hemmings, qui lui a donné un fils prénommé Eston. Les analyses et les tests ADN pratiqués il y a quelques années semblent démontrer que Jefferson est bien le père, mais prouvent qu'il n'est pas le père de son frère. Thomas Jefferson avait fait l'acquisition de la famille de Sally Hemmings dans la propriété de son beau-père, John Wayles. On dit d'ailleurs que Sally était elle-même la fille de John Wayles, ce qui supposerait que la femme de Jefferson, Martha Wayles, était la demi-sœur de Sally. Au total, tous les visiteurs de Monticello se sont étonnés de la clarté du teint des esclaves de la propriété. Le plus surprenant, sans doute, c'est que la presse de l'époque s'en fait l'écho dès 1802, dans le *Richmond Recorder*. L'affaire a fait grand bruit avant de resurgir il y a trente ans, lors de la publication de la biographie de Jefferson écrite par Fawn Brodie.

Un dernier personnage résidant à la Maison-Blanche dans ces années-là retiendra notre attention. Il s'appelle Meriwether Lewis. C'est un jeune homme repéré il y a bien longtemps par celui qui deviendra président. Et Lewis, qui pourtant éprouve les plus grandes difficultés avec la grammaire, devient en 1801 le secrétaire particulier de Jefferson, un des hommes les plus érudits de son temps. Lewis présente pourtant un caractère terriblement dépressif, mais Jefferson s'y est attaché. Ils passent des heures ensemble à travailler. Le jeune homme a par ailleurs un goût prononcé pour l'exploration et Jefferson lui-même réalise qu'il faudra bien un jour connaître les limites du continent américain, qu'il faudra dresser des cartes, franchir les montagnes : la légende de l'Ouest est en marche. En mai 1804 il confiera donc au jeune Lewis, qui pour la circonstance sera accompagné de William Clark, le soin de partir en expédition et de découvrir l'Amérique. Ce sera une extraordinaire aventure qui durera deux années pendant lesquelles le président des États-Unis n'entendra plus parler de ses explorateurs. Finalement, ils reviendront à leur base de départ, Saint Louis, mais l'épreuve a été trop rude pour Clark qui, lors du retour vers Washington, choisira de mettre fin à ses jours dans une petite auberge, à Natchez, dans le Tennessee.

Jefferson avait fait son temps et il se retira de la vie publique avec beaucoup d'élégance. Le 4 mars 1809, lui succédait James Madison, un autre Virginien. Les cérémonies d'inauguration qui eurent lieu à Washington pour l'occasion furent très différentes de la prestation de serment de Jefferson. Celui-ci glorifiait la sobriété républicaine. Madison, lui, se rend au Capitole en calèche, accompagné de milliers de supporters enthousiastes. Pour la première fois, un grand bal a lieu pour célébrer l'événement, au Long's Hotel, à Georgetown. Madison prononce un long discours à Capitol Hill et prie Jefferson de prendre un siège à ses côtés. Celui-ci décline la proposition : « À ce jour, je retourne au peuple. Et je me tiendrai au milieu du peuple. »

Le lendemain, Jefferson sella son cheval et rentra à la maison. À près de deux cents kilomètres plus au sud. Il dut affronter une épouvantable tempête de neige pendant plusieurs jours et ne parvint à Monticello qu'à la mi-mars. Ses voisins, paraît-il, étaient ravis de le revoir.

Pendant ce temps-là, notre Maison-Blanche progressait lentement. Mais montrait déjà aussi de sérieux signes de fatigue. Des plafonds s'écroulaient, notamment dans la grande salle de réception, dans l'aile Est. Elle avait notamment servi de garde-manger, puis de débarras avant d'échoir à Meriwether Lewis. L'inventaire de 1809 stipule qu'elle est meublée d'une table, de trente-quatre chaises et d'une bouilloire. C'est là que le nouveau président, James Madison, va réunir ses ministres. À signaler une contribution majeure du nouveau maître des lieux : une sorte de chauffage central. Un début de progrès, après la chambre froide qu'avait fait creuser Jefferson à quinze pieds sous terre. Heureusement, Dolley Madison, la *First Lady*, est une femme de ressource et surtout c'est une femme du monde. Elle est vive, plutôt avenante et drôle. C'est la reine de Washington et elle le demeurera longtemps, bien après la mort de son mari. Comme épouse du secrétaire d'État, poste qu'occupait Madison avant d'accéder à la fonction suprême, elle a aidé Jefferson, le veuf, à recevoir à la Maison-Blanche. C'est une excellente hôtesse et elle va accueillir au fil des années un très grand nombre d'invités, américains et étrangers. Elle va donc introduire quelque civilité dans cette austère demeure.

Quant à James Madison, l'histoire a retenu assez peu de chose de lui : un grand constitutionnaliste, et un minuscule président. Il connaîtra toute une série de désastres dont une guerre calamiteuse contre les Anglais en 1812. Nombre de ses concitoyens se désintéresseront de ce conflit qu'ils ont baptisé « la guerre de Madison ». Il y aura d'humiliantes défaites et surtout l'incursion des forces anglaises dans la capitale même. Un désastre pour le prestige américain, et un désastre pour la Maison-Blanche, qui est incendiée et saccagée par les forces ennemies en même temps que le Capitole et d'autres bâtiments publics.

L'humiliation eut lieu le 14 août 1814.

Il est dix-neuf heures trente. Une colonne de soldats anglais descend du Capitole, qui vient d'être incendié, et marche vers la Maison-Blanche en empruntant Pensylvannia Avenue. La ville a été désertée un peu plus tôt par les troupes fédérales.

Les soldats pénètrent dans la résidence présidentielle. Elle est vide. Ils visitent l'endroit. Leurs officiers leur ont formellement interdit tout pillage ou tout chapardage. D'ailleurs, des civils s'en sont déjà chargés lorsqu'ils ont appris l'absence des occupants. Mais tout de même, la collecte de quelques souvenirs s'avère irrésistible, notamment pour le vice-amiral George Cockburn qui va dérober un chapeau et un coussin.

Sur la grande table de banquet, un dîner est servi. La panique a fait fuir les invités. Il y a des victuailles et de bons vins à profusion, à la grande joie des Anglais qui vont porter un toast, en dérision, à la santé de James Madison. Pendant ce temps-là, les soldats brisent consciencieusement toutes les fenêtres de l'édifice et commencent à empiler le mobilier pour y mettre le feu. Très méthodiquement, les officiers disposent leurs hommes tout autour de la Maison-Blanche, chacun tenant une perche avec au bout des chiffons aspergés d'huile. Les chiffons sont enflammés sous le regard des voisins qui sont invités à assister au spectacle. La foule est silencieuse et regarde l'incendie, impuissante.

Le lendemain, il ne restait pratiquement rien du fier bâtiment, inauguré quatorze ans plus tôt, si ce n'est une carcasse noircie. Et encore les murs de façade cachent-ils l'affreuse réalité car, à l'intérieur, il n'y a plus rien. Tout est parti en fumée.

James et Dolley Madison, de retour à Washington, ne pourront que constater l'étendue des dégâts et se mettre en quête d'un nouveau toit provisoire. La restauration du bâtiment démarra l'année suivante : l'Amérique ne se décourage jamais.

Mais surtout, l'Amérique l'avait échappé belle. Car qu'aurait dit le monde s'il avait su que le fameux tableau représentant George Washington prêtant serment, signé Gilbert Stuart, une part essentielle du patrimoine historique de la jeune nation, avait failli disparaître ? Heureusement, Dolley Madison, encore elle, ignorante du danger, était restée à Washington, pendant que son mari inspectait les troupes fédérales dans le Maryland. Apprenant l'arrivée prochaine de l'ennemi, elle avait eu le sang-froid de rassembler les dossiers du président et de faire décrocher le portrait de Washington. Dolley termina son aventure à quelques miles de là où elle trouva refuge dans une auberge en Virginie, la Wiley's Tavern. C'est là que la récupéra son époux après trente-six heures de recherches frénétiques. Ces deux-là s'adoraient.

James Madison fut donc un président poursuivi par la mauvaise fortune mais finalement les choses s'arrangèrent, probablement grâce à sa modestie et à sa simplicité. Les Anglais furent battus à La Nouvelle-Orléans, grâce à l'héroïque Andrew Jackson, et la bonne humeur revint aux États-Unis. Ce qui lui valut d'effectuer deux mandats présidentiels à la tête de son pays. Là-dessus, la prospérité économique fit oublier le reste, et lorsque Madison quitta la Maison-Blanche, ses concitoyens en gardèrent globalement un bon souvenir.

Le témoignage d'un certain Paul Jennings, sur ces années Madison, est édifiant. Paul Jennings était un esclave né sur la plantation des Madison, à Montpelier, en Virginie et il avait suivi ses maîtres à la Maison-

Blanche comme serviteur. Il se souviendra qu'à l'époque, les rues de Washington n'étaient toujours pas pavées et que la boue était un ennemi implacable et quotidien. Et lorsque ce n'était pas la boue, c'était la poussière. Paul Jennings aura de la chance, puisque son maître l'affranchira. Et il le servira jusqu'à sa mort en 1836. Rarement maître recevra aussi bel hommage posthume d'un de ses serviteurs : « James Madison, écrira-t-il, est un des hommes les meilleurs qui aient vécu sur cette terre. Je ne l'ai jamais vu perdre son calme, ni frapper un esclave. Il en possédait pourtant plus d'une centaine. » Après la disparition du président, il restera au service de sa femme qui, faute de moyens, devra se loger à Washington, dans une petite maison de Lafayette Square, juste en face de la Maison-Blanche. Lorsque sa patronne sera totalement ruinée, l'ancien esclave apportera souvent à sa maîtresse de quoi manger, et même un peu d'argent.

Plus tard, Paul Jennings deviendra célèbre en organisant un véritable réseau d'évasion pour les esclaves désireux de gagner le nord des États-Unis afin de tenter de refaire leur vie. Il faut préciser que Washington était un centre de traite très important puisqu'il se situait à l'exacte limite de deux États esclavagistes : la Virginie et le Maryland. Les bateaux déposaient leur cargaison dans des entrepôts à proximité immédiate de la Maison-Blanche.

La ville abritait malgré tout de nombreux esclaves affranchis, mais la ségrégation était féroce. Aucun Noir n'était autorisé à circuler dans les rues passé dix heures du soir et, en plein jour, il fallait constamment pouvoir démontrer à l'aide d'un certificat qu'on était bien un esclave affranchi. Il faudra attendre 1850 pour que l'esclavage soit définitivement aboli sur le territoire du district de Colombia.

Un autre Virginien va succéder à Madison à la Maison-Blanche. Il s'appelle James Monroe et il est le dernier des Pères Fondateurs. Il n'est pas très charismatique mais c'est un politicien avisé qui va tenir tranquillement la barre du navire Amérique. Ses concitoyens le respectent, notamment pour son passé militaire. Le jeune Monroe n'avait peur de rien, même s'il n'en tirait ni vanité ni affectation. Un jour qu'il quittait ses amis pour un voyage très hasardeux en territoire indien, il leur avait dit : « Vous savez, il est très possible que j'y perde mon scalp, mais j'ai constaté qu'en général, il suffit de se battre un peu ou de courir beaucoup pour sauver sa vie. »

Nous sommes en 1817 et si l'on évoque le séjour des Monroe à la Maison-Blanche qui va durer jusqu'en 1825, il faut s'attarder sur la personnalité d'Elizabeth Monroe, « la belle Américaine » comme on la surnommait à Paris lorsque son mari y représentait la jeune Amérique. Elizabeth est charmante et très bien éduquée. Elle est née à New York et son entourage s'inquiète lorsqu'elle décide d'épouser un jeune avocat sans grande sophistication. De plus beaux partis lui tendaient les bras. Mais l'amour est là et Elizabeth ne regrettera jamais son choix. D'autant que, très vite, le jeune James Monroe s'affirme dans la diplomatie. Il est donc nommé en poste à Paris où la Révolution bat son plein, avec ses utopies et ses excès. Elizabeth est une femme de caractère et elle impressionne les Français. Notamment le jour où elle se rend seule, dans un climat d'émeute, à la prison où est enfermée Mme La Fayette. On pense généralement que c'est cette visite, très peu protocolaire, qui a sauvé la tête de l'épouse de La Fayette.

Hormis son courage et ses bonnes manières, Elizabeth Monroe présente une autre caractéristique : elle sait ce qu'elle veut et encore plus ce qu'elle ne veut pas. Par exemple, elle ne veut pas sortir le soir dans les rues boueuses de Washington pour honorer les invitations qui sont adressées au couple présidentiel. Le chef de l'exécutif et Madame n'ont pas à se déplacer. La vie sociale ira dans le sens inverse : c'est la Maison-Blanche qui invite. Ce qui créera une vraie vie mondaine autour de la demeure du président, qui en avait grandement besoin. Curieusement, comme souvent, certains trouveront qu'Elizabeth est bien trop snob pour la République et d'autres s'étonneront de voir reçus à la Maison-Blanche toutes sortes d'individus, issus des classes sociales les plus diverses.

À propos de visiteurs, James Monroe est un des rares présidents à avoir tenté de connaître et de comprendre les sentiments et la culture des populations indiennes. Des délégations des tribus pawnee et osage ont été invitées à plusieurs reprises à Washington. Certes, le pittoresque entrait pour une grande part dans ces rencontres où les Blancs découvraient des Indiens quasi nus en train de danser devant la Maison-Blanche, mais il est arrivé à James Monroe de mener des négociations sérieuses avec certains chefs de tribus.

Parmi les invités du président, on remarqua tout particulièrement une magnifique jeune femme, « *Eagle of Delight* » âgée de dix-huit ans. Elle avait épousé un chef de tribu oto et avait été conviée à la cérémonie du jour de l'an en 1821. L'assistance ayant rarement vu femme aussi belle et aussi élégante dans sa tenue traditionnelle, il fallut prier les uns et les autres de ne pas la toucher en permanence. Pour les habitants de Washington, les Indiens étaient de parfaits étrangers, un peuple venu d'une autre planète.

Au fil des années de nombreux Indiens seront conviés à rencontrer le président des États-Unis, le « Grand-Père » comme ils le surnommeront, quel que soit l'âge du chef de l'exécutif. Ces voyages dans la capitale fédérale ne se sont pas tous déroulés sans incident. Les Indiens n'étaient pas toujours préparés à la nourriture, à l'alcool et au mode de vie des Blancs, notamment lorsqu'ils séjournaient à l'hôtel. Certains sont morts. D'autres se sont retrouvés en Europe, détournés de leur itinéraire vers la capitale, par un aventurier français qui leur avait assuré que pour se rendre à la Maison-Blanche, il fallait d'abord prendre le bateau pour un long voyage. Cette délégation d'Indiens osages parviendra finalement à destination des années et des années plus tard après avoir été recueillie à Norfolk par une brave femme, Rachel Anderson. Enfin, pas si brave que cela puisqu'elle garda en otage un des chefs du groupe et exigera du gouvernement fédéral qu'il paie le prix de la pension. Ce qui fut fait.

On connaît le sort qui a été réservé aux Indiens au cours du XIXe siècle. Cette population a été pratiquement exterminée et c'est à inscrire au passif de l'histoire américaine, irrémédiablement. Il faut souligner malgré tout que certains présidents ont été plus sensibles à cette tragédie que d'autres. Les Américains, incontestablement, ont regardé les Indiens comme des sauvages dangereux, et des sous-hommes qu'il convenait d'éliminer. Ils étaient trop étranges, dans leurs manières, leurs costumes, leurs croyances, leurs modes de vie et leur philosophie, pour être fréquentables. On raconte l'histoire de ce bourgeois de Washington qui, dans les années 1830, s'était évanoui en voyant à la portière de sa diligence un Indien tendant la main pour réclamer de l'argent.

James Monroe a pris la peine de tendre la main lui aussi, vers les tribus, et même de les inviter parfois à sa table. Autant pour éviter un accroissement des hostilités d'ailleurs que pour impressionner les Indiens.

En 1821, James Monroe reçut toute une délégation de ses « enfants rouges », comme il les appelait. Le président avait convié à la réunion les membres de son cabinet, les membres de la Cour suprême et des représentants du Congrès. Monroe parla de paix bien sûr, mais aussi de la supériorité militaire de l'homme blanc. Le chef Sharitarish fut chargé de répondre, au nom des Pawnees. « C'est vrai, dit-il, les Blancs savent fabriquer des vêtements et des canons, et faire de l'élevage pour se nourrir. Et les Indiens, eux, ne savent que chasser… Mais le Grand Esprit sait tout cela et il a fait le monde en sachant qu'il y aurait des hommes blancs et des Peaux-Rouges. Il nous observe et il nous regarde tous comme ses enfants. » Sans doute.

James Monroe était donc un homme modéré en toutes choses et l'histoire américaine évoque souvent ce qu'on appelle l'« époque des bons sentiments » avec une certaine nostalgie. Mais les nuages commençaient à s'amonceler, lentement, au-dessus de la Maison-Blanche. Et une question agitait déjà la classe politique : celle de l'esclavage. Lorsque le Missouri demanda son admission au sein de l'Union comme État esclavagiste, Monroe y vit une première alerte sérieuse, les prémices d'une crise à venir. Il était favorable à l'admission du Missouri mais sous la forme d'un compromis proposé par Henry Clay. Il s'agissait d'établir une ligne de partage entre l'esclavage et la liberté : la ligne du 36e parallèle. Ce qui, on en conviendra, ne résolvait rien sur le plan essentiel des principes, mais permettrait au président et à ses successeurs de reculer la guerre de Sécession de près de quarante ans.

Sur le sujet de l'esclavage proprement dit, Monroe était un homme de son temps. Il n'avait pas d'opinion bien arrêtée. Il se contentait de penser que cette pratique disparaîtrait un jour mais qu'en attendant il fallait faire avec. La postérité en tout cas lui réservera une surprise puisque la capitale du Liberia, un territoire africain que des Blancs américains souhaitaient transformer en terre d'accueil pour les esclaves, sera baptisée Monrovia. Un hommage dont on peut douter qu'il l'ait mérité.

L'« âge d'or de la République » s'est donc étiré sur les deux mandats de James Monroe, lequel laissera à l'histoire la fameuse doctrine du même nom, qui demeure en usage près de deux cents ans plus tard, quel que soit l'occupant de la Maison-Blanche. Cette doctrine Monroe énoncée en 1823 postule une fois pour toutes, et pour les générations à venir, que l'hémisphère occidental est dans la sphère d'influence de l'Amérique. Personne ne dérogera à ce principe et certains l'ont même étendu à l'infini. Avec les conséquences que cela entraîne pour le reste du monde.

Dans cet océan de tranquillité, on notera tout de même que les mœurs à la Maison-Blanche étaient encore un peu rudes, pas toujours très sophistiquées. Un jour, le ministre des Finances, William Crawford, fit irruption dans le bureau de James Monroe avec une liste d'obligés qu'il avait soumise au président pour l'obtention de postes et de fonctions dans l'administration. Monroe avait totalement désapprouvé et les choix et la pratique. Furieux, William Crawford avait alors saisi sa canne et s'était rué sur le président en l'insultant et en le traitant de gredin. À ces mots, Monroe avait saisi un tisonnier et s'était précipité à son tour sur son ministre qui ne dut son salut qu'à l'arrivée des domestiques, alertés par le chahut. Monroe n'appréciait pas qu'on lui manquât de respect.

Un autre jour, lors d'un dîner officiel, une algarade était intervenue entre deux diplomates, l'ambassadeur britannique sir Charles Vaughan et son homologue français, le comte de Sérurier, assis en face de lui. Il semble que le Français n'ait eu de cesse de porter sur les nerfs de son voisin de table en suçant son pouce chaque fois que l'Anglais prononçait une parole. « Vous moquez-vous de moi, monsieur ? » demande l'ambassadeur. « Oui », répond le Français. Les deux hommes tirent leur épée et se lancent dans un duel forcené devant les convives médusés. C'est à ce moment que James Monroe se lève, sort à son tour son sabre et s'interpose entre les deux combattants.

Les temps ont changé dans les palais nationaux même s'il n'est pas certain que les fleurets soient toujours mouchetés. Quoi qu'il en soit, il y eut beaucoup de réceptions à la Maison-Blanche à cette époque. Interrogé par un de ses amis sur le fait de savoir si ces innombrables dîners n'étaient pas trop épuisants, Monroe répondit : « Pas du tout. Quelques flatteries et autres flagorneries sont au contraire de nature à faire oublier sa grande fatigue à un homme comme moi. »

Son successeur, John Quincy Adams, le fils du deuxième président des États-Unis, connaîtra des jours moins tranquilles et moins heureux. Et c'est dommage lorsqu'on considère ses qualités. Courageux, intelligent, patriote à l'extrême, il lui manquait probablement une plus grande confiance en soi.

Le jour de son inauguration, en mars 1825, John Quincy Adams délivra le discours d'usage sur un ton qui montrait bien que ce n'était pas le plus beau jour de sa vie. « Me sentant moins expérimenté que mes prédécesseurs, j'ai le pressentiment que, davantage qu'eux, j'aurai besoin de votre indulgence. » Malgré tout, il avait des idées, beaucoup d'idées, et des bonnes : financer des expéditions scientifiques pour accroître les connaissances de la nation sur son propre territoire, créer des observatoires astronomiques, creuser des voies d'eau, construire des routes, et améliorer l'éducation des jeunes Américains en ouvrant des universités. Le Congrès le regarda de haut et refusa tout financement. Nul n'est prophète en son pays. Adams voulait également ouvrir une Académie navale, ce qui ne semble pas tout à fait stupide lorsqu'on considère la longueur des côtes qui entourent les États-Unis. S'adressant au sénateur William Smith, de Caroline du Sud, il lui rappela gentiment que Jules César et l'amiral Nelson avaient tous deux fréquenté ce genre d'établissement dans leur jeunesse et que cela n'avait pas nui à leur postérité. Réponse de Smith : « Une institution de ce genre ne pourrait apporter que dégénérescence et corruption de la moralité publique. » On voit le niveau du débat politique.

Précisons que John Quincy Adams n'était pas connu pour ses talents diplomatiques. Lorsqu'il faisait office, précisément, d'ambassadeur pour l'Amérique naissante, il se montrait dans ses fonctions aussi aimable qu'une porte de prison, « un bouledogue dans une meute de cockers », disait un de ses homologues anglais. Ralph Emerson le décrivait comme une brute toujours prêt à la bagarre et qui probablement « sucrait son thé avec de l'acide sulfurique ». Un autre disait de lui : « Il a un véritable instinct pour la jugulaire et les carotides, comme certains animaux carnivores. » Que gracieusement ces choses-là étaient dites ! Lui-même se jugeait avec une certaine lucidité : « Je suis un homme réservé, austère, froid. Mes adversaires politiques trouvent que je suis un sinistre misanthrope et mes ennemis personnels me regardent comme un sauvage asocial. »

C'est donc cet homme-là qui dort à la Maison-Blanche et rien ne lui sera épargné. Lui, si austère, est accusé de dilapider l'argent public en remplissant la demeure du président de meubles extravagants et coûteux. Il est vivement critiqué pour avoir fait l'acquisition d'une table de billard, un passe-temps diabolique, auquel on joue pour s'amuser ou pire encore, pour faire des paris d'argent. On lui reproche d'être snob, de se conduire comme un aristocrate, de mépriser le bon peuple et de s'enivrer en cachette comme un hypocrite qu'il est. En outre, il ne respecte pas le jour du Seigneur puisqu'on le voit parfois, le dimanche, galoper à en perdre haleine, comme un démon. Pauvre John Quincy

Adams, qui ne sera pas réélu pour un second mandat mais qui retournera en politique quelque temps plus tard pour servir au Congrès comme modeste représentant de son district de Nouvelle-Angleterre.

John Quincy Adams avait pris dans sa jeunesse l'habitude de se lever très tôt et il démarrait ses journées, à la chandelle, à cinq heures du matin. L'été, il quittait son lit encore plus tôt, avant l'aurore, pour s'échapper de la Maison-Blanche en catimini. Il allait marcher, ou bien galoper, mais ce qu'il adorait par-dessus tout, c'était les baignades dans le Potomac. Le président des États-Unis descendait jusqu'au fleuve, dans la solitude du petit matin, se déshabillait et plongeait, nu comme un ver, et manifestement très à l'aise dans l'élément liquide. Il ressortait de l'eau, s'essuyait tant bien que mal avec une serviette, se rhabillait et avant le lever du soleil était de retour à la Maison-Blanche. Cette manie finit par être connue dans tout Washington et un beau matin quelqu'un vola ses vêtements alors qu'il piquait une tête dans le Potomac. Un passant dut courir à la Maison-Blanche pour rapporter au président des États-Unis de quoi se vêtir décemment. Une autre fois, Adams tenta de traverser le fleuve en canoë. Celui-ci coula et le chef de la Maison-Blanche fut contraint de laisser la moitié de ses vêtements dans l'aventure avant de regagner la rive. Cette fois, torse nu, il retourna, au milieu des passants, avec la plus grande dignité, au 1600 Pensylvannia Avenue.

Enfin, dernière anecdote, invérifiable, mais plausible, relative à ces baignades sauvages. Une journaliste de Washington, Ann Royall, le suivit jusqu'au Potomac, attendit qu'il soit à l'eau et s'assit sur ses vêtements. Lorsque Adams revint vers la rive, elle lui expliqua qu'elle entendait bien obtenir ce jour-là l'interview qu'il lui refusait depuis trop longtemps sur la question du système bancaire américain qui agitait alors beaucoup la classe politique et l'opinion publique. Très embarrassé, Adams essaya en vain de tergiverser mais, en bonne journaliste, Ann Royall menaça de hurler si elle n'obtenait pas son interview. Terrifié, Adams obtempéra avant de récupérer ses vêtements.

Certes, le président adorait la natation, mais s'il folâtrait ainsi au petit matin dans les eaux du Potomac, c'est sans doute aussi qu'à l'époque, la Maison-Blanche était peu équipée en termes d'installations sanitaires. Pas d'eau courante et pas de réelle salle de bains. Il y avait, certes, des améliorations, mais ce n'était pas Versailles. Les jardins n'étaient que de vulgaires prairies, avec des vaches, des moutons et des légumes. Le potager était doté d'une laiterie et d'une cabane à outils. Une sorte d'imposante maison de campagne en quelque sorte, qui n'avait pas encore été ornée de ses portiques et de ses ailes. Pas ou peu d'arbres, ce qui n'ajoutait guère de majesté à l'ensemble.

Tout en passant aux yeux de ses contemporains, et à juste titre, pour un ours, John Quincy Adams entretint une vie sociale très active à la Maison-Blanche en compagnie de son épouse Louisa. Ce sont eux qui ont lancé la tradition des réceptions du 1er janvier et ils donnaient deux soirées par semaine à l'intention du personnel politique de Washington. Le décorum s'était sensiblement amélioré au fil des années, le style et les manières également. Le dîner était servi à dix-huit heures et se prolongeait jusqu'à vingt-deux heures. La table était réputée. La cave également, et les invités avaient droit au meilleur porto, au meilleur bordeaux et au meilleur champagne.

Lorsqu'il n'y avait pas d'obligation, la maison Adams adorait se retrouver en famille. Louisa aimait jouer de la harpe et du piano, et ses enfants avaient étudié eux aussi la musique. Mme Adams était une personne cultivée et elle se piquait de littérature. Il faut souligner que c'est la seule *First Lady* de toute l'histoire qui ne soit pas née aux États-Unis.

Ajoutons également que la vie de famille fut passablement compliquée du côté des enfants. Le 25 février 1828, un événement mondain eut lieu dans le salon bleu de la Maison-Blanche : un mariage. Un des fils Adams, John, convolait en justes noces avec une certaine Mary Catherine Ellen. Une affaire somme toute assez banale, sauf que la jeune mariée, avant ce dénouement, avait été fiancée à un autre jeune homme de Washington, l'autre fils du président. La jeune femme rompit les fiançailles pour jeter son dévolu sur le cadet. On imagine l'ambiance, car évidemment, les deux frères étaient mortellement fâchés. Les deux finiront d'ailleurs assez tragiquement, malheureux et alcooliques. John était le secrétaire particulier de son père et s'était fait surnommer le « chiot royal ». Son arrogance lui valut quelques déboires dans l'exercice de ses fonctions, notamment lorsqu'il insulta publiquement un journaliste politique qui n'avait pas épargné son père, lors d'une réception officielle à la Maison-Blanche. Lorsque l'honneur était en jeu, les hommes de l'époque étaient enclins à régler leurs querelles avec une paire de pistolets au petit matin. Pour une maladresse, une bousculade, ou une faute d'inattention, bien des hommes ont trouvé la mort et, à l'évidence, le reporter insulté, Russel Jarvis, n'était pas du genre à encaisser l'insulte sans réagir. Le lendemain, il fit connaître ses intentions par courrier au fils du président et le provoqua en duel. Toute la ville était au courant de l'incident. John Adams, sans doute un peu inquiet des conséquences de son emportement de la veille, ne répondit pas à l'invitation et continua, comme si de rien n'était, de remplir ses fonctions de secrétaire, notamment en acheminant chaque jour le courrier personnel du président au Capitole. Jarvis, lassé d'attendre, se posta sur les marches du Congrès et intercepta John Adams, dans le but d'obtenir réparation. Il le gifla et lui tira le bout du nez, de quoi faire comprendre à n'importe quel gentleman américain qu'il était temps de se battre et de régler cette affaire.

John Quincy Adams était opposé à la pratique du duel et il interdit à son fils, semble-t-il, de répondre à l'invitation de Russel Jarvis. Il écrivit simplement au Congrès pour se plaindre du fait que son fils avait été agressé dans l'enceinte même de la Chambre des Représentants et qu'il exigerait à l'avenir la sécurité pour ses émissaires personnels. Jarvis s'en donna à cœur joie dans les colonnes de son journal, le *United States Telegraph*, pour se moquer une fois de plus du « chiot royal ».

Quant à la femme de John, Mary Catherine Allen, velléitaire et un brin volage, elle se montrera une belle-fille exemplaire puisqu'elle accompagnera Mme Adams jusqu'à sa mort en 1852.

3

Andrew Jackson : un homme d'honneur

Le 19 janvier 1829, Andrew Jackson quitte sa propriété de Nashville pour monter à bord d'un bateau à vapeur sur le fleuve Cumberland. C'est le début d'un voyage qui doit l'emmener à Washington. Il arrivera à destination un mois plus tard et fera une entrée plutôt discrète dans la capitale fédérale. Jackson est seul, à l'exception d'un serviteur noir. Ce n'est pas un personnage anonyme. On le remarque. C'est le héros de la bataille de La Nouvelle-Orléans. Tout du long, entre Nashville et Washington, les gens ont salué son passage. Ils attendent beaucoup du prochain président des États-Unis. Ils ont pu entr'apercevoir un homme plutôt sérieux, portant manifestement le deuil. Il vient de perdre sa chère femme Rachel. Il est vêtu de noir, cravate noire, brassard noir sur la manche de son habit. Il porte une coiffure en castor. Mais c'est un homme digne, rien à voir avec le ruffian que certains décrivent déjà. L'inauguration est prévue, comme le veut la coutume, le 4 mars et Jackson va s'installer pour quelques jours au National Hotel, qui vient d'ouvrir ses portes sur Pensylvannia Avenue et la 6e Rue. Il attend tranquillement son heure, l'heure de devenir président des États-Unis.

De leur côté, les Américains sont impatients. Ils ont entendu la campagne électorale de Jackson. Ils l'ont entendu parler du gouvernement par le peuple. Et ils y croient. Ils veulent être là, à l'heure dite, à Washington pour saluer leur héros. Et c'est ainsi que la capitale fédérale voit déferler des milliers et des milliers d'individus venus du pays tout entier. Des admirateurs. Ils font le déplacement, campent un peu partout en ville et, comme l'écrira plus tard Daniel Webster, « ils ont le sentiment que Jackson va les sauver d'un très grand danger ».

Jackson est un formidable personnage, et c'est un homme en colère depuis quatre années déjà. Il estime qu'on lui a volé l'élection de 1824 bien qu'il ait remporté, cette année-là, les suffrages populaires et ceux du collège électoral. Indigné, il va devenir le roi de la réforme du gouvernement. « Tous pourris », « tous corrompus », tel est son slogan ; quatre ans plus tard, il l'emportera. Jackson est un homme blessé. Il estime que son prédécesseur à la Maison-Blanche, John Quincy Adams, a laissé ses opposants traîner son nom et celui de sa femme dans la boue. Il ne pardonnera jamais.

Le traumatisme vient de loin, et c'est une vraie et belle histoire d'amour. Dans sa jeunesse, Andrew Jackson rencontre, dans une pension de famille de Nashville, une jeune femme, Rachel. Et lorsque le mari de celle-ci la quitte, il décide de l'épouser. Deux ans plus tard, le couple apprend qu'en fait le mari n'a entamé aucune procédure de divorce et que c'est lui maintenant qui demande officiellement la séparation sous prétexte que sa femme est bigame. Les choses vont finalement se régler devant un juge et les Jackson, ce qui n'est pas courant, doivent se marier une seconde fois, pour le meilleur et pour le pire. Évidemment, l'histoire fait le bonheur des commères et des journalistes et devient pour Andrew Jackson un sujet extrêmement sensible. Son honneur est souvent mis à rude épreuve et il n'est pas le genre d'homme à ruminer les insultes dans sa barbe. On ne badine pas avec la réputation de sa Rachel. D'ailleurs, jusqu'à ce qu'il devienne président des États-Unis, il aura à portée de main une paire de pistolets pour faire rendre gorge aux irrespectueux, et ce n'est pas une figure de style.

Jackson, qui possède bien des défauts (il n'a de considération ni pour les Noirs ni pour les Indiens), fera toujours montre de grandeur lorsqu'il s'agira de Rachel. Les duels vont se succéder. On a déjà évoqué la mort de Charles Dickinson. Il y aura d'autres rencontres violentes avec le gouverneur du Tennessee, John Sevier, avec Thomas Hart Benton, sénateur du Missouri, et son frère Jesse. Jackson sera touché au bras gauche et il gardera la balle dans l'épaule pendant dix-neuf ans. Quelqu'un suggéra qu'il rende le projectile au tireur, le sénateur Benton, mais celui-ci déclina l'offre, estimant que Jackson avait pris soin de l'objet suffisamment longtemps pour qu'il lui revienne.

Voilà l'homme qui allait entrer à la Maison-Blanche.

Le 4 mars 1825, il faisait un temps splendide. Jackson prononça un discours plutôt modéré et prêta serment. Ensuite, ce fut le chaos. La foule devint hystérique et escalada les marches du Capitole. Ils voulaient serrer la main du nouveau président, et celui-ci, sous bonne escorte, dut faire retraite à cheval vers la Maison-Blanche. Là, les choses ne s'améliorèrent guère. Ses admirateurs envahirent littéralement la place et passèrent par les fenêtres pour aller plus vite. La réception prévue tourna au capharnaüm. On se jeta sur le bar, sur les amuse-gueule, on brisa la vaisselle, les tables, les chaises, on aspergea les tapis de détritus. Une émeute. Très sagement, le personnel de la Maison-Blanche jugea plus raisonnable de servir les rafraîchissements, en l'occurrence du punch et du whisky, à l'extérieur de la demeure, dans le jardin. Cela fait, ils bouclèrent les portes de la Maison-Blanche à double tour. On n'avait jamais vu pareille réception, où le « peuple », toutes catégories confondues, s'était approprié la maison du président des États-Unis. Inutile de préciser que la bourgeoisie washingtonienne était épouvantée.

Jackson lui-même avait dû s'enfuir devant la horde de ses admirateurs et, avec l'aide de quelques amis, il avait pu quitter la Maison-Blanche et se réfugier à son hôtel. Qu'à cela ne tienne, la fête continua sans lui pendant plusieurs heures et, n'en déplaise aux fines bouches locales, qui croyaient voir là les prémices d'une présidence sauvage, tout se termina bien, et au fond, de fort démocratique façon. Le problème, c'est qu'Andrew Jackson dut séjourner une semaine à l'hôtel afin que le personnel de la Maison-Blanche puisse réparer les dégâts et remettre un peu d'ordre dans la demeure. Une chose est sûre : l'Américain moyen de l'époque vénérait l'homme qui venait d'être élu, adorait sa simplicité et appréciait sa franchise.

Jackson n'était pas exactement l'homme des bois que ses adversaires caricaturaient. À l'époque où il entre à la Maison-Blanche, c'est un homme mûr, qui s'est élevé socialement. Il est le propriétaire d'une plantation florissante dans le Tennesse. C'est vrai, il est né pauvre, dans cette fameuse « cabane de rondins » qui sera si utile pendant sa campagne pour le revêtir de toutes les vertus de l'humilité. Mais l'homme du peuple a fait son chemin dans la vie. Il a été un de ces hommes de loi de la « Frontière », un juge de paix avec qui il valait mieux filer droit. Il a exercé le métier de commerçant, il a combattu les Indiens comme soldat, et à l'arrivée il a plus le comportement et les manières d'un gentilhomme que d'un homme du peuple. Seuls ses ennemis politiques vont s'y laisser prendre et découvrir, trop tard, que leur opposant est plus sophistiqué et subtil que prévu. Il faut dire qu'Andrew Jackson s'était particulièrement illustré dans sa jeunesse, on l'a dit, par sa vitalité et son irrespect total des convenances. On prétend que c'est sa mère qui en avait fait très tôt un bagarreur : « Fils, lui avait-elle répété à maintes reprises, ne porte jamais plainte contre quelqu'un qui t'a agressé, molesté ou insulté. Fais justice toi-même. »

Aujourd'hui, c'est lui qui préside au destin de son pays, et le tempérament est intact, même si les convenances l'emportent la plupart du temps. Au passage, signalons que l'« homme des bois » ne négligeait pas son confort puisqu'il apportera un certain nombre d'améliorations à la Maison-Blanche. C'est lui qui fera construire le portique Nord, qui fait aujourd'hui office d'entrée de la demeure. Il va également faire ajouter une aile de chaque côté du bâtiment et c'est un rajout particulièrement réussi. Cet espace supplémentaire servira à abriter des bureaux, mais aussi les écuries. C'est sous sa présidence également que l'on commence à implanter les jardins et les pelouses. Oublié le terrain vague au milieu duquel était plantée la Maison-Blanche. Si vous visitez encore aujourd'hui l'endroit, demandez à ce que l'on vous montre le magnolia planté par Jackson à la mémoire de Rachel. Il est toujours là et a fière allure malgré le passage des ans.

Décidément, Rachel aura tenu une place immense dans la vie amoureuse de Jackson. On a vu à quel point cette union avait démarré difficilement et quel prix politique Jackson avait dû payer. Mais à l'évidence, Rachel valait tout cela et plus encore. Cette femme était littéralement terrifiée à l'idée de quitter sa maison du Tennessee pour se rendre à Washington. Elle ne s'imaginait pas comme une *First Lady* et encore moins comme l'hôtesse de la maison. Rachel était trop timide. La campagne électorale fut dure, et Rachel évidemment ne fut pas épargnée. Elle tint bon mais, après la victoire de son mari, elle sembla sombrer dans une affreuse mélancolie. La belle de l'Ouest, qui avait tant fait tourner les têtes, était devenue obèse ; quelques mois avant l'installation prévue à la Maison-Blanche, elle tombe définitivement malade. Jackson envisage alors de s'installer seul à Washington, ce que lui déconseille vivement son entourage s'il veut se mettre à l'abri des commérages. Mais à Nashville même, les langues de vipère continuent de s'agiter en demandant notamment comment une aussi grosse femme, si peu sophistiquée, pourra jamais représenter dignement son pays. C'en est trop pour la pauvre Rachel dont l'esprit se met plus ou moins à battre la campagne. Elle meurt fin décembre, sa pipe à la main, devant sa cheminée, en marmonnant qu'« elle préférera être servante dans la Maison de Dieu que de vivre dans un palais ». Elle sera exaucée et Jackson ravagé par le chagrin ; « *Old Hickory* », comme on l'avait surnommé, surprendra son monde. Tout plébéien qu'il est supposé être aux yeux de ses compatriotes, il aime le luxe et le style, notamment à sa table. Il aime les chandeliers d'argent et la lumière. Il aime la belle vaisselle et s'intéresse au contenu. D'ailleurs il s'assurera les services d'un cuisinier français, déjà. Les vins sont raffinés et choisis avec goût, en fonction des plats. Ce qui constitue un net progrès. Jackson entend que ses invités goûtent à tout ce qui leur est servi et il a imposé un service ultra-rapide afin que chacun puisse goûter à tous les plats. On ne refuse rien à « Old Hickory » lorsqu'on a l'honneur d'être invité sous son toit.

Hormis cela, il paraît que les soirées étaient bien agréables et absolument pas guindées. Et puis, pourquoi ne pas améliorer la décoration de l'endroit ? Là aussi, Jackson va révéler un goût très sûr : quelques jolis meubles, du papier peint, des tapis, des chandeliers de cristal, des manteaux de cheminée en marbre noir, des miroirs, et du satin bleu pour les sièges. Sur le plan de la vie quotidienne, Jackson s'octroie quelque confort : une chaise de barbier pour ses ablutions matinales, et un système d'eau courante. C'est un projet assez complexe. Jusqu'à présent la Maison-Blanche était alimentée grâce à deux puits. L'ingénieur chargé d'améliorer les choses, un certain Robert Leckie, va inventer un système à gravité assez compliqué et alimenter en eau, du même coup, les bâtiments administratifs avoisinants. Il fallut un an pour mener à bien l'opération, et la vérité oblige à dire que ce système ne donnera jamais entière satisfaction aux habitants de la Maison-Blanche. Il n'empêche que c'est un progrès considérable, qui autorisera Jackson à faire installer une baignoire avec eau chaude et eau froide, s'il vous plaît, dans une pièce de l'aile Est.

De 1829 à 1837, Jackson va gouverner son pays à la hussarde. Il a des convictions, et transiger ne lui semble pas être la méthode appropriée pour obtenir ce qu'il veut dès lors que ses convictions sont en jeu. C'est ainsi qu'il va faire une guerre à outrance à la Banque des États-Unis. Il estime qu'elle dispose d'un monopole exorbitant et que c'est dangereux pour l'Américain moyen. Il refuse donc en 1832 de proroger le statut de la banque, ce qui va amener tous les milieux d'affaires à se dresser contre le président. Pour se faire bien comprendre, Jackson retirera tous les fonds du gouvernement fédéral, ce qui entraînera la ruine de la banque. Même attitude offensive lorsque certains États du Sud flirtent avec l'idée de sécession, en refusant d'appliquer les lois commerciales adoptées par le Congrès. La Caroline du Sud va l'apprendre à ses dépens. Jackson menace d'employer la force, cela alors que son vice-président, John C. Calhoun, est dans le camp des contestataires. Lors d'un autre conflit, il menacera de pendre haut et court les rebelles, y compris son vice-président. D'ailleurs, sur son lit de mort, il n'exprimera qu'un seul regret : ne pas l'avoir fait. Et lorsque Jackson tempête, ses adversaires savent qu'il ne parle pas en l'air. Et en général, les choses rentrent dans l'ordre.

Même chose en politique étrangère. En 1835, il se fâche tout rouge contre la France qui tarde à s'acquitter d'une dette. Jackson ordonne à l'US Navy de se préparer à l'action et ordonne au Congrès de procéder à la saisie des biens français aux États-Unis. On est au bord de la guerre, mais la médiation de l'Angleterre se révélera efficace et la France honorera sa dette. Malgré tout,

Jackson refusera toujours de présenter des excuses au roi de France.

Heureuse époque où la diplomatie opérait en direct et où le président était directement impliqué. Même s'il n'était pas toujours équipé en conséquence... Ainsi, la Maison-Blanche se souvient d'une très curieuse visite. Lorsque l'ambassadeur du Portugal aux États-Unis, nouveau venu à Washington, voulut présenter ses lettres de créance au président, le secrétaire d'État Louis McLane prit rendez-vous au Département d'État pour l'accompagner à la Maison-Blanche. L'ambassadeur comprit qu'il devait se rendre chez le président et aimablement se présenta à l'entrée où un serviteur le reçut et le fit patienter dans un salon. Problème : l'ambassadeur du Portugal, ne parlant pas l'anglais, s'exprimait en français. L'huissier, un Irlandais nommé Jimmy O'Neil, comprend que le visiteur veut voir Jackson mais ne saisit pas le motif de sa présence. Il décide d'introduire l'ambassadeur dans le salon vert où le président se relaxe en fumant sa pipe. Le visiteur fait sa révérence et se présente à Jackson, toujours en français. « Que dit-il ? demande ce dernier à l'huissier.

— Je ne sais pas, répond ce dernier, je crois que c'est un étranger.

— Essayez l'irlandais », lui suggère alors le président. Jimmy essaie en vain, et finit par en conclure que l'homme s'exprime en français. « Ce gentleman n'est pas irlandais, Monsieur le Président. Il est probablement français. »

— Allez chercher le cuisinier, lui intime Jackson, et demandez-lui ce que raconte ce monsieur. »

Aussitôt dit, aussitôt fait. Le cuisinier français passe les portes du salon vert. Il est ceinturé de son tablier, ses manches sont relevées et il tient à la main un énorme coutelas. L'ambassadeur du Portugal prend peur et tente une sortie mais Jimmy O'Neil monte la garde près de la porte. Le secrétaire d'État, Louis McLane, arrivera à temps pour éviter un incident diplomatique et expliquer la situation. Il paraît que Jackson n'appréciait guère qu'on fasse allusion à cette histoire.

On le voit, la vie aventureuse d'Andrew Jackson est remplie d'anecdotes et, encore aujourd'hui, les Américains aiment à se reconnaître dans cet homme entier et non conformiste. Une des histoires les plus célèbres ramène au temps ou Jackson était juge de paix dans un petit village du Tennessee. Nous sommes en 1798. Jackson est en train de présider une audience quand il entend un grand tumulte à l'extérieur du bâtiment. Dans la rue, un nommé Russell Bean sème la terreur. Assis sur son cheval, devant le palais de justice, il menace les passants de son revolver et insulte copieusement le shérif, le juge et tous les habitants de la ville. L'énergumène est très excité et l'on craint un incident grave si rien n'est fait pour le désarmer. Le sang du juge Jackson commence à bouillir lorsqu'on vient lui rapporter ce qui se passe dehors ; il ordonne au shérif d'en finir et de jeter en prison ce Russell Bean, qui n'en est pas à son coup d'essai, paraît-il. Le shérif sort et revient quelques minutes plus tard en avouant qu'il ne se sent pas de taille à procéder à l'arrestation vu l'état de rage de Russell Bean. « Si vous n'y parvenez pas tout seul, prenez quelques hommes avec vous et vite », réplique Jackson. Le shérif sort à nouveau et revient, désolé : « Personne ne veut prendre le moindre risque avec cet énergumène, il est trop dangereux. » Cette fois, la patience d'Andrew Jackson est à bout : « Shérif, puisque vous ne pouvez obéir à mes ordres, assignez-moi cette mission. » Le shérif tente de dissuader le juge Jackson de se lancer dans l'aventure, puis, voyant la colère du juge monter, il lui confie officiellement la mission de rétablir l'ordre.

Jackson sort dans la rue après avoir ajourné temporairement l'audience qu'il préside. La foule est rassemblée dehors, autour de Russell Bean qui continue à hurler les imprécations les plus ordurières à l'égard des notables et des citoyens de la ville. Il a son arme à la main et menace de tuer quiconque tentera de s'interposer. Jackson a lui aussi sorti ses pistolets et marche vers son adversaire. Il est furieux et ses yeux étincellent. « Maintenant, espèce de minable, tu te rends ou je te fais sauter la cervelle sur-le-champ. » Russell Bean regarda Jackson droit dans les yeux… et se rendit sans tergiverser. On le conduisit immédiatement à la prison et Jackson put reprendre son audience au palais de justice.

Quelques jours plus tard, on demanda à Russell Bean pourquoi il n'avait pas osé défier Jackson alors qu'il avait résisté au shérif. « C'est simple, répondit-il. Lorsque j'ai vu Jackson arriver, je l'ai regardé dans les yeux et j'ai vu qu'il allait tirer. Personne d'autre n'avait ce regard-là dans la foule. Et là, je me suis dit : "Mon bonhomme, c'est l'heure de filer doux." »

Tel était Jackson, un homme pas comme les autres. En 1833, il avait entrepris un voyage sur la baie de Chesapeake et la tempête s'était levée soudainement. Le bateau à vapeur peinait à suivre sa route au milieu des vagues qui noyaient littéralement le pont du navire, et la nervosité commençait à gagner les passagers. Un homme âgé, n'y tenant plus, finit par confier ses craintes au président, qui lui répondit : « Je vois bien que vous n'avez pas l'air très à l'aise. Vous n'avez jamais voyagé en ma compagnie auparavant, n'est-ce pas ? »

Il y a quelque chose de rafraîchissant dans la vie de cet homme qui se moquait totalement du qu'en-dira-t-on. Jackson, toute sa vie, avait adoré les chevaux et une fois installé à la Maison-Blanche, il n'avait évidemment pas renoncé à ce plaisir. Il avait donc installé ses propres chevaux de course dans l'écurie et comme les paris allaient bon train, la rumeur commençait à courir les gazettes que le président était un joueur de la pire espèce. Pour échapper aux ragots, Jackson avait trouvé l'astuce de confier son écurie à son secrétaire, Andrew Donelson, un neveu de feu son épouse. Personne n'était dupe, bien sûr, mais Jackson avait la passion des courses de chevaux. Ce qui lui avait valu quelques déboires dans sa jeunesse. Il s'était retrouvé dans bien des querelles et des bagarres, les parieurs étant rarement bons joueurs lorsqu'ils étaient perdants. Un soir, cerné par une bande d'individus menaçants, il les avait tous provoqués en duel, sans que l'étau se desserre, personne n'étant particulièrement impressionné par un homme seul et désarmé au milieu d'une foule. Jackson sentait venir le lynchage et lorsqu'un homme plus audacieux que les autres avait fait mine de s'approcher trop près, il avait fait claquer à grand bruit le couvercle de sa tabatière, un bruit qui ressemblait à s'y méprendre à celui d'un pistolet qu'on arme. Tout le monde avait détalé en quelques secondes. Jackson savait faire preuve de sang-froid dans certaines circonstances, et c'est à l'évidence un formidable atout lorsqu'on est président des États-Unis.

Bob Dole, candidat malheureux à la présidence, et grand admirateur de Jackson, racontait il y a quelques années cette histoire, qui, même si elle n'est pas vraie, mériterait de l'être. En 1833, l'ancien ruffian de la Frontière, président des États-Unis, visita la Nouvelle-Angleterre. Il se montra tellement charmant que le président de l'université de Harvard manifesta l'intention de récompenser Jackson par un diplôme universitaire à titre honorifique. Ce qui irrita au plus haut point le prédécesseur de Jackson, John Quincy Adams, lui-même membre du conseil d'administration de Harvard et qui estimait que « Jackson n'était qu'un barbare, incapable d'écrire une phrase correctement et encore moins d'épeler son propre nom ».

Qu'à cela ne tienne, la cérémonie eut lieu et, avec beaucoup de dignité, Jackson fut nommé docteur *honoris causa*. Il remarqua que son diplôme était écrit en latin et lorsque vint son tour de prendre la parole pour remercier l'assemblée, il se leva et déclama : « *Ipso Facto. Tempus Fugit. Sine qua none. E pluribus unum.* » Les étudiants l'acclamèrent.

4

Politique et impérialisme :
l'Amérique mûrit

Difficile de succéder à Jackson dans le cœur de ses concitoyens. Tâche impossible pour Martin Van Buren, huitième président des États-Unis. Il démarre pourtant sous les meilleurs auspices puisque c'est son ami Jackson qui le porte à la Maison-Blanche. Mais il n'a pas le style. Et on le verra dès le jour de sa prestation de serment à Capitol Hill. Il y a foule, certes, mais c'est pour acclamer celui qui s'en va, pas celui qui arrive. Comme le note le sénateur Hart Benton, « le soleil levant a été éclipsé par le soleil couchant ».

D'ailleurs la Maison-Blanche, pendant une vingtaine d'années, ne va connaître que des résidents relativement moyens, jusqu'à ce que surgisse dans l'histoire politique américaine un géant : Abraham Lincoln.

En attendant, Van Buren est aux affaires. Il aime son confort, cet homme. Il est veuf et doit s'occuper de ses quatre fils. Il améliore le style de vie de la Maison-Blanche. Jackson a beau être son ami et son mentor, il a des goûts différents et entreprend des travaux de restauration. Grand mal lui prend. Le voilà immédiatement accusé de dilapider les deniers publics et, fort injustement, ses efforts pour enjoliver la demeure présidentielle ruinent son mandat. Un certain William Ogle, éminent membre de la Chambre des Représentants, déclenche le scandale à la Chambre, dans un long discours qui va durer trois jours. Et William Ogle n'y va pas de main morte. « Avec ses petites mains si blanches et si soignées, notre président dîne dans des assiettes en argent, avec une cuillère en or. La Maison-Blanche brille de tous les luxes imaginables. Comment les citoyens de ce pays peuvent-ils tolérer que leur chef se prélasse dans un palais aussi splendide que celui de César ? On trouve des rince-doigts à table, on y mange du foie gras, on se sert avec de l'argenterie, le vin est tenu au frais dans des décanteurs de cristal. L'ordinaire consiste en dinde désossée et en salade de volaille, alors que la bonne tradition américaine imposerait de la viande grillée et du cochon... »

En réalité, Martin Van Buren n'était pas si dispendieux, ni si aristocratique. Mais le mal était fait, et sa présidence ne s'en remettra pas. Seul son successeur, William Henry Harrison, appréciera, lorsqu'il s'installera dans la demeure présidentielle, d'y trouver des peintures rafraîchies, des meubles restaurés, des rideaux neufs et un véritable système de chauffage central, au rez-de-chaussée et au premier étage.

Les invités de la Maison-Blanche ne s'en plaindront pas non plus, d'autant qu'une jeune femme fait office d'hôtesse, puisque le maître des lieux est veuf. C'est une belle du Sud, Angelica Singleton, de Caroline du Sud. Elle épousera le fils aîné de Van Buren, Abraham, et leur premier enfant, une petite fille, naîtra à la Maison-Blanche. Angelica sait recevoir – un peu trop bien. Elle trône littéralement sur une plate-forme pour recevoir les invités et, dans la républicaine Amérique, ces choses-là ne se font pas. Et comme si cela ne suffisait pas, le Congrès chercha des poux dans la tête de Van Buren à propos de deux bébés tigres offerts aux États-Unis par le sultan d'Oman. Deux bébés recueillis à la Maison-Blanche et qui allaient devenir l'enjeu d'une formidable bataille politique. Van Buren considérait qu'il était le propriétaire des animaux, qu'il adorait. Faux, rétorqua le Congrès, ils appartiennent à la Nation. Finalement, les deux petits tigres furent confiés au zoo de Washington. Et Martin Van Buren partit aux oubliettes de l'histoire.

Il est remplacé par William Henry Harrison. Ce n'était pas un aigle non plus. Et sa carrière politique était basée sur un quiproquo. Ce garçon venait d'une excellente famille fortunée de Virginie et il avait profité d'une bonne éducation. Il avait fait consciencieusement son devoir dans l'armée des États-Unis pendant les guerres indiennes en 1811, et un an plus tard contre les Anglais. Et puis, il était parti s'installer dans un magnifique domaine de l'Ohio, à North Bend. Lorsque ses sponsors politiques l'ont sorti de là, ils ont inventé de toutes pièces une légende : Harrison était devenu un pauvre fermier méritant, habitant une cabane de rondins, cette fameuse cabane de rondins qui résonne si bien dans l'imaginaire américain. En fait, Harrison a inauguré la première campagne de communication de l'histoire des États-Unis. On enjolive ses « humbles origines », on décrit par le menu son dur labeur de paysan, et l'on va vendre à travers le pays tout un tas de gadgets rappelant la fable de l'homme né dans une cabane en rondins : mouchoirs, tasses à café, assiettes, bonnets, savon, whisky. Les Américains viennent d'inventer le marketing et Harrison est élu haut la main… sans avoir levé le petit doigt. Car ses conseillers lui ont ordonné de ne rien dire de significatif tout au long de la campagne. Obéissant, il est resté muet sur ses intentions. D'ailleurs, à vrai dire, des intentions, il n'en a guère. Cela changera peu de son prédécesseur, un homme tellement prudent qu'il refusait de s'engager dans un sens ou dans un autre, quel que soit le sujet. C'était d'ailleurs un sujet de plaisanterie à Washington. Un jour, un sénateur paria auprès d'un de ses collègues qu'il parviendrait à obtenir un avis du président. Au cours d'une conversation, il fit remarquer à Van Buren que, selon la rumeur, le soleil se levait tous les jours à l'est. Qu'en pensait le président ? Réponse : « Je crois bien que c'est une croyance assez communément partagée. Mais voyez-vous, je ne peux pas m'engager formellement, ne me levant qu'après l'aurore. »

William Henry Harrison était du même genre. On l'appelait « le Général Mum » pour sa propension à fuir toute opinion.

Quoi qu'il en soit, il avait été élu les doigts dans le nez et, comme l'exige la tradition, le 4 mars 1841, il devait prononcer son discours d'inauguration sur les marches du Capitole. Il montra son projet de discours la veille à Daniel Webster qui n'en crut pas ses yeux, tant le texte était long et tant il faisait référence à l'histoire de Rome. Webster se mit au travail et réduisit le texte considérablement, taillant largement dans les références à l'Empire romain. Du coup, épuisé, il arriva très en retard à un dîner. Il s'excusa auprès de la maîtresse de maison, qui, voyant sa lassitude, lui demanda si tout allait bien. « Oui, répondit Webster, à part que je viens de tuer dix-sept consuls. »

Ce n'est, hélas ! pas la fin de l'histoire car le discours de Harrison restait tout de même particulièrement long. Il fallut plus de deux heures au vieux général pour le prononcer. Il faisait très froid ce jour-là à Washington et Harrison s'était défait de son manteau et de son chapeau, histoire de montrer qu'à son âge, il avait encore bon pied bon œil. Le discours prononcé, il enfourcha son cheval et parada jusqu'à la Maison-Blanche sous les applaudissements. Arrivé là, il se coucha avec une pneumonie et mourut un mois plus tard, jour pour jour.

Il devint le premier président des États-Unis à succomber pendant son mandat et le premier à céder la place au vice-président, en l'occurrence John Tyler.

Quant à la *First Lady*, Anna Symes, l'épouse de Harrison, elle ne passa pas une seule nuit à la Maison-Blanche. Étant elle-même souffrante à la veille de l'inauguration, elle avait dû retarder son arrivée dans la capitale de quelques jours. Le corps de son mari lui fut rendu avant qu'elle n'entreprenne le voyage vers l'Est.

Pendant ce temps-là, John Tyler, le vice-président, était occupé à jouer aux billes avec ses enfants, chez lui, en Virginie. Il était à genoux, dans le jardin, lorsqu'il reçut la visite du fils de Daniel Webster, le secrétaire d'État, venu l'informer de la disparition du président.

C'était une première, et nombre de politiciens à Washington, y compris les membres du cabinet, pensaient que Tyler ne se prendrait pas pour le véritable président des États-Unis et se contenterait d'expédier les affaires courantes jusqu'à la fin de son mandat. Ce qu'ils expliquèrent fort aimablement à Tyler lors de leur première réunion de travail à la Maison-Blanche. « Nous avons, lui expliquèrent-ils en chœur, des habitudes de gouvernement et, lorsque nous mettons les décisions au vote, la parole du président ne vaut pas plus que la nôtre. »

Tyler écouta très attentivement et répliqua : « Messieurs, croyez bien que je suis ravi de pouvoir disposer dans ce gouvernement d'hommes d'État aussi accomplis et expérimentés que vous l'êtes. Et je serais évidemment honoré de pouvoir profiter de vos conseils. Mais en tant que président, c'est moi le responsable de cette administration. Aussi longtemps que cela vous conviendra, je serai heureux de vous avoir à mes côtés. Lorsque vous en jugerez différemment, vos démissions seront les bienvenues. » Pour un petit nouveau à la Maison-Blanche, Tyler avait marqué un point.

Hormis cela, il n'était pas parti sur un bon pied dans le champ politique, lui qui, pourtant, travaillait comme un forcené, au point qu'il mourra littéralement d'épuisement au terme de son mandat.

Charles Dickens, qui allait devenir célèbre dans le monde entier, choisit cette période pour découvrir les États-Unis. Et cette visite le sidéra. Washington d'abord, qui correspondait assez peu à l'idée que l'écrivain anglais se faisait d'une capitale. Ensuite, les coutumes locales, et notamment l'habitude qu'avaient les Américains de cracher le jus de leur chique n'importe où, y compris sur les tapis de la Maison-Blanche. Dickens en conclut que le personnel devait être très bien payé pour endurer pareil comportement. Sur ce plan, il avait tort et nous verrons pourquoi.

Toujours est-il que Dickens eut le privilège de rencontrer le président des États-Unis. Il ne fut pas spécialement impressionné par la Maison-Blanche, à qui, selon lui, il manquait un concierge et un sommelier pour que cela ressemble vraiment à un club londonien. Ce qui le frappa, c'est que les visiteurs, admis à l'époque comme chez eux, puisque c'était un établissement public, regardaient partout autour d'eux pour être bien certains que leur président, accusé à tort d'être un malhonnête homme, n'avait pas emporté les meubles ou l'argenterie pour son usage personnel. Dickens s'entretint avec Tyler, dans son bureau, et rencontra un homme ployant sous la charge, fâché avec le reste du monde, mais au demeurant aimable et courtois.

Tyler avait de bonnes raisons de se morfondre, des raisons à la fois politiques et personnelles. Sa femme, la ravissante Letitia Christian Taylor, lui avait donné cinq enfants, mais une fois à la Maison-Blanche, elle fut victime d'une attaque et en resta handicapée. On l'installa au deuxième étage et elle n'en descendait que très rarement. C'est sa belle-fille, Priscillia, qui faisait office de maîtresse de maison la plupart du temps. La *First Lady* mourut le 10 septembre 1842 et la période fut difficile pour la maisonnée. D'autant plus que Tyler n'était pas très fortuné et que le Congrès lui rendait la vie difficile dès lors qu'il s'agissait de pourvoir au train de vie de la Maison-Blanche. À tel point qu'il dut plus ou moins interdire au public l'accès du rez-de-chaussée, vu son état de délabrement.

Heureusement, si l'on ose dire, Tyler n'avait pas de problèmes de domesticité puisqu'il était arrivé à Washington avec ses esclaves. Et tout perspicace et observateur qu'il était, Charles Dickens se trompait lourdement lorsqu'il présumait que le personnel de la Maison-Blanche devait être rémunéré très largement, vu la besogne à accomplir : pendant des années, les présidents ont amené leurs esclaves à Washington pour faire tourner la Maison-Blanche. Au fil des années, cette pratique, très économique, on s'en doute, finit par poser un problème politique. Zachary Taylor, qui dans quelques années sera élu président, arrive de Louisiane et, bien entendu, il possède des esclaves. Il intègre au staff de la Maison-Blanche quinze d'entre eux. Le budget s'en ressent très positivement mais Zachary Taylor sent bien que les temps changent et il les cache. Ils vont donc dormir pendant quatre ans dans le grenier et se faire aussi invisibles que possible. D'autres avant Taylor en ont fait autant, si ce n'est pire. Polk, par exemple, a mis à la porte tout le personnel et l'a remplacé par ses esclaves, pour faire des économies. Et non content d'amener ses propres esclaves du Tennessee, il ira jusqu'à en acheter d'autres à Washington qu'il logera au sous-sol de la Maison-Blanche…

Pour l'heure, John Tyler, le président en exercice, est au sommet de son impopularité et, résigné, attend le jour béni où son mandat se terminera et où il pourra passer le flambeau à un autre. Il est fatigué du jeu politique et de la haine que lui vouent ses concitoyens. Un jour, il envoie son fils John réserver un train auprès du superintendant chargé des chemins de fer afin d'organiser un de ses rares voyages présidentiels. Réponse du superintendant : « Pas de train.

— Comment ça ! s'écrie le jeune Tyler. Vous avez bien fourni un train spécial pour les funérailles du président Harrison !

— Certes, et si vous m'amenez votre père dans un cercueil, je vous promets que vous aurez le meilleur train de toute l'Amérique. »

Nous sommes en 1845 et c'est James Polk qui lui succède à la tête du pays. Ce n'était pas vraiment prévu par les experts et, manifestement, Polk n'est pas l'homme de la situation. Mais c'est un travailleur acharné. Simplement, le public ne le connaît pas. Cela devient même un slogan pendant la campagne électorale : « James qui ? »

Il n'empêche que James Polk, haut comme trois pommes, au point qu'on le surnommera « Guibolles de Napoléon », jouera un rôle considérable dans l'histoire de son pays. Il entend contrôler autant de territoire qu'il est possible en Amérique du Nord. Et il va déclencher une guerre avec le Mexique qui aura pour résultat d'augmenter de moitié la surface des États-Unis. Il va s'emparer de l'Arizona, du Nouveau-Mexique, de la Californie, de l'Utah, du Nevada et de quelques morceaux de ce qui constituera le Colorado, le Wyoming et le Texas. Imaginez les perspectives ainsi offertes aux Américains, d'autant qu'à la même époque démarre la ruée vers l'or en Californie.

Malgré tout, il restera impopulaire et finira par se fâcher avec l'ensemble de la classe politique. C'est un homme froid, collet monté, soupçonneux, sans aucun humour. En outre, il va rendre la vie très difficile aux deux généraux à qui il a confié la campagne du Mexique, Zachary Taylor et Winfield Scott. D'abord, il trouve que cette guerre, qu'il a lui-même initiée, coûte trop cher au Trésor public, si bien que l'armée aura le plus grand mal à satisfaire ses besoins logistiques tout au long de l'aventure. En outre, il commence à se dire que les succès de ses deux commandants risquent de lui faire de l'ombre et que l'un des deux pourrait bien se présenter contre lui aux prochaines élections. Ce en quoi il n'a pas tort puisque le général Taylor lui succédera peu de temps après.

En attendant, on ne s'amuse pas tous les jours dans les salons de la Maison-Blanche. Le légendaire Sam Houston, Texan bon teint et amateur de bonne chère, condamnera définitivement James Polk en déclarant qu'un homme qui boit autant d'eau à table ne peut pas être sympathique. Et puis il passe des heures à sa table de travail. Heureusement que sa femme Sarah aime la vie mondaine et s'occupe activement des festivités à la Maison-Blanche. Elle aussi vient du Sud, de Murfreesboro, dans le Tennessee, et sa beauté impressionne les visiteurs. Elle est cultivée et pendant des années va consacrer toute son énergie à l'ascension politique de son mari. Une vraie *First Lady*. On s'interroge d'ailleurs sur cette union entre deux caractères aussi opposés sur le plan du comportement social. Et il semble bien que le mariage ait été très lucidement planifié par James Polk, qui dans sa jeunesse était plutôt réputé pour être un coureur de jupons, mais qui déjà se montrait très ambitieux sur le plan politique. Un de ses mentors – en l'occurrence, il s'agit probablement d'Andrew Jackson – lui conseilla alors d'épouser une femme « riche et tranquille ». Ce qui fut fait sans tarder.

Bien des années plus tard, le même James Polk comptait les jours qui le séparaient de sa libération. La Maison-Blanche l'avait littéralement épuisé et c'est un homme amer, frustré mais soulagé, qui va remettre les clefs de la Maison-Blanche au général Zachary Taylor. Le 3 mars 1849, Polk nettoya son bureau. Le lendemain, il assista à l'inauguration de son successeur et quitta la ville avec sa famille. Le voyage de retour dura longtemps. Le bateau à vapeur, le train, la diligence et de très nombreux arrêts en route, pour remercier les électeurs. Il fallut des semaines pour boucler la boucle et retrouver le foyer familial, dans le Tennessee. En juin, Polk était mort. Il avait à peine cinquante-cinq ans.

Zachary Taylor ne va pas non plus faire preuve de longévité. C'est pourtant un homme vigoureux qui s'installe à la Maison-Blanche, et un personnage très pittoresque. D'abord, il décide que son cheval, Old Whitey, qui s'est bien battu pendant la guerre du Mexique, a le droit de paître tranquillement sur les pelouses de la Maison-Blanche. Ensuite, il n'a qu'un seul vice : le tabac et la chique, et il est réputé pour viser juste lorsqu'il crache. Ce qu'il fait très souvent.

Il est arrivé là tout à fait par hasard. Les Whigs, les adversaires du parti démocrate, ont besoin d'un candidat. Taylor accepte en juin 1848, puis rentre chez lui. Les dirigeants du parti lui adressent une lettre de notification et attendent sa réponse officielle. Ils attendront longtemps car Taylor ne va jamais chercher son courrier à la poste de Baton-Rouge s'il faut s'acquitter du timbre. L'affaire s'éternisera pendant des mois.

Taylor n'a pas de programme politique, mais il est populaire et ses faits d'armes contre les Pieds-Noirs, les Séminoles et les Mexicains valent bien de longs discours. Pour un militaire, il manifeste tout de même un vrai point de vue humaniste sur la guerre. « J'ai consacré ma vie au métier des armes, dira-t-il, mais je considère la guerre comme une calamité nationale, quelle que soit l'époque et quelles que soient les circonstances. C'est un malheur à éviter à moins que l'honneur ne l'exige. »

Ce que les Américains aimaient le plus dans leur général-président, c'était ses manières, simples et directes. Il détestait porter l'uniforme, même au plus fort de la guerre, et était toujours vêtu de hardes qui le rendaient méconnaissable. « À cheval, avec sa vieille casquette huileuse et ses pantalons usés jusqu'à la corde, il ressemble à un crapaud. » Hormis cela, sa politesse et sa courtoisie étaient exemplaires. Un général commandant en chef qui abandonne à ses hommes blessés sa luxueuse cabine, à bord d'un navire, pour aller dormir par terre dans la salle des chaudières, c'est rare. Même comportement avec les officiers fraîchement sortis de West Point et rejoignant leur corps sous les ordres d'« *Old* Zach ». Nous sommes dans l'Arkansas, à Fort Smith. Deux jeunes lieutenants en grand uniforme rencontrent dans la rue un homme d'un certain âge, vêtu comme un fermier. Ils l'interpellent : « Salut, grand-père. Comment va la récolte ?

— Pas mal », répond le vieil homme. Les officiers lui proposent d'aller boire un verre et, en partant, un des lieutenants juge bon de transmettre ses hommages à « la vieille épouse du fermier et à ses gosses ». Quelques heures plus tard, les deux officiers, toujours parés de leur uniforme impeccable, se rendent à l'état-major pour adresser leurs respects à leur commandant. Ils découvrent le général Taylor dans la même tenue, qui d'excellente humeur, prend la peine de leur présenter sa femme et « ses gosses ».

Zachary Taylor va finir par trouver la scène politique de Washington plus dangereuse que n'importe quel champ de bataille. Mais l'épreuve ne va pas durer très longtemps. Le 4 juillet 1850, deux ans après son arrivée à la Maison-Blanche, il pose la première pierre du monument dédié à la mémoire de Washington. Il fait très chaud ce jour-là. En rentrant à la maison, le président se jette sur le lait glacé et mange des cerises. Une gastro-entérite aiguë, ou peut-être le choléra, l'emporte en quelques jours.

Ses funérailles donneront lieu à de longues beuveries et à de rudes bagarres entre ivrognes, pendant la cérémonie. Ce qui ne surprit personne, vu le personnage qu'on enterrait ce jour-là.

Sa disparition marque en tout cas un tournant dans l'histoire des États-Unis car de gros nuages s'amoncellent à propos de la question de l'esclavage. Taylor avait l'autorité et le prestige nécessaires pour imposer aux États du Sud une certaine retenue. Le général avait déclaré avec force, quelque temps avant sa mort, qu'il se porterait lui-même à la tête de l'armée des États-Unis pour étouffer dans l'œuf toute tentative de sécession, d'où qu'elle vienne. « Je pendrai de mes mains ceux qui prônent la sécession, comme j'ai pendu des déserteurs et des espions au Mexique. » Lorsque « *Old* Zach » parlait sur ce ton, les sudistes le prenaient totalement au sérieux.

Arrive à la Maison-Blanche Millard Fillmore. C'est la deuxième fois en quelques années qu'un vice-président succède au pied levé au président élu. Il prête serment le 10 juillet 1850 et tout de suite se fait remarquer.

Il lui faut sur-le-champ une calèche digne de son rang. Cela tombe bien puisque le cocher de la Maison-Blanche, le très respectable et très âgé Edward Moran, connaît un attelage à vendre à un bon prix, le propriétaire devant déménager. La calèche est très belle mais Fillmore s'interroge : « Comment un président des États-Unis pourrait-il se déplacer dans une voiture d'occasion ? » Réponse du cocher : « Mais Monsieur, vous êtes vous-même un président d'occasion. »

Et la suite, d'ailleurs, le démontrera. Fillmore n'a pas l'énergie de ses prédécesseurs. Ses opinions, il les garde par-devers lui. Il est hostile à la pratique de l'esclavage, mais jamais il ne s'y opposera. Il considère que c'est ainsi, et pas autrement, et qu'on n'y peut rien. La loi doit être appliquée.

Bref, Fillmore disparaît après deux ans sans laisser de souvenirs. Sauf peut-être pour les présidents à venir car il sera le premier à obtenir une pension du gouvernement pour services rendus : douze mille dollars par an. Il avait bien plaidé sa cause auprès du Congrès : « Il est honteux, disait-il, que d'anciens présidents des États-Unis soient condamnés, à la fin de leur mandat, à ouvrir une épicerie pour survivre. Nous élisons un homme à la présidence, nous espérons qu'il sera honnête, qu'il abandonnera une profession peut-être lucrative et ensuite, nous l'abandonnons dans la pauvreté. » Bien vu. Mais peu de présidents auront à demander l'aumône en quittant le Bureau Ovale. À l'exception peut-être de Jimmy Carter, qui, plus d'un siècle plus tard, retournant en Géorgie et découvrant que son exploitation de cacahuètes est au bord de la faillite, devra, dans l'urgence, écrire ses Mémoires pour faire patienter ses créanciers.

Franklin Pierce est élu. Il vient de loin : il faudra attendre le trente-neuvième tour pour que son nom apparaisse sur la liste des candidats à la convention démocrate de 1852 et il faudra encore quarante-neuf votes pour qu'il devienne le candidat du parti. Jane Pierce, son épouse, s'évanouira en apprenant la nouvelle. C'était une femme que la vie n'avait pas épargnée. Elle avait déjà perdu deux fils et le destin allait s'acharner encore contre elle : quelques jours après l'élection, les Pierce étaient montés à bord d'un train qui devait les mener de Boston à Concord, dans le New Hampshire. C'était le 6 janvier 1853, à deux mois de leur arrivée à la Maison-Blanche. Pour des raisons inconnues, le convoi dérailla et escalada le talus ; le wagon où se trouvait la famille Pierce s'écrasa en contrebas, dans un champ. Le président et sa femme ne furent que légèrement blessés. Mais leur fils Bennie trouva la mort sous leurs yeux. Les parents ne se remirent jamais de cette tragédie. Jane finira par en conclure que Dieu lui avait pris son troisième fils afin que son père ne puisse trouver aucune distraction de sa tâche de président. Pierce, lui aussi, y vit un châtiment divin et, le jour de son inauguration, il refusa de prêter serment sur la Bible et choisit de jurer allégeance et loyauté aux États-Unis sur la Constitution.

Le couple s'installa à Washington et fit de son mieux pour adapter la demeure à son époque. Les Pierce se concentrèrent sur la plomberie défaillante de la résidence présidentielle et améliorèrent considérablement le chauffage et les sanitaires. Désormais, la Maison-Blanche était chauffée de la cave au grenier, et des toilettes étaient disponibles à tous les étages, un confort appréciable pour tous les invités. À l'exception des domestiques qui durent encore, des années durant, traîner des seaux d'eau chaude dans les escaliers pour procéder à leur toilette. Quant aux cabinets d'aisance, ils étaient encore dans le jardin.

Politiquement, Pierce ne va rien faire pour éviter l'orage qui gronde. Au contraire. C'est un fervent partisan de l'esclavage et, tout au long de son mandat, il défendra les droits des États du Sud. Il ne voit même aucun inconvénient à ce que les nouveaux États perpétuent cette tradition. Et il les encourage.

Que dire d'autre ? Pierce était alcoolique et il en mourra dans sa retraite de Concord, dans le New Hampshire. Dans son discours inaugural il avait déclaré, avec humilité : « Vous avez fait appel à moi avec toutes mes faiblesses. Vous devrez me soutenir avec toutes vos forces. »

Le prochain sur la liste s'appelle James Buchanan. Il n'aura dit qu'une seule chose mémorable. S'adressant à Lincoln, la veille de la passation de pouvoir, il laissera son cœur parler : « Cher monsieur, si vous êtes aussi heureux en pénétrant dans cette maison que je le suis en la quittant, alors vous êtes l'homme le plus heureux de l'univers. »

L'Amérique est au bord de la catastrophe et les années qui viennent de s'écouler n'ont fait que retarder l'échéance. L'Union frôle le désastre à cause de la question de l'esclavagisme. Buchanan, à sa manière, est un gentleman d'antan. Un défaut de l'œil le contraint à lever la tête en permanence lorsqu'il s'adresse à autrui, ce qui lui donne une allure de vieil aristocrate. C'est un homme d'une extrême probité. Lorsqu'un des fournisseurs de la Maison-Blanche présente une note à laquelle il manque trois cents, il s'empresse de rectifier l'erreur. Il se sent comptable des deniers publics. Il s'intéresse aux petites choses de la vie de son pays, probablement pour ne pas voir les nuages.

C'est un président célibataire, et il a de l'éducation. La Maison-Blanche va vivre sur un bon train. Mais il reste économe. Aux fournisseurs de la présidence, il recommande de livrer le whisky en tonneau et le champagne en magnum. Cela coûte moins cher. Et puis aussi, Buchanan est réputé pour lever facilement le coude. Un de ses fournisseurs de whisky préféré s'appelait Jacob Baer et, tous les dimanches, le président s'arrangeait pour rater la messe et pour rendre visite à sa distillerie favorite. En général, on lui offrait une dame-jeanne de whisky, du « Old J.B. Whiskey » qu'il adorait. Ses propres initiales, James Buchanan, s'accommodaient assez de ce goût prononcé pour l'alcool fort. Entendons-nous bien. Le président Buchanan n'était pas un buveur ordinaire. Il ne trébuchait jamais et son discours jamais ne devenait pâteux. Simplement, « *he could hold his liquor* », il tenait la bouteille.

De toute façon, James Buchanan dansait au-dessus du volcan et il en avait conscience. Peut-être serait-il le dernier des présidents des États-Unis si la question de l'esclavage n'était pas réglée. Et paradoxalement, bien qu'il condamnât fermement l'esclavage, Buchanan en voulait beaucoup aux abolitionnistes qui jetaient le pays dans la tourmente. Bref, un politicien peu cohérent, détestant l'esclavage, partisan de la loi aidant les esclaves fugitifs, mais partisan de l'adhésion à l'Union du Kansas comme État esclavagiste, opposé à la citoyenneté des Noirs, quel que soit leur statut, favorable à l'annexion par la force de Cuba, etc. Il était temps qu'un homme d'État se profile à l'horizon de l'histoire américaine.

Buchanan s'était rendu à un bal à Washington lorsque la nouvelle de la sécession de la Caroline du Sud lui parvint. Le président sembla vieillir de vingt ans en une seconde. Il appela son cocher et rentra à la Maison-Blanche, totalement abattu. Dans les jours qui suivirent, il rejeta l'idée qu'un seul État de l'Union puisse faire sécession, mais dans le même temps, il insistait sur le fait que le gouvernement fédéral n'était pas légalement tenu d'intervenir. Ses ministres, originaires des États du Sud, l'abandonnèrent un par un et Buchanan se trouva totalement dépassé par la situation. Il proposa bien au Congrès que l'esclavage soit toléré uniquement dans les États sudistes, mais sa voix n'était guère plus entendue. Pendant la guerre civile, loyalement, il soutint Lincoln, sans y croire vraiment. Il mourut en 1868, trois ans après le terme d'une tragédie que les Américains, à ce jour, n'ont pas encore oubliée.

James Buchanan, on l'a dit, était un gentleman de la vieille école, un célibataire à qui l'on reprochait l'absence d'une maîtresse de maison lors des réceptions. « C'est mon drame, disait-il, pas ma faute. »

5

Lincoln, le génie et le courage

À ce jour, Abraham Lincoln occupe encore une marche à part dans le panthéon des présidents américains et même dans l'histoire du peuple américain : la marche la plus haute. Lincoln était à la fois un génie politique, un visionnaire, un homme d'État extraordinairement courageux et le plus grand humoriste ayant dormi à la Maison-Blanche. L'humour était une constante chez lui, quelle que soit l'heure, quelle que soit la gravité de la situation – et personne à cette fonction n'a enduré pareille tragédie que la guerre civile américaine. Elle a fait trois fois plus de morts, dans les armées du Nord et du Sud, que la Seconde Guerre mondiale. Et les États-Unis de 1861 ne comptaient qu'un peu plus de trente millions d'habitants.

Abraham Lincoln, l'avocat de l'Illinois, est un homme doté d'une volonté de fer, d'une grande clairvoyance et d'un humanisme exemplaire. Pourtant, c'est cet homme-là qui devra, au nom de ses principes, faire la guerre à d'autres Américains, une guerre brutale, totale et innovante par bien des aspects. Les armes se sont en effet perfectionnées, la tactique militaire s'est affinée, on se bat parfois dans des tranchées, et même on enfermera des prisonniers dans ce qu'il faut bien appeler des camps de concentration. Les destructions seront terribles dans le Sud, et la fameuse marche de Sherman, destinée à faire plier par la terreur et par la ruine les sécessionnistes, hante encore les mémoires. Le traumatisme ne s'effacera jamais totalement.

Ce sera le prix à payer pour éviter la dislocation d'une nation et ce sera aussi le remords permanent de Lincoln. Son entourage, aux derniers mois de la guerre, craignait pour sa vie. Les passions étaient trop brûlantes et, à mesure qu'approchait l'échéance, la victoire du Nord, le danger se rapprochait. Lincoln cristallisait tout ce que les gens du Sud détestaient et il avait mis un terme, au bout de quatre ans de guerre, à un style de vie, une tradition fondée sur l'égoïsme et sur la liberté individuelle. Lorsqu'on lui demandait de prendre davantage de précautions pour éviter de tomber sous les balles d'un assassin, Abraham Lincoln se montrait extrêmement laconique, comme à son habitude : « À quoi sert-il d'élever des barreaux devant soi quand, tout autour, la clôture tout entière s'est effondrée depuis longtemps ? »

Le 14 avril 1865, un peu plus d'un an après sa réélection, Lincoln se rendit au théâtre. En fait, ce soir-là, il aurait préféré ne pas sortir de la Maison-Blanche. Il avait déjà vu la pièce qui se jouait au théâtre Ford, *Notre cousin américain*, mais son épouse avait insisté et, toujours gentleman, le président avait obtempéré. Et puis le destin le tenait par la main. « Notre présence au théâtre a été annoncée publiquement, dira-t-il au chef des gardes de la Maison-Blanche, le colonel Crook. Je ne peux pas décevoir les gens mais je n'ai pas envie d'y aller. » En partant, il dit encore au colonel Crook :

« Au revoir », ce qui surprit le garde. D'habitude, le président lui disait : « Bonsoir. »

La dernière journée du président est tout aussi troublante. Après déjeuner, il doit signer un certain nombre de documents administratifs, comme chaque jour que Dieu fait. Il examine tout particulièrement les documents qui ont trait à des demandes de grâce. Car si la guerre est bien terminée, les cours martiales, elles, fonctionnent à plein régime. Il y a eu un grand nombre de déserteurs pendant ces quatre années de lutte et les tribunaux ne rechignent pas à la tâche. Lincoln déteste ces exécutions à l'aube de jeunes gens qui, pas toujours par manque de courage d'ailleurs, ont fui la bataille pour rentrer chez eux. « De toute façon », a-t-il coutume de dire lorsqu'il gracie – pratiquement toujours – des soldats condamnés, « je ne crois pas que cela améliore beaucoup un homme que de le fusiller. Les soldats sont plus utiles vivants que six pieds sous terre. » Et il aimait, pour justifier son indulgence, raconter l'histoire de ce soldat yankee arrêté pour désertion. On lui demanda pourquoi il avait abandonné ses compagnons au plus fort de la bataille. « Mon capitaine, répondit-il, ce n'est pas ma faute. J'ai le cœur aussi brave que Jules César mais ce sont ces satanées jambes qui se mettent à courir sans m'aviser dès que la bataille démarre. » Lincoln savait, pour avoir combattu lui-même contre les Indiens, que certains hommes ne pouvaient pas réagir lorsqu'une frayeur immense l'emportait sur leur volonté.

Ce même 14 avril 1865, Lincoln consulte le courrier amoncelé sur son bureau. Encore des doléances, des faveurs à accorder, des emplois gouvernementaux à trouver pour tous ceux qui mendient en permanence une largesse de l'État, une promotion, une récompense. Il s'intéresse davantage au sort des prisonniers sudistes et autorise la libération d'un certain nombre d'entre eux.

On introduit dans son bureau une femme noire, Nancy Bushrod. Elle explique que son mari, Tom, s'est engagé dans l'armée il y a plusieurs mois et qu'au début, sa solde, bien maigre, lui est parvenue régulièrement, ce qui lui a permis de nourrir ses enfants. Depuis quelque temps, elle ne reçoit plus rien. Tom et Nancy sont d'anciens esclaves, originaires d'une plantation proche de Richmond. Après la proclamation de l'Émancipation, ils se sont enfuis, ont réussi à rejoindre Washington, et Tom s'est enrôlé. Lincoln est très ému. Il rassure Nancy Bushrod et lui demande de revenir le lendemain matin. Tous les documents seront signés et elle pourra toucher la solde de son mari. « Et si, madame, vous ne pouvez pas nourrir vos enfants tous les jours, envoyez-les quand même à l'école. »

Lincoln est un personnage hors du commun, un héros de cinéma. Une sorte de Clint Eastwood en moins beau garçon. Il est même plutôt laid et raconte souvent l'histoire de cette cavalière qui le croise dans une allée et prend peur. Malgré tout, elle prend le temps de s'arrêter, de le regarder intensément et de lui dire, d'un air pénétré : « Vous êtes sans conteste l'homme le plus laid que j'aie jamais rencontré. » Et Lincoln de s'excuser : « Madame, vous avez probablement raison mais je n'y peux rien.

— Certes, rétorque la passante, vous n'y pouvez sans doute rien, mais au moins, vous pourriez rester chez vous. » Lincoln riait beaucoup de cette aventure.

Lincoln s'est inscrit au parti républicain, les anciens Whigs, en 1856. À peu près jusqu'à cette date, on ne l'a pas entendu se prononcer publiquement sur la question de l'esclavage. L'Illinois est un État libre et l'on n'exige pas de lui qu'il prenne position. Mais l'occasion va finalement se présenter et Lincoln est clair : « Je hais l'esclavage. C'est une injustice monstrueuse, qui permet aux ennemis de la liberté de nous traiter à juste titre d'hypocrites et aux véritables amis de la liberté de douter de notre sincérité. » Ajoutant : « Cette pratique se fonde sur l'égoïsme de la nature humaine. S'y opposer, c'est s'appuyer sur l'amour de la justice. » On notera tout de même qu'il ne va pas jusqu'à prôner l'égalité entre Blancs et Noirs. « Je n'ai jamais été en faveur de l'égalité politique et sociale… Je n'ai jamais réclamé que les Noirs puissent devenir jurés ou électeurs, qu'il leur soit permis d'épouser des Blancs ou qu'ils puissent accéder à des charges administratives ou politiques… Je désire tout autant qu'un autre que la race blanche occupe la position dominante dans notre société. »

Cela ne va pourtant pas apaiser les passions au Sud. Le divorce est patent entre deux façons de vivre et il n'y a plus place pour aucune tolérance, pour aucun dialogue politique permettant de sortir de l'impasse. Pour un sudiste, un républicain est fatalement un abolitionniste enragé.

Les États du Sud font sécession lorsque Lincoln s'installe à la Maison-Blanche, le 4 mars 1861. La détermination du nouveau président est entière : il restaurera l'Union, quoi qu'il en coûte, parce qu'elle incarne pour lui la plus belle forme de gouvernement possible pour le peuple. Il abolira l'esclavage, incompatible selon lui avec la démocratie, et il tentera, et réussira, pendant quatre longues années, à rassembler autour de lui les talents dont il a besoin, même si, à l'évidence, sur le plan militaire, les généraux nordistes sont très inférieurs à leurs collègues sudistes.

Personne comme Lincoln n'aura à endurer un pareil flot de haine et d'insultes, déversées quotidiennement pendant cinq ans. Il est attaqué par les abolitionnistes, les esclavagistes, les racistes, les conservateurs. On le traite de singe, de babouin, de clown, de bouffon, d'idiot, d'eunuque, de bigot, de démagogue, de tyran, d'imbécile, de charlatan… de Néron. La presse l'assassine chaque jour et souligne qu'en comparaison, les bouchers de l'Antiquité ont moins de sang sur les mains qu'Abraham Lincoln. Rien n'y fait : il ne pliera pas. En toutes circonstances, il sait garder son sens de l'humour. Interrogé sur l'effet que lui procurait la présidence, il répondait : « Vous connaissez l'histoire de cet homme couvert de goudron et de plumes qu'on chasse de la ville ? Dans la foule, quelqu'un lui demande ce qu'il éprouve. Eh bien ! dit l'homme, si ce n'était pas pour l'insigne honneur qui m'est fait aujourd'hui, je préférerais tout autant marcher tranquillement dans la rue. »

Lincoln aime les mots, aime le verbe, c'est pour cela qu'il est devenu avocat dans son Illinois natal. Ce qui ne veut pas dire qu'il aime les bavards. Il connaîtra la réussite dans son métier grâce à cette combinaison : humour et économie de mots. Un jour, à Springfield, devant le tribunal, il s'irrite de la longueur insensée d'un document produit par l'avocat de la partie adverse : « Cela me rappelle ce prêcheur et ses sermons interminables. Quand il se mettait à écrire, il était trop fainéant pour s'arrêter. » Et cette sobriété de mots chez Lincoln atteindra son apothéose dans un des plus beaux et des plus courts textes de toute l'histoire politique américaine.

La scène se déroule à Gettysburg, le 19 novembre 1864.

Ce matin-là, Lincoln embarque à bord d'un train pour l'inauguration du cimetière national de Gettysburg, dédié à la mémoire des milliers de soldats qui sont tombés là, sous la mitraille. Les conseillers du président s'impatientent. Le train a du retard et Lincoln calme leur nervosité : « Vous me rappelez l'histoire de ce voleur de chevaux qu'on allait pendre sur la grand-place. La route était tellement encombrée de badauds voulant assister à l'exécution que le prisonnier eut beaucoup de mal à parvenir jusqu'à la potence. Tout au long du chemin, il fit remarquer aux badauds qu'il n'était guère nécessaire de se dépêcher, puisque la fête ne commencerait pas sans lui. »

Le principal orateur, prévu de longue date par les organisateurs de la manifestation, n'est pas Abraham Lincoln. En fait, il n'a été invité qu'au dernier moment. Il n'est pas très populaire ces temps-ci. L'homme qui doit rendre hommage aux héroïques combattants de Gettysburg s'appelle Edward Everett. C'est un ancien président de l'université de Harvard et c'est un fin lettré. Pendant six semaines, il a travaillé son texte car il sait que l'occasion est historique. Et le 19 novembre 1864, il est fin prêt, tout imprégné de ce qu'il a à dire au peuple américain en ces heures indécises de la guerre.

Il va parler pendant deux heures.

Puis c'est au tour de Lincoln de se dresser et de parler. Son discours durera deux minutes et dira tout de la guerre, de ses enjeux et de ses misères. Cette adresse est probablement un des plus beaux textes de l'histoire, par sa magnifique simplicité. Lincoln en avait écrit quelques lignes de brouillon dans le train qui le menait à Gettysburg.

« Il y a quatre-vingt-sept ans, nos pères ont donné naissance, sur ce continent, à une nation nouvelle, conçue dans la liberté et basée sur le principe que tous les hommes sont créés égaux.

« Aujourd'hui nous sommes engagés dans une formidable guerre civile, qui met à l'épreuve l'idée selon laquelle cette nation, ou toute autre basée sur ces principes, peut survivre longtemps. Nous nous rencontrons aujourd'hui sur un immense champ de bataille. Nous sommes venus ici pour dédier une partie de ce champ de bataille au repos de tous ceux qui ont donné leur vie pour que cette nation puisse exister. Et il est approprié et décent que nous le fassions.

« Mais, plus généralement, nous ne pouvons pas vraiment consacrer ou sanctifier cette terre. Ce sont les hommes qui se sont battus ici, les vivants et les morts, qui seuls peuvent le faire car ils sont bien au-dessus du misérable pouvoir que nous avons d'ajouter ou de soustraire. Le monde ne retiendra pas, et se souviendra encore moins, des mots prononcés ici, mais il n'oubliera jamais ce que ces soldats ont réalisé. C'est plutôt à nous, les vivants, qu'il revient de nous vouer à la tâche que les combattants ont si noblement entamée. C'est à nous qu'il revient de nous consacrer au travail qui reste à faire... pour que cette nation, grâce à Dieu, renaisse dans la liberté, et pour que le gouvernement du peuple, par le peuple et pour le peuple ne disparaisse pas de la surface de la terre. »

Il faudra sans doute quelques années encore pour que les Américains se persuadent de la beauté de ce discours. Mais certains contemporains de Lincoln reconnurent immédiatement son talent et sa profondeur. Notamment Edward Everett, celui qui l'avait précédé à la tribune : écrivant le lendemain à Lincoln, il affirma qu'il serait très heureux s'il pouvait se vanter d'avoir réussi en deux heures ce que le président avait fait en deux minutes. Mais que la mission était impossible.

Le même génie habitera Abraham Lincoln lorsqu'il écrira l'acte d'émancipation qui, enfin, libérera légalement les Noirs de l'esclavage. Et le talent littéraire, le même talent quasi shakespearien qui lui faisait écrire en juillet 1863, lors de la reddition de Vicksburg par les troupes confédérées, rétablissant ainsi le trafic sur le fleuve Mississippi : « Le père de toutes les eaux peut ainsi rejoindre, sans contrainte, la mer. » On voit mal, lorsqu'on interroge les archives, quel autre président aurait pu écrire cette phrase, si simple, si précise, si poétique.

Lorsqu'il s'agit de rédiger l'acte majeur de sa présidence, l'émancipation des esclaves, Lincoln se révèle être d'une prudence de chat. Le 21 septembre 1862, il convoque tous les membres de son cabinet pour une réunion très spéciale. D'abord il propose de leur lire un long passage, extrait d'un livre écrit par un humoriste, Artemus Ward. Personne ne rit, à part Lincoln, et le secrétaire d'État, qui en a par-dessus la tête des plaisanteries du président, menace de quitter la pièce.

Lincoln s'excuse et explique que, pour sa part, vu l'étendue de ses soucis, il mourrait s'il ne trouvait pas le temps de rire et que c'était sa meilleure médecine. Redevenant sérieux, il attrape son chapeau haut de forme posé sur le bureau, en extrayant une feuille de papier. « Je n'ai parlé de ceci à personne mais j'ai fait une promesse à mon Créateur, et à moi-même, et je vais honorer cette promesse. »

Il s'agissait de la Déclaration d'émancipation, un énorme coup de tonnerre dans l'histoire et la vie sociale de l'Amérique. Stanton, le secrétaire d'État, si furieux quelques instants plus tôt, serra la main de Lincoln : « Monsieur le président, s'il fallait en passer par la lecture d'un humoriste pour en arriver là, alors l'auteur devrait être canonisé. »

Le 1er janvier 1863, à midi, Lincoln s'assit à son bureau. On lui apporta le texte final de la Déclaration d'émancipation. À deux reprises, il saisit sa plume et la reposa. Il expliqua qu'à l'occasion des fêtes du nouvel an, il serrait des mains depuis plusieurs heures et que son bras droit était presque paralysé. « Si mon nom doit entrer dans l'histoire, dit-il, ce sera pour cette signature. Et si ma main tremble, tous ceux qui examineront le document par la suite diront que j'ai hésité. » Il signa lentement et fermement : « Abraham Lincoln ».

Abe Lincoln était un authentique self-made-man. Autant qu'on peut l'être. Et l'on peut dire qu'il était conscient de sa supériorité. William H. Herndon, son meilleur biographe, et son ancien associé dans leur cabinet d'avocats, dira que « son ambition ressemblait à un petit moteur, qui ne pouvait jamais s'arrêter ». Une chose est certaine : Lincoln a adoré la politique, au moins jusqu'à ce qu'il devienne le seizième président des États-Unis. C'était un politicien avisé, opportuniste, mais il s'est élevé au-dessus de la condition d'un homme politique pour finir par incarner l'Amérique, son idéalisme, et au fond ce qu'elle a de meilleur à offrir.

Interrogé un jour sur ses origines, Lincoln indiqua que ce qu'il était devenu était condensé en un seul mot : « pauvreté ». Lincoln est né le 12 février 1809, dans un taudis, quelque part dans les bois et les taillis du Kentucky. Son père, Thomas Lincoln, était charpentier. Et pauvre comme Job. Il ne savait pas lire et parvenait à peine à signer son nom. Thomas Lincoln n'appréciait que très modérément le goût de son fils pour les livres, qui l'éloignait des corvées quotidiennes. Sa mère, Nancy Hanks Lincoln, reconnaissait très humblement qu'elle n'était qu'une enfant illégitime et qu'elle n'avait pas connu son père. probablement un petit hobereau de Virginie. Freud trouverait probablement dans cette affaire matière à analyse. Nancy était une toute petite bonne femme, toute rabougrie, extrêmement dévote, à qui son fils va donner toute son affection. « Je lui dois tout », dira-t-il.

La famille, toujours dans le besoin, déménage souvent. D'abord dans le Kentucky, puis dans l'Indiana. Les Lincoln s'installent quelque temps à Pigeon Creek. Le petit Abe, déjà costaud pour son âge, a sept ans et il aide son père à construire leur maison, une cabane de rondins. Deux ans plus tard, sa mère meurt. Le père se remarie rapidement à une certaine Sarah Bush Johnston. C'est une veuve. Elle a trois enfants d'un premier mariage et c'est une fort brave femme qui va aimer Abraham et sa sœur comme ses propres enfants. Elle va les rendre, comme elle dit, « un peu plus humains ». Et elle adore littéralement le jeune Abraham, si vif, si intelligent.

L'époque est rude. La famille parvient à manger tous les jours mais il faut travailler dur. Abraham Lincoln n'est pas un garçon paresseux. C'est un bûcheron hors pair et la légende veut qu'on savait toujours qui maniait la hache dans une forêt rien qu'à entendre le nombre d'arbres qui tombaient. Il est immense, maigre comme un clou, mais avec de solides épaules. Il loue ses bras à la journée. Tout le monde n'est pas satisfait de ses services car si Abraham est un bon tâcheron, c'est aussi un jeune homme qui a toujours la tête plongée dans les livres. Et parfois le rythme s'en ressent. Il est d'une nature enjouée, adore plaisanter et rire. « Mon père, se défend-il, m'a appris à travailler mais il ne m'a jamais appris à aimer ça. »

Il apprend à lire, à écrire (un peu) et à compter jusqu'à la règle de trois. Mais il a toujours un livre dans la poche, et manifestement, l'ambition le ronge.

En février 1830, la famille déménage à nouveau pour s'installer dans l'Illinois. Cette fois, Abe se trouve un travail : il va travailler comme manœuvre sur un bateau qui fait le commerce jusqu'à La Nouvelle-Orléans. Son patron l'apprécie et finit par lui proposer de tenir un dépôt à New Salem. C'est un « épicier » très courtois, très avenant, et les gens l'adorent. Il est serviable, va même jusqu'à casser le bois de ses clientes. Il est gentil avec les enfants, honnête, et on peut toujours compter sur lui. Et puis, derrière son comptoir, il prend le temps de lire : Thomas Paine, Voltaire, la Constitution, Shakespeare. Il va s'engager quelque temps dans les milices qui pourchassent les Indiens Black Hawk et puis tout naturellement il va s'engager dans la politique locale. Avec plus ou moins de bonheur. Il va aussi tomber amoureux, d'une certaine Ann Rutledge. Elle est belle, elle a les yeux bleus. Ils se fiancent mais Ann meurt de la typhoïde.

Lincoln travaille encore plus dur, réussit son droit et devient avocat. Il est élu à la législature de l'État en 1834 et apprend son métier. Il tombera amoureux une seconde fois, de Mary Todds Edwards. Elle a vingt et un ans. Les fiançailles durent un an et la date du mariage est fixée au 1er janvier 1841. Lincoln ne vient pas à la cérémonie. Pendant plus d'un an, Lincoln va sombrer dans la dépression, et les historiens, à ce jour, ne savent toujours pas ce qui s'est passé. À l'évidence, Mary Todd ne lui en veut pas puisque leur relation reprend et qu'ils se marient enfin en novembre 1842. Étrange relation qui fera écrire à Abraham Lincoln, à l'un de ses associés, huit jours après le mariage : « Ici, rien de nouveau, à part que je me suis marié, ce qui me plonge dans la perplexité. »

Le couple connaîtra des soucis et des tragédies, au point qu'en pleine guerre de Sécession, Lincoln menacera son épouse d'internement dans un hôpital psychiatrique si son comportement ne se modifie pas. La pauvre femme est fragile. On se moque d'elle à Washington pour ses tenues vestimentaires et ses excentricités. En outre, Washington est géographiquement une ville du Sud, à la porte de la Virginie, et les habitants n'apprécient pas trop les Lincoln, ces gens qui viennent du Midwest. Mary Todds Lincoln sera même accusée de haute trahison, ce qui vaudra à son mari de comparaître volontairement comme témoin devant un comité du Sénat. Seul, son chapeau à la main, sa haute silhouette légèrement voûtée, Lincoln était apparu comme un fantôme devant les législateurs qui ne s'attendaient pas à sa présence « Moi, Abraham Lincoln, président des États-Unis, comparais ici de mon plein gré pour dire qu'à ma connaissance, aucun membre de ma famille n'entretient de communications passibles de trahison avec l'ennemi. » On ne parla plus jamais à Washington de cette vilaine rumeur.

Les Lincoln eurent quatre enfants. L'aîné, Eddy, mourut avant que le couple s'installe à la Maison-Blanche. C'est là qu'à son tour le jeune Willie, le chouchou de ses parents, tomba malade et fut emporté par la typhoïde. Le troisième, Tad, fut malade lui aussi mais finalement survécut. C'était plus que ce que leur mère pouvait endurer et elle sombra dans le spiritisme, ce que les ennemis politiques de Lincoln ne cessèrent de railler. Les marques très ostentatoires de son deuil indisposèrent les familles qui avaient perdu un proche à la guerre. Pour couronner le tout, Mary était une femme excessivement jalouse et ne rechignait pas à déclencher une scène en public sous le prétexte le plus futile. Jamais, pourtant, Abraham Lincoln ne se découragea et jusqu'au dernier jour il fut un mari prévenant et amoureux, très souvent tenant la main de son épouse, comme ce soir fatidique du 14 avril 1864, dans la loge présidentielle. Mais le sort sera définitivement trop cruel pour elle et c'est son dernier fils, Robert Todd Lincoln, qui la fera interner dans un hôpital psychiatrique alors qu'elle n'avait pas soixante-cinq ans. Elle mourut en 1882.

Ce président si décrié de son vivant incarnera pour l'histoire la quintessence de sa fonction. Il a assumé les plus hautes responsabilités, et toujours avec intelligence et délicatesse. Il avait sa propre définition du tact en politique : « C'est, disait-il, la capacité de décrire les gens comme ils se voient eux-mêmes. » La méthode est efficace.

Lincoln était fin psychologue. Aux jours les plus sombres de la guerre civile, il doit recevoir une délégation d'hommes d'affaires de Boston, fort mécontents de la marche des affaires et du gouvernement en général. Lincoln les écoute patiemment et décide de leur raconter une histoire. « Vous souvenez-vous du jour où Blondin, le funambule, a traversé les chutes du Niagara en marchant sur un fil ? » L'exploit avait eu lieu quelques années plus tôt et avait impressionné l'Amérique tout entière. « Eh bien ! poursuit Lincoln, imaginez qu'on ait pu déposer sur les épaules de Blondin toutes les richesses de ce pays, de l'Atlantique au Pacifique, toutes ses réalisations passées et ses projets futurs, et que la sauvegarde de cet immense patrimoine ait été confiée à ce funambule pendant sa traversée des monstrueuses chutes d'eau du Niagara. Et essayez encore d'imaginer que vous ayez confié à cet homme ce que vous avez de plus cher au monde, votre famille, votre foyer ? Et supposez enfin que vous soyez là, en spectateur, au bord du précipice, pendant qu'il effectue sa traversée, posant délicatement un pied devant l'autre, tout chargé de son fardeau… Pensez-vous vraiment que vous seriez là, tous, à hurler : "Blondin, fais un pas à gauche, Blondin, fais un pas à droite !" ? Ou bien ne pensez-vous pas plutôt que vous resteriez silencieux sur la rive en retenant votre souffle et en priant

Dieu pour qu'il guide cet homme jusqu'au terme de son épreuve ? »

Les visiteurs comprirent l'allusion, reprirent leur chapeau dans le plus grand silence, et saluèrent le président.

Et toujours ce satané humour, qui lui permet de survivre, mais qui lui aliène pas mal de sympathies. Avant de confier l'armée fédérale à Ulysses Grant, Lincoln n'aura affaire qu'à de piètres généraux, sans audace, à la différence des lieutenants du général Lee, qui commande les troupes confédérées. À de multiples reprises, Lincoln frôle la rupture avec le général George B. McClellan, un officier plutôt compétent mais bien incapable, psychologiquement, d'amener les soldats nordistes à la victoire. Et Lincoln s'impatiente. Mais, pour des raisons politiques, il va tergiverser, tout en faisant connaître à l'intéressé le fond de sa pensée sur son génie militaire. Les deux hommes ne s'apprécient guère, pour le moins, et George B. McClellan, fatigué d'avoir à en référer constamment au président, lui télégraphie un jour le message suivant : « Au président Abraham Lincoln, Maison-Blanche, Washington DC. Venons de capturer six vaches sudistes. Quelle est la suite à donner ? » Réponse du président : « Au général McClellan, armée du Potomac : Pensez à les traire. Signé "Lincoln". »

Sa solitude est parfois intense et il y fait face, avec résignation, mais toujours avec cocasserie. « Comment faites-vous, lui demande-t-on un jour, pour supporter les incessantes critiques de votre propre parti ?

— C'est relativement simple, répond-il. Je me sens comme un vieux fermier de l'Illinois qui un jour s'apprêtait à manger son fromage. Là-dessus, il est interrompu par son fils au moment où il va avaler sa première bouchée : "Attention, père, lui dit-il, il y a des vers dans le fromage !" Le vieux fermier continue de mâcher ce qu'il a dans la bouche avant de remarquer : "Ne t'inquiète pas, fiston, si les asticots peuvent le supporter, moi aussi." » Ce n'est pas le genre d'histoire qui plaisait aux représentants du Congrès.

Lincoln, qui aimait tant la politique, avant de vivre l'anxiété de cette guerre civile, avait développé un vrai dégoût des politiciens. En 1864, alors que son ministre de la Justice, Edward Bates, vient de démissionner, il réunit son cabinet pour choisir un successeur. Chacun constate qu'il faudrait intégrer à l'équipe ministérielle un politicien du Sud, surtout en pleine campagne électorale pour un second mandat. Conclusion de Lincoln : « S'il fallait nommer les douze apôtres aujourd'hui, Jésus devrait faire passer ses intérêts locaux avant toute autre chose. »

Et tout investi qu'il soit dans la tragédie que vivait son pays, il se méfiait des excès de zèle du patriotisme. Il aimait rappeler l'histoire de ce très vieux bonhomme de l'Ouest qui lui répétait qu'il se sentait extrêmement patriote ; surtout lorsqu'il lui prenait l'envie de tuer quelqu'un ou de voler quelque chose. Cette ironie, voire ces sarcasmes, Lincoln ne la destinait pas qu'aux autres. Il l'exerçait sur lui-même. Comme lorsqu'on lui reprochait d'employer un double langage, d'être un homme à deux visages. « Avec la tête que j'ai, répondait-il, croyez-vous que si j'avais deux visages j'utiliserais encore celui-ci ? » Et cette curieuse réponse à un diplomate qui n'en revenait pas de voir Lincoln cirer ses chaussures, un jour où il lui rendait visite à la Maison-Blanche.

« Mais enfin, Monsieur le Président, vous cirez vos chaussures ?

— Oui, dit Lincoln, vous cirez celles d'un autre, vous ? »

Vous aurez compris que Lincoln était un très grand président américain et un grand homme tout court. Il n'a pas connu un seul jour heureux à la Maison-Blanche, qui, rappelons-le, était une maison publique, appartenant au peuple, où l'on pouvait entrer et sortir comme dans un moulin. D'ailleurs, pendant longtemps, le président, en quittant son bureau, avait dû enjamber une foule de gens vautrés sur les tapis des couloirs, pour regagner ses appartements privés. Il faudra effectuer des travaux pour que Lincoln puisse rejoindre directement sa famille sans avoir à affronter tous les solliciteurs squattant en permanence la Maison-Blanche.

La demeure n'était toujours pas équipée du télégraphe, ce qui, en pleine guerre, n'est pas très pratique pour un commandant en chef. Lincoln allait donc tous les soirs, à pied et seul, au ministère de la Guerre pour lire les dépêches du front. On ne lui assigna un garde du corps qu'à la fin de l'année 1864. Curieusement, il aimait se retrouver dans l'atmosphère de cet austère bâtiment, à lire les nouvelles de la guerre. C'est d'ailleurs là qu'il récupéra trois chatons, dont la mère était morte ; il demanda qu'on nourrisse les petits, qu'il caressait très tendrement à chaque visite. « Leur mère, disait-il, ne pourra jamais verser les larmes que les mères américaines versent sur leurs enfants morts sur les champs de bataille. »

Une vie austère, marquée par les tragédies nationales et personnelles. Lincoln se levait tôt, travaillait sans cesse, sauf pour une pause en milieu d'après-midi afin d'accompagner sa femme dans sa promenade. On fit bien quelques travaux à la Maison-Blanche pour rafraîchir les salons mais Mme Lincoln, fort dépensière, fit tant et si bien que son mari fut horrifié de constater un dépassement budgétaire de six mille dollars. On mit donc un terme à ces extravagances. « Je ne vois pas pourquoi, dira-t-il, on ajoute un dollar aux dépenses de cette vieille baraque, alors que nos soldats n'ont même pas une couverture pour dormir lorsqu'ils sont au front. »

Lincoln survécut quelques heures à la balle que John Wilkes Booth lui logea dans le cerveau. Il mourut le 15 avril 1865 à sept heures et vingt-deux minutes. Il se mit à pleuvoir sur Washington. On installa sa dépouille dans la partie est de la Maison-Blanche et des milliers d'Américains défilèrent devant le corps du défunt. On l'avait revêtu du costume qu'il portait cinq ans plus tôt lorsqu'il avait juré sur la Bible, au Capitole, de servir fidèlement la Constitution des États-Unis.

Quatre jours plus tard, sa veuve, très perturbée, décida que le président devait être enterré chez lui, à Springfield, Illinois. Elle ordonna dans le même temps l'exhumation de son fils Willie, qui avait été enterré au très joli cimetière d'Oak Hill, à Georgetown. Le fils accompagnait le père pour un long voyage. C'est à partir de ce jour-là que les Américains, jusqu'à aujourd'hui, se sont décidés à aimer l'immense figure d'Abraham Lincoln. Comme il a été dit : « En dépit de sa grandeur, il s'est montré aussi humble qu'une pièce de cent sous et il fut un modèle de vertu, d'honnêteté et de simplicité. »

6

Andrew Johnson,
la succession impossible

Le Nord et le parti républicain sont les vainqueurs, mais si la guerre civile est terminée sur les champs de bataille, tout reste à faire pour reconstruire le pays. Car à quoi aura servi de se battre pour préserver l'Union, si cette Union est irrémédiablement détruite par les armes et si tout espoir de réconciliation est désespérément compromis ?

Toute la tragédie de l'homme qui doit reprendre le flambeau de Lincoln réside dans cette simple évidence. Il s'appelle Andrew Johnson et, s'il n'a pas les qualités exceptionnelles de son prédécesseur, c'est pour le moins un grand homme d'État, doté d'un formidable courage politique – qui le mènera au bord de la rupture, de la faillite et du déshonneur.

Au total donc, son mandat sera un échec personnel, mais l'histoire vaut d'être contée puisque Andrew Johnson sera le premier président des États-Unis contre qui s'exercera la fameuse procédure d'*impeachment*.

Il convient sans doute de préciser de quoi il retourne sur le plan constitutionnel et juridique. Il ne s'agit pas théoriquement de limoger un homme politique. Il s'agit, pour le pouvoir législatif, d'inculper et éventuellement de condamner le titulaire d'une fonction qui a failli aux devoirs imposés par la Constitution. La décision d'*impeachment* revient à la Chambre des Représentants, mais c'est au Sénat qu'il appartient de mener, sur le plan judiciaire, la procédure. Et le verdict doit être prononcé à la majorité des deux tiers. En ce cas, le président des États-Unis peut être « limogé ». On verra, dans le cas d'Andrew Johnson, que toutes les règles, heureusement établies par les Pères Fondateurs, vont jouer à plein et sauver, *in extremis*, l'honneur de la République.

Andrew Johnson est le seul sénateur des États du Sud qui, avant le déclenchement de la guerre civile, va oser s'opposer à ceux qui prônent la sécession.

C'est un homme issu du peuple, et il ne l'oubliera jamais. Il n'est pas allé une seule journée à l'école et il a démarré son apprentissage de tailleur dès l'âge de dix ans. Il fabriquera lui-même ses vêtements pendant longtemps, bien après être entré en politique. Et même lorsqu'il deviendra président, il ne pourra jamais s'empêcher de s'arrêter devant la première boutique de tailleur venue pour discuter de son ancien métier. D'ailleurs, il agit de même avec tous ceux qui travaillent de leurs mains. « Après tout, avait-il coutume de dire à ceux qui se moquaient de ses origines plébéiennes, Adam, le père de notre race, a été le premier tailleur puisqu'il a vêtu sa femme, Ève, en lui confectionnant un vêtement en cousant ensemble des feuilles de vigne. Et Joseph, le père de Jésus était charpentier. »

C'était un autre temps où les hommes se définissaient par leur fierté, leur honneur et leur travail. Et cela pouvait aller très loin. Lors d'une séance du Congrès, Andy Johnson s'était querellé avec Jefferson Davis, qui allait devenir le président de la Confédération, pendant la guerre. Ce dernier exigeait des crédits supplémentaires pour l'académie militaire de West Point. Jackson considérait que c'était tout simplement du gâchis. « Évidemment, s'écria Davis, comment un tailleur pourrait-il comprendre la stratégie ou la simple implantation d'une ligne de défense sur le champ de bataille... ? »

Colère de Johnson : « Je ne suis qu'un manuel et jamais je ne tolérerai qu'on m'attaque sur ce terrain. Je sais que nous devons subir une vile aristocratie, illégitime, plastronnante, qui toujours prétend tout savoir, mais qui, lorsque le mince voile de la prétention est déchiré, se révèle telle qu'elle est : sans talent, sans connaissance, sans utilité. » Johnson avait la conviction que c'était une toute petite poignée d'aristocrates qui avaient conduit le Sud dans la guerre et il les accusait continuellement d'avoir menti au peuple. Et lorsque Jefferson Davis devint président de la Confédération, sa condamnation fut totale sur le plan moral. « Quand je pense que cet homme a été éduqué dans une école militaire aux frais du gouvernement des États-Unis, qu'on lui a enseigné à aimer la Constitution, je ne peux comprendre qu'on puisse tourner le dos à son pays et à son devoir. »

Vu les passions qui secouent le pays, on devine qu'Andrew Johnson se fait beaucoup d'ennemis, notamment dans son État natal, le Tennessee. Il est considéré comme un traître et il va pouvoir s'en rendre compte lorsqu'il retourne chez lui, après l'élection d'Abraham Lincoln. Alors que son train s'arrête à Liberty, en Virginie, un groupe d'hommes armés pénètre dans son wagon. « C'est vous, Johnson ?

« — Oui », répond-il, et devant la menace il sort son revolver, obligeant ses assaillants à descendre du train. Et Johnson leur crie : « Je suis un homme de l'Union. » Un peu plus loin, à Lynchburg, d'autres citoyens en colère s'emparent de lui, le font descendre du train, crachent sur lui et le battent sauvagement. Ils s'apprêtent à le pendre lorsqu'un vieil homme, témoin de la scène, intervient : « Écoutez, ses voisins de Greenville ont déjà tout préparé pour pendre eux-mêmes leur sénateur dès son arrivée. Les habitants de Virginie n'ont aucun droit de les priver de ce privilège. » Johnson fut autorisé à reprendre son chaotique voyage vers le Tennessee. Mais personne n'a jamais réussi à intimider Andy Johnson et c'est une leçon de courage politique. Malgré tous ces incidents, il continuera de porter un peu partout dans le Sud la parole de l'Union. Souvent il le fera avec un revolver chargé à sa portée, pour décourager ses opposants.

Bien sûr, ses efforts seront vains, et dès le déclenchement de la guerre, il devra s'enfuir. Mais lorsque les troupes fédérales reprendront le contrôle d'une partie du Tennessee, Lincoln le nommera gouverneur militaire et il réussira à convaincre les élus locaux de retourner dans le giron de l'Union, et même d'abolir l'esclavage.

Son audace et sa détermination plairont à Lincoln, et Andrew Johnson sera désigné comme vice-président lors de l'élection de 1864. Le jour de l'inauguration, le 4 mars 1865, Andrew Johnson est très ému et très mal à l'aise. Il demande au président s'il peut rester chez lui et prêter serment devant un juge. Lincoln exige qu'il soit présent. En politicien avisé, il sait à quel point la présence d'un homme du Sud est importante ce jour-là.

Pour soulager l'angoisse de Johnson, on lui offre un grand verre de whisky. Puis un autre. Et encore un autre. Il fait très chaud. Lorsque Andrew Johnson prend la parole devant le Congrès, il est ivre mort et marmonne des phrases totalement incompréhensibles. Lincoln est gêné mais n'en montre rien, par tendresse pour son vice-président. Après cette journée, Johnson passera pour un ivrogne aux yeux du pays tout entier. Ce qui constitue une injustice puisque, après enquête sur les antécédents de son colistier, Lincoln conclura que Johnson n'avait jamais bu une goutte de sa vie avant cet épisode.

Le dix-septième président des États-Unis est né dans un taudis de Raleigh, en Caroline du Nord, le 29 décembre 1808. C'est une enfance épouvantablement difficile. Son père est mort lorsqu'il avait trois ans. Il n'est entré en contact avec un livre qu'à l'âge de quatorze ans et toujours, tout au long de sa vie, il cherchera à rattraper le retard. Sa femme l'y aidera énormément. Un des éléments fondateurs de sa vie, c'est un déménagement à Greenville. C'est une toute petite ville, très pauvre, dans l'est du Tennessee. Il se retrouve au sein d'une communauté de travailleurs manuels, qui ont du mal à joindre les deux bouts et qui, malgré tout, sont fiers de ce qu'ils sont. Et surtout, ils ne craignent pas les esclaves et leur concurrence en tant que travailleurs manuels. À Greenville, il va épouser Eliza McCardle qui l'encourage sans cesse à s'élever au-dessus de sa condition, et qui va même payer des leçons particulières pour son mari.

Politiquement, Johnson est intéressant, car s'il est démocrate, ce n'est pas un homme partisan. C'est un homme du peuple, tourné vers le peuple. Ce sont les besoins du peuple qui conditionnent l'appartenance partisane. Il s'exprime sur les problèmes de société, de religion, de liberté. Quelle que soit la position du parti démocrate sur les sujets abordés. C'est un homme libre. Il va ainsi défendre le principe du veto présidentiel, sans savoir que cette question l'emmènera au bord du gouffre : « C'est une digue destinée à suspendre le temps jusqu'à ce que la volonté du peuple ait entre les mains les moyens de décider. »

Cette indépendance d'esprit va évidemment irriter considérablement les leaders de son parti, mais aussi ceux du parti républicain.

Quarante et un jours après l'investiture de Lincoln pour un second mandat, Johnson se retrouve à la Maison-Blanche. Auparavant, il a prêté serment dans le hall de son hôtel. Il est dévasté par l'assassinat.

Les républicains, dans un premier temps, sont très satisfaits de son accession à la Maison-Blanche. Ils se souviennent que Johnson n'a jamais varié dans sa dénonciation de l'aristocratie du Sud et ils envisagent pour les États vaincus un châtiment très rude. Car le parti républicain fait un calcul simple : si les démocrates du Sud sont laminés, si les États sécessionnistes n'ont plus de réelle existence politique, alors l'avenir est assuré pour longtemps pour l'appareil républicain, pour les vainqueurs.

Johnson voit les choses de façon très différente : il faut reconstruire, il faut réconcilier, il faut retisser l'Union, et pour cela il ne faut pas maltraiter les vaincus. La paix doit être honorable et il refuse les propositions du parti républicain : confiscation des terres, retrait des droits civiques pour les Confédérés, vote des Blancs limité alors que celui des Noirs, anciens esclaves, sera prépondérant. Johnson se situe clairement dans la voie tracée par Lincoln. Ce n'est pas au camp victorieux d'interdire toute réconciliation.

La guerre entre Johnson et le parti républicain est immédiate et d'une rare virulence. Et elle aboutira à la procédure de destitution, sans aucune base légale. En fait, c'est la Constitution des États-Unis qui est en jeu. Le procès qu'on lui fait est purement politique : bien sûr que cet homme n'a jamais trahi le serment l'obligeant à servir la Constitution ; mais ses opposants pensent que l'opportunité du coup d'État est là, offerte. Ce n'est pas un conflit autour d'une notion morale : le vainqueur doit-il traiter le vaincu comme un belligérant battu par les armes et traité comme tel ? Non. Le véritable enjeu, c'est la suprématie du parti républicain, qui sera seul représenté au Congrès. Johnson est juste à la croisée de ces deux destins pour l'Amérique et il se bat. Il faut donc l'éliminer.

S'ensuit la pire bataille politique qu'ait connue la nation. Les radicaux républicains vont ignorer un par un les veto prononcés par le président à l'égard de leurs propositions de loi. Ils vont réinstituer la loi martiale dans le Sud, limiter le droit de vote pour les Blancs et retirer à Johnson son titre de commandant en chef des armées. Enfin, ils vont lui interdire de renvoyer tout membre du cabinet dont la confirmation dépend du Congrès.

C'est la crise, et la procédure d'*impeachment* est lancée. Il est inculpé pour crime contre l'État. Ses amis lui suggèrent d'agir en coulisse, d'utiliser tous les leviers du pouvoir : en clair, d'acheter les sénateurs qui auront à voter pour ou contre son acquittement. Il refuse. Le procès dure deux mois. Et à une voix près, Johnson sera acquitté. Le sort de la démocratie sera scellé par la voix d'un jeune sénateur du Kansas. Il s'appelle Ross. Pendant le procès, il n'a pas ouvert la bouche. Il est connu pour être aux ordres de son parti. Lorsque c'est à lui de voter, il sait que sa voix est décisive. Il sait que son avenir politique en dépend. Il se prononce pour l'acquittement. Et sa carrière de sénateur s'interrompra ce jour-là.

Pendant cette crise, l'Amérique continuera d'être gouvernée. Elle achètera l'Alaska, pour sept millions et deux cent mille dollars. Elle menacera d'intervenir militairement au Mexique si Napoléon III persistait dans l'idée d'installer sur le trône l'archiduc Maximilien. Bref, ce petit président avait démontré que les États-Unis n'étaient pas à la botte des partis. Et ce pour les siècles à venir.

Très occupé par la guerre que lui livra le Congrès, Johnson n'eut que peu de loisirs et la vie à la Maison-Blanche s'en ressentit. Tout de même, cet homme trouva le temps de mener une autre guerre, contre sa propre fille Martha. Cette dernière était bien décidée à en finir une fois pour toutes avec les rats qui envahissaient la Maison-Blanche. Mais, malgré tous ses efforts, tous ses pièges, tous les poisons, déposés ici et là, sa croisade ne semblait pas très efficace. Sans doute parce que son père aimait beaucoup les souris et les nourrissait dans sa propre chambre… Pendant que Martha achetait des chats et des tapettes, Andrew Johnson faisait venir des sacs de farine de sa ferme du Tennessee. Il prétendait même auprès de ses amis qu'il avait réussi à gagner la confiance de ses « petits compagnons » et que non seulement il leur donnait à manger, mais qu'il déposait également au pied de son lit des coupelles remplies d'eau pour que ses si gentilles souris puissent étancher leur soif.

7

Grant, grand général, médiocre politicien

Ulysses Simpson Grant incarne encore aujourd'hui un des mystères politiques américains. C'est vrai, les grands militaires, à quelques fameuses exceptions près, ne font pas forcément de grands politiciens. Mais dans le cas de Grant, il faut pénétrer dans l'âme, pour tenter de comprendre le destin de celui qui, après avoir obtenu la reddition du général Lee à Appomattox, va occuper la Maison-Blanche pendant huit ans, dans un terrifiant parfum de scandale.

Encore une fois, il faut retourner à l'enfance de Grant pour tenter de lire le destin. Car celui qu'on a surnommé « le Boucher » pour sa brutalité et sa capacité à mener la guerre civile face à des généraux bien plus compétents que les siens, est au fond, dès son jeune âge, quelqu'un de plutôt timide et de mal à l'aise face à la violence, celle qu'on fait aux hommes ou aux animaux. Pendant la guerre du Mexique, Grant s'évanouira au spectacle d'une corrida. Il ne comprend pas que l'on fasse endurer pareille cruauté aux créatures de Dieu. Pendant la guerre de Sécession, Grant, commandant en chef des armées fédérales, sautera de son cheval en Virginie pour aller frapper un cocher qui fouettait un animal. Et il le fera attacher à un poteau pendant des heures, pour qu'il n'oublie jamais la punition.

C'est un homme aux manières très courtoises et qui a toujours été pacifique. Il ne voulait pas aller à l'académie militaire de West Point lorsqu'il était jeune, et il n'y entrera que pour obéir aux ordres de son père. Le spectacle de la guerre le rend physiquement malade. Il préfère passer des heures sous la pluie plutôt que de se mettre à l'abri pour dormir sous les tentes de l'hôpital de campagne où ses hommes sont soignés. Il abhorre la vue du sang. Il n'a jamais lu un seul livre de stratégie et il déteste toute la pompe du monde militaire. Son uniforme est toujours le plus simple possible, et même, s'il le peut, il se contente d'effets civils, avec simplement sur les épaules ses insignes de général. Il n'aime pas la guerre et il le dira bien des années plus tard à Bismarck, alors qu'il voyage en Europe avec sa femme et qu'il assiste à une parade militaire à Potsdam : « Je suis davantage un fermier qu'un soldat. » Même chose, même distance ironique lorsqu'il rencontre le duc de Wellington : « J'ai entendu dire, monseigneur, que votre père était plutôt porté sur l'art de la guerre. »

Grant, la guerre, il connaît. La boucherie de la guerre civile fera six cent mille morts mais jamais il n'hésitera face au devoir, estimant sans doute que plus on est brutal, plus on cherche la victoire, plus vite on interrompt les souffrances.

C'est un garçon tranquille, aux yeux bleus. Son passage à West Point passe inaperçu et il n'est reçu que vingt et unième sur une promotion de trente-neuf officiers. Sa singularité est d'être, et de loin, le meilleur

124

cavalier de l'école. Personne mieux que lui ne peut dresser un cheval, et au saut d'obstacles, il conservera le meilleur score de l'école pendant vingt-cinq ans. Il demande donc à intégrer la cavalerie. Ce qui lui sera refusé. Grant ira dans l'infanterie. Il déteste la discipline et s'ennuie profondément. Son uniforme n'est jamais très net, il manque d'enthousiasme, et au fond, déplaît souverainement à ses supérieurs. En outre, il a un penchant pour le whisky.

Sa première expérience de la guerre aura lieu au Mexique. « C'est la guerre la plus injuste jamais menée par un pays beaucoup plus puissant qu'un autre… Les États-Unis sont en train de suivre le très mauvais exemple des monarchies européennes, qui ne prennent pas en compte la justice mais seulement leur soif de territoires. »

Après le Mexique, on l'envoie en poste en Oregon et en Californie. Sa détresse et sa solitude sont extrêmes. Grant s'ennuie de sa femme. Elle aussi est un personnage d'exception. Julia Dent est la préférée de son père, Frederik Dent, un planteur du Missouri qui est également propriétaire d'esclaves. C'est un gentleman du Sud, qui aime la vie et la bonne chère, et qui ne comprend pas pourquoi sa chère Julia s'est éprise d'un tel soupirant, si timide, si austère. Ils vont se fréquenter pendant quatre ans, avant de se marier.

Ils s'aiment, et dans sa caserne, dans les territoires de l'Ouest, elle lui manque. Il boit. De plus en plus. Un jour, Grant emballe au triple galop trois chevaux attelés à un chariot et traverse la rue principale de sa garnison à toute allure. C'en est trop : il est renvoyé de l'armée.

Au fond, il est soulagé. Il va retrouver sa chère épouse et se lancer dans l'agriculture. Sans succès. Les prix des marchandises ont chuté et il doit vendre sa petite propriété de Saint Louis. Il va vendre du bois. Là non plus, les affaires ne lui sourient guère. Il va encaisser des loyers, travailler dans une tannerie comme employé aux écritures. La vie ne lui tend pas les bras et la famille Grant s'enfonce dans le marasme.

Survient la guerre civile ; alors, lorsque Lincoln fait appel aux Volontaires, en 1861, Grant s'engage sans hésiter. Pendant plusieurs semaines il va entraîner des nouvelles recrues à Springfield, Illinois. Et ce n'est pas une tâche facile. Les Volontaires ne sont pas des soldats disciplinés, tant s'en faut, et Grant découvre une soldatesque très éloignée de ce qu'il a pu connaître à West Point. Mais cet homme timide ne s'en laisse jamais conter, et personne ne l'impressionne. Déjà, ses méthodes sont brutales. Pour dompter les récalcitrants et leur inculquer la discipline militaire, il peut se révéler impitoyable. Un jour, un de ses hommes rentre à la garnison ivre mort et le met au défi de se battre. Le colonel Grant s'approche et le couche au sol d'un seul coup de poing. Il ordonne qu'on l'attache à un piquet. « Chaque minute passée ici, lui dit le soldat, te coûtera une goutte de sang. » Grant le fait bâillonner et revient quelques heures plus tard, détache le prisonnier de ses propres mains. « Maintenant, soldat, tu me salues. » L'homme obtempère. On obéit à Ulysses Grant.

Grant est un homme, avec ses zones d'ombre. Il livrera peu avant sa mort quelques-uns de ses secrets, des secrets que les héros en général conservent par-devers eux, pour ne pas écorner leur image. Grant évoquera dans le détail ses frayeurs de soldat, d'être humain, avant le combat, et ce, sans détour, sans travestir la réalité. Il parlera de la première fois où il a dû affronter l'ennemi sudiste, en l'occurrence le colonel Thomas Harris, dans le nord du Missouri. Alors que son régiment approche du camp retranché de son ennemi, Grant se souvient de sa peur : « Mon cœur battait de plus en plus fort jusqu'à ce que je sente qu'il battait directement dans ma gorge. J'aurais donné n'importe quoi à cet instant pour me retrouver chez moi, en Illinois. Mais je n'avais pas le courage moral nécessaire pour faire halte et pour prendre le temps de réfléchir à ce qu'il convenait de faire. J'ai donc poursuivi la marche… Et lorsque nous avons atteint un point d'où nous surplombions la vallée, notre colonne s'est arrêtée. L'endroit où les forces de Harris avaient dressé leur camp quelques jours plus tôt montrait encore des signes d'occupation mais les troupes rebelles étaient parties. Mon cœur reprit son rythme normal. Il m'apparut alors que Harris avait connu les mêmes frayeurs que les miennes. Je n'avais jamais considéré la question sous cet angle. Mais c'est une leçon que je n'ai jamais oubliée. À partir de ce jour-là, et jusqu'à la fin de la guerre, je n'ai plus jamais été victime de cette nervosité avant d'engager le combat contre l'ennemi, bien que l'anxiété au fond de moi n'ait jamais été très éloignée. Mais je n'ai jamais oublié que l'ennemi, quel qu'il soit, avait autant de raisons de me craindre que j'en avais à son endroit. C'est une leçon d'une valeur incalculable. »

Et le timide général, qui va être nommé commandant en chef par Lincoln, va montrer son sang-froid et sa détermination pendant les terribles campagnes qui vont se succéder. Ses soldats l'ont surnommé « Capitulation sans condition ». Il ne recule jamais, ou plutôt n'envisage jamais cette perspective. Il choisit son endroit et c'est là qu'il combat, jusqu'à la mort. Lincoln dira : « Grant est un curieux personnage. Lorsqu'il prend possession d'un endroit, on ne peut plus l'en déloger. Ça lui appartient, comme s'il en avait hérité. » Sa doctrine militaire est ultra-simple : « Localisez l'ennemi. Lorsque c'est fait, sautez-lui dessus, aussi rapidement que possible, et aussi fort que vous pouvez. Ensuite, allez de l'avant. » Grant n'aimait pas battre en retraite, un point c'est tout. Il était même extrêmement superstitieux sur ce sujet. Cette façon de faire va se révéler terriblement efficace, mais terriblement coûteuse en vies humaines. La bataille de Shiloh le rendra célèbre et c'est cette victoire qui lui vaudra d'être baptisé « le Boucher ».

Malgré toutes les horreurs qu'il va connaître au milieu de ses soldats, Grant reste un gentleman, et il n'éprouve aucune haine à l'égard de ses adversaires. Le rideau final va se baisser sur cette tragédie en avril 1865, à Appomattox. Le général Robert E. Lee, commandant en chef des troupes sudistes, vient offrir sa reddition. La scène se déroule dans la petite salle du palais de justice. Grant, comme d'habitude, est attifé comme l'as de pique. Très amicalement, il va s'entretenir avec Lee, échanger quelques souvenirs du bon vieux temps, du temps d'avant la guerre. Il refuse de recevoir le sabre que Lee lui tend en signe de reddition. Il laisse également les officiers et les soldats de Lee repartir avec leurs montures. Il estime qu'ils en auront besoin au printemps prochain, lorsqu'il faudra retourner aux labours et aux semailles.

Grant précise qu'il n'y aura pas de représailles, pas d'emprisonnements, pas d'exécutions. Il n'y aura pas d'humiliation inutile. Informé que les troupes de Lee meurent de faim, Grant fait distribuer des rations. Et lorsque les canons de l'armée fédérale tonnent pour célébrer la victoire, il les fait taire. « Leur défaite ne doit pas nous faire exulter. »

Le général Lee est probablement un plus grand soldat que le général Grant. Après tout, avec beaucoup moins de moyens en hommes et en matériels, il a tenu tête à l'Union pendant quatre ans. Mais c'est un plus petit homme. Au printemps de 1869, quatre ans après Appomattox, les deux hommes vont se retrouver pour la première fois. Grant invite Lee à la Maison-Blanche. Son ancien adversaire est aujourd'hui dans les affaires, dans l'industrie du chemin de fer, et Grant plaisante : « Vous et moi, dans nos années de guerre, avons davantage contribué à la destruction des trains et des chemins de fer qu'à leur croissance. » On dit que Lee n'apprécia pas la plaisanterie et que leur rencontre tourna court. Lee ne supportait pas d'échanger la moindre plaisanterie avec le seul homme qui avait réussi à le vaincre au terme de cette affreuse guerre.

Ulysses Grant aura été aussi bon général que médiocre président. Ses deux mandats vont carrément tourner au désastre, tant cet homme livre l'administration aux affairistes et autres aigrefins, sans aucune précaution. Les scandales financiers vont fleurir sous le regard détaché du président.

Après son éprouvante existence de soldat, la vie à la Maison-Blanche ressemble à la vie de château. Il ne dédaigne pas non plus les cadeaux : il va ainsi se voir offrir dix mille boîtes de cigares, ce qui fera de lui un fumeur invétéré. Il mourra d'ailleurs dans de très vives souffrances d'un cancer de la gorge et, dans l'incapacité de parler, il devra renoncer à dicter ses Mémoires.

Il va aimer le luxe de la présidence et, dans un premier temps, ses concitoyens semblent apprécier ce que l'on va appeler l'« âge doré ». Enfin un président et une *First Lady* heureux de s'installer à la Maison-Blanche, après une guerre civile, l'assassinat de Lincoln et une procédure d'*impeachment* contre le prédécesseur.

Comme le dira Julia Grant : « Ce fut la plus belle période de notre vie. » Elle adorait mélanger les genres, et ses soirées étaient très prisées. On y rencontrait de tout. Des élégantes venues tout droit de Paris et des femmes du peuple. Certaines arboraient des maquillages très sophistiqués (comme le remarquera un journaliste), d'autres étaient naturellement hâlées par le travail des champs. « Les comtesses côtoyaient les duchesses et les femmes du peuple », écrira Ben Poore, et tout le monde était content.

Julia avait fait venir à ses côtés son père, Frederik Dent, ancien propriétaire d'esclaves et très critique vis-à-vis de la politique menée par son gendre. Et il ne se privait pas de le répéter à tout bout de champ, notamment à la table de la Maison-Blanche. C'était très embarrassant, en particulier pour le propre père d'Ulysses Grant, Jesse, qui lui aussi avait déménagé à Washington et que Frederik Dent n'épargnait pas de ses sarcasmes.

Pour se reposer de cette maisonnée, et boire un verre, le président allait se réfugier l'après-midi à l'hôtel Willard, non loin de la Maison-Blanche, où le personnel était aux petits soins avec lui. Mais même là, les solliciteurs le poursuivaient, pendant qu'il fumait son cigare en buvant un cognac, dans le *lobby* (« entrée ») de l'hôtel. D'où le nom que Grant, avec dédain, donna à ces quémandeurs de faveurs : les « lobbyistes ».

Ce dédain, il l'éprouvait tout autant pour les sénateurs et les représentants du Congrès. Non seulement il l'éprouvait, mais il l'exprimait, ce qui ne lui simplifia pas la tâche. Il avait surnommé les parlementaires « les paons vaniteux », et sa bête noire, c'était le sénateur Charles Sumner : « Il a la tête tellement étroite et des yeux si rapprochés qu'il peut regarder dans un trou de serrure sans sourciller. » Ce à quoi Sumner répondait allégrement que « le népotisme, dans ce pays, était frappé d'éléphantiasis ».

Et Grant, d'un scandale à l'autre, n'était évidemment pas exempt de critique, bien qu'étant lui-même d'une probité absolument scrupuleuse. Même ses amis trouvaient son attitude équivoque. Le grand général William Tecumseh Sherman disait : « Grant m'a toujours soutenu lorsque je devenais fou. Je l'ai toujours soutenu lorsqu'il était ivre mort, et maintenant il ne nous reste plus qu'à nous serrer les coudes. » En fait, peu de choses semblaient déranger, irriter ou effrayer Grant. Il racontait souvent, lorsqu'on évoquait les problèmes qu'il pouvait rencontrer au Congrès, que cela lui rappelait la première fois où il avait entendu hurler des coyotes dans la prairie. En entendant leur râle, il en conclut qu'ils devaient être une bonne centaine pour faire un vacarme pareil. En s'approchant, il s'était aperçu qu'en fait, il n'y avait là que deux pauvres petits loups qui aboyaient.

Non, décidément, Ulysses Grant n'était pas fait pour la politique. Et comme l'écrira Harry Adams : « Si l'on

131

étudie la présidence des États-Unis, de George Washington à Ullysses Grant, on s'aperçoit que la théorie de Darwin ne tient pas le coup. »

Lors de sa dernière adresse au Congrès, Grant admit sans complexe que sa présidence n'avait pas été ce qu'elle aurait dû être. Ce qui constitue une litote, vu l'étendue des scandales et des dégâts. C'est pourtant une époque bénie, vu la qualité de ce que produit alors l'Amérique en termes d'hommes remarquables : Mark Twain, Horatio Alger, J.P. Morgan... Le pays bouge terriblement vite, avec une incroyable énergie. Les deux branches du chemin de fer transcontinental qui est parti de l'Est et de l'Ouest, dans des conditions rocambolesques, se sont rejointes dans l'Utah. On peut désormais voyager à peu près en sécurité de New York à San Francisco. Les colons s'installent en nombre dans les grandes plaines, et les fermes poussent comme des champignons dans les vastes prairies centrales. Le commerce se développe et les richesses s'accumulent. Pas pour tout le monde bien sûr, et c'est là la plaie de Grant. Il a trop d'amis, et pas toujours des amis très scrupuleux. Lui que personne ne peut accuser de malhonnêteté va se retrouver prisonnier des « affaires ». En fait, les entrepreneurs américains ne veulent pas, déjà, que l'État fédéral s'occupe de leurs affaires, sauf bien sûr s'il s'agit de les défendre contre les Indiens, ou bien si le gouvernement accorde des subventions. Et Grant devient littéralement leur président de conseil d'administration, alors qu'en tant qu'ancien militaire, il ne connaît évidemment rien à la finance ou au droit. Lui-même pense qu'un président n'est là que pour s'accommoder de la volonté du peuple et que sa seule mission est de veiller à ce que les lois voulues par le peuple soient appliquées.

Au total, ce sont quelques affairistes et quelques *congressmen* corrompus qui vont véritablement diriger, à leur profit, le pays. Grant sera totalement cerné par ses « amis » et les membres de son cabinet ne brilleront pas par le sens de l'intérêt général, à l'exception notable de son secrétaire d'État, Hamilton Fish. Grant est un enfant dans le monde politicien. Il va même envoyer, comme ambassadeur des États-Unis à Bruxelles, un ancien camarade dont la seule compétence reconnue est d'avoir dirigé une écurie.

L'innocence, la naïveté de Grant sont atterrantes. Il va notamment fréquenter deux spéculateurs, James Fisk et Jay Gould, qui vont lui faire connaître le luxe de leurs yachts, et le convaincre que le gouvernement n'a rien à faire sur le marché de l'or. Une fois certains que Grant n'interviendra pas, ils achètent des quantités de métal précieux et font ensuite consciencieusement monter les prix de manière spectaculaire. Seule la Réserve fédérale pourrait, en vendant ses stocks, faire baisser la spéculation, mais Grant a promis de ne pas intervenir. L'affaire va plus loin encore : Fisk et Gould s'associent avec la sœur et le beau-frère du président, les Corbin, dont la mission consiste à espionner la Réserve fédérale pour connaître ses intentions. C'est finalement Grant lui-même qui, reprenant ses esprits, fera vendre de l'or appartenant au gouvernement fédéral pour mettre un terme à la spéculation. Mais sur le plan de sa réputation, le mal est fait. Un autre scandale éclabousse sa présidence, celui de l'Union Pacific Railroad, dont les promoteurs ont discrètement aspiré les subventions du gouvernement au sein d'une société-écran : le Crédit mobilier.

La corruption aura fait des ravages, mais, huit ans après son arrivée à Washington, Grant en repartira nullement déstabilisé. Et de toute façon, sa légende reste très vivante hors des frontières. Avec Julia, qui est atteinte depuis toujours d'un fort strabisme et que Grant « aimait comme ça », il va entamer une tournée à l'étranger où, partout, il sera reçu comme un roi. Ils dînent avec la reine Victoria au château de Windsor, avec Disraeli, avec Bismarck. En leur honneur, lors de leur visite, on illuminera le mont Blanc et le Parthénon. Ils vont faire une croisière sur le Nil, rencontrer le pape au Vatican, Wagner à Heidelberg et le tsar à Saint-Pétersbourg. À Pompéi, on va extraire des ruines une miche de pain, pour les Grant. Au Taj Mahal, les jardiniers offrent des roses à Julia. En Chine, ils sont invités à un dîner composé de soixante-dix plats. L'empereur du Japon va même offrir au couple tout le mobilier de son salon parce que Julia s'est extasiée sur la beauté des boiseries laquées.

Même accueil triomphal lorsqu'il retourne aux États-Unis, et finalement Grant se demande pourquoi il ne se représenterait pas pour un troisième mandat. Mais cette fois, la convention républicaine choisit un autre candidat : Garfield.

La vie politique s'éloigne. Grant a un peu d'argent devant lui, mais toujours très mauvais homme d'affaires, il va vite se retrouver ruiné. Pour lui éviter l'indignité, le Congrès va restaurer sa solde de général, comme s'il était encore en activité. Mais cela ne suffit pas à régler les fins de mois et c'est finalement

Mark Twain qui va lui offrir une forte somme pour écrire ses Mémoires.

Ce sera le dernier combat d'Ulysses Grant. Il souffre d'un terrible cancer de la gorge et très vite il ne pourra plus dicter ses Mémoires. Il devra écrire lui-même, assis à un bureau. Les douleurs sont telles qu'il ne peut plus se coucher, sous peine d'étouffer. Encore une fois, Grant va étonner son monde. Le vieux soldat a décidé de finir sa tâche et il ne se plaint pas. Lorsque son livre est terminé, il prévient son médecin : « Voilà, je suis prêt à partir. Plus rien ne m'attend ici, à part la souffrance. »

Sur sa tombe, à New York, on a gravé quatre mots : « *Let us have peace* », « Faisons la paix ». Ce qui n'est pas si mal pour un général ayant mené une impitoyable guerre.

Il était le favori d'un homme qui s'y connaissait en hommes : Lincoln. Lorsqu'on lui conseillait de renvoyer Grant pour ses mauvaises manières et ses méthodes, Lincoln disait : « Je ne peux pas faire l'économie de ce général : lui, il se bat. » Et lorsqu'on lui reprochait de boire comme un trou, Lincoln répétait : « Si je connaissais sa marque de whisky, j'en enverrais une caisse à tous les généraux de l'armée fédérale. »

8

Trente ans de tranquillité

De 1877 à 1901, l'Amérique va être dirigée par des hommes de talents inégaux. Ils ne figureront sans doute pas dans l'histoire comme de grands politiques, mais ils ont des vertus. La fonction crée l'organe, et le pays n'a pas à rougir de ses leaders.

Qui se souvient de Rutherford B. Hayes ? Il n'accomplira qu'un mandat. C'est lui aussi un ancien soldat, et il en était fier. De sa vie de président, il ne tirera aucun orgueil particulier. « Je sais que j'occupe une place très humble dans l'histoire ; mais je sais aussi que j'ai été un excellent colonel dans l'armée. »

Une fois élu président, ses adversaires vont se déchaîner. Ils le surnommeront « Son Excellence l'imposteur ». Les démocrates affirmeront toujours qu'il a volé la victoire à leur candidat, Samuel J. Tilden. Mais au fond, tout le monde, dans cette campagne, a triché, notamment dans les États du Sud, et c'est finalement la Chambre des Représentants qui va décider de l'issue du scrutin.

Hayes va l'emporter d'une seule voix, et c'est rarement très confortable de gouverner dans ces conditions.

Lorsqu'il fait le voyage de Washington, début mars 1877, il n'est même pas encore sûr de devenir président et il en prévient ses amis de Colombus, Ohio. « Peut-être vais-je rentrer très vite à la maison », leur dit-il.

Ce qui est intéressant dans le cas de Rutherford B. Hayes, c'est que la Maison-Blanche transcende son rôle politique. Il sera absolument non-partisan. « C'est celui qui sert le mieux son pays qui sert le mieux son parti » : aucun slogan ne peut mieux définir les vertus d'un homme politique.

À part cela, Hayes ne brille guère et sa présidence ne brillera pas beaucoup non plus. Hayes s'est coulé dans le moule d'un homme du centre. Il va lire Aristote et en tirer des enseignements discutables. « La vertu, au fond, dira-t-il, c'est la médiocrité, et aux deux extrémités se situe le vice. »

La Maison-Blanche va s'ennuyer ferme pendant quatre années. On fait la prière tous les matins, et le soir on chante les louanges de Jésus. Les jurons, le tabac et l'alcool sont strictement interdits. Madame la présidente est en partie responsable de cet état de fait. On l'a surnommée « Lucy la Limonade » et il est vrai qu'elle ne supporte pas ceux qui boivent. Lors du premier dîner donné à la Maison-Blanche en l'honneur de deux diplomates russes, on va servir du vin, pour la première et dernière fois en quatre ans.

Même ses amis républicains, qui cherchent à engranger les votes des ligues de vertu, trouvent qu'on force un peu la dose. À l'issue d'un dîner officiel, le secrétaire d'État William M. Evarts constate que la soirée a été très réussie : « L'eau a coulé comme du champagne. » Pendant un temps, il semble que le personnel de la Maison-Blanche, constatant l'humeur lugubre des soirées, ait triché avec les instructions de la *First Lady* et ait rajouté du rhum au jus d'orange servi dans les salons.

Hayes semble avoir détesté la vie menée pendant son mandat et il ne va pas chercher à se faire réélire. Il quittera Washington avec soulagement et replongera dans l'anonymat. Sa seule contribution à la vie quotidienne à la Maison-Blanche sera de faire installer le téléphone, mais il ne s'en servira guère, vu le nombre très limité d'abonnés à l'époque.

Après lui vient James A. Garfield. Il a servi à la Chambre des Représentants et c'est un excellent orateur. Et lui non plus n'est pas très enthousiaste à l'idée de devenir président. D'autant qu'on l'a accusé, pendant la campagne, de corruption pour avoir reçu un pot-de-vin de trois cent vingt-neuf dollars. Pure calomnie, en fait.

Et ce qui l'amènera à se montrer absolument inflexible à l'égard de tous ceux qui cherchent, par relations, à obtenir de la Maison-Blanche un poste ou une fonction. C'est ainsi qu'il refusera à un certain Charles Guiteau la charge de consul des États-Unis à Paris. Quelques semaines plus tard, alors qu'il se rendait à la gare pour prendre un train à destination du Massachusetts, Charles Guiteau l'y attendait et, par deux fois, fit feu sur lui. On ramena James Garfield à la Maison-Blanche. Son agonie dura plusieurs semaines. La chaleur était telle à Washington qu'on transporta le mourant dans le New Jersey, au bord de la mer, début septembre. C'est là qu'il mourut quelques jours plus tard. Guiteau fut jugé, condamné et pendu quelques mois plus tard.

Pauvre Garfield.

Chester Arthur prend la suite. Comme le dira Woodrow Wilson, « nous parlons là d'une non-existence affublée de favoris ». Et il est vrai que le président Arthur, qui lui non plus n'encombrera pas les manuels d'histoire, est un homme assez peu porté sur les obligations de la charge et encore moins sur le travail. Déjà, il trouve très déprimant d'avoir à « travailler à la maison ». Et ses horaires s'en ressentent. Il démarre à dix heures du matin et finit vers quatre heures de l'après-midi. Comme l'affirme très sérieusement un de ses proches conseillers, « le président Arthur ne s'active jamais à faire aujourd'hui ce qu'il peut remettre au lendemain ». Comme certains de ses prédécesseurs, il ne crache pas sur la bouteille mais comme il le remarque avec flegme : « Jamais un gentleman ne verra un autre gentleman ivre mort. » Comme quoi il est, au fond, un politicien assez subtil.

En réalité, c'est un véritable épicurien. À table, on sert habituellement une douzaine de plats, accompagnés d'au moins huit vins différents. Et plutôt des grands crus. Le président Arthur aime également être habillé avec élégance. Bien avant John Kennedy. Et il était fréquent qu'il essaie chez son tailleur une vingtaine de pantalons avant d'en adopter un. En tout cas, il quittera Washington sans faire de bruit, pour aller mourir tranquillement quelque temps plus tard d'une maladie rénale. Sans faire de vagues.

De façon tout à fait étonnante, lui qui, avant d'être élu, représentait la quintessence du politicien corrompu, va tourner le dos à ce genre de pratique dès qu'il sera en fonction. Au grand étonnement et au grand dam de ses anciens amis. « Vous verrez, leur dit-il, que le vice-président Arthur et le président Arthur sont deux hommes très différents. » Et puis Arthur avait le sens de l'hospitalité, et c'est une chose que l'on apprécie particulièrement à Washington, une ville qui, au fond, est une ville du Sud. D'abord, le président fait rénover de fond en comble la Maison-Blanche avant d'y résider. Il aimait, on l'a vu, son confort en toutes choses. La résidence devint un endroit hospitalier et chaleureux. Les alcools fins et la bonne chère étaient de rigueur et l'on y donna des concerts de qualité. Ses manières sont conviviales et la bonne société locale ne boude pas son plaisir. Sa femme était morte quelques années plus tôt, mais c'est sa sœur, une autre bonne vivante, qui animera la vie mondaine de la Maison-Blanche.

Il faut également le remercier d'avoir vidé la Maison-Blanche, de la cave au grenier, des vieilleries entreposées là depuis plus de quatre-vingts ans. En homme pratique, Arthur avait mis aux enchères tout ce qui s'était accumulé dans la demeure : des pantalons ayant appartenu à Lincoln, un vieux chapeau de John Quincy Adams, un portemanteau d'Abigail Adams et même une vieille commode qui avait été offerte à la femme du président précédent par une ligue de tempérance. La commode fut achetée par le propriétaire d'un bar situé sur Pensylvannia Avenue, ce qui fit scandale.

L'époque, il faut le préciser, n'était pas particulièrement portée sur le bon goût en matière de décoration. Et après Grant qui avait fait poser des fausses poutres aux salons, Chester Arthur ajouta sa touche personnelle en faisant coller du papier argenté aux plafonds. À New York, Louis Tiffany était la coqueluche de la bourgeoisie, et un peu de baroque n'effrayait personne.

141

Et puis, pendant qu'on y était, Chester Arthur fit installer un ascenseur montant à ses appartements. Un engin actionné par gravité qui ne fonctionna jamais vraiment. Le système hydraulique incluait un énorme réservoir d'eau situé sur le toit de la Maison-Blanche. Son poids était tel qu'il endommagea irrémédiablement la charpente. Il faudra, quelques décennies plus tard, tout remplacer. Et les historiens d'aujourd'hui, désespérément, tentent encore de retrouver les objets uniques qu'il a éparpillés aux quatre vents en transformant les pelouses de la Maison-Blanche en champ de foire.

9

Grover Cleveland, une leçon de courage

Grover Cleveland est « affreusement » honnête. À l'époque, ce n'est pas forcément une vertu politique, en tout cas ce n'est pas forcément un passeport pour être élu. Il y parvient pourtant et accomplira un premier mandat à partir de 1885. Ensuite, il sera remercié, mais il reviendra – et c'est le seul – à la Maison-Blanche pour un second mandat, de 1893 à 1897.

C'est une personnalité très attachante, même s'il a beaucoup moins d'allure que son prédécesseur. Arthur était grand, il portait beau avec une magnifique chevelure grise, il aimait l'habit. Cleveland est plutôt court sur pattes, râblé, et il arrive en droite ligne de Buffalo, une ville industrielle où les bonnes manières, à l'époque, n'ont guère cours. Il n'empêche, Grover Cleveland est une belle âme ; on le verra dans sa carrière politique et dans sa vie personnelle. Car s'il n'a pas l'allure d'un playboy, il sera le seul président à se marier à la Maison-Blanche, et il épousera la plus jeune *First Lady* du pays. Sans compter qu'elle sera ravissante et parfaitement éduquée.

Celui qui préside la convention démocrate de 1884, le général Bragg, dira : « Ils aiment Cleveland pour son caractère, mais ils l'aiment surtout pour le nombre d'ennemis qu'il s'est faits. » Tout ce qui est corrompu dans le pays déteste, ou va détester, le président Cleveland, celui que l'on va baptiser « le président Veto ».

Maire de Buffalo, dans l'État de New York, il va se révéler être un véritable incorruptible et il va chasser tous les aigrefins de l'hôtel de ville. Lorsqu'il devient gouverneur de New York, il poursuit son œuvre. On l'appelle « Son Obstination ». Lorsque les solliciteurs qui l'assiègent, douceureusement, lui demandent à voix basse un service ou une faveur, il répond avec une voix de stentor, afin que tout le monde soit témoin de la scène. Il est désespérant, « affreusement » honnête.

C'est une bête de travail, qui passe ses jours et ses nuits dans son bureau, où il mange et où il dort. Seule une petite partie de poker, le dimanche, le sort de son rituel. Et puis il ne crache pas sur un verre de bière, ce qui lui vaudra d'endurer bien des calomnies lors de son premier mandat.

Lorsqu'on lui annonce qu'il est le candidat du parti démocrate, il est à son bureau de gouverneur de l'État de New York. Ses conseillers lui font remarquer les salves de canon qui célèbrent l'événement. « Peut-être, dit-il, mais on a du travail à finir. » Comme le constate Joseph Pulitzer, du *New York World* : « Un, c'est un honnête homme, deux, c'est un honnête homme, trois, c'est un honnête homme. » Mais c'est un homme, et comme tous les autres il est faillible. En tout cas il a un passé qui ne tarde pas à réapparaître à la surface. Les journalistes américains sont déjà réputés pour leur pugnacité et leurs qualités d'investigation.

Les journaux révèlent que Cleveland, qui est célibataire, a eu une aventure torride avec une veuve, une certaine Maria Halpin. Et il a eu un enfant de cette dernière. La campagne électorale bat son plein et son entourage est désespéré. « Dites la vérité », exige Cleveland. Pendant ce temps-là, son adversaire dans la course à la Maison-Blanche, James G. Blaine, doit lui aussi faire face au scandale. Pour corruption. Il a touché, comme de nombreux politiciens, des pots-de-vin des compagnies de chemin de fer. Lorsque les responsables du parti démocrate présentent à Cleveland des documents prouvant l'inconduite de son adversaire, Cleveland demande tranquillement si toutes les preuves sont bien rassemblées, là, sur son bureau. Et il les déchire, les met à la poubelle, et demande qu'on les jette au feu. « Que nos adversaires se réservent le monopole de la bassesse pour cette campagne. » Cette attitude sera appréciée par les électeurs, y compris par les républicains, qui diront : « On nous dit que monsieur Blaine a fauté dans sa charge mais qu'il a été vertueux dans sa vie privée. On nous dit aussi que monsieur Cleveland a été un modèle d'intégrité mais qu'il a fauté dans sa vie personnelle. Il nous semble donc qu'il faudrait élire monsieur Cleveland puisqu'il est si qualifié pour une charge publique, et qu'il faudrait reléguer monsieur Blaine aux affaires privées où il semble exceller. » Sage raisonnement politique.

Et Cleveland ne décevra personne. Il écarte ceux qui réclament des prébendes et des faveurs. Et il inspecte à la loupe toutes les lignes du budget fédéral qu'on lui demande de signer. Il les examine si bien qu'au cours de son premier mandat il apposera quatre cent treize veto à des appropriations décidées par le Congrès. Un record jamais égalé. C'est d'ailleurs le double des veto prononcés en plus d'un siècle par ses vingt et un prédécesseurs.

Il prenait le temps qu'il faut en toutes choses, y compris lorsqu'il s'est agi du sort d'un pauvre Indien qui devait être pendu pour avoir assassiné, alors qu'il était ivre, un homme de sa tribu. Ce n'était pas le genre de dossier qui pouvait passionner un politicien de son envergure. Mais le président avait des scrupules. Il a donc aiguillonné ses assistants pour obtenir toutes les informations disponibles. En attendant, il a ordonné qu'on sursoie à l'exécution. Et il s'est plongé dans le dossier, relisant entièrement les minutes du procès. Cela ne lui suffisant pas pour se faire une idée, il demanda des témoignages supplémentaires au procureur, au juge, aux jurés. Après examen des documents, il commua la sentence en peine de prison.

Son secrétaire particulier, Alexandre Boteler, voulut savoir pourquoi Cleveland avait consacré tant de temps et tant de soin à ce dossier, au milieu du travail intense qui accaparait le chef de la Maison-Blanche : « C'est simple, répondit-il, je n'aurais pas pu dormir la nuit si cet homme avait été pendu parce que moi, Cleveland, je n'aurais pas fait ce qu'il fallait en regardant tout simplement le dossier… Ce n'était qu'un pauvre Indien, mais je ne peux oublier qu'il n'avait personne d'autre au monde pour veiller sur lui et pour faire respecter ses droits. »

Malgré toutes ses immenses qualités, Cleveland sera battu au terme de son premier mandat par Benjamin Harrison, et en quittant la Maison-Blanche, il prétendit qu'il était l'homme le plus heureux du monde. Ce qui, manifestement, n'était pas vrai pour sa jeune épouse. En partant, elle prévint le maître d'hôtel de la Maison-

Blanche : « Jerry, je veux que vous preniez grand soin des meubles et de la vaisselle, je veux que rien ne se perde ou ne se brise pendant notre absence. Je veux tout retrouver en état lorsque nous reviendrons. » Étonnement du maître d'hôtel, qui s'enquiert respectueusement : « Mais vous comptez revenir quand ?

— Mais dans quatre ans, mon petit Jerry. » Et elle avait vu juste, puisque son mari fut réélu en 1892.

Ce ne fut pas un second mandat très réussi. La panique financière de 1893 entraîna une véritable dépression économique avec du chômage à la clef et des émeutes, y compris dans les campagnes. Cleveland, malgré toutes ses qualités d'honnête homme, manquait d'imagination pour faire face à la crise, et une histoire cruelle circule à ce propos, histoire très probablement apocryphe mais qui en dit long sur la conscience sociale du président. Un jour, raconte-t-on, un homme très maigre vint à la Maison-Blanche, se mit à genoux, et commença à brouter l'herbe d'une pelouse. Interloqué, Cleveland lui demanda ce qu'il faisait là, ce à quoi l'homme répondit qu'il était affamé et qu'il en était réduit à manger de l'herbe. « Pourquoi n'allez-vous pas plutôt derrière la maison, répondit Cleveland, l'herbe est plus haute. »

Résultat : lorsqu'il quitta ses fonctions, Cleveland était un des hommes les moins populaires d'Amérique. Il se retira à Princeton, dans le New Jersey, profondément déprimé par ce qu'il considérait comme l'ingratitude de ses concitoyens.

En tout cas, personne ne remit en cause son courage personnel. Deux mois après sa réélection, Cleveland découvre qu'il souffre d'un cancer de la bouche. La tumeur enfle sur son palais et il consulte le Dr Robert

O. Reilly. Celui-ci constate les dégâts et la gêne que cela procure au président. Le cancer s'est étendu des dents supérieures gauches au milieu du palais. Il faut opérer. Le chirurgien consulté, le Dr Joseph Bryant, confirme qu'il faut agir vite. Mais le pays est en pleine crise économique et l'opinion est en émoi. Et puis, le 27 juin, la Bourse s'effondre. Et le président, pour affronter la tempête, doit appeler le Congrès en session spéciale. Dans ces conditions, comment procéder à l'opération, qui est urgente, dans le secret et dans le délai imparti, sans compliquer davantage encore une situation politique déjà désastreuse ? Cleveland estime que si l'opinion est au courant de la gravité de son état, la panique financière s'accentuera. Il doit présenter au public l'image d'un président en bonne santé, en pleine possession de ses moyens.

On va donc chercher une solution : mener une opération délicate, dans un minimum de temps et avec un maximum de confidentialité. Une équipe d'excellents médecins est rassemblée. Les meilleurs du pays. Ils sont convoqués pour le 30 juin sur les quais du port de New York. Pendant ce temps-là, un riche ami du président a fait préparer son yacht, l'*Oneida*. Le président embarque à bord, ce qui ne surprend personne puisqu'on sait que Cleveland aime la mer.

Cleveland sait ce qu'il risque, vu les conditions de l'opération et l'éloignement de toute infrastructure hospitalière. Il est prêt. Les chirurgiens, eux, sont inquiets. Cleveland est âgé de cinquante-six ans et c'est un homme souffrant d'embonpoint. On ne sait pas s'il résistera aux anesthésiques de l'époque.

Le lendemain matin, le yacht appareille. On vide le mobilier du carré pour transformer l'endroit en salle d'opération. Cleveland, assis au pied du grand mât, se voit administrer les sédatifs. On lui arrache deux dents et le chirurgien procède à l'enlèvement de la tumeur. Il apparaît que le mal est plus étendu que prévu et il faut creuser dans la mâchoire gauche et dans le palais. Les médecins interviennent très précautionneusement. Ils ne peuvent inciser que de l'intérieur de la cavité buccale, pour ne laisser aucune trace sur le visage de leur patient. On sera obligé ultérieurement d'implanter une mâchoire artificielle pour lui permettre de s'exprimer normalement. L'opération dure longtemps et, pour atténuer la douleur, on administre au patient des doses importantes de morphine.

Deux jours plus tard, Cleveland est sur pied.

Inutile de préciser que la vie mondaine d'un célibataire bourreau de travail n'a pas dans un premier temps particulièrement impressionné le Tout-Washington, qui s'ennuie depuis qu'Arthur a laissé la place à Cleveland. Mais un événement majeur va tout changer.

Cleveland, lorsqu'il devient président, n'est pas précisément un homme charismatique. Il vient de Buffalo, il a été shérif, maire de sa ville, gouverneur, il est plutôt lourdaud d'apparence et n'a guère l'expérience, de toute façon, de la vie mondaine d'une ville comme Washington. En outre, ses manières sont plutôt brusques. On le compare volontiers à un ours. Et comme il a dépassé les cinquante ans, on ne s'attend pas à ce qu'il change. Il a amené avec lui sa sœur Rose. Elle fera office de maîtresse de maison et s'occupera des mondanités.

Seulement voilà, cet ours a un secret. Il est amoureux. Depuis longtemps. Et l'objet de ses pensées a vingt-sept ans de moins que lui.

Elle n'a même pas encore terminé ses études. Vous imaginez le scandale, et pire encore, le ridicule si cela se savait ?

En plus, l'élue est ravissante. C'est une très belle histoire. La femme dont le président est amoureux s'appelle Frances Folsom. C'est la fille d'un ancien associé de Cleveland. Le père est mort et, depuis lors, il a fait office de tuteur, d'oncle, à une enfant qu'il a vue dans les couches. Il s'assure que la petite fille et sa mère ne manquent de rien, et Cleveland est un homme généreux.

Mais il est tombé amoureux, profondément, sincèrement amoureux. Et lui, le politicien, il attend. Un signe du destin.

Un jour, il invite Frances, qu'il a coutume d'appeler « Frank », et sa mère à la Maison-Blanche. Toute la presse est en émoi et imagine que Cleveland entretient une liaison avec la maman de Frances. Le secret reste bien gardé. Frances passe finalement ses examens en 1885 et décide d'aller séjourner quelques mois en Europe, pour faire le point. Lorsqu'elle revient, sa décision est prise : les jeunes gens ne l'intéressent guère ; elle veut épouser Grover Cleveland. Ce qui se fera à la Maison-Blanche bien sûr, le 2 juin 1886, devant une quarantaine de témoins. Cleveland avait souhaité l'intimité et la discrétion. Il fut servi : les canons de la Navy tonnèrent dans le ciel de Washington et les reporters, en folie, assiégèrent la Maison-Blanche dans un état de frénésie inégalée à ce jour.

Ce qui amènera Cleveland – autre originalité – à faire l'acquisition d'une résidence privée, Oak View, près de la cathédrale, où il séjournera très régulièrement pour échapper à la curiosité du public et de la presse. On dira d'ailleurs qu'il sera le seul président des États-Unis à avoir fait des bénéfices à la Maison-Blanche puisque la maison qu'il avait achetée vingt et un mille cinq cents dollars fut revendue avec un bénéfice de cent mille dollars.

Une chose est certaine : avec l'arrivée de Frances, la vie va changer. Ce sera la première véritable star des médias et, bien malgré elle, son nom et son visage seront utilisés sans vergogne par tous les annonceurs et publicitaires américains. Elle est grande, brune, elle a les yeux bleus, elle est gracieuse, intelligente et très cultivée. Elle parle français et allemand, et les garçons sont fous d'elle.

Elle a le sens des réalités, politiques et sociales. Elle accueille à la Maison-Blanche les riches et les pauvres avec le même sourire et elle organise même des réceptions particulières le samedi pour les femmes qui travaillent.

Cette grâce et cette gentillesse ne lui épargneront pas, loin s'en faut, les bassesses de la bataille politique. On va notamment prétendre que Cleveland est un ivrogne et qu'il bat régulièrement sa femme, au point qu'on l'aurait souvent vue s'enfuir de la Maison-Blanche, nuitamment et en pleurs. Calomnies, bien sûr, et Frances aura beau répéter, encore et encore, qu'elle souhaite un aussi bon mari que le sien à toutes les femmes américaines, elle souffre de ces attaques perfides.

Elle est la femme la plus célèbre et la plus adulée des États-Unis. Mais cette notoriété a un prix. Lorsqu'elle met au monde son premier enfant, une petite fille prénommée Ruth, le public est dans tous ses états et veut voir l'enfant. À l'époque, la Maison-Blanche est ouverte au public et les touristes de passage cherchent

Ruth dans tous les coins. Un jour, un visiteur est surpris en train d'essayer de couper une mèche de cheveux de l'enfant. C'en est trop pour Frances, qui va exiger de restreindre l'accès à la Maison-Blanche. Du coup, la presse en conclura qu'on leur cache quelque chose à propos de l'état de santé de la petite Ruth et on insinuera régulièrement qu'elle souffre d'un handicap.

Frances Cleveland, tout au long de sa vie, manifestera le plus grand courage. Sur la fin, elle deviendra quasi aveugle et fera l'apprentissage du braille pour pouvoir continuer à lire ses chers livres. Et pour faire bonne mesure, elle consacrera des heures et des heures à retranscrire en braille un certain nombre d'ouvrages pour ceux qui ne peuvent lire. Finalement, elle recouvrera la vue après une opération chirurgicale.

Bien des années après la présidence de son mari, à la fin des années 1940, elle fut invitée par Truman à une réception. Elle s'y rendit et fit la connaissance d'un certain Eisenhower, qui était devenu l'homme le plus célèbre des États-Unis après sa victoire sur les armées nazies. Si le nom d'Eisenhower ne lui était évidemment pas étranger, la réciproque apparemment n'était pas vraie et elle s'en rendit compte lorsque le général lui demanda où elle avait habité à Washington. « Ici même, à la Maison-Blanche, général. » Eisenhower, dit-on, fut très embarrassé par cet incident.

Il faut bien évoquer ici le nom de Benjamin Harrison, qui fut président, intérimaire, en quelque sorte, entre les deux mandats de Cleveland, de 1889 à 1893. Harrison, dans la liste de ceux qui ont occupé la Maison-Blanche, a été, légitimement, oublié par l'histoire.

Pourtant, si l'on observe son pedigree et si l'on croit à l'héritage génétique d'un politicien, il provenait d'une très honorable lignée. Son arrière-grand-père avait signé la Déclaration d'indépendance, son grand-père avait été un héros militaire, un sénateur, un diplomate et même, très brièvement, président des États-Unis. Son père, John S. Harrison, avait été membre de la Chambre des Représentants et, dans l'histoire américaine, peu de familles peuvent se vanter d'avoir autant servi leur pays. Mais Benjamin Harrison fait mentir l'adage selon lequel bon sang ne saurait mentir. Non qu'il ait été incompétent, malhonnête ou velléitaire. Simplement, il n'avait pas la manière, et d'ailleurs cette hérédité lui portait sur les nerfs et le paralysait. Il en avait assez d'être caricaturé à l'ombre de la toque de castor que portait son grand-père. Cela l'exaspérait d'autant plus qu'il n'avait rien des géants de la famille. Il mesurait un mètre soixante et son charisme était à peu près équivalent à celui d'un colin. On disait que lui serrer la main ressemblait assez à la sensation qu'on éprouve lorsqu'on touche un pétunia fané. Mais enfin, le parti républicain avait besoin d'un candidat et ce serait lui.

Harrison, on l'a dit, est un homme honnête et il n'imagine pas la corruption qui va entourer sa campagne. Naïvement, il va remercier la « Providence » pour sa victoire. Ses associés n'en reviennent pas d'une telle candeur, eux qui ont dû acheter une par une les voix de son propre État, l'Indiana, et qui ont fait marcher à fond la machine de la corruption à New York. Harrison se rendra compte finalement que le scrutin a peut-être été « biaisé » lorsqu'il découvrira que, tout président qu'il est, il ne peut nommer un seul membre de son cabinet : toutes les places ont été vendues à l'avance par les responsables de sa campagne.

À la Maison-Blanche, on ne s'amuse pas tous les jours. On a surnommé le président « l'Iceberg » et il ne fait aucun effort pour mettre de l'huile dans les rouages. « Lui parler revient à s'adresser à un poteau », disent ses adversaires qui n'ont de cesse d'en finir avec cette administration. Sa femme, Caroline, va essayer de dégeler l'atmosphère. Elle est chaleureuse, elle a du charme et des manières, mais « Carrie » est de santé fragile. Elle tombe malade au moment où son mari fait désespérément campagne pour sa réélection, et elle mourra quelques mois avant la fin du mandat.

La Maison-Blanche lui doit beaucoup puisque c'est à son initiative qu'on va installer l'éclairage électrique dans le bâtiment. Le problème, c'est que les ampoules de l'époque se révèlent assez capricieuses et que la famille Harrison n'a guère confiance en la fée Électricité. Du coup, pour ne pas avoir à manipuler les interrupteurs, la lumière brille sans arrêt à la Maison-Blanche. Pour le reste, le Congrès se montre extrêmement pingre à l'égard de la famille Harrison et de sa résidence, qui aurait besoin d'une sérieuse rénovation. D'ailleurs, les choses sont dans un tel état de désolation qu'on songe sérieusement pendant un temps à reloger le président ailleurs.

Caroline Harrison fera de son mieux. Et comme elle a de vrais penchants artistiques, notamment en matière de peinture et de poterie, elle rendra quelques signalés services au patrimoine de la Maison-Blanche. Elle ira fouiller dans les placards et les sous-sols pour extraire de la poussière un certain nombre d'objets collectionnés par les présidents précédents. Elle fera fabriquer des vitrines et exposera ainsi des pièces qui ont pris au fil des ans une véritable valeur historique. Carrie Harrison, qui adore les fleurs, et en particulier les orchidées, fera reconstruire les serres situées sur les pelouses de la Maison-Blanche. Et puis, jamais à court d'idées ni d'énergie, elle dessinera elle-même une ligne de vaisselle aux armes de la République et elle vendra aux touristes, pour améliorer l'ordinaire, des souvenirs ornés de son propre signe porte-bonheur, le trèfle.

Sa mort plongera Benjamin Harrison dans l'affliction. Pendant un certain temps. Finalement, quatre ans plus tard, il épousera la nièce de la défunte, Mary. Celle-ci connaît bien la Maison-Blanche puisqu'elle a souvent assisté sa tante dans le rôle de maîtresse de maison. Les deux enfants de Benjamin Harrison sont extrêmement choqués en apprenant que leur cousine va devenir leur belle-mère et ils refusent d'assister au mariage. Il n'y aura jamais de réconciliation et Harrison finira par déshériter sa propre progéniture. Quant à Mary, elle aura connu le piètre privilège d'être la veuve d'un président sans avoir jamais été *First Lady*. D'ailleurs, après la mort de Harrison, en 1901, le Congrès des États-Unis estima qu'il n'était pas nécessaire de verser à sa veuve la pension revenant de plein droit aux épouses des présidents disparus.

Restons encore un instant sur cette fin de siècle qui se profile et qui n'épargne pas les États-Unis, confrontés à de très importantes modifications sociologiques et technologiques. Harrison, comme Cleveland, est l'héritier d'une certaine histoire, d'une certaine aventure américaine. Ce sont des hommes compétents et patriotes, mais ils ne saisissent pas les transformations qui agitent le pays en profondeur. On a appelé cette époque la « période d'indécision ». La société américaine était passée en quelques années d'un modèle essentiellement agraire à une civilisation urbaine et industrielle. Les leaders politiques, et c'est un phénomène suffisamment rare pour être souligné, vont pendant quelques années être déconnectés de la vie quotidienne de leurs concitoyens. Harrison, par exemple, sent bien que le « business » est le nerf vital de la nation. Il sent bien que les États-Unis et les autres grandes puissances sont par nature et parfois par obligation tentés par une politique impérialiste. Mais il ne comprend pas les conséquences sociales que cela entraîne. Les fermiers américains sont désespérés. Tout le territoire a été conquis et colonisé et le chemin de fer permet de transporter les produits de la terre là où l'on en a besoin, dans les villes. Mais la baisse du dollar, la spéculation plongent le monde agricole dans le déclin, face à la prospérité des usines et des villes. Dans ces mêmes villes, dix-huit millions d'immigrants vont s'installer en quelques années, pour fournir la main-d'œuvre dont le pays a absolument besoin. Et c'est cette masse laborieuse que les politiciens de l'époque vont ignorer. Résultat : une offre politique sans choix réel pour les électeurs. L'Amérique se cherche des hommes d'État – et pas selon la formule de Thomas Brackett Reed, le célèbre et cynique représentant du Maine, pour qui un homme d'État « n'était qu'un politicien mort après avoir réussi sa carrière ».

10

Encore un président assassiné
(William Mc Kinley)

En mars 1897, le Tout-Washington s'est déplacé pour assister, comme le veut désormais la tradition, au bal inaugural organisé en l'honneur du nouveau président, William McKinley. Son épouse Ida fait une entrée majestueuse. Elle est resplendissante dans sa robe de satin blanc. Elle se laisse admirer avec une certaine condescendance et s'écroule par terre, évanouie. Le tout nouveau président, sans trahir la moindre émotion, la prend délicatement dans ses bras et rentre à la maison. Sans commentaire.

Ida était malade. On suppose qu'elle souffrait de crises d'épilepsie mais les chroniqueurs vont remarquer qu'après l'assassinat de son mari en 1901, elle ne manifestera plus jamais de trouble. Ce qui ne cesse d'intriguer les médecins depuis un siècle.

Le nouveau président fera montre tout au long de sa vie de la plus grande patience et de la plus grande tendresse à l'égard de sa femme. Celle-ci va passer la plupart de son temps au lit, à tricoter des chaussons d'appartement. On dit qu'en quatre ans, à la Maison-Blanche, elle en confectionna quelque trois mille cinq cents paires. Dans le même temps, elle insiste pour participer à la vie sociale qui incombe à la *First Lady*, ce qui entraînera des situations très embarrassantes. Mais McKinley ne fera rien pour cacher la réalité. Il a développé au fil des années une attitude très placide à l'égard des crises d'Ida. Lorsqu'il sent venir, lors d'un dîner ou d'une réception, les prémices d'un incident, il se tient prêt et dès que l'épilepsie se déclare, il couvre simplement d'un mouchoir le visage de sa femme, jusqu'à ce que les convulsions cessent. McKinley est un mari exemplaire.

Il est tombé amoureux d'Ida il y a de nombreuses années, en 1870, à Canton, dans l'Ohio. Ida est magnifique, elle est toute gonflée d'énergie, et son père est immensément riche. Elle épouse McKinley et très vite accouche d'une petite fille, Katie.

Deux ans plus tard, nouvelle grossesse. Cette fois, c'est le drame : le deuxième enfant, une autre petite fille, meurt cinq mois après sa naissance. Ida, qui vient de perdre une mère à laquelle elle est très attachée, ne se remet pas du choc, et c'est le début d'un très long cauchemar. La paranoïa semble s'installer dans le cœur d'Ida qui surprotège la petite Katie. Troisième et fatale épreuve : l'enfant succombe à la typhoïde deux ans après.

McKinley est un mari sublime qui pendant trente ans va soutenir sa femme malade. Et sur le plan politique, cette attitude remarquable ne lui nuira en rien. Au contraire. Les Américains sont sensibles à la tendresse et au dévouement déployés par leur président à l'égard de son épouse. Pourtant, le président n'est pas épargné par le poids de sa charge et on le verra un jour en pleurs, admettant auprès de ses amis que l'état de santé de sa femme et les menaces de guerre avec l'Espagne sont plus qu'il ne peut en endurer. On finit par modifier le protocole de la Maison-Blanche pour que, lors des dîners officiels, Ida soit installée aux côtés du président alors que la coutume exigeait jusqu'alors qu'elle lui fît face, à l'autre bout de la table.

Le destin s'acharna sur ces deux-là.

Alors que McKinley se prépare à un second mandat et que le couple voyage à travers les États-Unis, Ida, à la suite d'une blessure infectée au doigt, se retrouve à l'article de la mort. Son mari décide d'annuler la visite qu'il doit faire à Buffalo pour l'Exposition universelle panaméricaine. Et puis, miraculeusement, l'infection est jugulée et le président peut se rendre comme prévu le 5 septembre 1901 à Buffalo. Le lendemain, son destin croisera le chemin d'un anarchiste, Léon Czolgosz, qui déchargera son pistolet sur lui à bout portant. McKinley mettra huit jours à mourir, avec sa femme à ses côtés. Ida n'aura plus jamais de crise d'épilepsie pendant les six années qui lui restent à vivre. Un mot encore sur elle, qui adorait les toilettes et avait les moyens de se les offrir. Elle aimait par-dessus tout porter une aigrette sur ses chapeaux ; bientôt, la mode en fut lancée à travers tous les États-Unis. À tel point que l'aigrette fut bientôt classée dans la catégorie des espèces menacées d'extinction. Et que la société Audubon formula une protestation formelle à l'adresse de la première dame des États-Unis.

William B. McKinley est un homme attachant. À la différence de Harrison, qui en rendant service à quelqu'un arrivait à s'en faire un ennemi, c'est un homme irrésistible. Lui refuse toutes les faveurs, et pourtant se fait des amis. Lorsque le sénateur Hoar du

Massachusetts vient dans son bureau pour protester contre l'annexion des Philippines, McKinley s'enquiert : « Est-ce vraiment quelque chose d'important pour vous ?

— Oh oui ! Monsieur le Président. » McKinley lui prend la main et lui dit : « Quoi qu'il arrive, quoi que vous fassiez, je vous aimerai toujours. » Difficile de résister, même lorsqu'on est un politicien averti, à ce genre de déclaration. Un autre jour, un parlementaire se précipite dans son bureau. Il est venu au nom de ses amis se plaindre auprès du président. Lorsqu'il sort de l'entretien, il ne sait plus ce qui s'est dit pendant l'entrevue avec le président, « mais tout va bien ». Au sénateur Shelby M. Cullom, qui vient défendre les intérêts de l'un de ses protégés, McKinley demande à quel point il serait fâché s'il lui refusait la faveur demandée. « Pas le moins du monde, Monsieur le Président, je ne pourrais pas, même si j'essayais. » Il avait, entre autres habitudes, celle d'offrir aux visiteurs qu'il éconduisait la fleur qui ornait sa boutonnière. À un syndicaliste, très fâché d'une fin de non-recevoir, il avait donné un œillet pour sa femme, « avec ses meilleurs vœux de bonheur ». « Monsieur le Président, c'est un cadeau plus précieux que celui que j'étais venu quémander. »

C'est pourtant cet homme qui va faire la guerre à l'Espagne. Il a été le dernier président des États-Unis à avoir combattu pendant la guerre de Sécession mais il n'était pas un homme belliqueux. « J'ai vu des piles de cadavres dans ma vie, et cela suffit. » Le 4 mars 1897, lorsqu'il prononce son discours d'investiture, il dira aux Américains : « Nous ne voulons pas de guerres de conquête, nous ne voulons pas de nouveaux territoires. La guerre n'est qu'un ultime recours, lorsque toutes les négociations ont échoué. La paix est toujours la meilleure issue. » Mais il va être dépassé par les événements.

Lorsqu'il sera assassiné, le drapeau américain flottera sur une grande partie du globe. Il n'a pas conscience de ce que l'avenir prépare. C'est un homme du début du siècle. Il sait seulement que l'isolationnisme n'est plus possible, sans en comprendre toute la signification. McKinley va se trouver confronté à la guerre. En 1895, le marché du sucre s'est effondré et les Cubains se révoltent contre les riches propriétaires espagnols. Les leaders de la rébellion optent pour la politique de la terre brûlée. Ils dévastent tout et brûlent les fermes et les plantations.

McKinley est horrifié par ce qui se passe à Cuba, mais il cherche à faire office de médiateur avec les Espagnols, même si les intérêts américains sont spoliés et même si la presse et l'opinion poussent à l'intervention. « Je préfère être jugé comme un homme trop prudent plutôt que comme un aventurier », dit-il à ceux qui le pressent de déclarer la guerre. Il intervient auprès de Madrid. En vain. De toute façon, les Cubains exigent maintenant leur indépendance.

Pendant un an, il s'efforce de trouver une solution diplomatique. L'Espagne refuse ses bons offices, tout en essayant, sur le terrain, de dédramatiser la crise.

L'ambassadeur d'Espagne à Washington, Dupuy de Lome, est un excellent négociateur mais il perd tout crédit lorsqu'il écrit à l'un de ses amis, à La Havane, que le président américain est un homme faible, trop sensible à l'humeur de ses électeurs. Cette correspondance est rendue publique. Au même moment, un navire de guerre américain est coulé dans le port de La Havane. On ne saura jamais qui est à l'origine de l'explosion, mais deux cent soixante marins de la Navy y perdent la vie. Aux États-Unis, on réclame une intervention militaire.

McKinley menace l'Espagne de représailles. À Madrid, on sait que la cause est entendue mais on préfère une guerre perdue à une reddition sans condition. La guerre est déclarée. C'est chose faite, devant le Congrès, le 25 avril 1898. Il faut considérer que les hostilités avec l'Espagne ne concernent pas seulement Cuba, mais l'ensemble des territoires colonisés par Madrid. Et en fait cette guerre va démarrer dans le Pacifique où l'US Navy va couler, le 1er mai 1898, la flotte espagnole dans la baie de Manille. McKinley ne savait pas où se trouvaient les Philippines et il a fallu le lui montrer sur les cartes de la Maison-Blanche.

À Cuba, c'est l'armée et la marine américaines qui donnent l'assaut. Avec des résultats mitigés. L'armée des États-Unis, c'est le moins que l'on puisse dire, n'était pas en grande forme opérationnelle, et c'est finalement la marine qui emporte la décision en détruisant la flotte espagnole dans la baie de Santiago.

Dans la foulée, des troupes américaines débarquent à Porto Rico, autre possession espagnole, qui fera les frais des tractations pour cesser les hostilités. Et puis le 12 août de la même année, le sort de Hawaii, qui n'a évidemment rien à voir avec cette guerre, sera à son tour réglé. Hawaii fait désormais partie de l'Union.

Au total, McKinley sera jugé à la fois comme un tyran expansionniste et comme un homme indécis. Ce qui ressemble assez à ce qu'il est au fond de lui-même. C'est un homme qui étudie les premiers sondages d'opinion et qui en tire des enseignements. Comme le dit malicieusement Joseph Cannon, éminent membre de la Chambre des Représentants, McKinley se penche tellement vers le sol pour écouter ce qui se passe qu'il a les oreilles pleines de sauterelles.

11

Theodore Roosevelt,
plus grand que la vie…

C'est le jour et la nuit. Autant McKinley incarne l'archétype du conservateur, prudent et mesuré, autant celui qui lui succède constitue un nouveau spécimen de la faune politique. C'est un activiste, qui a besoin d'action pour respirer chaque jour. Son mot d'ordre : « Ne reste jamais tranquille. Agis, fais des choses… prends ta place, où que tu sois, et deviens quelqu'un. »

C'est un personnage hors norme : Theodore Roosevelt, vingt-sixième président des États-Unis, est une force de la nature. C'est un chasseur et un intellectuel, c'est un fermier et un soldat, c'est un conservateur et un réformateur. Et c'est un précurseur en politique. C'est le premier de la série de présidents que nous connaissons. Il se moque du passé et essaie de répondre aux besoins d'aujourd'hui. Il sent son pays. Il sait qu'il dirige une nation en pleine expansion, il n'en éprouve aucun complexe, y compris sur le plan moral. Il veut assurer la place de l'Amérique dans le monde. Il croit au bien commun, et c'est vrai, Teddy Roosevelt tentera toujours de se situer au-dessus de la mêlée et des intérêts de classe.

Il est né le 27 octobre 1858 à New York. Son grand-père a fait fortune comme investisseur dans les rangs des Vanderbilt et des Astor. Autant dire que le petit-fils n'a aucun complexe social. Il voue une admiration sans borne à son père, Theodore Roosevelt Senior, « l'homme le meilleur que j'aie jamais connu ». Ce dernier est un grand admirateur de Lincoln et il donne comme conseil à son fils : « Occupe-toi de la morale, et de ta santé ensuite. Pour les études, c'est en troisième position. »

La mère s'appelle Martha Bulloch, c'est une aristocrate du Sud, de Géorgie, et ses nostalgies s'adressent au Sud, auquel elle s'est montrée fidèle pendant la guerre de Sécession. C'est une famille heureuse, très animée, et malgré le statut social, malgré le bien-être matériel, on y enseigne l'effort, le travail, la compétition. Le futur président d'ailleurs va « en baver ». C'est un enfant plutôt fragile, qui souffre d'asthme. Son père s'en occupe beaucoup ; lorsque l'enfant suffoque, il le promène dans ses bras d'un bout à l'autre de la maison, jusqu'à ce que la crise se passe. Teddy, comme tous les enfants malades, va se réfugier dans la lecture et s'intéresser beaucoup aux sciences naturelles, notamment aux insectes et aux oiseaux.

Il va se trouver en butte aux autres enfants et prendra un jour une véritable raclée, à l'âge de treize ans. Humilié, il décide de s'endurcir et va fréquenter un gymnase où, méthodiquement, il développe sa musculature. C'est un enfant volontaire, qui veut vaincre ses frayeurs. Et il y parvient. Il en tire des théories, qu'il appliquera plus tard : « Ne frappe pas, tant que tu fais tout ce qu'il est honorable de faire pour l'éviter. Ensuite, si tu dois frapper quand même, frappe fort. »

Il entre à Harvard à l'âge de dix-huit ans. Son ambition est d'être un scientifique, d'étudier les oiseaux, comme Audubon. Il continue de fréquenter le gymnase, où il excelle à la boxe.

Il s'inscrit ensuite à l'université de Columbia, où il se découvre un véritable dégoût pour le droit. Mais il tient bon et commence à se passionner pour la politique. Ce qui n'est pas tout à fait du goût de sa famille.

D'autant que le jeune Teddy, lorsqu'il pratique le droit devant un tribunal, se fait remarquer. Il a d'énormes mâchoires, de beaux yeux bleus, et cela ne le gêne aucunement de sauter à la gorge des riches corrompus, comme le financier Jay Gould, accusé d'avoir tenté d'acheter un juge de la Cour suprême. « Vous faites partie de la classe sociale la plus dangereuse, dit-il devant la cour, celle des riches criminels. » Sa famille apprécie modérément.

C'est un politicien ambigu. Il se bat pour réformer le travail des femmes et des enfants à New York, mais il refuse de faire respecter la loi qui limite à douze heures par jour le labeur des chauffeurs de tramway.

Ensuite, les tragédies familiales se succèdent. Sa mère meurt de la fièvre typhoïde. Sa jeune épouse meurt à son tour, deux jours après avoir donné naissance à son premier enfant. Teddy Roosevelt quitte New York et va s'installer dans le Dakota, un endroit encore très sauvage.

Et là, il devient un vrai cow-boy, même avec ses manières de New-Yorkais issu de la haute société. Il se jette avec férocité dans le travail et exploite lui-même deux ranchs, dans les conditions de l'époque. Le personnel va finir par le prendre au sérieux, notamment lorsqu'il voit un jour un cow-boy marquer au fer une bête qui ne lui appartient pas mais qui s'est perdue sur ses terres. Il interroge l'homme qui lui explique qu'il marque l'animal des initiales de Roosevelt et que cela fera une tête supplémentaire dans le cheptel. Roosevelt le renvoie immédiatement : « Un homme qui vole pour mon compte peut aussi bien me voler pour son propre compte. » Et il n'hésite pas à faire le coup de poing lorsque c'est nécessaire et qu'on teste son autorité. Malgré tout cela, et peut-être grâce à cela, il est très populaire parmi ses cow-boys et n'éprouvera aucune difficulté plus tard à recruter des volontaires pour aller se battre à Cuba contre les Espagnols.

Cette force de la nature a besoin d'être canalisée. Le sport n'y suffit pas. Roosevelt est un guerrier. C'est le seul président des États-Unis qui préconise la guerre à tout bout de champ… alors qu'une fois élu il évitera tous les conflits et se verra décerner le prix Nobel de la paix pour avoir servi d'intermédiaire entre deux nations en conflit au tournant du siècle, la Russie et le Japon.

« Il n'y a pas de triomphe dans la paix surpassant la suprême victoire dans la guerre », écrit-il pourtant. Il entend bien restaurer l'esprit de combativité chez ses concitoyens. « Ceux qui se sont battus un jour connaissent tous cette sensation unique lorsque le loup qui est en nous commence à faire battre le cœur… » Chaque fois que les États-Unis se trouvent confrontés à une crise internationale, que ce soit avec le Chili, avec le Mexique, voire avec l'Angleterre, Roosevelt appelle le pays aux armes et s'énerve contre la maladive prudence des politiciens. À sa décharge, il convient de souligner que Theodore Roosevelt a un principe intangible : celui qui plaide en faveur d'une guerre va combattre lui-même dans cette guerre, quels que soient sa profession, son statut social, sa santé, son âge ou ses responsabilités politiques. Et Roosevelt s'applique à lui-même cette doctrine. Lorsque les États-Unis entrent en guerre contre l'Espagne, il démissionne de son poste de sous-secrétaire à la Marine et s'engage dans une compagnie de volontaires, les *Rough Riders*. Et il se distinguera héroïquement dans la charge de San Juan, qui deviendra une légende guerrière pour tous les Américains. Il fera huit jours de campagne à Cuba et se battra une seule journée, mais, « c'était la plus belle de [sa] vie ».

L'homme est courageux et il a la dent dure contre ceux qui ne montrent pas la même impétuosité. À propos de McKinley, qui cherche à temporiser face à cette crise cubaine, il dira : « Le président a la colonne vertébrale d'un éclair au chocolat. » Ce qui ne l'empêchera pas d'accepter un peu plus tard de devenir le vice-président de McKinley.

Après la guerre, Roosevelt, dont la modestie n'est pas légendaire, va publier ses Mémoires et l'on dit que l'imprimeur dut commander d'urgence un stock supplémentaire de caractères de plomb destinés à former le mot « je ».

Le héros, en tout cas, a le vent en poupe et il se présente à l'élection de gouverneur de New York. Ses meetings sont annoncés par quelques-uns de ses anciens compagnons d'armes, les *Rough Riders*, qui sonnent la charge au clairon avant chaque discours de leur champion. « Vous entendez cette trompette, lance Roosevelt au public. Eh bien ! moi, cette trompette, je l'ai entendue dans l'aube des tropiques lorsque nous

nous sommes battus sur la colline de San Juan. » Il fait un triomphe, est élu, et se fâche avec tous ses soutiens du parti républicain. Car le matamore a des principes : il refuse de céder aux influences et aux demandes de faveurs. Là encore, il a un principe qui lui vient, dit-il, « des chasseurs de fauves africains » : « Parle doucement et garde toujours avec toi un gros bâton… et tu iras loin. »

Les leaders du parti républicain n'en peuvent plus et imaginent un scénario pour l'éloigner de New York : le faire nommer à la vice-présidence aux côtés de McKinley, « à un battement de cœur de la Maison-Blanche ». Ce qui en fera un président, au grand dam des mêmes politiciens. Mark Hanna, le porte-parole du parti, verra avec horreur celui qu'il appelle « le Cow-Boy fou » succéder à McKinley en septembre 1901.

En tout cas, ce sera un président heureux et bien dans sa peau. La vie à la Maison-Blanche, pendant huit ans, va être joyeuse. Et les enfants Roosevelt n'y sont pas pour rien. Sa seconde femme, Edith, lui en a donné cinq, qui vont rejoindre Alice, son aînée. Et cette tribu Roosevelt va transformer l'austère Maison-Blanche, dont le dernier occupant a été assassiné, en une demeure pleine d'agitation et de gaieté. Encore heureux qu'Edith soit là pour faire respecter un semblant de discipline car Roosevelt adore se vautrer sur les tapis avec sa progéniture, quels que soient les visiteurs présents. Lorsqu'un des enfants est malade, il n'hésite pas à faire monter son poney dans l'ascenseur pour aller le consoler, le distraire et lui faire oublier les petites misères. Teddy dévore littéralement la vie. Edith essaie de fixer des limites. C'est un modèle de patience, de discipline et de réserve. Et un tempérament dominateur. Elle a eu l'occasion de constater notamment que son président de mari n'est pas très doué pour respecter le budget de la maisonnée. Elle le prend en charge et lui alloue royalement vingt dollars par jour pour ses menus frais.

Elle va également remettre un peu d'ordre et de propreté dans la maison. Pour cela, le Congrès va débloquer la somme non négligeable d'un demi-million de dollars. Et l'on va installer de nouveaux bureaux dans l'aile ouest pour faciliter le travail des employés. Lorsque les Roosevelt céderont la place à William Howard Taft, Edith décidera de casser toute la vaisselle présentant le moindre défaut plutôt que de la vendre comme souvenir. Elle a une très haute idée de son rang et de son rôle. Elle est infatigable et, la cigarette à la main, conduit d'une main de fer sa petite entreprise. Et les Américains adorent cela. D'autant que leur président est immensément populaire. On se reconnaît en lui. Il est ce qu'ils sont et il incarne ce qu'ils veulent : une sorte d'Américain moyen sortant de l'ordinaire, qui organise de gigantesques batailles de polochons avec ses enfants, qui fait de la boxe dans le gymnase de la Maison-Blanche, qui va chasser la panthère dans le Colorado. C'est de toute façon toujours lui la vedette. « Lorsqu'il se rend à un mariage, il se prend pour le fiancé. Lorsqu'il s'agit d'un enterrement, il veut être le défunt. » Personne ne peut résister à son appétit de vivre. Un jour, il contraint l'honorable secrétaire à la Défense à faire un brin d'exercice avec son nouveau maître de ju-jitsu, un Japonais tout maigrelet qui expédie au sol sans ménagement le ministre, un homme pesant cent cinquante kilos. Roosevelt rit beaucoup. Parfois, ses invités rient moins. Ils n'éprouvent pas tous le besoin de se jeter comme lui dans l'exercice physique.

Lorsque le nouvel ambassadeur britannique, sir Mortimer Durand, est invité pour la première fois à « une petite promenade » par le président des États-Unis, il ne sait pas ce qui l'attend. Il se souviendra d'un après-midi de cauchemar, dans les bois et les collines. Pendant près de trois heures, l'ambassadeur doit escalader des rochers, traverser des buissons d'épineux, et tout cela en courant. Ses membres deviennent lourds et à un moment, il abandonne. Il ne parvient plus à mettre un pied devant l'autre. Roosevelt l'attrape par le col et le remet debout. La « balade » continue.

Même mésaventure pour un autre diplomate, l'ambassadeur français Jean-Jules Jusserand, qui à son tour est invité à la Maison-Blanche un après-midi. Il s'y rend en habit et chapeau de soie. Le président, lui, est en tenue de campagne, en bottes, et porte sur le crâne un vieux chapeau très usé. Et l'on part à toute allure dans la campagne avoisinante. On va tout droit, sans se préoccuper de trouver un chemin. L'ambassadeur sent que l'après-midi s'annonce difficile, mais il ne veut rien montrer et s'accroche. Roosevelt et ses compagnons se retrouvent devant une rivière trop profonde pour être passée à gué. Monsieur Jusserand voit arriver sans déplaisir la fin de son calvaire. Erreur, Roosevelt commence à se déshabiller et plonge. « Pour l'honneur de la France », comme il le dit, notre ambassadeur ôte ses vêtements à son tour et ne conserve que ses gants d'apparat, sous l'œil critique de Roosevelt. « Désolé, Monsieur le Président, mais je vais garder mes gants, au cas où nous ferions la rencontre d'une personne du sexe. » Ah ! le bon temps que s'offre Teddy Roosevelt !

Il n'a peur de rien, lui, l'ancien enfant souffreteux. Lorsqu'il habitait sur Oyster Bay, à Long Island, il avait organisé avec ses voisins une équipe de polo, mais il avait découvert que la partie était beaucoup plus rapide et brutale si l'on réduisait l'équipe à trois chevaux. On ne compte plus le nombre de chutes, de commotions et d'accidents qu'il s'infligea, jusqu'à rester au sol, totalement inconscient. Sa femme finit par prendre cette « activité » en horreur mais se rendit compte qu'il n'y avait rien à faire. Son mari avait un besoin impératif de défoulement physique. « Simplement », lui disait-elle lorsqu'il rentrait couvert de bleus et de blessures, « Theodore, pourriez-vous aller saigner ailleurs que sur les tapis, s'il vous plaît ? »

Hormis les affaires du pays, rien n'est véritablement pris au sérieux par Theodore Roosevelt, surtout lorsqu'il s'agit de ses turbulents enfants. Il a une faiblesse pour son fils Quentin qui, avec ses camarades, a trouvé un jeu très amusant : à l'aide d'un miroir, depuis les fenêtres de la Maison-Blanche, ils s'évertuent à éblouir les employés du Département d'État et du ministère de la Guerre. Alerté, le président envoie son aide de camp, le capitaine Archie Butt, aux enfants pour les prévenir qu'un message urgent va leur être adressé depuis le toit du ministère de la Guerre. Très excités, les garçons voient arriver un officier de marine sur le toit voisin qui, en effet, lance un message à l'aide de deux fanions, comme on le fait sur les navires de guerre : « Attention. Toute attaque à l'encontre de ce bâtiment officiel doit immédiatement cesser. Les employés ne peuvent plus travailler. Les affaires du gouvernement des États-Unis sont interrompues. Vous devez me rendre compte immédiatement, sinon cela va barder. Signé : "Theodore Roosevelt". » Il était littéralement adoré de ses enfants, à qui il pardonnait à peu près tout. Notamment leur manie d'introduire d'innombrables animaux dans les salons et les jardins de la Maison-Blanche : des rats, des cochons d'Inde, un coq unijambiste, un cochon, une hyène, un ourson, des lézards, une chouette, un blaireau et un écureuil volant, un perroquet baptisé Eli Yale et un serpent, appartenant à l'aînée Alice, et prénommé Emily Spinach. Le jeune Quentin lui aussi avait une fascination pour les reptiles et il en présenta quelques-uns à son père, un jour où le président recevait dans son bureau. Ce fut, paraît-il, une assez jolie panique. Ike Hoover, le majordome, disait toujours qu'une personne sujette au nervosisme n'avait rien à faire à la Maison-Blanche à cette époque. En quelques semaines, elle devenait une vraie épave. Les enfants, eux, se sont beaucoup amusés, surtout Alice, « la Princesse », qui n'aimait rien tant que de tomber à l'improviste sur les visiteurs pour les prévenir, mine de rien, que Roosevelt battait ses enfants comme plâtre et qu'il buvait comme un trou.

Voilà l'homme qui dirige l'Amérique. Il a appris son destin le 13 septembre 1901, une semaine après l'agression dont a été victime McKinley à Buffalo. On n'a pu prévenir le vice-président plus tôt car il a fallu retrouver sa trace. Il était parti chasser dans les Adirondacks. Le lendemain, il prête serment. Il est le plus jeune président de l'histoire. Il a quarante-deux ans. Il conserve son sang-froid : « Il est affreux de devenir président dans ces circonstances, mais se complaire dans le morbide serait pire que tout. La mission est devant moi, et je ferai de mon mieux. »

Encore une fois, il ne fera pas les choses à moitié. Il sera le premier président à se rendre à l'étranger pendant son mandat. Il sera le premier président à prendre place à bord d'un aéronef et il créera de fait un embryon d'armée de l'air. Il sera le premier à inviter officiellement un Noir, Booker T. Washington, à la Maison-Blanche, malgré les réserves de sa femme. C'est lui aussi qui installera une salle de presse à la Maison-Blanche. Et ce grand chasseur, qui raillait la sensiblerie des citadins, laissera son nom dans l'histoire enfantine lorsqu'il épargnera la vie d'un ourson lors d'une battue. C'est l'origine des fameux « Teddy *Bears* », les nounours américains.

Lorsqu'il arrive au pouvoir, les grands capitalistes se réjouissent : il fait partie de la famille. Ils ont tort. Une fibre sociale habite Roosevelt, même s'il n'accepte aucun trouble dans les rues. Les jours de manifestation, il n'hésite pas à envoyer la troupe pour maintenir l'ordre. Il est conscient des abus du capitalisme et, depuis le Bureau Ovale, il condamne « la pire des tyrannies, la plus vulgaire, celle de la simple richesse, de la ploutocratie ». Il va notamment s'attaquer aux monopoles, par le biais d'une loi jamais utilisée jusqu'alors, la loi antitrust votée en 1890. Il poursuit en justice J. Pierpont Morgan et ses associés qui ont fusionné en un consortium incontournable toutes les compagnies de chemin de fer. En 1904, Morgan perd en justice et se précipite à la Maison-Blanche, pour tenter de trouver un compromis avec Roosevelt, qui l'éconduit. « J'ai peur que vous ne considériez le président des États-Unis comme un simple concurrent dans le monde des affaires. Il est temps que vous appreniez à comprendre ce que représente un élu du peuple. » Un autre conflit l'a déjà opposé au milliardaire, en 1902, à l'occasion de la grande grève des mineurs, qui réclament une hausse de salaire et de meilleures conditions de travail. Les employeurs refusent tout compromis et la crise se durcit. Roosevelt tente lui-même une médiation et se rend dans le Midwest et en Nouvelle-Angleterre. À Pittsfield, Massachusetts, sa voiture est heurtée de plein fouet par un tramway, et le président, sérieusement blessé, va devoir se déplacer en fauteuil roulant pendant de longues semaines.

L'hiver approche, la grève continue, et Roosevelt craint le pire. Il estime qu'il est de son devoir de rapprocher les points de vue, au nom de l'intérêt public. Les mineurs acceptent, les patrons refusent et demandent à Roosevelt de s'occuper de ses affaires. Le président fait alors savoir qu'il va mobiliser l'armée, en cas de besoin, pour faire fonctionner les mines de charbon. La crise se dénoue.

Roosevelt est un leader naturel, et se moque bien de ce que peut penser le milieu dont il est originaire. « Mon métier, a-t-il coutume de dire, c'est de faire respecter le principe d'égalité entre les hommes, qu'ils soient ouvriers ou capitalistes. »

En politique étrangère, il montre autant de pugnacité, même si ses pulsions bellicistes se sont atténuées depuis qu'il est président. Mais il voit loin et il est vigoureusement lucide. Les États-Unis, constate-t-il, sont une grande puissance et ne peuvent l'ignorer en se murant dans l'isolationnisme. Les océans ne protègent plus le pays, et les technologies modernes le montrent. Il faut donc assurer la suprématie américaine dans son arrière-cour et aussi dans le Pacifique. Et là encore sa théorie du « gros bâton » lui semble être la meilleure pour se faire respecter sans avoir à en faire usage.

Il va se lancer dans la construction du canal de Panama, pour assurer à la flotte américaine un accès rapide au Pacifique. L'entreprise a démarré des années auparavant sous la houlette de Ferdinand de Lesseps, le père du canal de Suez. Mais les conditions de travail, les inondations, la fièvre jaune et les scandales politico-financiers ont interrompu le chantier. Roosevelt, avec son énergie habituelle, reprend le flambeau, trouve les hommes qu'il faut pour mener l'aventure, obtient du Congrès les financements nécessaires, et traite avec la Colombie, propriétaire à l'époque de l'isthme de Panama. Le Parlement colombien se rebellant, Roosevelt menace d'employer la force. Comme par hasard, un coup d'État survient et le Panama déclare son indépendance le 3 novembre 1903. Trois jours plus tard, les États-Unis, qui ont envoyé leur marine de guerre sur place, reconnaissent le nouveau pouvoir et négocient un traité garantissant l'exploitation et la neutralité du canal. Une excellente affaire pour les États-Unis, certes, mais une manière de procéder absolument illégale et antidémocratique, qui va polluer pour des décennies les relations entre les États-Unis et les États d'Amérique latine.

La théorie rooseveltienne du « gros bâton » va s'exercer encore lorsque les États-Unis sentiront une menace à l'encontre de leur hégémonie sur les Caraïbes ou l'Amérique du Sud. En 1902, quand l'Italie, l'Allemagne et la Grande-Bretagne entament un blocus des ports vénézuéliens pour tenter d'obtenir le remboursement d'un certain nombre de dettes, Roosevelt fait savoir sans ambages à Guillaume II que ce sera la guerre. Un compromis est trouvé. Même chose lorsqu'on menace la République dominicaine, un an plus tard. On ne joue pas dans l'arrière-cour des États-Unis. C'est la doctrine Monroe, revue vigoureusement par Roosevelt.

Il s'est battu contre les grands financiers de son temps, mais ces derniers vont soutenir sa candidature à un deuxième mandat. Le capitalisme préfère Roosevelt et ses méthodes aux aventures réformistes. Il est réélu triomphalement et n'attend pas longtemps pour faire comprendre à ses sponsors politiques que c'est lui le patron de l'Amérique.

C'est escorté par des cow-boys et des Indiens qu'il se rend le 4 mars 1905 au Capitole pour délivrer son message inaugural. C'est bref et limpide : « Nous sommes devenus une grande nation. Et nous devons nous comporter en fonction de ces responsabilités… Les Pères Fondateurs de l'Amérique ont fait face à des périls que nous avons surmontés. Nous en avons d'autres aujourd'hui devant nous… Le développement du capitalisme nous apporte un véritable bien-être matériel mais nous impose également de prendre en compte l'anxiété que génère cette accumulation de biens… Nous devons trouver une solution à cette crise : l'avenir de la démocratie à travers le monde entier en dépend. »

Roosevelt n'est pas un idéologue ni un théoricien. C'est un politicien et un pragmatique. Il ne cherche pas à modifier la structure même de la société dans laquelle il vit. C'est moins la source que le symptôme qui le préoccupe. En tout cas, il fait entendre sa voix pour davantage de justice sociale.

Le 4 mars 1909, Theodore Roosevelt et sa famille quittent la Maison-Blanche. Il avait pris la décision, trois ans plus tôt, de ne pas briguer un troisième mandat. Il va donc contribuer loyalement au succès de William Taft afin, dit-il, « de mettre un terme au contrôle forcené qu'il doit exercer en permanence sur ses impulsions ». Mais Dieu ! qu'il est difficile de partir ! On organise un dernier déjeuner d'adieu, et il revient au shérif de Deadwood, dans le Dakota-du-Sud, de dire quelques mots aux trente et un convives rassemblés là. Seth Bullock n'est pas une âme sensible, mais il n'arrive pas à prononcer un seul mot, tant l'émotion est grande autour de la table.

Roosevelt récupère quelques dossiers dans son bureau, ainsi que des affaires personnelles. Edith, elle, veut récupérer un meuble, un seul : c'est un canapé qu'elle a acheté en 1901 pour quatre cents dollars et qu'elle a installé en bas, dans le salon rouge. Finalement, le sofa s'est retrouvé dans les appartements privés. Et elle adore son canapé. Seulement voilà, pour le récupérer, son mari a dû écrire une lettre au speaker de la Chambre des Représentants, Joe Cannon. Celui-ci refuse. Et l'affaire se retrouve dans le *Washington Post*, nom dont McKinley avait affublé quelques années plus tôt son cher perroquet.

On laisse entendre que la *First Lady* souhaite s'emparer d'un meuble officiel de la Maison-Blanche, qui ne lui appartient pas. Edith est en rage et elle ne compte pas quitter Washington sans dire son fait au speaker de la Chambre. La vérité oblige en outre à préciser que le pauvre canapé a beaucoup souffert pendant huit ans et qu'il manque vraiment d'allure.

Deux ans plus tard, alors que les relations entre Roosevelt et son successeur se sont considérablement refroidies, William Taft prend sa plus belle plume et écrit à Edith Roosevelt : « La tradition veut qu'un membre du cabinet puisse emporter avec lui son fauteuil dès lors qu'il procède à son remplacement… Je me demande pourquoi la véritable tête pensante de la Maison-Blanche, la femme du président, ne pourrait pas bénéficier du même privilège ? Surtout lorsque c'est elle qui l'a acheté ? » William Taft avait donc fait l'acquisition sur ses finances personnelles d'un nouveau canapé, et c'est bien volontiers qu'il faisait parvenir l'ancien aux Roosevelt, en guise de cadeau de nouvel an.

Dix-neuf jours après avoir quitté la Maison-Blanche, Theodore Roosevelt voyage en Afrique, d'où ce grand chasseur devant l'Éternel va rapporter plus de cinq cents trophées. Son « ami » J. P. Morgan saisit l'occasion de lui souhaiter un excellent séjour et de souhaiter en même temps bon appétit aux lions qu'il rencontrera.

Roosevelt quitte l'Afrique pour aller passer en revue les troupes de Guillaume II. Puis il va tenir conférence sur conférence, s'exprimant à Oxford et à la Sorbonne. Il va représenter le gouvernement des États-Unis aux funérailles d'Édouard VII. Il va recevoir le prix Nobel de la paix qui lui a été décerné pour avoir fait office de médiateur entre la Russie et le Japon.

Il rentre finalement aux États-Unis où il est accueilli comme un héros et se retire à Sagamore Hill, sur Oyster Bay. Mais la politique le démange, d'autant plus qu'il n'apprécie guère le gouvernement de Taft. En fait, Roosevelt se découvre beaucoup plus à gauche que par le passé. Il prononce des discours plutôt radicaux, vu ses origines : « Je crois que la propriété n'est qu'un serviteur, pas un maître. » Il milite pour que les héritiers paient des impôts et pour une assurance sociale obligatoire, et pour l'extension des droits syndicaux. Comme toujours, il parle fort : « Je suis dans l'arène, et j'ai ôté ma chemise. Je suis prêt à me battre. » Il va même accepter de se porter candidat aux prochaines élections du Parti progressiste. Alors qu'il prononce un discours à Milwaukee, le 14 octobre 1912, on lui tire dessus. Il ne doit la vie qu'à son étui à lunettes, qui fait rempart au projectile. L'homme est blessé, il est couvert de sang, mais il continue son propos, en bon orateur, pendant cinquante-cinq minutes. La foule est en transe. On le transporte à l'hôpital. Certes, il va battre Taft pour la nomination, mais finalement, les républicains, divisés, vont choisir Wilson comme candidat.

Pour passer le temps, le candidat malheureux part en expédition en Amazonie. Il rentre avec des blessures et une forte fièvre. Mais la guerre éclate en Europe et Roosevelt ronge son frein. Il demande au président Wilson de l'autoriser à enrôler des volontaires pour aller se battre contre les armées du Kaiser. Wilson refuse. Il considère que Roosevelt est trop âgé et que son comportement le rendrait tout à fait inefficace sur un champ de bataille. Roosevelt le poursuivra de sa vengeance et, après la guerre, fera capoter, avec l'appui de Henry Cabot Lodge, son projet de Société des Nations.

En tout cas, tout le monde ne partage pas l'avis de Wilson sur les capacités du vieux Teddy Roosevelt. Des milliers de jeunes Américains se portent volontaires pour servir sous ses ordres. Et Georges Clemenceau, Premier ministre, va lui-même écrire à Wilson : « En

France, un seul nom résume toute la beauté d'une intervention américaine. Et vous devez savoir, Monsieur le Président, que plus d'un poilu se demande aujourd'hui : "Où est Roosevelt ?". Envoyez-leur Roosevelt. Cela réchauffera leur cœur. »

Le 4 juillet 1917, lorsque les premières troupes américaines arrivent en France et défilent dans les rues de Paris, la foule applaudit frénétiquement « les Teddies ».

Les quatre fils de Roosevelt vont s'engager dans la guerre et leur père en éprouve une immense fierté. Jusqu'à ce que son fils adoré, Quentin, qui sert dans l'aviation, soit tué au combat, en 1918. Roosevelt ne s'en relève pas. Cette fois, le vieil ours est sévèrement atteint. Sa santé décline rapidement et il meurt le 5 janvier 1919. Son fils Archie, en permission au pays, envoie un télégramme à ses frères, toujours en France : « Le lion est mort. »

William Howard Taft n'a pas du tout le même tempérament : il sera infiniment soulagé, au bout de quatre ans, de quitter le pouvoir pour aller servir l'institution qu'il admire le plus, et ce depuis toujours : la Cour suprême.

En attendant, son séjour à la Maison-Blanche s'est avéré difficile. D'abord il a perdu son meilleur ami, son mentor, Roosevelt, et il le vit mal. Car c'est Roosevelt qui en a fait un président. C'est lui qui, un jour, l'a appelé à la Maison-Blanche, avec Madame, pour une petite conversation. Ils sont installés dans la bibliothèque et Roosevelt a les yeux fermés. Il semble avachi dans son fauteuil. Et il dit ceci : « Je suis le septième fils d'une mère qui était la septième fille de la maison. Je dispose donc de quelque pouvoir de voyance. Et je vois un homme qui pèse plus de cent cinquante kilos. Et quelque chose est suspendu au-dessus de sa tête. Et je n'arrive pas à voir de quoi il s'agit. Parfois cela ressemble à la Maison-Blanche, parfois cela ressemble à la Cour suprême. » Nellie Taft, qui a de l'ambition à revendre, s'écrie : « Faites en sorte que ce soit la présidence.

— Surtout pas, rétorque Taft. Je préférerais la Cour suprême. » Finalement, ce sera les deux, et dans cet ordre-là.

Le jeune William Taft a eu un père brillant, Alphonso, et ce dernier aimerait que son fils devienne un jour président des États-Unis. Il va donc faire en sorte que son enfant soit le meilleur et qu'il réussisse. À sa mort, c'est Helen, « Nellie », qui prendra le relais.

Nellie, que William aime à la folie, va prendre goût à la grande vie lorsque son mari sera nommé gouverneur civil des Philippines en 1901. Ils habitent un magnifique palais et, pendant quatre années, Taft va faire de l'excellent travail. Il ramène le calme, fait construire des écoles, met sur pied une réforme agraire et va même rendre visite au pape pour obtenir la coopération de l'Église catholique.

C'est Roosevelt qui le rappelle à Washington pour en faire le ministre de la Guerre ; leur amitié sera très profonde. Autant le président, on l'a déjà souligné, est extraverti, hyperactif et tempétueux, autant Taft est calme, tempéré en son approche des choses, et excellent administrateur. Il est ravi de servir son « leader » ; lorsque Roosevelt part en vacances, c'est lui qui dirige le pays. Tout simplement. Mais Taft n'est pas Roosevelt et lorsque celui-ci lui passe le relais, les relations s'enveniment vite.

Certes, il fait avancer des réformes et elles sont bonnes pour le pays, mais ce gros homme ne suscite guère l'enthousiasme. Et lors des élections suivantes, les deux anciens amis se déchirent pendant la campagne. Taft ne veut pas répondre aux coups qui lui sont portés et on le verra éclater en sanglots après un discours au cours duquel il s'est montré, pour une fois, agressif à l'égard de Roosevelt.

Taft n'est pas un politicien. Il est maladroit. En 1908, la vie est dure pour les ouvriers et on l'interroge à ce sujet : « Que peut faire un homme au chômage, un homme qui a faim ?

— Dieu seul le sait », répond-il. Quelques décennies plus tard, on posera une question assez similaire à son fils, Robert Taft, dans le contexte de l'inflation et de la pénurie d'après-guerre. « Que faut-il faire ?

— Manger moins », répondra-t-il. Lui non plus ne fit pas une très brillante carrière politique.

Taft est obèse. Ce qui lui complique la vie. Il faudra installer une gigantesque baignoire dans son appartement. Il a de l'humour aussi, même s'il souffre de son physique. « L'autre jour, dans le tramway, j'ai cédé ma place à des passagères, raconte-t-il. Trois d'entre elles ont pu s'asseoir. » La taille de sa panse est un éternel sujet de conversation à Washington. Le sénateur Chauncey Depew, de New York, se permet un jour de placer sa main sur l'estomac du président et lui demande : « Comment allez-vous appeler cet enfant, Monsieur le Président ? » Sans se démonter, Taft rétorque : « Eh bien ! si c'est un garçon, il s'appellera

William. Si c'est une fille, je l'appellerai Theodora. Et si ce ne sont que des vents, je les appellerai Chauncey. »

Cette surcharge pondérale a d'autres conséquences. Le président Taft somnole souvent et il ronfle. En toutes occasions, en public, à toute heure, partout. Sa femme l'a surnommé « la Belle au Bois Dormant ». Un jour de concert à la Maison-Blanche, il s'endort bruyamment dès la première mesure. Rouvrant un œil, il retombe aussitôt dans le sommeil. On joue alors une marche militaire à « réveiller un mort ». Exaspéré, le ministre du Budget Mac Veagh s'exclame : « Il est mort. »

Remarquez, Taft s'endormait quasi instantanément lorsqu'il assistait à des funérailles.

Ses deux passions, on l'a vu, sont la Cour suprême et sa femme Nellie ; cette dernière subira une attaque cérébrale, quelques mois après leur arrivée à la Maison-Blanche, mais surmontera cette épreuve, sans autre séquelle qu'une légère difficulté d'élocution. Ce qui ne l'empêchera pas de donner vie à la Maison-Blanche et d'exiger un véhicule automobile pour les déplacements présidentiels. Le Congrès, toujours pingre, lui faisant des difficultés pour l'achat d'un véhicule, Nellie Taft invente le « sponsoring ». Femme de goût, elle prend contact avec la firme Pierce Arrow. Celle-ci accepta de pourvoir la Maison-Blanche en automobiles, contre l'autorisation de faire sa publicité autour de ce partenariat.

Une dernière note, nostalgique. C'est sous l'administration Taft qu'on verra pour la dernière fois une vache pâturer dans les jardins de la Maison-Blanche. Elle s'appelait Pauline, Et son lait était vendu extrêmement cher, dit-on, par Nellie, que d'aucuns ont décrite comme étant « près de ses sous ».

12

L'Amérique entre en guerre

Le vingt-septième président des États-Unis constitue une énigme et finira par incarner, dans l'histoire politique, une tragédie. Woodrow Wilson est un homme à part, depuis toujours. Il s'estime prédestiné. Personne ne l'accusera jamais d'être indécis. « C'est ce qui fait la beauté d'un Irlando-Écossais, disait-il en faisant référence aux origines de sa famille : un Irlando-Écossais non seulement pense qu'il a raison, mais il sait qu'il a raison. » C'est une définition quasi parfaite du psychorigide, et Wilson va en faire la démonstration tout au long de sa carrière. Il disait aussi, lorsqu'il était président de la très prestigieuse université de Princeton et qu'on lui rappelait qu'il y avait toujours deux façons d'envisager une question : « Oui, la bonne et la mauvaise – et moi j'ai raison, même si je suis désolé pour ceux qui ne sont pas d'accord avec moi. »

Wilson est le fils d'un pasteur presbytérien et il a été élevé avec certains principes. Celui-ci, entre autres : « on n'est pas sur terre pour s'amuser ». Et il semble qu'il applique à la lettre cette philosophie. C'est un homme froid en apparence, distant. Il ne sourit pas très souvent. Il est réservé et ses certitudes se traduisent par une certaine suffisance. Un *congress-man* dira que lorsqu'il lui arrivait de lui serrer la main, il avait l'impression de caresser « un maquereau à dix sous enveloppé dans du papier d'emballage ». Et puis les gens n'aimaient pas cette façon qu'avait le président de nettoyer soigneusement ses lunettes pendant une conversation, sans regarder, voire sans écouter ses interlocuteurs.

De par son éducation, il croit en son destin, en celui de son pays et en celui du monde. Toujours sympathique, il va décourager tous les militants du parti démocrate qui l'ont nommé à l'investiture lors de la convention de Baltimore, en 1912. Dans son discours d'intronisation, sans un sourire, il dit ceci : « C'est la Providence qui m'a choisi. » Au temps pour le travail acharné des militants pendant toute la campagne électorale. Arrivé à la Maison-Blanche, il convoque le président du parti démocrate : « Les choses doivent être claires, je ne vous dois rien. » Abasourdi, son interlocuteur lui rappelle tous les services qu'il lui a rendus dans son ascension politique. « C'est Dieu, répond Wilson, qui a ordonné que je devienne président des États-Unis. Et cela, ni vous ni aucun autre mortel n'aurait pu s'y opposer. »

Ce qui expliquera l'incroyable ténacité et le formidable aveuglement de Woodrow Wilson lorsqu'il tentera de forcer la main du Sénat des États-Unis pour obtenir la ratification du traité de Versailles. À ceux qui rejetteront finalement son grand projet, il dira : « Vous ne pouvez pas résister à la volonté de Dieu. Il est vain de dire non à la Providence. »

Peut-être est-il utile, pour comprendre Woodrow Wilson, de s'intéresser à sa vie personnelle avant toute chose. Et notamment aux deux femmes qui ont marqué intensément sa personnalité d'adulte.

La première s'appelle Ellen Axson. C'est un personnage hors du commun, une véritable héroïne de roman. Lorsque Wilson prononce son discours inaugural en mars 1913, elle contrevient à l'étiquette en se levant en pleine allocution et en s'approchant du podium. Elle ne veut pas perdre un seul des mots qui tombent de la bouche de son cher Woodrow. Pourtant, tous ces mots, elle les connaît par cœur. Il a répété son discours plusieurs fois devant elle. Car elle constitue souvent la meilleure part du cerveau présidentiel.

C'est une femme extrêmement brillante. Ces deux-là se sont rencontrés en Géorgie, lorsqu'ils étaient tout jeunes. Elle l'a toujours impressionné par son intelligence, sa culture, sa connaissance des langues étrangères et des arts. D'ailleurs elle peint, plutôt bien, et continuera à la Maison-Blanche où elle se fait aménager un atelier.

À la mort de son père, le révérend Axson, elle décide de déménager à New York, pour y mener une vie d'artiste. C'est la bohème, toute relative quand même pour la fille d'un pasteur du Sud. Mais Ellen est indépendante et elle n'en démordra jamais. Un seul grain de sable : entre les choses de l'art et Woodrow Wilson, son cœur balance. Finalement, elle l'épouse en 1885 et, à partir de là, elle sera son Pygmalion. Il enseigne à l'université. Elle se met littéralement à son service et le forme intellectuellement. Ils font équipe et cela réussit à Wilson, qui devient président de Princeton.

Il travaille trop, et sa santé, déjà, est fragile. Sa femme, qui voit se profiler la campagne présidentielle, se demande s'il tiendra le coup, si en fin de compte toute cette ambition politique n'est pas néfaste. Mais Wilson a l'envie chevillée au corps et elle ne sent pas le droit de le freiner.

Président il devient et Ellen essaie de lui préserver du temps et du repos. De son côté, avec l'aide de ses trois filles, elle s'attache à faire vivre la Maison-Blanche. Elle va aussi s'activer pour que le gouvernement mette un terme à certains excès, notamment dans le domaine du travail des enfants. Et pour la première fois, une *First Lady* ira elle-même visiter les taudis de Washington où s'entasse dans des conditions épouvantables une population noire, totalement laissée pour compte par la prospère Amérique.

Un jour de mars 1914, elle fait une mauvaise chute. À cette occasion, les médecins découvrent qu'elle souffre d'un cancer du rein. Incurable. Elle a eu le temps, elle qui souffre énormément, de marier deux de ses filles, en grande pompe, à la Maison-Blanche.

La seconde, Nell, épouse un homme de vingt-six ans son aîné, un veuf, un ami de son père qui n'est rien moins que le ministre des Finances des États-Unis.

Au moment de quitter la Maison-Blanche, pour partir en voyage de noces, elle se retourne pour jeter un dernier regard à ses parents. Nous sommes le 7 mai 1914. Et elle éclate en sanglots. Elle éprouve de sombres pressentiments. Ellen Wilson s'éteindra au mois d'août.

Woodrow Wilson est au désespoir. Et son entourage s'inquiète vivement. D'autant que cet homme si froid, si fermé, si distant est doté d'un très solide appétit sexuel. Hormis la perte affective de sa chère Ellen, cette libido inassouvie le ronge.

Entre alors en scène une autre femme hors du commun. Elle s'appelle Edith Bolling Galt. Originaire de Virginie, elle est la septième d'une famille de onze enfants et connaît la pauvreté. Sans avenir bien défini, elle s'installe à Washington. Elle a dix-neuf ans et rencontre un certain Norman Galt. Il ne correspond pas tout à fait à l'idéal romantique de la jeune fille, mais il est aimable. Et il est riche. Sa cour va durer quatre années avant que le mariage soit prononcé. Cette union procure quelques avantages à la jeune femme : de l'argent, une vie plus que confortable, des voyages en Europe et une somptueuse garde-robe. Et puis M. Galt est vraiment un gentleman délicieux, qui gère très convenablement son entreprise d'orfèvrerie. Il meurt en 1908 et Edith est la seule héritière. La vie continue donc son train jusqu'à ce que la veuve soit invitée par une de ses amies à prendre le thé un après-midi à la Maison-Blanche. Nous sommes en mars 1915. En sortant de l'ascenseur, Edith bute littéralement dans les jambes du président, à qui l'on propose de se joindre aux dames pour le thé. Wilson y consent et, pour la première fois depuis six mois, depuis la disparition d'Ellen Wilson, on le voit sourire à plusieurs reprises. Il venait de se découvrir une nouvelle « obsession » féminine qui allait balayer le passé comme un raz de marée. Deux mois plus tard, il lui propose le mariage, ce que refuse Edith, effrayée par le qu'en-dira-t-on. C'est à cette époque que circule dans Washington, où aucun secret ne peut être conservé longtemps, une histoire qui chagrinera beaucoup Edith et qui vaudra bien des désagréments à l'ambassade britannique. Un chargé d'affaires, un certain Charles Craufurd Stuart, réputé pour être généralement spirituel, se plaisait à raconter dans quelles circonstances le bouillant Wilson avait proposé le mariage à la nouvelle élue de son cœur. « Et quelle a été la réaction de l'intéressée, lui demanda-t-on ?

— Eh bien ! elle est tombée du lit », répondit-il, suggérant par là que les deux tourtereaux n'avaient pas attendu la cérémonie pour se connaître plus intimement.

Reste que pour les conseillers de Wilson, ce mariage à venir présente des risques politiques. L'opinion réagira très probablement négativement à une telle célérité, six mois seulement après la mort d'Ellen Wilson, dont la pierre mortuaire n'a même pas encore été érigée sur la tombe. L'entourage tente donc de faire capoter cette romance naissante et les intrigues vont bon train. Mais rien n'y fait, et Edith cède aux avances du président des États-Unis. On annonce publiquement les fiançailles en octobre, et le mariage a lieu en décembre.

On jasera beaucoup, mais les Wilson s'en moquent. Ils s'aiment à la folie, ce qu'on ne verra pas si souvent, au fond, à la Maison-Blanche. Ils passent tout leur temps ensemble ; dans l'urgence, Edith essaie de se former à une vie à laquelle rien ne l'a vraiment préparée. Elle ne connaît rien à la politique, alors que le monde se débat dans la guerre. Elle va apprendre, et vite.

Le président, dont la santé est de plus en plus fragile, va partager ses responsabilités avec elle. Elle devient, et de loin, son principal conseiller. Elle a accès à tous les documents, à tous les dossiers qui passent sur son bureau. Elle lit les dépêches qui parviennent à Washington des capitales étrangères. Elle connaît le chiffre du Département d'État et c'est elle, souvent, qui décode ces messages pour le président.

Woodrow, amoureux, connaît le bonheur de partager sa vie et tout son temps avec une femme voluptueuse et intelligente. Elle le satisfait sur tous les plans. Pendant ce temps-là, l'Europe s'entre-tue et la guerre finit par rattraper les États-Unis. Là aussi, Edith révèle une âme de patriote. Elle réduit les dépenses à la Maison-Blanche et achète des moutons qui iront brouter tranquillement les pelouses de la Maison-Blanche. Leur laine est revendue aux enchères au profit des œuvres de la Croix-Rouge.

On verra que cette extraordinaire influence de l'épouse du président aura des conséquences lorsque la maladie et l'échec rongeront Woodrow Wilson, dans sa croisade impossible contre le Sénat après la fin des hostilités.

À ce jour, Woodrow Wilson demeure une énigme. D'abord il est doué d'humour, malgré cette peu engageante physionomie. On l'a vu bien des soirs, en pyjama, à la fenêtre de sa chambre répondre aux hiboux qui colonisent les magnolias de la Maison-Blanche. Et de constater au petit déjeuner : « J'arrive à ululer plus fort qu'eux. »

Ses relations avec la presse, comme souvent, sont difficiles et il méprise de nombreux journalistes de Washington. Il ne parvient toujours pas à comprendre la différence qui existe entre la réalité qu'il vit au quotidien et ce qu'il lit dans les journaux. « Chaque matin, je lis la presse et je découvre qu'il y a toutes sortes de "frictions" dans tous les domaines, et que si ces "frictions" n'existent pas encore, elles ne vont pas tarder à apparaître. Je dois être particulièrement bien lubrifié car je n'éprouve aucune friction. »

Wilson n'est pas davantage impressionné par la prolifération des campagnes de relations publiques qui commencent à envahir la vie politique. Il se plaint de cette nouvelle habitude qui consiste à organiser « la semaine des animaux », « la semaine de la propreté », « la semaine de la femme ». « Il devrait y avoir une semaine "mêlez-vous-de-vos-oignons" », estime-t-il.

À l'automne de 1919, alors qu'il est considéré comme perdu, à la suite d'une attaque cérébrale, et qu'il est paralysé dans son lit, le sénateur Albert B. Fall, du Nouveau-Mexique, accompagné d'une délégation du Congrès, se rend dans la chambre du président à la Maison-Blanche. Il se trouve que le sénateur Fall est un ennemi politique infatigable et que Wilson ne veut pas lui faire le plaisir de montrer sa lassitude. Il masque sa peine et se montre le plus en forme possible. Ce qui agace considérablement le sénateur Fall qui lâche d'un ton dégoûté : « Monsieur le Président, je prie pour vous.

— Dans quelle direction, Monsieur le Sénateur ? » répond Wilson avec un bon sourire.

Wilson est né le 28 décembre 1856 à Staunton, en Virginie. Il a quatre ans lorsque se déclare la guerre civile et il en conserve des souvenirs très précis. Il voue une haine très profonde à la guerre, bien qu'il sache très vite que son pays va devoir entrer dans le conflit. Et il lui faudra trois ans avant de se décider. Jusqu'au tout dernier moment, il plaidera pour une « paix sans victoire », ce qui montre déjà son incompréhension pour ceux qui se battent en Europe depuis si longtemps dans les tranchées.

Wilson se demande dans quel état son pays sortira d'un conflit d'une telle intensité. Il sait qu'il n'y a pas deux façons de se battre. Il n'y a pas de bonne guerre. Pour gagner, la brutalité est exigée des hommes. « Nous ne pourrons pas nous battre contre l'Allemagne, dira-t-il à un reporter du *New York World*, Frank Cobb, et maintenir nos idéaux démocratiques… les Américains oublieront la tolérance, et toute cette violence envahira notre système, notre vie nationale, nos institutions, les palais de justice, les policiers dans la rue, nos concitoyens… » Ce n'était pas mal vu…

Lorsque le lendemain, le Congrès, debout, l'applaudira frénétiquement pour avoir déclaré la guerre, il confiera à son secrétaire particulier, Joseph Tumulty : « Comme il est curieux d'applaudir un homme qui envoie des jeunes gens à la mort. »

C'est la tragédie de Wilson : il va ruiner sa présidence, sa santé et sa vie pour tenter d'imposer au monde des règles dont il ne veut pas. Et il connaîtra un cortège de désastres sans précédent dans l'histoire politique de son pays. Car lorsque Wilson s'engage dans une impasse, il le fait à très grande échelle et avec toute sa conviction.

L'armistice a été signé en Europe et, en apparence, le grand vainqueur s'appelle Woodrow Wilson. Il est le faiseur de paix et l'Amérique est devenue une superpuissance sans l'assentiment de laquelle le monde ne peut fonctionner. Et puis les peuples sont las après la boucherie qu'ils viennent de subir. L'idéaliste Wilson y voit une opportunité unique : interdire la guerre pour le reste des siècles. Il formule ses fameux Quatorze Points, un peu à la manière des Dix Commandements, et se rend lui-même à Paris pour rédiger le traité de Versailles, au côté de Lloyd George, Georges Clemenceau et Vittorio Orlando. Ces trois-là regardent avec curiosité le président des États-Unis et constatent qu'ils ne vivent pas dans le même monde. Clemenceau notamment n'en revient pas des envolées lyriques de

Wilson et ne se prive pas de le montrer en clignant de l'œil en direction de ses homologues britannique et italien. Lloyd George décrira dans ses Mémoires une de ces séances au cours de laquelle Wilson expliquait la faillite du christianisme dans la quête de ses idéaux. Pourquoi, demande-t-il, Jésus-Christ avait-il échoué, pourquoi n'avait-il pas réussi à enseigner ses principes au monde ? Tout simplement, d'après le président des États-Unis, parce qu'il n'avait pas mis au point les instruments nécessaires à son ambition. Et Lloyd George de décrire par le menu l'expression de Clemenceau pendant ce discours, ses yeux noirs et pétillants immensément ouverts, faisant le tour de la table pour voir comment « les chrétiens rassemblés ici appréciaient la futilité des efforts accomplis par leur Maître ». Au fond, le chef du gouvernement français n'a que dédain pour cette rhétorique d'outre-atlantique : « Il parle comme Jésus-Christ, mais il se comporte comme Lloyd George. Et bien sûr, Wilson devra faire plus d'un compromis avant la signature du traité de Versailles et la création de la Ligue des Nations. »

Et c'est en raison de cette exaspération et de cette frustration vécues en Europe que Wilson, lorsqu'il rentre à Washington, n'est pas d'humeur à accepter des compromis supplémentaires devant le Congrès. En tout, il a passé six mois en Europe, avec un simple aller et retour au pays, pour une petite semaine. Ce sera le plus long séjour à l'étranger de tous les temps pour un président américain. Les négociations, qu'il espérait rapides, traîneront en longueur et sa santé décline de façon spectaculaire. Wilson, qui, à la différence de ses homologues européens, a pris l'habitude de tout faire lui-même, passe des nuits à taper ses discours, ses interventions, ses rapports. Il lui arrive d'oublier sa serviette au sortir d'une conférence et c'est le chef de son service de protection qui, par deux fois, va sauver *in extremis* la mallette du président. Lloyd George s'en est aperçu et il sait que Wilson n'est plus du tout en état d'imposer sa volonté à qui que ce soit, et surtout pas au Congrès des États-Unis.

Car Wilson a délibérément ignoré le Congrès. Il est parti seul dans sa croisade et n'imagine même pas que la politique puisse contrecarrer sa vision du monde. Un détail pourtant : la majorité a changé au Congrès lors des dernières élections et le parti républicain domine le Sénat, avec l'intention d'exercer son pouvoir et de faire payer son arrogance au chef de la Maison-Blanche.

Le 8 juillet 1919, deux jours après son retour d'Europe, il s'adresse au Sénat pour lui faire ratifier le traité de Versailles. Là-bas, à Paris, il a dû s'interposer entre Lloyd George et Georges Clemenceau, qui allaient en venir aux mains, et il n'est pas d'humeur à discuter : « La lumière brille sur ce chemin-là, dit-il en se référant au traité, et pas ailleurs. » Loyalement, la minorité démocrate va le suivre. Les républicains, eux, sont divisés, mais le président a besoin des deux tiers des voix au Sénat. Ce sera une mission impossible. Du coup, Wilson va en appeler au peuple américain et il va se lancer dans un périple insensé à travers les États-Unis. Il va parcourir près de vingt mille kilomètres en train, et prononcer plus de quarante discours dans trente villes pendant le mois de septembre. Sa santé vacille. Il est épuisé, il n'en peut plus. À Pueblo, dans le Colorado, il trébuche misérablement en montant à la tribune. Il pleure. Il prononce malgré tout son discours. Ses ennemis ricanent et passent derrière lui.

Dans chaque ville, à chaque étape. Et ils se montrent plus convaincants que le président pour détourner l'opinion des « folies » de Wilson.

Le président, pour la deuxième fois, est victime d'une attaque et cette fois les choses sont sérieuses.

Son train doit faire étape à Wichita, dans le Kansas, pour un autre discours. Mais là, le train ne s'arrêtera plus et ralliera Washington directement. Le président est au plus mal.

Son médecin, sa femme, son secrétaire particulier... Edith Wilson prend les choses en main. Au diable la Société des Nations !

Le président a tout donné. Dans certains discours, il a oublié ce qu'il disait la veille. Sa dépression est visible par tous. Il a la fièvre.

Sur le chemin du retour, son état s'aggrave en pleine nuit. Son médecin est paniqué : Wilson ne peut plus parler. La moitié de son visage est paralysée, un bras et une jambe ne fonctionnent qu'à peine. Et il pleure. Il ne veut pas se rendre à l'évidence, il ne veut pas abandonner. Que vont dire ses adversaires, et parmi eux, le plus virulent, le plus impitoyable, le sénateur Henry Cabot Lodge, le patricien de Boston ?

À l'arrivée, Wilson est une loque qui parvient tout de même à débarquer du train sur ses deux jambes, pour donner le change. Huit jours plus tard, une nouvelle attaque. Cette fois il ne récupérera jamais totalement.

Sa femme fait tout pour que l'on ignore la gravité de la situation, et c'est elle qui va régner sur la Maison-Blanche pendant plusieurs mois. Sept mois durant, Wilson va vivre en reclus à la Maison-Blanche, alité. Les visites sont interdites. Mme Wilson trie les messages qui doivent parvenir au chef de l'exécutif. Bien souvent, ses interlocuteurs se demandent qui prend les décisions à la Maison-Blanche. Mme Wilson est la régente des États-Unis.

Le président va donc échouer à réformer les manies belliqueuses du monde, et le traité de Versailles ne sera pas ratifié par l'Amérique qui, pas davantage, ne siégera à la Société des Nations. Mais Wilson aura marqué d'une pierre blanche la politique étrangère de son pays pour les décennies à venir, et ce sont ses principes qui vont régir la diplomatie. D'ailleurs, vingt et un ans après sa mort, ce sont les États-Unis qui mettront sur pied l'Organisation des Nations unies.

Lorsqu'il abandonne ses fonctions, Wilson est amer ; il n'assistera même pas à la prestation de serment de son successeur, Harding. Il ira se réfugier dans la petite maison qu'il a achetée sur S Street, à Georgetown, où il vivra pendant les trois années qui lui restent. Les Wilson se sont assuré les services d'un garde du corps pour protéger leur intimité, mais très vite, ils vont se rendre compte qu'ils n'en ont pas besoin. Le président n'a pas laissé un souvenir impérissable parmi ses concitoyens, et les Wilson, dans leur petite maison de S Street, ne sont jamais dérangés par les curieux ou les badauds. Sauf lorsqu'en 1924 Wilson s'éteint et que les ténors de la politique viennent présenter leurs condoléances à Edith. Le sénateur Lodge ne sera pas autorisé à présenter les siennes.

Un souvenir encore, pour compléter l'image de cet homme si maladroit et si résolu. La scène se déroule le lendemain de l'armistice. Wilson est en France et il inspecte les troupes américaines en compagnie du général Pershing. Celui-ci vante la qualité du matériel qui équipe les soldats. Et sur le paquetage de l'un d'entre eux, il saisit un piquet de tente pliable, en explique le fonctionnement et, en ayant terminé, le jette par terre. « Ne va-t-on pas effectuer une revue de détail auprès de ces garçons après notre passage ? s'inquiète le président.

— Sans doute, Monsieur, sans doute, répond Pershing.

— Ah ! autre chose, général. Je suis bien le commandant en chef de cette armée et en conséquence autorisé à vous donner des ordres ?

— Tout à fait, Monsieur le Président.

— Eh bien ! général, vous allez me faire le plaisir de remettre soigneusement ce piquet de tente là où vous l'avez trouvé. »

Pershing replia ce satané piquet, le remit avec soin sur le paquetage du soldat et se redressa pour voir le président des États-Unis faire un clin d'œil aux soldats alignés devant lui.

13

« Le business de l'Amérique, c'est le business » (Coolidge)

Alice Roosevelt, fille de son père, et excellente connaisseuse en matière politique, émettra un jugement très sûr à l'occasion de l'accession à la Maison-Blanche de Warren G. Harding, en 1921 : « Harding n'est pas un mauvais homme. C'est simplement un plouc. » D'ailleurs, le président que vient de se trouver l'Amérique n'est pas loin de penser la même chose. Il est suffisamment lucide pour se rendre compte qu'il ne fait pas le poids, et qu'il n'a aucune des compétences requises pour la charge. Il dit souvent cette phrase que lui répétait son père lorsqu'il était jeune et que, régulièrement, il se retrouvait dans les ennuis : « Warren, c'est une bonne chose pour la famille que tu ne sois pas une fille. Tu serais toujours enceinte. Tu ne sais pas dire non. »

Et cette présidence sera un véritable désastre, même si à sa mort, un an avant la fin de son mandat, Harding restera populaire dans le cœur des Américains, qui n'apprendront que plus tard l'étendue de la corruption qui a régné au sein de l'administration Harding.

Warren Gamaliel Harding vient de l'Ohio. C'est un beau garçon qui plaît aux filles et qui n'a pas trouvé sa voie. Il tente différentes choses, y compris les travaux manuels. Il ira jusqu'à fabriquer des balais mais il trouve cela épuisant. Il va essayer l'enseignement. Là aussi il éprouve bien des difficultés, presque autant que lorsqu'il se retrouve employé à la construction des voies de chemin de fer. Harding entame des études de droit. Il s'en lasse. Il vend des polices d'assurance. il abandonne. Il va s'occuper des finances du club de base-ball de la ville de Marion et il ne se débrouille pas trop mal. Coup de chance : le journal local est à vendre pour trois cents dollars. Il achète. En même temps il fait la connaissance d'une jeune femme particulière-ment dynamique, qui va jouer un rôle considérable dans sa vie, et dans celle des Américains.

Florence Kling est née à Marion, Ohio. Elle est la fille d'Amos Kling, un des banquiers les plus estimés de la ville. C'est un homme très autoritaire aussi, qui n'hésite pas à fouetter sa fille lorsqu'elle lui désobéit, ce qui se produit souvent. Et Florence, qui n'est ni très jolie ni gracieuse, a la fâcheuse manie de fréquenter les hommes qui ne conviennent pas. C'est ainsi qu'à l'âge de vingt ans, elle fugue avec un fêtard local, Henry de Wolfe. Quelques mois plus tard, elle rentre à la maison avec un bébé dans les bras, le petit Eugene. Entre-temps, son mari l'a abandonnée. Son père refuse de les recueillir et, pour élever son enfant, elle va donner des leçons de piano. Elle obtient le divorce. Cette fois le père accepte d'adopter le petit garçon, à une condi-tion : ne plus entendre parler de sa fille.

Quelque temps plus tard, elle fait la connaissance de Warren Harding. C'est le propriétaire du *Marion Star* et il faut bien dire qu'il consacre davantage de temps au poker et à ses amis qu'à la marche de son journal.

Il a cinq ans de moins qu'elle et ce n'est pas un garçon résolu. Certes, Florence n'est pas la plus attirante de la région, mais enfin, elle sait ce qu'elle veut et le futur président des États-Unis, on l'a dit, n'a jamais su dire non.

Le jour du mariage, le père de Florence se remarque par son absence. Il décèle en son gendre les quelques traits de caractère qui ont par le passé fait la perte de sa fille. Et pour bien montrer son opposition, il menace tous les gens invités à la noce de leur refuser un crédit à sa banque. Ambiance…

La nouvelle Mme Harding va donner bien du fil à retordre à son jeune mari ; celui-ci choisit de se réfugier dans une dépression nerveuse, pour laquelle il est soigné dans une clinique du Michigan. Pendant ce temps, « la Duchesse », comme il la surnomme, prend les affaires en main et fait prospérer le *Marion Star*.

De retour à Marion, Warren Harding va saisir toutes les occasions possibles pour s'éloigner du domicile conjugal. La politique, pour ce faire, lui semble représenter l'activité idéale. Pendant des années, il va tromper sa femme avec Carrie Phillips, une de ses meilleures amies. Elle finira par l'apprendre mais choisira de ne pas demander le divorce. Elle estime avoir beaucoup « investi » dans Harding et pense qu'elle peut lui construire un avenir politique. Florence est une femme de tête.

Elle tentera bien de surveiller son mari volage, mais c'est plus fort que lui. Lors d'un séjour à New York, il retrouve une jeune fille qu'il avait connue alors qu'elle n'avait que douze ans. Elle livrait le *Marion Star* en allant à l'école et elle était tombée amoureuse du directeur. Huit ans plus tard, cette Nan Britton est une très jolie jeune fille, qui justement cherche un emploi. Harding va évidemment l'aider et lui rendre visite fréquemment. Ils ont un enfant qui va naître en octobre 1919. Harding tire beaucoup de satisfaction de son aventure, mais c'est une histoire qui va passablement entacher sa réputation, à titre posthume, lorsque Nan Britton publiera ses Mémoires et demandera au gouvernement des États-Unis de lui verser une pension.

En attendant, le parti républicain se cherche un candidat à la Maison-Blanche, quelqu'un d'assez fade pour ne pas réveiller les vieilles querelles qui ont déchiré le parti quelques années plus tôt.

Harding a tout pour plaire : d'abord il ressemble à un président ; et puis on peut compter ses convictions politiques sur les doigts de la main. (Profondément, la politique ne l'intéresse pas.) En revanche, il aime la vie que lui a offerte son élection au Sénat. Il rencontre de nouveaux amis pour jouer au poker, pour aller au golf ou aux courses. Le travail législatif ne l'emballe pas. En général, il vote conservateur, selon les lignes fixées par le parti. Lorsque arrive au Congrès l'amendement sur la prohibition, lui qui lève assez allégrement le coude, il vote contre. Mais lorsqu'il s'aperçoit que les prohibionnistes vont l'emporter, il vote pour au trentième tour de scrutin.

Harding plaît à ses pairs. Un jour de l'été 1919, une des figures du parti républicain, le sénateur Boies Penrose, convoque Harding à son bureau : « Mon cher, cela vous plairait-il de devenir président ? » Harding commence par refuser. Il n'a pas d'argent pour une campagne électorale et surtout, il n'est pas convaincu d'être l'homme de l'emploi. On le rassure sur ce point, et surtout, Florence Harding en est convaincue, elle.

C'est ce qui compte. Un seul petit détail, peut-être, pourrait faire dérailler la machine républicaine. Des rumeurs, puis des informations plus précises ont laissé entendre qu'il y aurait du sang noir dans la famille du candidat. Mais Woodrow Wilson, son adversaire, a fait savoir qu'il n'exploiterait pas ce genre de bassesse.

De toute façon, ce ne serait rien en termes de scandale par rapport à ce qui attend l'administration Harding. Il ne s'entoure que de ses pires amis pour faire fonctionner le gouvernement américain – on les surnommera le « gang de l'Ohio ». Le plus fameux scandale, qu'on appellera l'« affaire du Teapot Dome », du nom d'une réserve pétrolière appartenant au gouvernement et qui sera vendue en sous-main à des intérêts particuliers par le ministre de l'Intérieur, Albert B. Fall, n'est que la face la plus visible de la corruption qui va s'étendre sous le nez de Harding. On vend un peu partout des contrats gouvernementaux contre des pots-de-vin. Et même le ministre de la Justice, Harry M. Daugherty, est éclaboussé. Il s'avérera qu'il savait tout de cette fraude rampante et qu'il n'a pas levé le petit doigt pour y mettre un terme.

Heureusement pour le président Harding, populaire contre vents et marées, cette succession de scandales ne sera dévoilée dans toute son étendue qu'au fil des années et il mourra avant qu'on en connaisse toute l'ampleur.

Harding sait bien que ses amis sont des escrocs, mais ce sont ses partenaires de poker. Le président n'est pas un gros travailleur, ses idées politiques sont pour le moins brumeuses, et sa façon de les exprimer encore bien davantage. Il est réputé pour prononcer des discours qui ne veulent rien dire, mais au fond, l'Amérique s'en moque : Wilson et ses grands idéaux la fatiguaient. Harding dit des choses du genre : « Nous devons avant tout prospérer [*sic*] l'Amérique. » Il ignore la syntaxe et apparemment ne semble pas trop en souffrir, pas plus que les électeurs qui l'ont porté au pouvoir. H.L. Mencken, un journaliste réputé de Boston, avoue n'avoir jamais entendu pareil galimatias. « Cela me fait penser à un paquet d'éponges mouillées, à des vêtements en loques séchant sur un fil à linge, à une soupe de haricots surie, à une meute de chiens hurlant frénétiquement dans la nuit... C'est tellement épouvantable à entendre que le discours en tire une sorte de grandeur, qui rampe depuis les abîmes... »

Au moins, Harding est lucide sur ses capacités : « Je suis un homme aux talents très limités », reconnaît-il, et en matière économique, à un moment de son histoire où le pays aurait bien besoin de perspective, il est totalement inapte. Un jour, il déclare que les États-Unis devraient adopter des lois protectionnistes draconiennes afin d'aider les industries européennes en difficulté à se remettre sur pied.

Malgré la catastrophe qui s'annonce à l'horizon, la vie à la Maison-Blanche est plutôt agréable pour Harding et ses associés. On joue au poker deux fois par semaine et, bien sûr, la prohibition n'a pas cours dans la demeure présidentielle, où le whisky coule à flots. Du whisky de contrebande, évidemment, puisqu'un bon ami du président a trouvé le moyen d'obtenir une licence d'alcool destiné à l'usage médical. Un scandale de plus qui éclaboussera, *post mortem*, le chef de la Maison-Blanche. Florence Harding, la Duchesse, aime elle-même le poker, et les parties sont parfois acharnées au deuxième étage. Car on joue gros dans le « gang de l'Ohio ». Et le président, avec candeur, n'en fait pas mystère. À un journaliste qui admire son épingle de cravate, une magnifique perle incrustée dans une monture en or, estimée à quatre mille dollars de l'époque, Harding explique qu'il l'a gagnée la veille au poker. Il avait un carré d'as.

Mme Harding, elle, organise le premier tournoi de tennis de la Maison-Blanche. On ne sait pas si le couple présidentiel pariait sur les matchs. On notera également que la *First Lady* sera la première à monter dans un aéroplane. Et elle exige, en bonne féministe, que ce soit une femme qui pilote.

La réalité va rattraper la Maison-Blanche et Harding ne sera plus jamais l'insouciant et distingué gentleman venu de l'Ohio. Il prend conscience du filet de corruption qui l'étouffe. Et on le verra même gifler dans son bureau le ministre des Anciens Combattants, le colonel Forbes, corrompu d'entre les corrompus.

En 1923, totalement déprimé, Harding entame une croisière vers le Pacifique à bord d'un bâtiment de la Marine. Il reçoit un message codé dont on ignore encore à ce jour la teneur. Le président semble frappé de stupeur et il va s'enfermer pendant plusieurs jours dans sa cabine. Même lorsque le navire qui le transporte entre en collision avec un destroyer, il refuse de monter sur le pont. Le 29 juillet, le président arrive à San Francisco. Il paraît souffrant. Peut-être a-t-il été victime d'une crise cardiaque. Il meurt le 3 août à son hôtel. On n'a pas pratiqué d'autopsie.

On l'a dit, ce président est aimé de ses concitoyens, et le train spécial qui va ramener sa dépouille de San Francisco jusqu'à la côte Est va être l'occasion pour l'Amérique de rendre un stupéfiant hommage à Warren Harding. Le train s'arrête à chaque gare sur les cinq mille kilomètres de trajet. À chaque arrêt, des milliers de personnes, silencieuses, sauf lorsqu'elles entonnent « Plus près de toi mon Dieu ». Hommage lui est rendu lorsque le cercueil arrive à Washington, et la route entre la Maison-Blanche et le Capitole est noire de monde. Enfin, un dernier voyage, un dernier train, vers l'Ohio cette fois, où il sera enterré enfin le 10 août 1923.

Sa veuve est littéralement obsédée par la menace de scandale qui plane sur le cercueil. Elle fera tout, jusqu'à sa mort un an plus tard, pour tenter d'effacer les traces de la corruption ambiante. Elle détruira tous les documents relatifs à la présidence sur lesquels elle pourra mettre la main. C'était bien sûr parfaitement illégal et de toute façon inutile puisque la vérité trouvera son chemin dans les médias et dans l'opinion, reléguant Harding aux poubelles de l'histoire américaine.

En attendant, quelques jours après sa mort, les porteurs de journaux américains vont lui rendre un hommage inattendu, à lui, l'ancien éditeur d'une petite gazette de l'Ohio. Ils vont organiser une collecte à travers tout le pays, et chacun va donner un penny. 19 134 pennies seront ainsi recueillis et fondus pour confectionner une statue du... chien du président, Laddie Boy. Il faut dire que Laddie Boy était une célébrité lui aussi puisqu'il participait aux réunions gouvernementales, assis sur sa propre chaise. Il avait même été « interviewé » par le *Washington Star*.

Mais la vie continue, et la Maison-Blanche ne peut rester vide très longtemps, quels que soient les événements. L'homme qui va prendre le relais est un phénomène. Le vice-président, Calvin Coolidge, est en train de dormir dans sa très modeste maison de Plymouth Notch, dans le Vermont, lorsqu'on vient le réveiller pour lui annoncer la mort de Harding. « On ferait peut-être mieux de boire un verre. » C'est sa seule réaction. Il fait télégraphier à Washington pour s'enquérir des modalités du serment qu'il doit prononcer et s'informe pour savoir si son père, qui est notaire, peut recueillir ce serment. La réponse est positive. Il y aura là quelques témoins très improbables, pour l'histoire : un élu local anonyme, un postier des chemins de fer et le patron du journal local, le *Springfield Reporter*. Après la « cérémonie », on se rend donc au drugstore du village pour « arroser » l'événement. Chacun commande un verre. Coolidge boit, paie sa consommation et s'en va. C'est l'élu local qui va régler ce qui reste. Car, il faut le savoir, Calvin Coolidge ne badine pas avec l'argent. Il est même carrément pingre. Affaire d'éducation. On y reviendra.

Quelqu'un dira de lui : « Le pays voulait qu'on ne touche à rien et qu'on ne fasse rien lorsque Coolidge est arrivé au pouvoir. Et il a réussi. »

En 1924, après une année passée à la Maison-Blanche, il sera réélu spectaculairement, précisément parce qu'il annonce la couleur aux électeurs : « Le business de l'Amérique, c'est le business. » Autrement dit, « faites marcher vos affaires et le gouvernement vous laissera tranquilles ». Aussitôt dit, aussitôt fait. Coolidge aura l'intelligence de ne pas se représenter car il sent bien qu'une terrible punition attend l'Amérique : la Grande Dépression.

Pendant la campagne de 1924 son slogan, c'est : « *Keep cool* avec Coolidge. » Précisons qu'être *cool*, à l'époque, n'a pas grand-chose à voir avec aujourd'hui. Cela ne veut surtout pas dire qu'on est « dans le coup » ou « relax », ou « à la mode ». C'est plutôt l'inverse. Un homme *cool* est un homme imperturbable, dont le calme ne peut être altéré par aucun événement, petit ou grand. En ce sens, Coolidge correspond exactement à la définition du mot.

Lorsqu'il arrive à la Maison-Blanche, il installe un rocking-chair sous le porche et s'y installe tous les soirs pour fumer son cigare. Il travaille peu, à heures fixes, en général entre dix heures et midi. L'après-midi, il fait la sieste, les pieds sur son bureau, et ne s'en cache pas. Et parfois même, lorsque le besoin s'en fait sentir, il enfile un pyjama, se couche dans son lit et dort pendant trois heures. Le soir, il retourne se coucher vers vingt-deux heures trente.

La vie mondaine ne le passionne guère mais il sait que cela fait partie de sa charge. En tout cas, il s'exprime peu, quelles que soient les circonstances. On le surnomme « Cal le Silencieux ».

Un soir qu'une femme du monde dîne près de lui, à la Maison-Blanche, elle le prévient très gracieusement que ce soir, il devra lui faire la conversation puisqu'elle a parié avec une amie qu'elle lui ferait dire plus de trois mots. Réponse du président : « Vous avez perdu. »

C'est devenu un sport local à Washington : engager des paris pour faire parler ou faire rire Cal le Silencieux. Le comédien Will Rogers va s'y employer. Il a parié qu'il ferait rire le président en moins d'une

minute. On le présente au chef de la Maison-Blanche :
« Monsieur le Président, voici Monsieur Will Rogers.
Monsieur Rogers, voici le président Coolidge. » Will
Rogers tend la main, prend un air confus et dit : « Pardonnez-moi, je n'ai pas bien saisi votre nom. » Et il a
vu un sourire diffus dans les yeux de Coolidge. Pour
une fois, pari gagné.

« Si vous ne dites rien, on ne vous demandera jamais
de le répéter » : tel est le mot d'ordre du nouveau président. Il vient du Vermont, où la vie est réputée dure
et souvent solitaire. On ne perd pas de temps avec des
billevesées ; ce qui n'interdit pas l'humour, bien au
contraire. Coolidge est un expert, un pince-sans-rire,
un Buster Keaton de la politique. Un artiste de la parcimonie verbale. Sa posture physique est à l'unisson. Il
ne s'agite jamais. Lorsqu'il est nommé à la vice-présidence, en 1920, un analyste politique prétend « qu'on
ne peut pas distinguer Coolidge du mobilier dans une
pièce, sauf s'il bouge ».

Ce n'est pas une attitude. C'est une philosophie.
Quand les journalistes l'assaillent lors d'une conférence
de presse, Coolidge reste *« cool »* : « Avez-vous un
commentaire à faire sur les droits de douane ?

— Non.

— Et sur la nouvelle loi agricole ?

— Non.

— Et sur le budget de la Marine ?

— Non. »

À ce rythme-là, les reporters accrédités ne traînent
pas longtemps dans le Bureau Ovale.

Tout de même, lorsqu'ils franchissent la porte,
Coolidge les rappelle. « Et surtout, ne me citez pas. »

Autant il aime serrer des mains lorsque les touristes visitent la Maison-Blanche (il établira un record avec, en une seule réception, 2 096 poignées de main), autant il déteste recevoir les solliciteurs qui s'accumulent dans les couloirs. Il ne donnera qu'un conseil à son successeur, Herbert Hoover : « Neuf fois sur dix, les gens qui viennent dans ce bureau réclamer une faveur ne la méritent pas. Si vous restez silencieux et immobile, si vous ne leur répondez pas, ils se lassent en général au bout de trois ou quatre minutes et s'en vont. Si vous toussez, ou si vous souriez, ils s'incrustent. » Il peut être rude à l'occasion. Ruth Hanna McCormick, la femme du sénateur de l'Illinois, le poursuit pour qu'il nomme à Chicago un juge d'origine polonaise. Et elle envoie à la Maison-Blanche une délégation de Polonais pour faire bon poids à sa demande. Coolidge est excédé et il a le regard fixé sur le sol de son bureau. Il reste muet. Finalement, il dit : « Très joli tapis. » Les visiteurs sourient et attendent. « C'est un tapis tout neuf. Il a coûté cher. » Le sourire des visiteurs s'élargit davantage encore. « Votre amie, Mme McCormick, a usé celui d'avant en essayant, en vain, de vous appointer un nouveau juge. » Les Polonais sont repartis, les mains vides.

Coolidge déteste les snobs. Abordé lors d'une réception par une grosse dame endiamantée, dotée de ce riche accent de Beacon Hill, il l'entend lui dire : « Vous savez, je suis de Boston. » Réponse de Coolidge : « Et ça, ça ne s'arrangera jamais. »

Il n'aime pas les conversations mondaines, même s'il sait rester courtois en toutes circonstances. Il rencontre un sénateur qui rentre du Minnesota et s'enquiert du temps qu'il fait là-bas. L'autre répond avec une abondance de détails. Et il retourne la question au président : « Quel temps a-t-il fait à Washington ?

— Chaud. J'étais assis là l'autre soir avec une invitée. Elle s'est évanouie… Je ne sais pas si c'est un effet du temps ou de ma conversation. »

Il a le même tempérament avec tout le monde. Un de ses amis s'indigne qu'on envisage de nommer au gouvernement un industriel très connu. « Mais, Monsieur le Président, cet homme est un véritable salaud.

— Et alors, rétorque Coolidge, vous pensez que les salauds n'ont pas le droit, eux aussi, de participer à un gouvernement ? »

À l'endroit de son épouse, comportement identique. Un dimanche, Coolidge se rend seul à la messe. Sa femme est souffrante. En rentrant, elle lui demande s'il a apprécié le sermon du prêtre. « Oui, dit-il.

— Mais encore, de quoi a-t-il parlé ?

— Du péché, dit le président.

— Oui, mais qu'a-t-il dit ? insiste sa femme.

— Qu'il était contre. »

Cet homme devient une légende. Lorsqu'il était vice-président, il est invité à la pose de la première pierre d'un édifice public. Il s'acquitte de sa tâche et retourne soigneusement une pelletée de terre. Les ouvriers scellent la première pierre. La foule rassemblée attend respectueusement un discours du vice-président. Mais rien ne vient. Silence et gêne dans l'assistance. Le maître de cérémonie se racle la gorge et ose enfin demander à Coolidge de prononcer quelques mots. Cal le Silencieux réfléchit un long moment et montre le tas de terre : « Il y a là-dedans un très beau ver de terre, pour ceux qui aiment la pêche. » Là-dessus, il tourne les talons et se dirige vers sa voiture.

Car le président des États-Unis adore la pêche ; tous les étés, il prend ses vacances dans le Dakota-du-Sud pour taquiner la truite. C'est le chef du Secret Service, chargé de la sécurité du président, le colonel Sterling, qui lui a appris. Pour se livrer à la pêche, il porte des gants blancs. Car toucher le poisson l'incommode et, à chaque prise, c'est à un agent du Secret Service qu'il revient de détacher le poisson. Ce qui suscite un peu de grogne dans les services de sécurité, qui n'avaient pas prévu que la protection du président entraînerait ce genre de corvée. Et Coolidge ne badine pas avec « son » poisson. Il voit un jour un homme pêcher en face de chez lui et attraper des truites. Il charge ses gardes du corps d'aller récupérer les truites. « Elles sont à moi », dit-il. Il adore la rivière Brule, réputée pour ses truites. Interrogé par un journaliste, il affirme qu'il y en a à peu près quarante-cinq mille dans cette rivière. « Je ne les ai pas toutes attrapées, mais je les ai intimidées. »

Coolidge est radin. Depuis toujours et pour toujours. L'après-midi, après sa sieste et sa promenade, il a pris l'habitude de manger un sandwich avec le colonel Sterling, qui l'accompagne dans tous ses déplacements. C'est Coolidge lui-même qui prépare les sandwichs dans la cuisine de la Maison-Blanche, avec un mauvais fromage en provenance du Vermont. Il les mesure très soigneusement l'un contre l'autre. Lorsque l'un est plus long que l'autre, il le recoupe et revérifie. Ensuite, les deux hommes s'assoient et mangent... en silence. Le fromage est fait à partir de lait de chèvre et, à en juger par l'odeur, il n'est jamais de la première jeunesse. Mais, à la Maison-Blanche, on ne jette absolument rien. Un jour, Coolidge se tourne vers Sterling : « Je parie qu'aucun autre président des États-Unis ne vous a jamais préparé de sandwiches au fromage.

— Non, et c'est un grand honneur, répond Sterling.

— D'autant plus que c'est moi qui fournis le fromage », conclut Coolidge, qui était réputé pour traîner en cuisine et pour comparer les factures d'approvisionnement et les réserves en chambre froide.

L'heure est venue d'effectuer de grands travaux pour réparer les dégâts subis par la Maison-Blanche en 1814, lorsque les soldats anglais avaient incendié la résidence présidentielle. Comme d'habitude, Coolidge l'économe veut se rendre compte par lui-même si ces travaux sont vraiment nécessaires. Il monte au grenier avec l'architecte qui lui montre l'étendue des réparations à envisager. Le bâtiment a beaucoup souffert, notamment la charpente, et l'homme de l'art insiste pour qu'on change les poutres. Il veut simplement savoir si du bois fera l'affaire ou bien s'il convient pour cette réfection d'installer des poutrelles d'acier, moins économiques mais beaucoup plus adaptées à la taille de la toiture. Coolidge prend le temps de tout examiner soigneusement et décide : « Allons-y pour des poutres d'acier, mais envoyez la facture au roi d'Angleterre. »

Il lui arrive aussi de ne pas payer spontanément son dû. Un jour, dans le Vermont, il s'installe dans le fauteuil du barbier pour se faire raser. Entre le médecin du village, qui lui demande s'il a bien pris les pilules qui lui avaient été prescrites. « Non », répond-il, toujours laconique. Deux longues minutes s'écoulent et le médecin revient à la charge : « Vous sentez-vous un peu mieux ?

— Ouais. » Le barbier termine son travail, Coolidge se lève et s'apprête à quitter la boutique. « Vous n'oubliez rien, monsieur Coolidge ?

« — Oh ! pardon, j'oubliais de vous régler. Il faut dire que j'étais trop occupé à potiner avec le médecin. »

Coolidge est d'une race à part. C'est un endormi à l'esprit vif. Aucune circonstance de la vie ne peut modifier cette attitude. Un jour, sa grand-mère lui signale qu'une certaine Grace Goodhue ferait un excellent parti. « Pourquoi ne l'épouses-tu pas ?

— Peut-être, grand-mère. » Quelques jours plus tard, il se rend chez les Goodhue où il rencontre le père de Grace. Très urbain, celui-ci prend des nouvelles et demande à Coolidge ce qu'il fait en ville. « Je suis venu pour épouser votre fille.

— Et vous lui en avez parlé ? interroge le père.

— Non, pas encore, mais cela peut attendre une semaine si cela vous arrange. »

Personne ne se souvient de ce qu'a bien pu faire Coolidge pendant les quatre ans et sept mois qu'il a passés à la Maison-Blanche, si ce n'est que lorsqu'il souriait, rarement, « cela ressemblait à de la glace qui se brise en hiver sur une rivière gelée de Nouvelle-Angleterre ». Pourtant, on se souvient de ses parcimonieux propos. Ils ont fait date et jurisprudence dans la gouvernance des États-Unis. Par exemple, lorsque la police de Boston a menacé de se mettre en grève en 1919, alors qu'il était gouverneur du Massachusetts : « Personne n'a le droit de se mettre en grève contre la sécurité publique, personne, nulle part, jamais. » Fin de la grève. Ou lorsqu'il écrivit ceci : « Notre système bancaire est encore imparfait, nos fonctionnaires ne sont pas infaillibles, l'avenir peut se révéler meilleur ou bien pire, augmenter les impôts n'a pas l'air d'être une idée très populaire et finalement la seule solution à apporter au chômage, c'est le travail. » Voilà un programme politique frappé au coin du bon sens. Nul ne pourra prétendre que Coolidge ait jamais menti au peuple américain.

C'est ce même « bon sens » qui lui fera dire, en réunion de cabinet, alors que ses conseillers lui suggéraient d'augmenter sensiblement le budget de l'armée destiné à l'aviation : « Pourquoi n'achète-t-on pas un seul avion ? Les pilotes pourraient se relayer aux commandes. »

Bien évidemment, cette philosophie du gouvernement ne résout pas grand-chose, bien que Coolidge prétendît que si l'on voyait dix problèmes dévaler la route, on pouvait être sûr qu'au moins neuf d'entre eux iraient au fossé sans qu'on ait à se casser la tête pour les régler.

Peut-être, mais la dépression qui s'annonce est désormais solidement sur ses rails. La prospérité qui semble caractériser l'Amérique des années 1920 est artificielle. Lorsque les premiers frémissements de la catastrophe annoncée se font sentir, le président et son ministre des Finances vont parvenir à rassurer l'opinion, et la Bourse va continuer de flamber. Un grand nombre d'experts et d'analystes économiques ont prévenu Coolidge du danger, et il avait, semble-t-il, compris le péril et son mécanisme. Mais il estimait que la spéculation avait lieu à New York, à la Bourse, et qu'il revenait aux autorités de l'État de New York de régler le problème, pas au gouvernement fédéral. Résultat, en 1928, les banques garantissent quatre milliards de dollars d'emprunts très problématiques. L'inquiétude est partout dans les milieux d'affaires. Coolidge continue en public de se montrer rassurant, mais il sent qu'on est au bord du précipice.

Sur le plan diplomatique, Coolidge se révélera être un président plus avisé, sans doute parce qu'il a su s'assurer les services de deux excellents secrétaires d'État : d'abord Charles Evans Hugues et ensuite Frank B. Kellog. Et puis, au total, il saura restaurer le prestige de la présidence après les terrifiants scandales de l'ère Harding. Il va purifier l'atmosphère de la Maison-Blanche, qui en avait grand besoin.

Et il prête beaucoup d'attention, finalement, à son rôle social. C'est un véritable tyran à la maison. Il se mêle de tout et décide de tout. Des plats servis aux dîners officiels à la liste des invités. Il refuse même de mettre sa femme au courant de ses obligations, ce qui contraint la chère femme à devoir faire face au moindre imprévu. Un jour, au petit déjeuner, elle se décide à protester énergiquement ; elle explique que l'ignorance où on la tient – de son emploi du temps de *First Lady* – lui complique la vie et l'oblige à tenir prête en permanence toute une garde-robe en fonction des circonstances. Elle exige qu'on lui fasse connaître chaque matin son emploi du temps détaillé. Réponse de Coolidge : « Mais ma chère, vous rêvez. Vous pensez bien qu'on ne transmet pas ce genre d'information à n'importe qui. »

Qu'importe, ces deux-là s'adorent. Grace Coolidge deviendra un modèle de *First Lady*, même si elle a choisi d'obéir aveuglément à un homme qui n'aura jamais le dixième de son charisme ni de son charme. Elle l'avait découvert par hasard en regardant par la fenêtre d'une petite maison, à Northampton, dans le Massachusetts. Elle avait assisté à un spectacle extraordinaire : un homme en caleçon, un chapeau sur la tête, en train de se raser. Il conservait son chapeau pour ne pas avoir de cheveux dans les yeux. Un original. Elle eut le coup de foudre.

Elle en eut du mérite, car Coolidge croit en des choses simples, pour ne pas dire simplistes : les femmes sont faites pour s'occuper du foyer, des enfants, du ménage et de la cuisine. D'ailleurs, en cadeau de noce, il va lui offrir cinquante-sept paires de chaussettes à repriser. Elle lui demande si c'est pour cette raison qu'il l'a épousée. « Non, mais je dois avouer que c'est bien pratique. »

Il ne lui demandera jamais son opinion, sur quelque sujet politique que ce soit. Lorsqu'il devient vice-président, tout de même, il se rend compte que Grace fait tourner bien des têtes et que c'est assez pratique pour un politicien. Du coup, Coolidge, qui a des oursins dans les poches, va investir dans les toilettes de sa femme, qui sera une des plus jolies et des plus élégantes femmes de Washington.

Le personnel de la Maison-Blanche l'adore et l'a surnommée « Candy ». Et puis la vie est joyeuse avec les Coolidge. Ils aiment recevoir et lancent des invitations presque tous les jours. Du moins, jusqu'à ce que le deuil touche la famille. Leur fils, Calvin Junior, meurt d'un empoisonnement du sang. Un accident stupide, lié à des ampoules que le garçon s'est faites en jouant au tennis sur le court installé dans les jardins de la Maison-Blanche. Le président est atteint de plein fouet. Le colonel Sterling fait tout pour tenter de réconforter Coolidge, en vain. Un jour, il aperçoit un jeune garçon à l'air triste, le visage appuyé contre les grilles de la Maison-Blanche. Il lui demande ce qu'il fait là et le gamin lui affirme qu'il veut voir le président pour lui dire à quel point il est triste de la mort de Calvin Junior.

Starling introduit le garçon dans le bureau du président et délivre le message lui-même, tant le jeune visiteur est submergé par l'émotion. Coolidge non plus ne peut pas parler mais le lendemain, il dit au responsable de la sécurité : « Colonel, si un garçon demande à voir le président, n'importe quand, amenez-le-moi. Ne l'éconduisez jamais. »

Après ce deuil, Coolidge, qui ne sera plus le même homme, annonce qu'il ne se représentera pas à la présidence. Grace, elle, va tenir son rôle jusqu'au bout, sans gémir. C'est une femme rare. Elle sera la première *First Lady* à recevoir une distinction d'une université à titre honorifique et aussi la première à introduire la radio à la Maison-Blanche. Elle n'embarrassera jamais son mari, sauf peut-être une fois, alors que le couple séjournait dans le Dakota-du-Sud, pendant l'été 1927. Grace était sportive et adorait marcher. On avait assigné à sa sécurité un fort joli garçon du Secret Service : Jim Haley. Il la suivait partout et on pouvait les voir souvent dans les rues de Washington. Les commérages qui s'ensuivirent parvinrent jusqu'aux oreilles de Coolidge et ne l'amusèrent guère. Ce fameux été, Grace décida d'aller faire une promenade d'une heure dans les Black Hills, une région notoirement sauvage et désertique. Toujours accompagnée de son garde du corps. Les deux promeneurs ne revinrent, fourbus, de leur expédition que cinq heures plus tard et le président piqua une véritable crise de jalousie. Il exigea le remplacement du sémillant Jim Haley, contre l'avis de sa femme, ce qui contribua à alimenter certaines rumeurs, totalement infondées selon les amis du couple.

Jamais, pendant son séjour à la Maison-Blanche, Grace ne s'exprima en public, sur aucun sujet. Ce qui se révéla embarrassant en une occasion au moins, lorsque le bruit selon lequel elle attendait un heureux événement commença à circuler dans les dîners à Washington. Nous sommes en 1925. N'importe quel couple aurait mis fin aux bavardages en faisant savoir qu'un enfant n'était pas à l'ordre du jour. Pas les Coolidge. Bientôt, les services du courrier de la Maison-Blanche furent envahis de colis : barboteuses, couches-culottes, layette, jouets… Le peuple américain, qui adorait Grace, se réjouissait de cette naissance à venir. Pendant neuf mois, les présents s'accumulèrent jusqu'à ce que le public se rende compte qu'il n'y aurait jamais aucun berceau dans la Maison-Blanche des Coolidge.

S'il n'y eut pas de bébé, il y eut en revanche une véritable ménagerie. À l'évidence, Coolidge préférait la compagnie et le comportement des animaux à ceux des êtres humains. Ont séjourné à la Maison-Blanche, sous sa présidence, une paire de lionceaux baptisés « Résolution fiscale » et « Ministère du Budget », un ours noir du Mexique, un wallaby, un chat dénommé « le Boueux » et un raton laveur, Rebecca, un des chouchous du président qui adore se promener dans les couloirs de la Maison-Blanche avec son raton laveur autour du cou. Mais les grands compagnons de Coolidge furent ses deux chiens, Prudence Prim et Rob Roy, qui participaient aux petits déjeuners présidentiels, quel que soit le rang des invités. Alors que le service était plutôt austère, en raison des manies d'économie du maître de céans, les chiens, eux, avaient droit aux saucisses, au sucre et aux bols de lait. Un *congressman* avait fait savoir qu'il était prêt à marcher à quatre pattes et à remuer les oreilles si l'on voulait bien lui accorder une tasse de café supplémentaire. Autre excentricité de Coolidge : il avait sur place sa propre basse-cour et l'on ne servait à table que la volaille de la maison. Curieusement, il manifestait un certain intérêt pour les animaux à plumes. En compagnie de son épouse, il visita une basse-cour, dans le Maryland, visite pendant laquelle Grace fut témoin d'une rapide copulation entre un coq et une poule. Elle interrogea le fermier sur la fréquence de ces rapports, et on lui indiqua que, plusieurs fois par jour, ce coq honorait les poules de l'endroit. « Dites-le au président », suggéra-t-elle avec malice. Ce que fit, très embarrassé, le fermier. « Vous me dites que ce coq saute sur la même poule plusieurs fois par jour ? s'enquit le président.

— Non, monsieur, pas la même poule, bien sûr.

— Alors, allez dire ça à ma femme. »

Bien inspiré, Coolidge quitte la vie politique en 1928 et prend sa retraite à Northampton, dans la petite maison d'où il venait. Il observe les événements avec, dit-on, une grande stupéfaction. Car on assiste à une révolution. Dix ans après la fin de la Première Guerre mondiale, les Américains vivent dans la désillusion. Finis les rêves de Wilson. Fini aussi l'isolationnisme. Les hommes qui sont rentrés de la guerre ne sont plus les mêmes. La science elle-même contribue à ce changement, notamment la psychanalyse. Tout est remis en question. Même la prohibition, destinée à favoriser la vertu, est un échec. On n'a plus peur des Rouges et de leur menace supposée, mais d'autres extrémismes gangrènent la société. En quelques années, le Ku Klux Klan, pratiquement inexistant en 1920, va compter plus de quatre millions d'adhérents en 1924. Les médias de masse se développent, surtout la radio. On ne peut plus se contenter de vivre à l'intérieur de sa seule communauté. Coolidge est le dernier président qui, par sa personnalité, par son sens moral, a pu encore influencer le comportement de ses concitoyens et préserver l'unité de la société américaine et de ses valeurs.

C'est un homme remarquable, par son énergie, par son intelligence, par ses connaissances, qui le remplace à la Maison-Blanche. C'est un « *wundurr* » *boy*, comme l'affirme Coolidge qui arrivait à prononcer le mot « *cow* » en quatre syllabes. Son successeur est le seul politicien américain qui ait fait plusieurs fois le tour du monde avant d'arriver à Washington. Partout, il a impressionné par son savoir-faire et l'excellence de son travail. Franklin Delano Roosevelt, un démocrate s'il en fut, dira de lui dans les années 1920 : « C'est cet homme dont nous avons besoin à la Maison-Blanche. Et je n'hésiterai pas une seconde à voter pour lui, tout républicain qu'il soit. »

Il s'appelle Herbert Clark Hoover et effectivement l'histoire va se souvenir de lui. Et l'histoire ne lui pardonnera rien. Pendant son unique mandat, il va même donner son patronyme à un certain nombre de phénomènes. Lorsque les millions de vagabonds qui vont errer en Amérique se couvriront de vieux journaux pour se tenir chaud, on appellera cela les « couvertures Hoover ». Lorsque les automobiles tomberont en panne et que leurs propriétaires n'auront plus les moyens de les réparer, ils les feront tirer par des mules, que l'on appellera les « charrettes Hoover ». Lorsqu'en signe de détresse on retournera ses poches pour montrer qu'elles sont vides, on montrera son « drapeau Hoover ». Et lorsque le pays se couvrira, de l'Est à l'Ouest, de misérables bidonvilles, faits de tôles, de planches et de papier goudronné, on les appellera les « cités Hoover ». À l'exception de la guerre de Sécession, les Américains n'ont jamais connu tel traumatisme et tel désespoir.

Sur le papier, pourtant, Hoover est un « crâne d'œuf ». Il a tout réussi dans sa vie, avec brio. Lorsqu'il fait campagne en 1928, l'Amérique vit dans l'aisance, même si les piliers de cette prospérité sont branlants. Et Hoover, en bon capitaine d'industrie, en bon capitaliste, voit se profiler à l'horizon le destin de son pays. « Nous pouvons envisager, pour la première fois dans l'histoire de l'humanité, d'en finir une fois pour toutes avec la misère et la pauvreté. Et nous serons les premiers à le faire. » Sous-entendu : « si je suis élu ». Il est élu et ses visions deviendront le cauchemar de la nation.

L'Amérique non seulement s'appauvrit, mais des millions et des millions de personnes vont devoir se battre au jour le jour, simplement pour ne pas mourir de faim. Et bien sûr, sans l'aide du gouvernement : c'est contraire aux principes de Herbert Clark Hoover.

Pendant que la vie va son train à la Maison-Blanche – où l'on reçoit tous les jours que Dieu fait, où l'on dîne des plats les plus raffinés, où l'on boit les meilleurs vins, où le personnel n'en peut plus de fatigue tant Mme Hoover est exigeante –, de l'autre coté de la rivière Anacostia, à quelques kilomètres de Pensylvannia Avenue, la misère s'est installée et devient un symbole de la crise. Nous sommes en mai 1932. Se sont rassemblés dans ce bidonville fait de bric et de broc des vétérans de la Grande Guerre, qui, comme tout le monde, ne parviennent plus à subvenir aux besoins élémentaires de leurs familles. Ils sont venus des quatre coins du pays jusqu'à Washington pour s'adresser au président, pour lui demander de faire voter une loi qui leur permettrait de toucher dès maintenant leur pension d'ancien combattant, alors que le Congrès a prévu que leur pension ne leur sera versée que dans dix ans. Les hommes et les femmes, et les enfants, qui se sont installés dans ce campement d'Anacostia River sont absolument désemparés. Mais Hoover refuse de les rencontrer. Ce qui n'a rien d'étonnant car, de l'avis des historiens, malgré tous ses talents, Hoover est un psychorigide. Il sait tout sur tout, et bien sûr il a toujours raison. Quelques années plus tôt, il avait écrit ceci : « L'homme de la multitude ne pense pas, il ressent seulement. Les désirs du peuple ne constituent pas le critère des véritables besoins du peuple. On ne peut déterminer vraiment ces besoins que par l'éducation et le leadership. »

Les anciens combattants d'Anacostia, acculés, ne renoncent pas. Dans la chaleur de juillet, ils continuent de protester et de défiler, pendant qu'à la Maison-Blanche, les Hoover continuent de recevoir leurs hôtes de marque. La canicule s'est abattue sur la ville et, pour se protéger de la chaleur, les manifestants s'abritent pendant la journée dans la fraîcheur des bâtiments publics. Le soir, ils dorment sur les immenses pelouses du Capitole. La police intervient, durement. Il y a des morts et des blessés. Le président va faire appel à l'armée et notamment à un sémillant jeune général,

225

Douglas MacArthur, qui ne va pas lésiner sur les moyens et faire appel à des chars d'assaut. C'est à la pointe des baïonnettes que les vagabonds d'Anacostia sont dispersés et, pour faire bonne mesure, pour être sûr qu'ils ne reviendront pas défiler sous les fenêtres de la Maison-Blanche, on met le feu à leurs pauvres baraques. À aucun moment cette violence sociale ne trouble Hoover qui entame sa campagne pour un deuxième mandat : « Dieu merci, dit-il, après ces émeutes, nous avons encore un gouvernement qui sait faire face à ce genre de populace. »

Qu'est-il advenu de l'homme brillant, intelligent, qui, pendant la Première Guerre mondiale, a laissé tomber ses affaires prospères pour soulager la misère et la famine en Belgique, qui a magnifiquement servi Woodrow Wilson dans son programme d'alimentation destiné à venir en aide aux populations occupées par les Allemands et qui à la fin de la guerre a dirigé de main de maître le Fonds de soutien à l'Europe ?

Comme le notera *Variety*, dans un gros titre, le 30 octobre 1929, « Wall Street a pondu un œuf ». La Bourse s'est effondrée. S'ensuit la « Grande Dépression » qui demeure aujourd'hui le spectre de l'Amérique.

Hoover, qui croit aux vertus de l'optimisme, va multiplier les déclarations. Vu les circonstances, elles sont hallucinantes : « Manquer de confiance en l'économie américaine constitue une hérésie », « La crise se terminera en soixante jours » (mars 1930), « Le pire est derrière nous » (juin 1930), « La fortune est au coin de la rue »…

Coolidge, qui n'en revient pas, depuis sa retraite du Vermont affirme tranquillement que « lorsqu'un trop grand nombre de gens ne parvient pas à trouver du travail, on s'enfonce dans le chômage ».

Les deux hommes se voient à la Maison-Blanche et Coolidge constate que son successeur s'est enfermé dans ses certitudes. Celui-ci ne parvient pas à comprendre la virulence des reproches qui lui sont adressés. Pour lui, c'est de l'ingratitude. Avec son flegme habituel, Coolidge lui fait remarquer qu'« il ne peut pas s'attendre à voir des veaux gambader dans les prés le lendemain du jour où le taureau a été lâché pour honorer les vaches.

— Certes non, lui répond Hoover, mais on pourrait au moins s'attendre à ce que les vaches soient contentes. »

Herbert Clark Hoover est né dans l'Iowa, le 10 août 1874. Il a six ans à la mort de son père, un maréchal-ferrant, et huit ans lorsque sa mère disparaît, emportée par une pneumonie.

Il est élevé par ses oncles et ses tantes, des quakers. Son éducation est celle d'un ascète.

À la toute nouvelle université de Stanford, en Californie, il rencontre sa future épouse, Lou. C'est la fille d'un banquier, et c'est le coup de foudre.

En attendant, il faut bien travailler : Hoover est engagé comme simple mineur dans le Nevada. Il pousse un wagonnet toute la journée pour deux dollars. Dans la mine, on travaille sept jours sur sept. Il est costaud et il est optimiste. Il tient le coup. Mais quelques mois plus tard, les affaires se ralentissent et il est remercié. « J'ai appris à ce moment-là, dira-t-il, ce qu'est le fond du désespoir pour un être humain. C'est l'attente incessante et le refus permanent au bureau de l'emploi, tous les jours que Dieu fait. »

Au bout du compte, il s'en sortira et deviendra même milliardaire lorsqu'en 1914, la guerre éclate en Europe. Pour accumuler sa fortune, il travaillera comme ingénieur des mines dans le monde entier avec un appétit féroce. Il travaille en Australie, un pays qu'il va détester. Puis on lui offre d'aller en Chine. Il fait un détour par la Californie pour épouser Lou et tous deux partent vers l'aventure. À Tient-sin, ils tentent de s'adapter à une toute nouvelle culture mais la révolte des Boxers éclate. Les Chinois nationalistes et xéno-phobes attaquent les implantations occidentales ; les Hoover sauveront leur vie de justesse. Ils s'installent à Londres mais continuent de voyager intensivement : le Japon, la Birmanie, Ceylan, la Russie.

Pendant la Grande Guerre, il laisse tomber ses affaires et se met au service du président Wilson pour tenter de soulager la misère des populations envahies ou réfugiées. Et lorsque l'Amérique entre en guerre en 1917, il est chargé de la logistique, où il excellera. Pendant ce temps, Lou fera campagne auprès de ses concitoyennes pour qu'elles réduisent leur train de vie et participent à l'effort de guerre. C'est elle qui fera la promotion des potagers privatifs pour faire des économies.

Coolidge avait raison : Hoover est un *wonder boy*. Il n'a peur de rien, ne s'épargne aucun effort. Pendant la guerre, il traverse régulièrement la Manche pour se rendre en Belgique. À l'époque, le voyage dure toute la journée ; de ce fait, on sert trois repas pendant la tra-versée. Un matin, il demande au serveur s'il peut payer à la fin du voyage ses trois repas ensemble, plutôt que d'avoir à s'en acquitter à chaque fois. « Désolé, mon-sieur, lui répond-on. La dernière fois qu'on a été torpillé, plusieurs passagers se sont noyés et je n'ai pas pu être réglé. »

Hoover se rend aussi régulièrement à Berlin, comme ressortissant d'un pays neutre, pour tenter d'obtenir de la marine allemande qu'elle cesse de lancer ses sous-marins sur les navires qui convoient du ravitaillement des États-Unis vers la Belgique. Le représentant de l'Amirauté lui répond que, bien entendu, tous les efforts seront faits pour que de tels accidents ne se reproduisent pas mais, n'est-ce pas, c'est la guerre. Hoover ne se démonte pas et entreprend de raconter à son interlocuteur l'histoire de l'homme qui en avait assez des grognements menaçants et des aboiements du chien de son voisin. Il rend visite à ce dernier qui l'assure qu'en aucun cas ce chien ne le mordra et qu'il est donc inutile de lui mettre une muselière. « Sans doute, répond Hoover, vous savez que ce chien ne me mordra pas. Et je sais du coup que ce chien ne me mordra pas. Mais le chien est-il au courant ? » Le représentant de la marine allemande demanda alors à Hoover la permission de téléphoner pour « prévenir le chien ».

Ce psychorigide est toutefois capable, de temps en temps, d'apprécier une situation absolument fantaisiste. Lorsqu'il réside à Paris, immédiatement après la guerre, et qu'il dirige le Fonds de soutien américain, il reçoit la visite d'un officier américain, manifestement embarrassé. Celui-ci lui raconte son histoire. L'officier a servi en Dalmatie et, sur une route de montagne, il s'est retrouvé au milieu d'une fusillade opposant deux unités irrégulières. Des deux côtés, on est prêt à mettre fin aux hostilités, mais personne ne veut perdre la face. L'officier américain leur propose alors de se rendre au gouvernement des États-Unis, ainsi l'honneur sera sauf. Ce qui est accepté. L'officier rédige en bonne et due forme un document de reddition mais commence à s'inquiéter. Impliquer son gouvernement dans une querelle totalement étrangère peut avoir des conséquences et il décide d'indiquer sur le document que les deux parties se sont rendues à l'administrateur des États-Unis pour le Fonds de soutien. C'est le titre de Hoover. Les deux commandants signent et, comme le veut la tradition, offrent leur sabre à l'officier américain.

Soucieux de l'usage qu'il s'était autorisé à faire du nom de Hoover, l'officier, de passage à Paris, décide de s'expliquer en tête à tête avec lui ; lorsqu'il a terminé, il attend, anxieusement, une réaction. « C'est grâce à des gens comme vous que l'Amérique est devenue un grand pays, dit Hoover… À part ça, j'aimerais assez que vous me fassiez cadeau de l'un des deux sabres. »

Le jugement d'Arthur Schlesinger Jr. sur Hoover est probablement le plus réaliste : rigidité intellectuelle, incapacité à imaginer, à innover, à aller contre les principes de toute une vie. Un autre aurait eu recours au déficit budgétaire. Pas Hoover. Un autre aurait mis le gouvernement fédéral à contribution pour lancer une politique de grands travaux et donner du travail aux chômeurs. Pas Hoover. « On ne peut pas ramener la prospérité en faisant une descente dans les coffres du Trésor public. »

Le pire est à venir car Hoover va prendre une décision qui plongera le reste du monde dans la dépression économique. Il va prendre des mesures protectionnistes draconiennes qui vont asphyxier le commerce des pays étrangers, une véritable déclaration de guerre économique. Le résultat ne se fait pas attendre. L'Europe, déjà exsangue, bascule à son tour dans la crise financière et va connaître le chômage et la misère. Un certain Adolf Hitler fera le début de sa carrière dans une Allemagne ruinée et désespérée.

Hoover n'est évidemment pas insensible à la souffrance et au désarroi de ses concitoyens, et lui aussi s'enfonce dans la dépression, ce qui rend sa fréquentation de plus en plus difficile. Il déteste la presse et ses critiques incessantes. Il déteste Roosevelt, qui fait campagne vigoureusement contre lui et s'oppose à sa réélection. « Les fameux *"New Deals"* de monsieur Roosevelt, affirme-t-il, détruiraient les fondations mêmes du système américain. » Hoover n'a rien compris à la situation que connaît le pays. Il est incapable de transmettre aux Américains sa compassion et il sera littéralement répudié par les électeurs. Cet homme est dépassé comme il le sera plus tard face aux défis posés à l'Amérique. Il s'opposera fermement par exemple à l'entrée en guerre des États-Unis contre les nazis : « Aligner les idéaux américains aux côtés de ceux de Staline serait aussi grave que de nous allier à Hitler » (juin 1941). C'est le même qui affirmera vers la fin de sa vie que seule la Seconde Guerre mondiale a sauvé l'Amérique du chômage et qui constatera que huit ans après son départ de la Maison-Blanche, le déficit budgétaire américain a doublé.

Tout avait pourtant commencé sous les meilleurs auspices en 1929, avec une somptueuse parade sur Pensylvannia Avenue et la prestation impeccable des nouveaux aéroplanes de l'armée de l'air. Deux cent mille personnes – record battu ! – s'étaient déplacées à Washington pour l'inauguration du nouveau président. C'était la première cérémonie de ce genre à être diffusée en direct à la radio, et la première filmée pour le cinéma parlant. L'Amérique venait d'élire le président parfait.

C'est lui, le premier, qui installera un téléphone sur son bureau. Son prédécesseur avait une secrétaire. Lui en aura cinq et elles travailleront non-stop. N'ayant que peu de temps à consacrer aux loisirs, il se débarrasse du yacht présidentiel et supprime les écuries de la Maison-Blanche.

Hoover ne sourit jamais. Tous les soirs, qu'il dîne seul, ce qui est rare, ou en compagnie, il revêt une tenue de soirée. Il ne veut pas voir le personnel de la Maison-Blanche qui, pourtant, est sollicité sans cesse par sa femme. On installe dans toute la maison des clochettes qui préviennent du passage imminent du président. Les domestiques doivent éviter de se trouver sur son passage. Ambiance. Lou n'est guère plus sympathique. Elle a des lubies. La Maison-Blanche doit tourner comme une horloge, en silence, et le personnel doit être sur le pied de guerre en permanence. Le service doit être impeccable, le dîner aussi, même si la cuisine n'a été prévenue qu'au tout dernier moment. Les huissiers, le sommelier, les serveurs doivent tous être de la même taille. Ils doivent porter le smoking dans la journée et l'habit le soir. Aucun bruit n'est toléré, surtout pas à table où l'on renvoie ceux qui font tinter les couverts ou la vaisselle. Mme Hoover a inventé un véritable code gestuel pour ne pas avoir à s'adresser à ses domestiques. Lorsqu'elle tapote sa chevelure, cela veut dire que le dîner doit être servi. Lorsqu'elle touche ses lunettes, il est temps de desservir. Et sans traîner.

Le président, lui, est concentré sur les affaires du pays. Il ne dit jamais bonjour, ni au revoir, ni « Joyeux Noël » et encore moins « Bonne année ». Il travaille dix-huit heures par jour, y compris le dimanche, dort trois heures par nuit. Il use le personnel, au point que la Maison-Blanche cherche sans arrêt de nouveaux collaborateurs pour tenir le rythme.

Qui sont les Hoover ? Le 28 mai 1932, au plus fort de la dépression, trois enfants se présentent à la Maison-Blanche. Ils ont réussi à faire le chemin depuis Detroit pour demander au président qu'il intervienne en faveur de leur père. Celui-ci vient d'être emprisonné pour le vol d'une automobile. Il cherchait du travail. Charles Feagan est à bout de ressources et il a besoin d'un mode de locomotion pour tenter de trouver un emploi pour sa famille. Il a agi ainsi parce qu'il n'avait plus le choix.

Les trois enfants croient que le président des États-Unis peut faire quelque chose. Et ils ont entrepris ce voyage insensé. La fille aînée a treize ans. Les deux garçons sont plus jeunes. Hoover estime qu'il ne peut pas ne pas les recevoir, tant ils ont fait preuve de détermination. Avant de les voir, il appelle son attaché de presse pour en savoir un peu plus. Celui-ci entre en contact avec Detroit et rapporte au président les faits. Les enfants disent la vérité sur leur père. Et d'ailleurs, voler une voiture ne constitue pas un crime fédéral. C'est un simple délit qui ne concerne que l'État du Michigan. Hoover reçoit les enfants dans le saint des saints, le Bureau Ovale : « Je pense, leur dit-il, que votre père doit être quelqu'un de bien, pour que ses enfants se montrent aussi déterminés et aussi loyaux à son égard. Il sera là à vous attendre à la maison lorsque vous rentrerez chez vous. » Une fois seul, Hoover appelle son conseiller : « Sortez immédiatement cet homme de prison. » Ce qui fut fait. Le chef du service de presse demande la permission d'alerter les rédactions de Washington. Hoover refuse.

Qui est Hoover ? Il ne s'autorise que deux distractions : la prière et la pêche. Il écrira sur ce sujet : « Un pêcheur se doit d'être de nature contemplative car il peut se passer beaucoup de temps entre deux prises. Ces attentes permettent d'exercer sa patience, son calme et sa réflexion car aucun pêcheur ne peut attraper un poisson lorsqu'il est en colère ou par fourberie. Il est par nature optimiste, sinon il n'irait jamais pêcher. Car il attend sa chance, maintenant, ou plus tard. Peut-être demain. »

« Pêcher est une leçon de démocratie, ajoutera-t-il, car tous les hommes sont égaux devant les poissons. »

14

Le plus long mandat de l'histoire
(Roosevelt)

Westchester County, pas loin de New York, est un secteur résidentiel, réservé aux gens riches. On y trouve davantage de républicains que de démocrates, surtout dans les années qui suivent la Grande Dépression. Il y a une gare pour rejoindre Manhattan. Et il y a un kiosque où l'on trouve la presse du jour. Tous les matins, un voyageur, apparemment un homme d'affaires, se précipite au kiosque avant de prendre son train de banlieue. Tous les jours il donne un quarter au kiosquier et il prend le *New York Herald Tribune*. Il regarde rapidement la une et rend le journal. Il prend son train vers New York. Il agit de la même façon quotidiennement ; un jour, le vendeur de journaux n'y tient plus. Il demande à ce voyageur pressé pourquoi il se contente de jeter un œil à la première page avant de se débarrasser du quotidien qu'il vient d'acheter. L'homme lui répond qu'il ne s'intéresse qu'à la rubrique nécrologique. « Mais c'est bien plus loin, c'est à la page vingt-quatre », lui répond le vendeur. « Oui, mais le salaud qui m'intéresse fera la une de tous les journaux. »

Le « salaud », c'est Roosevelt, Franklin Delano Roosevelt, trente et unième président des États-Unis.

Car il n'y a pas de demi-mesure. F.D.R., on l'aime, on l'adore, ou on le hait.

Roosevelt était parfaitement au courant de cet état de choses et cela le laissait indifférent. Sauf lorsqu'on s'attaquait à sa femme. Mais sa bande dessinée préférée était celle où l'on voyait une petite fille courir, affolée, vers sa mère, devant une maison extrêmement chic. « Maman, maman, Wilfred vient d'écrire un gros mot. » Et sur le trottoir, tracé à la craie, on peut lire : « Roosevelt ».

En tout cas, cet homme est le seul à avoir été élu à quatre reprises à la Maison-Blanche, et même s'il mourra quelques mois après sa dernière élection, cela montre assez qu'il y avait derrière lui, pour le soutenir, une majorité d'Américains. À tel point que le Congrès, après son décès, décidera qu'à l'avenir la Constitution des États-Unis n'autoriserait personne à passer plus de huit ans à la Maison-Blanche. Douze ans et quarante jours. Personne, dans toute l'histoire des États-Unis, n'a inspiré autant ses concitoyens. Pour ses ennemis, c'est une sorte d'ogre, de dictateur, de communiste qui a saccagé l'idéal américain. Il a même précipité son pays dans la Seconde Guerre mondiale, tout cela pour se vendre à Staline. Pour les autres, c'est un grand homme, un homme qui a volé au secours des pauvres et des opprimés, et c'est même lui qui a sauvé l'Amérique de la menace bolchevique en sortant le pays de la Grande Dépression. C'est lui aussi qui a contribué à la victoire des Alliés contre le fascisme et c'est encore lui qui assurera la paix dans le monde en imaginant l'Organisation des Nations unies.

Ami ou ennemi, une chose est certaine : Roosevelt a procédé à une véritable révolution, aussi bien de l'économie que de la société. Il l'a fait à force de volonté, lui qui est handicapé depuis des années et qui ne se déplace qu'en chaise roulante. À sa mort, l'hommage sera immense, comme si les Américains, eux aussi, étaient morts un peu.

Roosevelt est né avec « une cuillère d'argent dans la bouche », selon l'expression. Sa famille est installée à Dutchess County, dans le nord de l'État de New York. Il est le fils unique et bien-aimé de James et Sara Roosevelt. Une vie de privilégié l'attend. Le père est, déjà, membre du parti démocrate, ce qui, vu son rang, sa fortune, sa classe, choque quelque peu ses voisins. Il n'a changé d'allégeance que l'espace de quelques années, lorsque Teddy Roosevelt a été président. C'est un cousin. Lointain, mais tout de même.

On se souvient peu de son père. En revanche, sa mère, Sara, est une forte personnalité. C'est une mère abusive, dans le sens où elle gère toute la vie du jeune Franklin et où elle continuera, tout au long de sa vie, à s'immiscer dans la vie privée de son fils.

En attendant son destin, le jeune Roosevelt vit comme un coq en pâte. Malgré l'autoritarisme de sa mère, il jouit des privilèges accordés aux très riches. Et bien sûr, il va faire ses études à Harvard. Avant cela, il a eu des gouvernantes, des professeurs particuliers, et on lui a appris à danser, à chasser et à monter à cheval. Il n'est cependant pas totalement pollué par ce milieu. Il lit beaucoup, notamment Mark Twain, qu'il adore. Et il aime passionnément la mer et les bateaux.

À Harvard, il emménage sur le campus, dans un appartement qu'il a choisi et qu'a fait redécorer sa mère à grands frais. Il est grand, il est beau garçon et il plaît beaucoup. Son père meurt alors qu'il est à l'université, et outre la peine qu'il en éprouve, le jeune Franklin Delano se retrouve soudainement très riche. Et puis sur le campus, il découvre sa cousine, Eleanor Roosevelt, la nièce préférée de l'ancien président, Theodore Roosevelt.

Ces deux-là se découvrent beaucoup de choses en commun et, malgré l'opposition farouche de sa mère, Franklin Roosevelt décide de l'épouser. La cérémonie a lieu le 17 mars 1905. Ils auront six enfants, dont un garçon qui ne vivra que sept mois. Même la progéniture Roosevelt s'avérera exceptionnelle : Anna, la farouche, qui accompagnera son père à Yalta, James, son futur assistant à la Maison-Blanche, Elliot, qui refusera d'aller à Harvard et se lancera dans l'élevage, Franklin Junior, qui deviendra avocat, et John, qui choisira les affaires et, comble d'impertinence, s'inscrira au parti républicain. Ce ne sont pas des enfants faciles et leur père en paiera de temps en temps le prix politique, en fonction de leurs incartades, de leurs divorces, de leurs revers de fortune. Mais les Roosevelt sont une famille tolérante.

La politique entre vite dans l'horizon du couple Roosevelt, ce qui fera le plus grand bien à Eleanor, qui jusque-là était plutôt timide et réservée. Roosevelt deviendra adjoint au ministre de la Marine pendant la Première Guerre mondiale et il sera même observateur de la Navy pendant les travaux du traité de Versailles.

Il devient avocat à New York et mène la vie des nantis. Il est beau, il est fort, il est riche, il a une famille et tout va pour le mieux.

En août 1921, tout s'écroule. Alors qu'il fait de la voile, un week-end, il tombe dans les eaux glacées de l'Atlantique et le choc est sévère. Le lendemain, il accoste dans une île et aide à éteindre un feu de forêt. Pour se rafraîchir, il décide d'aller se baigner et, encore une fois, il prend froid. On doit le mettre au lit. Vingt-quatre heures plus tard, il a de la fièvre et ne peut plus se lever. Ses jambes refusent de le porter. Il est paralysé. On appelle un médecin, qui conclut à un fort rhume. Un autre, consulté, prescrit des massages. Quelques jours plus tard, on finit par appeler un spécialiste au chevet du malade : Roosevelt est atteint de poliomyélite. Il a trente-neuf ans. Il souffre. Il ne peut même pas supporter le poids des draps sur ses jambes. Il faut lui plâtrer les membres inférieurs. Le médecin est impressionné par les réactions de son patient. Il ne se plaint jamais. Il est courageux, il veut s'en sortir. Pourtant, il est conscient que sa vie vient de basculer. Il essaie simplement de ne pas être écrasé par le désespoir.

Les meilleurs spécialistes sont consultés et il leur semble plus que probable que Franklin Delano Roosevelt ne remarchera plus jamais. Il ne pourra plus jamais se tenir debout. Il aura besoin d'aide toute sa vie pour les choses les plus simples : s'asseoir, se lever, se coucher, faire sa toilette, monter ou descendre un escalier. Pas une plainte ne sort de sa bouche. Pas un gémissement. Pas une note de désespoir ou de panique. Il va simplement s'exercer à développer la partie supérieure de son corps, son thorax et ses bras. Et, après bien des efforts, il parviendra à s'asseoir dans son lit. On va installer autour de sa taille des bracelets orthopédiques, rattachés au talon de ses chaussures et à ses genoux. C'est très pénible. Il poursuit malgré tout sa gymnastique, sa torture. En trouvant le moyen de plaisanter avec ses proches : « Sûr, les jambes, ce n'est pas ça, mais côté épaules, Jack Dempsey serait jaloux. »

Sa mère, toujours autoritaire, tente de le « raisonner » et de lui faire comprendre que ce serait mieux pour lui de rester confiné pour toujours dans ce luxueux appartement de Hyde Park. Ce n'est pas l'avis d'Eleanor Roosevelt qui a tout de suite compris que le salut, pour son mari, c'était l'action et la poursuite de sa carrière politique. Elle va devenir, comme il le dit, « sa bouche et ses oreilles ». Ces deux-là croient en la supériorité de l'esprit sur la matière, et, malgré l'épreuve, l'ambiance autour d'eux n'est pas sinistre. Roosevelt a conservé, voire affiné son humour, et ce sera un des traits caractéristiques de sa personne jusqu'à la fin de sa vie. Un jour, à la Maison-Blanche, il reçoit Mme Tchang Kaï-chek. Nous sommes en 1943. La guerre bat son plein mais l'épouse du général chinois reste une personne très consciente de son rang. À l'issue d'un dîner, impériale, elle quitte la table et déclare à Roosevelt : « Inutile de vous lever. » Grand sourire du président : « Ma chère enfant, même si je le voulais, ce serait impossible. »

Il va donc accepter d'être transporté un peu partout dans une chaise roulante, avec ses bracelets et ses cannes. Il ne parle jamais de son handicap, ou très rarement, lorsqu'on insiste pour savoir s'il tient le coup dans telle ou telle circonstance. « Vous savez, répond-il, si vous aviez passé deux ans dans un lit en essayant simplement de faire bouger votre orteil, après, tout vous semblerait facile. »

L'épreuve, énorme, l'a transcendé. Il est devenu plus grand que nature, dans sa chaise roulante, son éternel sourire accroché aux lèvres. Il a changé. Il n'a plus peur de rien. Il est devenu plus altruiste. Son horizon personnel s'est élargi, démultiplié. Il a eu le temps pendant ces jours et ces jours de penser. Et de penser notamment aux autres.

En 1924, il va retourner à la politique. Le 26 juin, il prononce un discours à la convention démocrate. L'événement a lieu au Madison Square Garden. Roosevelt demande à être extrait de sa chaise roulante, et seul, au prix d'un immense effort, il parvient à gravir les dix marches qui le séparent du pupitre réservé à l'orateur. Il ne monte pas l'escalier, il escalade, il rampe et lorsqu'il arrive au bout de son calvaire, il est épuisé. Son visage est gris. Et puis, en s'installant devant le pupitre, un merveilleux sourire l'éclaire et il rejette sa tête en arrière comme avant, dans ce qui paraissait souvent une pose ostentatoire et un peu snob. Les membres de la convention vont l'applaudir pendant une heure et treize minutes, frénétiquement. Au fond, à travers Roosevelt, ils viennent d'expérimenter toutes les angoisses des bien-portants face à un homme qui se bat et méprise la souffrance. Il commande le respect.

Quelques années plus tard, il est élu gouverneur de l'État de New York et ses électeurs le portent aux nues, même si son parti commence à découvrir que pour Roosevelt, il n'est qu'un instrument. Il devient incontournable dans la course à la Maison-Blanche, en 1932.

La Grande Dépression a touché de plein fouet les habitants de New York, comme les autres, et Roosevelt s'attelle à la tache. Il va fixer les grands axes de sa philosophie politique dans un discours prononcé le 28 août 1931. « Qu'est-ce qu'un État et à quoi sert-il ? demande-t-il. C'est la représentation dûment constituée d'une société organisée composée d'êtres humains, créée pour eux, pour leur protection et pour leur bien-être… Le devoir de l'État vis-à-vis du citoyen est celui du serviteur vis-à-vis du maître... Le devoir central du gouvernement est de venir en aide aux citoyens victimes d'une adversité telle qu'ils ne peuvent accéder aux simples nécessités de l'existence sans l'aide des autres. » Et dans l'État de New York, Roosevelt va faire ce qu'il prône : amélioration des conditions de travail, retraite pour les personnes âgées, aide aux agriculteurs en faillite, aide à l'emploi, augmentation de 50 % de l'impôt sur le revenu pour soulager les plus démunis et mise en œuvre de chantiers collectifs pour fournir du travail aux chômeurs. Pour l'époque, Roosevelt passe, dans les milieux conservateurs, pour un dangereux radical, un émule de Karl Marx. Sa philosophie est simple : l'Amérique est en crise. Pour faire face, il faut de l'audace et de l'imagination. De toute façon « il faut essayer quelque chose ».

N'oublions pas que ce chantre de l'humanitaire est un grand bourgeois à la fortune colossale et qui, lui, ne vit pas dans la précarité. Ce qui lui a déjà valu bien des critiques, surtout lorsque sa femme, quelques années plus tôt, s'est lancée avec énergie dans des économies pour participer à l'effort de guerre promu par le gouvernement. Eleanor, candide, va accorder au *New York Times* une interview qui va susciter rires et sarcasmes dans le Tout-Washington. L'article du *Times* décrit comment Mme Roosevelt, en bonne ménagère, fait elle-même les courses, comment elle s'assure que les cuisiniers de la maison ne gâchent pas de nourriture, comment la domestique chargée du linge est priée d'économiser le savon et comment chaque employé de maison est encouragé à faire des suggestions pour accommoder les restes. Avec cette conclusion d'Eleanor : « En demandant aux dix serviteurs attachés à la maison de m'aider, je crois avoir réussi à faire de véritables économies. »

F.D.R lit le *Times*, prend sa plus belle plume et écrit à sa femme qui est en villégiature sur l'île de Campobello. « Ta dernière campagne de presse constitue un coup fumant. Je suis fier d'être le mari de celle qui vient d'inventer la théorie du millionnaire économe. S'il te plaît, pourrais-tu faire photographier la famille, les dix domestiques et les restes de nourriture que vous avez pu économiser à table ? Je ferai paraître la photo dans le *Sunday Times*. »

Il faut dire que les relations de Roosevelt avec les médias sont parfois houleuses. D'ailleurs, il choisira, en devenant président, de faire sa communication lui-même et de s'adresser directement au public américain à la radio. Chaque semaine, il fera « une causerie au coin du feu » et informera le pays des événements d'importance. Ce qui n'est pas toujours du goût des journalistes politiques.

Le 8 décembre 1934, comme le veut la tradition, le Gridiron Club de Washington invite le président à s'exprimer devant le corps des journalistes accrédités à la Maison-Blanche. Le premier orateur, H.L. Mencken, est un farouche anti-New Deal qui s'en donne à cœur joie pour l'occasion. Lorsque Roosevelt prend à son tour la parole, il se lance dans une violente diatribe contre la presse américaine, si violente que l'assistance est frappée de stupeur. « Les journalistes américains, affirme le président, sont stupides et arrogants. Ils sont tellement ignorants, d'ailleurs, qu'ils seraient bien en peine de passer l'examen d'entrée de la moins prestigieuse des universités. » Au fur et à mesure de la charge de Roosevelt, le visage de Henry Mencken devient rouge brique et l'ambiance de la salle de plus en plus glacée. Jusqu'à ce que les reporters présents réalisent que le président est tout simplement en train de lire les extraits d'un livre, *Le Journalisme en Amérique*, signé d'un certain Henry Mencken.

À l'été 1932, Roosevelt entre en lice et il est désigné par la convention démocrate (qui se tient à Chicago) dans la course à la Maison-Blanche. Rompant avec la tradition, le candidat se rend devant les délégués et il s'adresse au peuple américain : « Je m'engage auprès de vous, je m'engage à vous proposer "une nouvelle donne". Ceci est davantage qu'une campagne électorale, c'est un appel aux armes. J'ai besoin de votre aide, pas seulement pour gagner l'élection, mais pour gagner la croisade qui rendra l'Amérique au peuple. »

À moitié paralysé, handicapé dans son fauteuil roulant, Roosevelt va faire campagne magistralement. Il va effectuer quarante mille kilomètres, de l'est à l'ouest, du nord au sud et en bon politicien il ne reculera ni devant les incohérences dans son programme ni devant les attaques contre son adversaire, Hoover.

Roosevelt est élu mais, pendant les quatre mois de l'interrègne, la situation se dégrade encore. Le pays compte quinze millions de chômeurs et le système bancaire menace de s'effondrer pour de bon. Les queues sont de plus en plus longues devant les soupes populaires. Pendant ce temps-là, Roosevelt réfléchit et refuse d'aider Hoover. Il reste neutre et s'emploie à définir précisément ce que sera le « New Deal ». Il échappe à un attentat le 14 février 1933, alors qu'il vient de prononcer un discours en Floride. Plusieurs membres de son entourage sont blessés, dont Anton Cermark, le maire de Chicago, qui succombera à ses blessures une semaine plus tard. Le tireur s'appelle Giuseppe Zangara. C'est un maçon. Il voue une haine pathologique à tous les personnages officiels et surtout aux riches. Au cours de l'attentat, Roosevelt ne perdra son calme à aucun moment, ce qui impressionne les témoins et l'opinion.

Le 4 mars 1933, Roosevelt prononce son discours inaugural, sur les marches du Capitole. « C'est le moment de vérité. Cette grande nation survivra et prospérera. La seule chose dont nous puissions avoir peur, c'est de la peur elle-même, de la peur sans nom, sans raison, sans justification qui paralyse nos efforts et transforme une avancée en retraite. »

La politique, c'est l'art de communiquer, de faire croire, de donner un élan et un espoir, surtout lorsque la situation est extrême, mais une fois seul, l'homme qui a porté cette espérance, l'homme qui a gagné l'élection se retrouve face à lui-même. Pourra-t-il escalader l'avenir, dans les termes qu'il a lui-même définis ? Pourra-t-il remplir sa promesse ?

Franklin Delano Roosevelt se retrouve seul, en ce soir du 4 mars 1933, dans son tout nouveau bureau de la Maison-Blanche. Il est assis dans son fauteuil roulant. Il a fait beau aujourd'hui sur Washington. Sa femme et ses enfants sont allés participer aux festivités, notamment aux différents bals d'inauguration qui ont été organisés dans la capitale.

Le Bureau Ovale a été déserté quelques heures plus tôt par un homme amer, qui a le sentiment d'avoir été traité injustement, qui a été incompris. Il y a une bibliothèque, mais elle est vide. Il y a un bureau. Il est entièrement vide. Il n'y a même pas une feuille de papier dans un tiroir. Les murs sont nus. Roosevelt se sent abandonné du monde. Hoover n'a pas été fair-play, et ce, depuis sa défaite aux élections en novembre de l'année précédente. Il a rencontré son adversaire une semaine après sa victoire, dans ce même bureau. Ils ont discuté, si l'on peut dire, de ce qu'il convenait de faire pour l'Amérique qui s'enfonce dans l'abîme. Ils parlent notamment de la dette de la Première Guerre mondiale, que l'Europe, exsangue, ne peut honorer. L'Amérique, en crise, doit-elle rayer cette dette d'un trait de plume ? Hoover, en fait, ne s'adresse jamais directement au président élu. Il préfère parler à son assistant, Raymond Moley. Qu'à cela ne tienne : Roosevelt s'efforce de considérer que Hoover, même s'il manque de vision, même s'il est mal informé, est un homme aimable, courtois et désireux de rendre service. Roosevelt se montre donc sociable et accommodant. Il hoche la tête souvent, comme pour encourager Hoover dans son propos. Mais l'incompréhension entre les deux hommes est totale. Et Hoover ne comprendra jamais que Roosevelt ne le soutienne pas publiquement.

Pendant quatre longs mois, jusqu'à ce que le Congrès décide enfin de raccourcir l'intérim de moitié, Roosevelt se gardera de critiquer publiquement le président sortant.

La veille de la passation de pouvoirs, les Hoover reçoivent les Roosevelt pour le thé, dans le salon rouge. Et Roosevelt plaide pour qu'on ferme les banques du pays, afin de réformer totalement le système bancaire. Hoover estime que c'est une démarche totalement hérétique. « Si vous n'avez pas les tripes pour le faire, lui dit Roosevelt, je m'en chargerai dès demain. »

Quelques heures plus tard, les gouverneurs de l'État de New York et de l'Illinois ordonnent la fermeture des banques. Le lendemain, c'est chose faite sur l'ensemble du territoire américain. C'est le jour de l'investiture de Roosevelt, et dans la voiture qui les conduit au Capitole, Hoover ne lui adresse pas la parole.

Seul, dans le Bureau Ovale, alors que Washington fait la fête pour célébrer son arrivée au pouvoir, Roosevelt réfléchit. Le lendemain matin, il parvient à trouver deux assistants dans les bureaux de la Maison-Blanche et il dicte : le Congrès des États-Unis est rappelé en session extraordinaire. Et les banques américaines resteront fermées pendant quatre jours. Il vient de sauver le pays du désastre.

C'est un homme très intelligent. Et il travaille. Après tout, il n'a pas grand-chose d'autre à faire. Il se lève tous les matins à huit heures. On lui apporte son petit déjeuner dans son lit. Il parcourt les journaux et il n'aime pas être dérangé. C'est encore au lit qu'il reçoit un peu plus tard ses conseillers et ses assistants, notamment le responsable de son service de presse, Steve Early. Chacun l'informe de l'emploi du temps du jour. Il est environ neuf heures. On le laisse ensuite seul, avec son majordome, Irvin McDuffie.

Celui-ci habille le président. Pour procéder à sa toilette, on le conduit en fauteuil roulant à la salle de bains. Mais il se rase lui-même, toujours bien sûr dans son fauteuil. Lorsqu'il doit s'entretenir avec un de ses ministres, celui-ci est invité à s'asseoir sur le siège des toilettes. Roosevelt maîtrise ces aspects de la vie quotidienne, et personne n'est gêné. Le président des États-Unis a un comportement qui met tout le monde à l'aise, même dans l'intimité de sa toilette.

Pour se rendre à son bureau, dans l'aile Ouest de la Maison-Blanche, il a simplement demandé qu'on améliore l'accès pour son fauteuil roulant. Il passe sa journée, toute sa journée, dans le Bureau Ovale, qu'il déménagera l'année d'après. Il consacre les deux premières heures de sa journée aux rendez-vous, avant le déjeuner qui lui est servi sur place.

Il a fait décorer la pièce selon ses goûts, ceux d'un ancien adjoint au ministre de la Marine. Il y a un peu partout des modèles réduits de navires et des aquarelles marines. Par de grandes fenêtres, situées derrière son bureau, il peut admirer la Roseraie et les magnolias. Roosevelt est un homme qui apprécie l'austérité de son décor. Sa chambre est un modèle du genre : des gravures maritimes sur les murs, des photos de famille, des jouets d'enfant, un lit en fer, une table peinte en blanc. « C'était vraiment moche, écrira Schlesinger, mais confortable. »

Le déjeuner est plutôt frugal et c'est quasiment le même tous les jours : du jambon et des œufs pochés. Il faut dire qu'on ne rigole pas avec les habitudes de la gouvernante de la Maison-Blanche, Mme Nesbitt. Celle-ci croit aux vertus de la frugalité et de la simplicité. Ce qui arrange beaucoup Mme Roosevelt, très mauvaise cuisinière, qui passera sa vie à honorer ses amis d'œufs brouillés, quelles que soient l'heure du jour ou les circonstances. Le président n'en peut plus de cette diète et il le fait savoir. « Mon estomac se rebelle », dit-il. Il répétera la même chose pendant douze ans, sans que Mme Nesbitt modifie quoi que ce soit à ses habitudes. Il fait des suggestions, pour améliorer l'ordinaire, mais Mme Nesbitt reste sourde. Vers la fin de 1944, Roosevelt discute avec sa fille,

Anna, et sa secrétaire particulière, Grace Trully, et il explose : « Vous savez, il faut vraiment que je sois réélu pour un quatrième mandat. » Les deux femmes s'attendent à une déclaration politique d'importance, mais Roosevelt les prévient : « Je veux être réélu pour pouvoir virer Mme Nesbitt. » Ce qu'il ne fera pas, bien sûr.

L'après-midi, il travaille et continue de recevoir. À cinq heures, il se consacre à ses enfants. À cinq heures et demie, il se rend à la piscine nouvellement installée à la Maison-Blanche, qui a été financée grâce à une campagne menée par le *New York Daily News*. Il nage une demi-heure avant d'aller prendre l'apéritif. Roosevelt adore le Martini.

Le dîner est vite expédié, sauf obligation mondaine, et il retourne à un bureau privé qu'il a fait aménager au deuxième étage, près de son appartement. Ensuite, il va dormir. Et c'est un homme qui dort du sommeil du juste.

Il a donné une seule consigne aux agents du Secret Service qui veillent sur sa sécurité : ne jamais fermer à clef la porte de sa chambre.

La vie quotidienne à la Maison-Blanche sous les Roosevelt ne va pas être monotone. Une famille avec cinq enfants, des parents, des amis, des assistants, des visiteurs étrangers, des serviteurs, tout cela va faire de la résidence présidentielle un hôtel parfaitement incontrôlable. C'est dû en partie au style de vie d'Eleanor Roosevelt, qui reçoit chez elle des relations, parfois plusieurs mois durant. Il se peut que ce soient des gens qu'elle a rencontrés dans la rue et dont elle ignore tout. Elle oublie régulièrement l'origine ou l'identité de ces hôtes et ces derniers ont une fâcheuse tendance à utiliser les services de la Maison-Blanche comme s'ils résidaient dans un hôtel de luxe. Ils vont et viennent, s'enquièrent des facilités disponibles pour résoudre leurs problèmes de linge sale, chargent le personnel de prendre pour eux des rendez-vous en ville. Les enfants Roosevelt, qui ont grandi et ne vivent plus chez leurs parents, ne profitent d'aucun privilège particulier lorsqu'ils séjournent à Washington. Ils doivent laisser leur chambre et déménager pour libérer la place lorsque c'est nécessaire. Le président a lui-même ses locataires, notamment un de ses conseillers les plus proches, Harry Hopkins, un veuf, qui s'est installé là et qui a emménagé avec sa fille de huit ans, Diana. Il vit dans la suite Lincoln, au deuxième étage, tout près des appartements du président. Lorsqu'il se remariera, il amènera sa jeune épouse, Louise Macy Hopkins. Afin de remettre un peu d'ordre dans la maisonnée, Eleanor lui adresse une lettre de bienvenue : « Sentez-vous entièrement libre d'amener ici qui vous souhaitez, pour le thé ou pour l'apéritif. Renseignez-vous auprès de la gouvernante, Madame Nesbitt, pour vos problèmes de linge sale afin de connaître les jours de lavage. Renseignez-vous sur les tarifs pratiqués. »

De son côté, Eleanor est socialement très active et très engagée dans de multiples activités humanitaires. Elle reçoit beaucoup de monde, tous les matins, au petit déjeuner, dans l'aile Ouest. De même, elle invite beaucoup à l'occasion du déjeuner qui se tient dans la salle à manger privée. Et tous les dimanches, elle se consacre au monde des arts et de la culture : auteurs, acteurs, comédiens, sculpteurs, danseurs, amis de longue date. C'est à cette occasion, en général, qu'elle prépare elle-même ses fameux œufs brouillés, que le personnel a surnommés « œufs brouillés à la cervelle ».

L'« hôtel » Roosevelt est évidemment contraint de recevoir d'autres personnalités, pour des raisons diplomatiques. Des rois, des reines, des chefs de gouvernement… Churchill, Molotov, la princesse de Norvège et ses trois enfants, Mme Tchang Kaï-chek, dont on a déjà parlé et qui va se révéler la pire peste jamais connue par les domestiques de la Maison-Blanche. Il faut, chaque jour, laver ses draps de soie à la main. Elle rudoie le personnel, et sa suite, qui s'est installée sans façon dans la résidence, se montre tout aussi exigeante.

Bizarrement, hormis en ce qui concerne la vie mondaine, les Roosevelt ne se croisent que très rarement. Elle est sa confidente politique, et ce depuis longtemps, mais la relation affective, elle, est morte depuis bien longtemps aussi.

Car Roosevelt est plutôt un homme à femmes. Il a vécu une aventure assez torride avec sa secrétaire particulière, Lucy Mercer, peu de temps après son mariage. Eleanor a découvert des lettres d'amour et surtout elle s'est rendu compte que Washington était au courant, depuis longtemps, de son infortune. Elle est profondément humiliée et réclame le divorce. Nous sommes en 1918 et Roosevelt n'a pas encore été transformé par la polio en infirme. Mais le futur président voit au moins deux inconvénients à cette séparation : d'abord il sait qu'elle lui coûtera cher politiquement. Et puis il a peur de la réaction de sa mère, qui ne badine pas avec les sacrements. Il parvient à convaincre Eleanor que le divorce n'est pas une solution et il promet de ne plus revoir sa maîtresse. C'est pourtant Lucy

Mercer qui sera là à ses côtés, à Palm Springs, en avril 1945, lorsqu'il rendra le dernier soupir.

Quoi qu'il en soit, si le mariage est sauf, la relation amoureuse a vécu ; chacun, sur ce plan, ira de son côté.

Eleanor va vivre sa propre vie. C'est une femme énergique, très libérale, qui va se battre pour les causes qui lui sont chères, et elles sont nombreuses. Elle aussi veut lutter contre la pauvreté, l'injustice et la discrimination. Politiquement, elle pèse lourd. Et elle le sait. Elle va défendre ses propres idées, notamment en faveur de la parité. Elle va se battre pour la promotion des Noirs, pour la jeunesse. Elle voyage sans arrêt. Rien ne peut l'arrêter. Pendant la Seconde Guerre mondiale, elle se rend en tournée d'inspection dans un pénitencier de Baltimore. Elle veut voir de ses propres yeux ce que l'on fait pour réhabiliter les détenus. Elle doit, pour intégrer cette visite dans son emploi du temps surchargé, quitter la Maison-Blanche à l'aube. Elle n'a pas prévenu le président qui, à son réveil, demande où est Eleanor : « À l'heure qu'il est, elle est en prison, Monsieur le Président, lui répond sa secrétaire.

— Oui, bon, ça ne m'étonne pas, mais qu'a-t-elle fait ? »

Contrairement à celles qui l'ont précédée à la Maison-Blanche, elle n'éprouve aucun intérêt pour les charges domestiques. La résidence présidentielle ne va pas s'améliorer et les visiteurs peuvent constater eux-mêmes un certain laisser-aller. Eleanor n'a pas hésité à servir des hotdogs au roi et à la reine d'Angleterre au cours d'une de leurs visites. Mais au moins, à table, la conversation est toujours intéressante.

Pendant la guerre, elle est partout. Les GI's la verront même à Guadalcanal, en pleine guerre du Pacifique. Elle visite les blessés dans les hôpitaux. Elle visite les usines d'armement. Elle est infatigable. Sa vie privée est particulière, car Roosevelt, malgré ses promesses de ne plus fréquenter Lucy Mercer, a eu d'autres aventures avec son assistante Missy LeHand. Cet homme est un incurable séducteur.

Eleanor, de son côté, trouve certains réconforts… féminins. Elle est devenue très proche de Lorena Hickok, journaliste à l'Associated Press, qui a commencé à « couvrir » la Maison-Blanche dès la campagne de 1932. « Hick » et Eleanore deviennent amies, tendres amies à tel point que la journaliste, éperdument amoureuse, finit par quitter son emploi. Déontologiquement, elle ne se sent plus capable d'effectuer un travail objectif sur la Maison-Blanche. Hick va s'installer carrément à la Maison-Blanche et occuper une chambre juste en face de celle d'Eleanor. Mais la vie trépidante de la *First Lady* fait obstacle à une relation plus affirmée et la journaliste va finalement quitter sa bien-aimée pour aller vivre ses amours dans d'autres bras.

Les Américains adorent leur *First Lady* ou la détestent, selon leur affiliation partisane. Elle s'en moque et fait avancer ses idées. Les Lincoln ont toujours montré une grande tolérance et beaucoup de compréhension à l'égard de la population noire. Et le président, invité un jour à s'exprimer devant les Filles de la Révolution, une des institutions les plus conservatrices du pays, prendra soin de préciser que, malgré le nombre de ses ancêtres arrivés en Amérique à bord du *Mayflower*, il se sent, comme tous les Américains, l'héritier de toutes les immigrations. En 1939, les Filles de la Révolution refusent d'entendre chanter lors d'un de leurs galas la grande chanteuse noire Marian

Anderson. Alertée, et outrée, Eleanor Roosevelt démissionne de l'organisation immédiatement. Quelques jours plus tard, elle organise un concert public, sur les marches du Mémorial Lincoln, avec en vedette Marian Anderson. Il y avait foule.

C'est elle qui, en avril 1945, préviendra le vice-président Truman que Roosevelt est mort. « L'histoire est terminée », lui dit-elle. Pas vraiment, puisque le nouveau président la nommera ambassadeur aux Nations unies, où elle jouera un rôle essentiel en faisant adopter la Déclaration universelle des droits de l'homme. Elle travaillera encore dans le Corps de la Paix de John Kennedy. Elle mourra de la tuberculose en 1962 ; ce jour-là, nombre de journaux republieront un dessin qui était paru dans le *New Yorker* bien des années plus tôt, en pleine dépression. Au fond d'une mine, on voit un ouvrier, le visage creusé et noirci. Il porte une lanterne sur son casque et il pioche dans le charbon. Il interrompt son geste et, s'adressant à son voisin, lui dit : « Pas possible, voilà Mme Roosevelt. »

Roosevelt, contre vents et marées, va poursuivre son chemin, et ses réformes, pendant douze ans. Il n'est, au fond, ni de gauche ni de droite. « Faut-il être capitaliste ou socialiste pour faire marcher ce pays ? Après tout, les États-Unis sont assez grands pour essayer plusieurs systèmes en même temps ! Nous n'avons pas à être des doctrinaires. » C'est ce qu'il finira par dire sans ménagement au grand John Maynard Keynes, un des économistes les plus réputés de la planète. D'abord, après plusieurs heures de conversation, il lui avouera qu'il n'a pas compris grand-chose à ses théories. Et lorsque Keynes poursuivra ses incantations sur le mode abstrait, il lui lancera : « À la fin, les gens ne sont pas du bétail. »

Et il le prouve personnellement. Lorsqu'il arrive à la Maison-Blanche, il donne des ordres : si quelqu'un dans le besoin appelle le président pour obtenir assistance, quel que soit le sujet, quelqu'un doit répondre et tenter de trouver une solution, ou pour le moins, se renseigner. Après sa mort, la Maison-Blanche recevra beaucoup de courrier, témoignant du fait qu'un appel au secours auprès du président ne restait jamais sans réponse. Même les artistes ont eu droit à son attention. Au moment où le gouvernement fédéral lance de grands chantiers pour remettre les chômeurs au travail, on lui signale que les artistes américains, eux aussi, sont dans une situation extrêmement précaire, et qu'après tout on pourrait peut-être trouver un moyen de les associer aux projets en cours. « Pourquoi pas ? répond Roosevelt. Ce sont des êtres humains comme les autres. Il faut bien qu'ils survivent. J'ai l'impression que tout ce qu'ils savent faire, c'est peindre, mais on a sûrement besoin de peintres quelque part. » Bien plus tard, le peintre George Biddle notera que Roosevelt n'y connaissait absolument rien en peinture et que cela ne l'intéressait pas du tout. « C'est étrange, ajoutera-t-il, car il a plus fait pour les artistes de ce pays que n'importe quel autre président, pas seulement en nous procurant à manger quand nous avions faim, mais en popularisant l'idée selon laquelle la peinture est une bonne chose et que les artistes ont un rôle à jouer dans la société. »

Roosevelt, que ses ennemis traitent de dictateur, a la même approche lorsqu'il s'agit de traiter des problèmes planétaires. Une approche personnelle. Et il a de quoi faire puisque, pendant cinq années, il va être confronté à la plus grande guerre de toute l'histoire de l'humanité.

Après l'entrée de son pays dans le conflit, après le choc de Pearl Harbor, en décembre 1941, il va voyager partout dans le monde pour participer à l'élaboration des stratégies qui doivent conduire l'Allemagne et le Japon à la capitulation. Il va rencontrer les autres dirigeants, notamment Churchill et Staline, et va essayer de faire avancer ses propres conceptions. Pour Churchill, qui se trouve en état de totale dépendance vis-à-vis des États-Unis, c'est plutôt facile. Avec Staline, c'est une autre paire de manches, mais Roosevelt n'a pas de préjugés. Seul le résultat compte, et s'il faut prêter des sommes considérables à l'Union soviétique, s'il faut lui donner du matériel et s'il faut faire des concessions de tous ordres, tant pis. Il faut avancer. Il parviendra même à détendre celui qu'il a baptisé « Oncle Joe », Joseph Staline, lors de la conférence de Téhéran, en 1943. Le chef du Kremlin a le visage fermé et, pendant plusieurs jours, le charme légendaire de Roosevelt n'opère pas le moins du monde. Il décide alors de se moquer ouvertement de Churchill, de ses cigares, de son accoutrement, de ses grognements, de son côté tellement « *british* ». Churchill commence à se fâcher, ce qui a le don de faire rire Staline. La glace est rompue.

Il est le président d'un pays à peine sorti d'une très grave crise économique et qui n'a pas envie d'aller encore une fois se battre en Europe pour vider les querelles des vieilles nations. Roosevelt le sait mais, dès janvier 1939, dans son message sur l'état de l'Union, il a prévenu : « Il y a un moment, dans les affaires des hommes, où ils doivent se préparer à défendre non seulement leur propre foyer, mais tout ce qui constitue la foi et l'humanité sur lesquelles sont bâtis leurs églises, leurs gouvernements et leur civilisation. »

Il fera un autre grand discours le 8 décembre 1941, vingt-quatre heures après le désastre de Pearl Harbor. Devant le Congrès, réuni d'urgence, il parle au nom de son pays outragé. « On se souviendra d'hier comme d'une journée d'infamie. Il n'y a pas à hésiter sur la réalité : notre peuple, notre territoire, nos intérêts sont en danger. Nous gagnerons la guerre grâce à nos armées et à l'absolue détermination de notre peuple. Et avec l'aide de Dieu. » La guerre est déclarée à l'unanimité moins une voix. Au total, 16 353 659 Américains vont servir la bannière étoilée. La guerre fera 405 000 morts et plus de 600 000 blessés.

À Washington, la vie est devenue plus austère et la Maison-Blanche n'échappe pas à cette réalité. Dans ses Mémoires, David Brinkley, un des meilleurs journalistes d'ABC, raconte qu'à l'époque, tout le monde pouvait franchir les grilles de la Maison-Blanche et se présenter à la porte. Après tout, la demeure du président était un bâtiment public, et donc appartenait au public, comme les autres. La guerre va tout changer, pour d'évidentes raisons de sécurité. On va installer des abris souterrains, en cas de bombardement. On va filtrer les visiteurs et on va essayer de tenir secrètes les visites faites à Roosevelt. On installe des canons anti-aériens sur les toits, et la nuit, on masque les lumières. Sur tous les meubles, on peut trouver des masques à gaz, prêts à l'emploi. Au cas où…

Winston Churchill va devenir un habitué – excentrique – des lieux. Son premier séjour, aussitôt après Pearl Harbor, est tenu secret pendant plusieurs jours. D'autant plus que le Premier ministre britannique a été victime d'une légère crise cardiaque en essayant d'ouvrir une des fenêtres de sa chambre, coincée par la peinture. L'effort a été trop violent. Et puis Churchill n'est pas habitué au confort du chauffage central, qui fonctionne à plein régime. Mais Churchill se sent comme chez lui et il va visiter toutes les chambres avant de choisir le lit qui lui convient. On l'avait d'abord installé, pour l'honorer, dans la chambre de Lincoln, mais non, décidément le lit n'est pas assez moelleux. Il atterrira dans l'aile Ouest, dans la chambre rose au deuxième étage.

Churchill n'est pas un invité comme les autres. Il se promène dans les couloirs affublé d'une sorte de combinaison de parachutiste à fermeture Éclair sur le devant. Il n'est pas regardant sur la nourriture mais il préfère boire un scotch au petit déjeuner, plutôt qu'un jus d'orange. Le sommelier ne chôme pas, qui apporte régulièrement du cognac dans la chambre du Premier ministre.

Un matin, Roosevelt décide d'aller lui rendre visite au saut du lit. Churchill est debout, nu comme un ver, et pas gêné du tout. Roosevelt non plus, et les deux hommes bavardent un moment. Plus tard, le président dira que Churchill est « tout rose, très anglais ».

Le Secret Service fait tout pour protéger le président pendant ses incessants déplacements, mais il a un ennemi dans la maison : c'est le chien des Roosevelt, Fala, un scottish-terrier qui n'en fait qu'à sa tête et que tous les Américains connaissent. Dès qu'on le voit, on sait que son maître n'est pas loin. Et même en voyage, il faut bien promener le chien, ne serait-ce que pour lui faire faire ses besoins.

Fala est une figure et il va faire parler de lui pendant la campagne électorale de 1944 lorsque F.D.R se présente devant les urnes pour la quatrième fois. L'opposition est vive, quel que soit le bilan, quelles que soient les circonstances, et Roosevelt doit faire face aux attaques.

Un jour, devant le syndicat des camionneurs, le président pique une grosse colère. « Je suis habitué, dit-il en substance, à entendre de vilains mensonges qui me sont destinés. Je m'en accommode mais cette fois, les choses sont allées trop loin. On accuse mon chien. Et mon chien le prend très mal, car il est d'origine écossaise. » On reproche en réalité au président d'avoir oublié son chien lors d'une croisière sur les îles Aléoutiennes et d'avoir envoyé un destroyer de la Marine pour le récupérer, en pleine guerre mondiale, ce qui évidemment a dû coûter quelques millions de dollars au contribuable. L'histoire est fausse, mais elle fait son chemin.

Roosevelt adore Fala, qui dort dans la chambre de son maître. Il partage le petit déjeuner du président avant d'être enfermé au chenil pour la journée. De là, il guette les fenêtres du Bureau Ovale et rentre triomphalement à la maison tous les soirs pour retrouver son maître. Il reçoit un volumineux courrier à la Maison-Blanche, et les visiteurs demandent à le voir lorsqu'ils viennent faire le tour de la demeure. On a même surpris un jour un marin couper une mèche de Fala, comme souvenir.

Roosevelt court le monde à la recherche de la paix et sa diplomatie personnelle fait des miracles. Sauf peut-être à Yalta où la maladie le ronge. Staline sait qu'il a devant lui un homme extrêmement affaibli et il en tire avantage, sous les yeux de Churchill qui, déjà, envisage une suite au conflit qui ravage encore le monde : la guerre froide.

Désormais, Roosevelt consacrera le peu d'energie qui lui reste à un dernier objectif : les Nations unies. C'est lui qui a choisi cette appellation et ce sera le couronnement de sa carrière. La première Conférence des Nations unies doit se réunir à San Francisco, le 25 avril 1945. Roosevelt sait que ses jours sont comptés. Au début du mois, il quitte Washington pour se reposer et se rend dans la tanière qu'il affectionne, à Warm Springs. Il commence à préparer le discours qu'il prononcera à San Francisco.

Le 12 avril, il pose pour un peintre, Elizabeth Shoumatoff. En début d'après-midi, il se plaint de violents maux de tête et sombre dans le coma. Il meurt à quinze heures vingt-cinq. Il a succombé à une hémorragie cérébrale massive.

La nation pleure. Un de ses gardes du corps, qui maintes et maintes fois avait transporté « le Boss » dans ses bras, pleure. « Je n'aurais jamais cru qu'il pouvait mourir. » Devant la Maison-Blanche, une foule recueillie honore son président. Et Frances Perkins, ministre du Travail nommée par Roosevelt, la première femme à accéder à ce rang, discute avec un soldat. Il est en larmes : « J'avais l'impression de le connaître. J'avais l'impression qu'il me connaissait et j'avais l'impression qu'il m'aimait. »

15

Le petit homme du Missouri
(Truman)

« Quand on n'aime pas la chaleur, on n'a rien à faire dans la cuisine. » Ce n'est sans doute pas la déclaration la plus pénétrante jamais formulée par un homme politique, mais Harry Truman n'est pas un politicien ordinaire, et si l'histoire ne s'en souvient pas comme d'un des plus grands présidents américains, eh bien ! elle a tort.

Ce petit homme du Missouri, simple, parfois colérique, rempli d'humour et de courage, a succédé à Roosevelt et la mission qui lui revient n'est pas facile. Finir la guerre qui fait encore rage dans le Pacifique et remplacer au pied levé un géant. Sur le mur, derrière son bureau, on peut lire une phrase de Mark Twain, qu'il a fait encadrer : « Faites toujours pour le mieux. Cela rendra service à quelques-uns, et cela étonnera les autres. » Truman fera toujours de son mieux. C'est un tempérament combatif, sans complexe. Le jour où il quittera la Maison-Blanche, pour céder la place à Eisenhower, il écrira une lettre à sa fille, Margaret : « Il y a une épitaphe qui me plaît beaucoup, sur la tombe d'un illustre inconnu, Jack Williams, au cimetière de Boot Hill, à Tombstone, en

Arizona. Elle dit ceci : "Ici repose Jack Williams. Il a fait de son mieux. Que peut-on faire de plus ?" »

Tout ce que représente Harry Truman se résume dans la campagne de 1948, lorsqu'il cherche à être réélu à la présidence. La cause est perdue. Tout le monde le sait, tous les commentateurs politiques, tous les analystes, tous ses amis. Truman montre un sale caractère lorsqu'il tempête contre le Congrès, qu'il traite de « gros tas de fumier de cheval », tandis que son pays est confronté aux énormes difficultés de l'après-guerre. L'économie est en surchauffe, le coût de la vie augmente, les syndicats s'agitent, et à l'extérieur, Staline avance ses pions dans une Europe très volatile. Sans compter la guerre de Corée qui se profile à l'horizon.

La plaisanterie la plus courue au sein de son propre parti c'est : que ferait Truman s'il était vivant ? Ou encore : ne tirez pas sur le pianiste, il fait ce qu'il peut.

Les leaders démocrates, à l'approche des élections, hésitent. Par définition, Truman est leur candidat, mais c'est un choix suicidaire. À la convention de Philadelphie, les délégués se déchirent. Il y a scission. Les « Dixiecrats », les démocrates du Sud, hostiles à tout effort d'intégration raciale, quittent la convention et se choisissent un candidat. L'aile progressiste du parti, qui s'oppose à la politique étrangère de Truman, en fait autant. Ce qui reste du parti désigne donc Truman, faute de mieux...

Les journalistes s'en donnent à cœur joie : les démocrates feraient aussi bien d'offrir maintenant la victoire à Dewey, le candidat républicain. Même la belle-mère de Truman essaie de le décourager. Lorsque le candidat se présente devant la convention de Philadelphie pour prononcer son discours d'acceptation, ses supporters lâchent dans la salle une cinquantaine de colombes, censées incarner les ambitions pacifiques du président. L'une d'entre elles heurte de plein fouet un balcon et tombe raide morte aux pieds de l'orateur.

Tout cela a un effet inverse à celui escompté : Truman se rebiffe et décide d'aller porter lui-même la bonne parole au peuple américain. Il faut dire aussi qu'il n'a pas le choix, avec le peu de ressources dont il dispose, comparées à celles de son adversaire républicain. Le parti démocrate, qui n'y croit guère, ne fait pas de frais pour la campagne. Truman n'a même pas, ou si peu, les moyens d'utiliser la radio. Qu'à cela ne tienne, il s'en sert dans ses déplacements, et la foule adore cela. « Les républicains ont General Motors, General Electrics et le général MacArthur, et malgré tous les généraux du monde, je les battrai. » En politicien roué, il convoque une session extraordinaire du Congrès, en plein mois de juillet, et déverse sur les parlementaires tous les problèmes du moment en leur demandant d'agir. Et pas des menus problèmes : l'inflation galopante notamment, ou la crise du logement. Bien évidemment, dans l'urgence, le Congrès ne peut rien faire, ce qui permet à Truman, dans sa grande tournée américaine, de stigmatiser l'impuissance du Congrès dominé par les républicains. Il a loué un train à bord duquel il voyage, non-stop, en compagnie de sa femme et de sa fille et, à chaque étape, il déverse sa hargne et son mépris sur ceux qui ne font rien. « Si vous informez le Congrès de l'état du monde, ils deviennent hystériques. Si vous ne leur dites rien, ils vont à la pêche. » Truman, qui est fier de ses modestes origines, sait parler à ses concitoyens et il ne s'en prive pas.

Seulement, personne n'y croit plus, notamment dans les milieux informés de Washington. Les reporters qui accompagnent le président pendant la campagne s'écroulent à chaque fois de rire lorsque Truman annonce qu'il va donner la raclée à son adversaire républicain. Tout le monde s'y met : les journaux, la radio, les experts en tout genre, les sondeurs d'opinion, tous ont conclu que la messe était dite. Un quotidien publie une photo de Mr et Mme Dewey qui font croisière dans la baie de San Francisco. La légende en dit long : « Le futur président des États-Unis sous le Golden Gate Bridge. »

Le soir du 2 novembre 1948, les premiers retours donnent une très légère avance à Truman. Mais les commentateurs de la radio affirment que le président sortant ne peut pas gagner. Et d'ailleurs, un peu plus tard, on annonce la victoire de Dewey dans l'État de New York. Un ami appelle Truman à son quartier général, à l'« Excelsior », dans le Missouri. Truman lui annonce qu'il va se coucher, qu'il est sûr de lui et qu'il va remporter dans la nuit les trois États qui comptent : Ohio, Illinois et Californie. L'ami en reste bouche bée et commence à douter des facultés mentales du président. À quatre heures du matin, on le réveille. Il a deux millions de voix d'avance, mais la radio le donne toujours battu : « Il ne peut pas gagner. L'élection se jouera à la Chambre des Représentants. » On connaît la suite. Dewey, le candidat républicain, n'en revient pas. Après avoir reconnu sa défaite, il dit : « Je me suis senti la nuit dernière comme un homme qui se réveille allongé dans un cercueil et j'ai pensé : "Si je suis vivant, qu'est ce que je fais ici ? Et si je suis mort, pourquoi ai-je envie d'aller faire un tour aux toilettes ?" »

Truman n'a pas le triomphe modeste et il va parader avec la une du *Chicago Tribune* qui annonce, en gros titre, la victoire de Dewey. De retour dans la capitale, il découvre le panneau installé sur la façade du *Washington Post* : « Monsieur le Président, nous sommes prêts à manger du corbeau dès que vous voudrez bien en servir. » Une façon élégante de s'excuser au nom de toute la profession.

Mais qu'est-ce qui avait bien pu amener Truman à faire une carrière politique ? Il est né le 8 mai 1884 à Lamar, dans le Missouri. Il est trop pauvre pour entrer au collège, trop handicapé par sa myopie pour envisager longtemps une carrière militaire à West Point. Il s'est cultivé lui-même, notamment en histoire, et il a lu tous les livres de la bibliothèque municipale de Kansas City. Dès l'âge de six ans, sur les bancs de la maternelle, il a rencontré une petite fille, Bess. Elle est d'une bonne famille. Il ne la perdra jamais totalement de vue, mais il est peu probable, en tout cas dans ses rêves de jeunesse, que ces deux-là puissent convoler en justes noces un jour. La différence de classe sociale est trop grande.

Harry Truman va finir par travailler dans la ferme de ses parents, jusqu'à l'entrée en guerre des États-Unis en 1917. Il est mobilisé et servira en France, dans l'artillerie. Il est démobilisé deux ans plus tard avec le grade de capitaine.

Retour à Kansas City où il ouvre un magasin de confection avec un autre vétéran. Les affaires ne marchent pas fort, et il doit fermer boutique. Il mettra des années à rembourser ses dettes. La seule bonne nouvelle, c'est que finalement il a retrouvé Bess, sa bien-aimée, et qu'il l'a épousée. Ces deux-là seront amoureux jusqu'à la fin de leur vie, même si leur passage à la Maison-Blanche va entraîner certaines tensions dans le couple.

Truman a près de quarante ans, il est marié, il a un enfant, et pas d'avenir. La politique, au niveau local, constitue un début de solution. Il est sollicité par le « boss » du Kansas, Tom Pendergast, un homme corrompu, à la tête d'une machinerie politique corrompue. Il entre dans le système judiciaire administratif de son État. Mais sa réputation demeure intacte. Il n'est pas corruptible, ce qui agace prodigieusement son sponsor. On s'est tout de même beaucoup interrogé sur ses relations avec Pendergast, qui d'ailleurs finira en prison. « Soyons clairs, disait Truman, toujours pragmatique, quand on entre en politique, c'est pour être élu. Et on ne peut le faire contre l'avis des organisations qui contrôlent les votes. Mais une fois élu, elles ne peuvent plus rien contre vous. » C'est ainsi que Truman se retrouve élu au Sénat, où il vote régulièrement en faveur du New Deal de Roosevelt. Il se fait une réputation d'impeccable intégrité et, à la tête d'un comité qu'il a mis en place, il traque les fraudes dans l'industrie de l'armement, alors florissante dans ces années d'avant-guerre. Il fera économiser des milliards de dollars aux contribuables américains.

Truman se trouve très bien au Sénat et lorsqu'on lui propose de concourir pour la vice-présidence aux côtés de Roosevelt, en 1944, il décline l'offre sans hésitation. « Dites au président d'aller se faire voir », répond-il sans hésiter. Le patron du comité national démocrate, Robert E. Hannegan, insiste lourdement et précise sans détour que c'est le vœu impératif de Roosevelt. « Je ne vous crois pas », affirme Truman. Le téléphone sonne dans la pièce où se trouvent les deux hommes. C'est le président. Truman reconnaît sa voix.

Roosevelt demande à Hannegan si Truman a accepté son offre. « Je ne crois pas, Monsieur le Président. » Réponse de Roosevelt, assez fort pour être entendu par Truman : « Eh bien ! dites-lui que s'il veut briser le parti démocrate en plein milieu d'une guerre mondiale, c'est sa responsabilité. » Truman accepte.

Sa femme, Bess, en pleure. Elle n'est peut-être pas experte, à l'époque, en stratégie politique mais elle se rend parfaitement compte que Roosevelt n'est pas un homme en bonne santé et elle a le sentiment que son mari n'est pas à la hauteur des responsabilités qui pourraient lui incomber en cas de disparition de Roosevelt. En outre, elle sait que ni lui ni elle ne sont de taille à succéder aux Roosevelt dans le cœur du public. Après tout, ils ne sont que des Américains moyens, originaires du Missouri. Ils n'ont même pas fait d'études supérieures. Et puis Bess a un secret très douloureux qu'elle ne veut pas voir divulguer par les journaux : son père, David Wallace, était alcoolique et après avoir contracté des dettes, il s'était suicidé. Et enfin, Bess aime sa fille et son mari plus que tout au monde, et elle a peur d'être livrée en pâture à la presse.

Seulement voilà, Harry Truman a accepté et il est trop tard pour regretter. D'autant plus que Truman ne vit pas les mêmes angoisses. Au fond, son activité a peu changé. Il continue de passer la majeure partie de son temps au Sénat pour convaincre les parlementaires de voter les projets présentés par la Maison-Blanche. Il n'a que très peu de contacts avec Roosevelt. Quelques conversations ici et là. Et il a du mal à imaginer qu'il se trouve « à un battement de cœur » du Bureau Ovale.

L'après-midi du 12 avril 1945, il s'arrête dans le bureau de Sam Rayburn, le speaker de la Chambre des Représentants, pour boire un verre. Tout en préparant les cocktails, Rayburn lui signale que le chef du service de presse de la Maison-Blanche, Steve Early, le cherche. Truman appelle Early : « Venez immédiatement, et aussi normalement que possible. » Truman se rend donc à la Maison-Blanche en croyant que le président souhaite lui confier une autre mission de liaison avec le Congrès. À son arrivée, on l'introduit dans le salon d'Eleanor Roosevelt. « Harry, le président est mort. »

Truman reste silencieux puis il murmure : « Madame, y a-t-il quoi que ce soit que je puisse faire pour vous ?

— Non, Harry, la question est : y a-t-il quoi que ce soit que nous puissions faire pour vous ? »

Le lendemain, une fois investi, Truman réunit les journalistes accrédités à la Maison-Blanche : « Les gars, s'il vous arrive de prier, priez pour moi. Je ne sais pas si vous avez jamais reçu sur le dos une meule de foin mais lorsqu'on m'a appris ce qui se passait, c'est comme si la lune, les étoiles et toutes les planètes m'étaient tombées dessus d'un seul coup. »

Harry Truman va avoir besoin de sa femme. Tous les deux éprouvent une véritable estime l'un pour l'autre. Ils se connaissent, avec leurs défauts et leurs qualités. Comment faire pour que Truman se retrouve investi du même « leadership » que son prédécesseur ? Tous les soirs, mari et femme s'enferment dans son bureau. Et ils parlent. Ils parlent de tout. Elle revoit ses discours, les amende souvent en fonction de son tempérament belliqueux. Elle donne son avis sur les décisions qu'il convient de prendre. Truman est le président d'une nation en guerre, et cela durera jusqu'à la fin de son mandat. Elle peut se permettre de critiquer un homme qui, précisément, ressent très mal toute forme de critique. Elle a de l'influence : systématiquement, il prendra en compte son opinion et ses suggestions. Elle le conseille pour ses nominations, elle prépare des réponses lorsqu'il est sous le feu de ses adversaires, et elle l'encourage à aller de l'avant pour ses projets les plus controversés : le plan Marshall, notamment.

Mais cela restera un secret. Mme Truman, qui adore sa famille par-dessus tout, ne veut pas être dans la lumière. Elle n'est pas une Hillary Clinton. Son mari est un élu du peuple, pas elle. Silence. Sa formule préférée, elle qui est assaillie quotidiennement par la presse, c'est : « *No comment.* »

Elle va s'investir tout entière dans la réfection de la Maison-Blanche. Non seulement personne n'a prêté la moindre attention à la demeure pendant les douze années où les Roosevelt y ont vécu, mais des problèmes plus graves font leur apparition. Le jour où l'on installe un piano au premier étage pour Margaret Truman, le plancher manque de s'effondrer. La structure du bâtiment ne s'est pas remise de l'incendie de 1814 et la Maison-Blanche menace, tout simplement, de s'écrouler. Il faut tout reprendre. Il ne s'agit pas simplement de dératiser et de redonner un coup de peinture. Et Bess Truman va se battre avec le Congrès pour obtenir les crédits nécessaires à la rénovation de la Maison-Blanche. Rappelons au passage qu'il ne s'agit pas seulement de la demeure du président et de sa famille.

C'est le symbole de l'Amérique tout entière. Et c'est aussi l'endroit où, désormais, des centaines d'employés fédéraux travaillent.

Le Congrès a d'autres idées : raser, purement et simplement, le bâtiment et le reconstruire. Bess Truman va parvenir à convaincre les parlementaires qu'il vaudrait mieux restaurer le bâtiment. Les travaux vont prendre trois ans et ils seront spectaculaires, puisqu'on ne va conserver que les murs d'enceinte. Tout le reste est littéralement désossé. Le président, qui s'y connaît en architecture, suit le chantier attentivement. Les Truman vont évidemment devoir déménager et ils se réfugient, sans faire de manières, à Blair House, la résidence habituelle des hôtes étrangers. C'est d'ailleurs là, en 1950, que deux Portoricains vont tenter de l'assassiner. Sans succès. Un des gardes du corps de Truman sera tué en même temps qu'un des terroristes. L'autre sera condamné à mort, mais Truman le graciera.

La Maison-Blanche c'est un bâtiment, mais c'est aussi une notion. La Maison-Blanche, c'est l'endroit où se trouve le président à un moment donné. Ce peut être un train, un avion, un navire, une résidence d'été. Souvent, en ce qui concerne Truman, la Maison-Blanche se situera à bord du *Williamsburg*. C'est un yacht, très confortable, mais pas vraiment construit pour faire face aux tempêtes océaniques. Cela tombe bien car Truman n'a guère le temps de partir en croisière. En revanche, il adore monter à bord du *Williamsburg* et croiser sur le Potomac ou sur la baie de Cheasapeak. C'est son remède antistress. Le navire, réputé pour son instabilité, est ancré généralement à Norfolk, en Virginie, mais il est immédiatement disponible sur ordre du président.

L'équipage est en alerte permanente car Truman adore monter à bord pour une heure ou deux. On y a installé un piano droit. Le président est un très bon musicien et il aime divertir ses invités. Le bateau dispose d'une salle à manger pouvant accueillir une trentaine de personnes. Il y a un salon supplémentaire et deux suites présidentielles, avec salle de bains. Partout où se déplace le *Williamsburg*, il est escorté par deux vedettes de la Navy, par mesure de sécurité.

C'est un vice-amiral, pas moins, qui commande le *Williamsburg*. Le président l'appelle plusieurs fois par semaine. Il adore venir déjeuner à bord. Il dispose d'une ligne directe avec le vice-amiral, Donald J. Mac-Donald. S'il n'y a pas d'invité, le président partage son repas avec le skipper. Ils discutent. Un jour, on parle du général MacArthur, qui au fil des semaines se rebelle contre son commandant en chef alors que la guerre de Corée fait rage. Le vice-amiral donne son avis, puisqu'on le lui demande : « Monsieur le Président, on ne peut pas commander une armée et ne pas être obéi. » Truman, manifestement, en est arrivé à la même conclusion : il va limoger MacArthur.

Les deux hommes parlent de tout, et même de Hiroshima. « Le président semblait hanté par les effets de la bombe atomique mais cela faisait partie des décisions qu'il devait prendre. »

En règle générale, Truman manifeste beaucoup d'admiration pour les militaires compétents. Il éprouve un infini respect pour le chef d'état-major, George Marshall, dont il fera un secrétaire d'État, malgré les critiques de McCarthy, déjà hystérique. Et il pense le plus grand bien du général Eisenhower. Au terme de son second mandat, Truman espère qu'« Ike » va se présenter sous l'étiquette démocrate. Et il affirmera à plusieurs reprises qu'il est tout prêt à le préparer pour la Maison-Blanche. Il sera très amer lorsque Eisenhower, au tout dernier moment, choisira le camp républicain.

En attendant, Truman adore ce privilège, monter à bord du *Williamsburg* lorsqu'il en a envie, et oublier le stress de sa fonction. Et pendant le week-end, il invite ses copains à bord pour jouer au poker. Parfois, les parties démarrent dès le jeudi soir, et se terminent à l'aube. Lorsque la croisière s'éternise, des hydravions apportent le courrier et les journaux. Parfois même, des joueurs de poker supplémentaires. Truman évolue dans trois catégories. Les « gros joueurs », qui parient sans aucune limite ; les intermédiaires, qui s'arrêtent à sept cents dollars ; et les autres, ceux qui jouent pour le plaisir, en général l'équipage. De toute façon, le président aime jouer et il aime encore plus gagner. Quand il en a assez des cartes, il pique une tête dans le Potomac, sans façon. Et les agents du Secret Service le surveillent, lui qui nage avec ses lunettes de myope, la tête hors de l'eau.

Il n'hésite pas à mêler le plaisir et la diplomatie. Manifestement, il s'entend plutôt bien avec Churchill. Tous deux s'appellent par leur prénom. Churchill occupe une place particulière dans le cœur des Américains qui ont vécu la guerre et Truman est sensible à son charme. Dans le même temps, les électeurs britanniques, à qui il avait promis, cinq ans plus tôt, « de la sueur, du sang et des larmes », l'ont renvoyé à la vie civile, quelques mois après la victoire.

Churchill voit venir un vent de cendres et de braises sur l'Europe. Et il a bien l'intention de le clamer face à l'opinion mondiale. Il choisit d'aller prononcer un discours historique à Westminster College, à Fulton, dans le Missouri, le fief de Truman. C'est là qu'il évoquera le « rideau de fer » qui s'est abattu sur l'Europe.

Churchill arrive à Washington le 4 mars 1946 et monte à bord du train spécial affrété par Truman pour la circonstance. Destination : le Missouri, l'État du président. Le wagon mis à sa disposition est confortable et la compagnie est choisie : Truman, l'amiral Leahy, le général Vaughan et quelques conseillers de la Maison-Blanche : Clark Clifford, Charlie Ross et le colonel Graham. On boit un peu, le dîner est servi et l'on en vient au vrai sujet : Truman veut-il jouer une partie de poker ?

Churchill avoue qu'il n'est pas un débutant et qu'il pratique le poker depuis des décennies, précisément depuis la guerre des Boers en Afrique du Sud, lorsqu'il était correspondant de presse. Truman juge utile de le prévenir : les gentlemen ici présents ne sont pas non plus des débutants.

Pour être un peu plus à l'aise, Churchill demande la permission d'aller se changer, pour aller enfiler sa fameuse tenue de parachutiste. Pendant son absence, Truman rappelle à ses compagnons que la partie est importante. Comme Nelson à Trafalgar, il leur rappelle qu'il compte sur eux pour l'emporter. Chacun doit faire son devoir. La réputation du poker américain est à ce prix.

Il se trouve que, selon un témoin, « Churchill n'était pas si bon que ça au poker » et que, comme un mouton, il se fait tondre par les loups qui occupent

273

le compartiment. Il perd trois cents dollars en moins d'une heure. Puis s'excuse pour un moment. Truman rappelle ses troupes à l'ordre : « Vous ne pouvez pas le traiter comme un pigeon et le laisser en slip. » À la fin de la nuit, sir Winston Churchill a récupéré quelque peu et il semble heureux de s'être bien battu contre la bande de Truman.

Le lendemain, pendant quarante-cinq minutes, il va impressionner son auditoire en annonçant que la « guerre froide » fait rage sur l'Europe. Elle va durer quarante-cinq ans.

Harry Truman aime naviguer ; trois mois après la mort de Roosevelt, il va se rendre à la conférence de Potsdam pour discuter avec Churchill et Staline du sort du monde après la victoire contre les nazis. Il traverse l'Atlantique à bord du croiseur *Augusta* et, sur le navire, il rencontre un certain Lawrence Truman, un très lointain cousin, natif du Kentucky. Tous les soirs, sur une ligne sécurisée, il appelle sa femme et sa fille. On ne parle bien évidemment pas de secrets d'État. Simplement de la famille. Arrivé à Potsdam, il rencontre un autre membre du clan Truman, le sergent Harry Truman, son neveu, qui a prévu de s'embarquer pour l'Amérique après son temps réglementaire sur le front. Il lui ordonne de l'accompagner à Potsdam pour quelques jours de permission. C'est ensuite au tour du colonel Louis Truman, médecin militaire qui lui aussi sert en Europe. Il lui propose spontanément de devenir le médecin attitré de la Maison-Blanche. Il refuse, estimant qu'il ne peut pas abandonner ses blessés. « Même si le président des États-Unis te le demande ? – Je ne peux pas laisser derrière moi des hommes qui ont versé leur sang pour leur pays. » Ils finiront par s'entendre et, une fois la guerre terminée, le colonel Truman assurera un mi-temps à la Maison-Blanche et un mi-temps au Walter Reed Army Hospital, qui accueille les vétérans.

Truman déteste l'atmosphère de cette conférence de Potsdam qui matérialise tous les obstacles qui se dressent entre les États-Unis et l'URSS de Staline. Il a invité dans la délégation américaine un de ses vieux amis du Missouri, Fred Canfil, que personne ne connaît et qui occupe les fonctions de US Marshall dans son comté. Une sorte de shérif local. La délégation soviétique n'en a jamais entendu parler, et pour cause, et elle l'ignore. Un jour, Truman invite son ami Canfil à rencontrer Staline, à qui il le présente comme étant le « maréchal Canfil ». Dès lors, la délégation soviétique fait preuve des plus grands égards pour un homme du même rang que le maréchal Staline.

Truman, tant bien que mal, a chaussé les bottes de Roosevelt ; dans un premier temps, le pays, anéanti, lui a fait plutôt bon accueil. Il est simple, modeste et en outre, on n'attend pas grand-chose de sa présidence. Mais la lune de miel ne va pas durer très longtemps. Il faut dire aussi que Truman n'a pas la langue dans sa poche et qu'il n'hésite jamais à exprimer son opinion, ce qui, en période de difficultés, est souvent mal vécu. Lorsqu'il entre en conflit avec John L. Lewis, un des leaders du monde syndical, il dit publiquement : « C'est un type à qui je ne confierais même pas mon chien. » Lewis apprécie. Lorsqu'un critique du *Washington Post* ose écrire que sa fille Margaret, qui vient de donner son unique récital dans la capitale, chante comme une casserole, il sort de ses gonds. Il écrit une lettre qu'il déposera lui-même dans la boîte du critique et qui, évidemment, sera publiée sur-le-champ par le journal. « Cher Monsieur, vous ressemblez à un vieux frustré qui jamais n'a rencontré dans sa vie le moindre succès. Vous êtes bourré d'ulcères qui vous rongent. Je ne vous connais pas, mais sachez que si je vous rencontre un jour, il vous faudra vous faire greffer un nouveau nez et tout ce qu'il faut en dessous pour le soutenir. Vous pouvez prendre cela davantage pour une insulte personnelle que comme une réflexion sur vos ancêtres. Signé "Harry Truman". »

Truman ne peut tout simplement pas résister. Il traite de « salauds » ses opposants. Lorsque la presse critique ses choix ministériels, il leur répond : « Aucun enfoiré de votre espèce ne va me dire ce que j'ai à faire. » Bess Truman est atterrée. Elle essaie de faire la morale à son mari. Un jour, on signale à Truman qu'un prêtre de Washington a défendu le président dans son sermon et est allé jusqu'à affirmer qu'il dirait les mêmes choses s'il se trouvait à sa place. « J'aimerais bien que ce curé aille en toucher deux mots à ma femme. »

Une polémique va se développer pendant la guerre de Corée entre le président des États-Unis et le commandant en chef des troupes placées sous l'égide des Nations unies en Corée. Douglas MacArthur, qui flirte depuis bien longtemps avec la politique, s'oppose publiquement à la doctrine du *containement* développée par Truman, qui veut éviter l'élargissement des conflits et préconise beaucoup de prudence dans la conduite de la guerre. MacArthur est persuadé, et il le proclame publiquement, que les Chinois n'interviendront pas. Erreur, ils déferlent sur le 38e parallèle et l'alerte est décidément très chaude. Truman, qui veut faire confiance aux militaires, s'abstient de tout commentaire. Et puis, au fil des provocations, il décide, tout benoîtement, de limoger MacArthur qui fait littéralement figure de héros aux États-Unis. Truman n'en a cure : « J'ai viré MacArthur tout simplement parce qu'il ne respectait pas l'autorité du président des États-Unis. C'est tout. Je ne l'ai pas viré parce que c'était un pauvre enfoiré, ce qu'il est d'ailleurs, mais ce n'est pas illégal en ce qui concerne les officiers généraux. Si c'était illégal, les trois quarts d'entre eux seraient en prison. »

C'est un populiste, certains iront jusqu'à dire que c'est un démagogue mais, jusqu'à la fin de ses jours, il sera fidèle à ses racines. Y compris lorsque sa langue bien pendue s'exercera au détriment de son propre parti. Il apprend un jour que le parti démocrate, auquel il est inscrit depuis l'âge de dix-sept ans, donne des dîners à mille dollars l'assiette pour le privilège d'être assis aux côtés du président des États-Unis. C'est une pratique très courante aujourd'hui et l'on peut multiplier par dix le prix de l'assiette pendant les campagnes électorales. C'est autant d'argent qui entre dans le trésor de guerre du parti. Nous sommes en 1962, et Truman, qui vient de faire une très active campagne en faveur de Kennedy, prend sa plus belle plume. « Le président des États-Unis représente plus de cent quatre-vingts millions d'individus qui n'ont d'autre choix que de se tourner vers lui pour veiller à leurs intérêts. Le président et son vice-président sont les seules personnes de ce pays à être élues pour cela. Je pense que si dix mille démocrates payaient la somme de cinq dollars pour avoir le privilège de dîner avec le président, ce serait dix mille fois mieux pour le parti démocrate. Lorsque le parti du peuple perd la boule, il ne représente plus l'Américain moyen, ce qui est exactement le contraire de ce que devrait être le parti démocrate. »

Truman à l'occasion est un fantaisiste, et pas seulement lorsqu'il utilise son langage de charretier, ou d'ancien artilleur. Il aime s'amuser, voire faire des blagues comme un gamin. Et puis, il est président des États-Unis, ce qui autorise un peu de malice. Un jour, au printemps 1946, le personnel de la Maison-Blanche entend gronder un avion au-dessus de leurs têtes. Ils se précipitent aux fenêtres et voient arriver sur eux un appareil, un quadriréacteur. L'avion passe si près qu'ils peuvent apercevoir, le front appuyé à un hublot, un homme qui rit, et leur fait des grands signes de la main. À l'évidence un fou, un individu dérangé. L'appareil remonte en chandelle à trois mille pieds environ, et repart en piqué sur la demeure présidentielle. Cette fois, c'est la panique. Les gens se précipitent dans les couloirs et tentent de fuir. L'avion descend à deux mille pieds et le pilote pousse les gaz à fond. Le bruit est assourdissant. Mille pieds. On distingue nettement le même personnage écroulé de rire derrière son hublot. Des gens sont montés en courant sur le toit de la Maison-Blanche et attendent l'inévitable. L'avion plonge toujours. Il est à cinq cents pieds. On voit mal comment il va pouvoir se redresser, si jamais il en a l'intention. Et puis, à cette altitude, les spectateurs pétrifiés parviennent à lire le nom qui orne la carlingue : « *Cow* », « la Vache ». C'est l'avion personnel de Harry Truman et c'est lui qui a ordonné au pilote de pénétrer dans l'espace aérien formellement interdit, entre la Maison-Blanche et le Capitole. Il lui a dit : « Faites comme si on était dans un avion de chasse. » Il dira qu'il en rêvait depuis longtemps, et apparemment, il adore les sensations qu'on éprouve lorsqu'on met un avion en piqué. Sauf qu'un quadriréacteur n'est pas tout à fait adapté à ce genre de cascade et que le pilote a toutes les peines du monde à reprendre de l'altitude. Au terme de sa voltige, il a vu de son cockpit le gros bâtiment blanc remplir tout l'espace de son pare-brise. Hank Myers – c'est le nom du colonel de l'US Air Force qui est aux commandes – racontera : « J'ai réussi à redresser "la Vache" et nous avons fait du rase-mottes au-dessus des toits. Ceux qui étaient là en sont restés baba. » Le président s'amuse bien car il sait que sa femme et sa fille sont là, sur la terrasse. Il les a prévenues qu'il leur ferait un signe. Mais ce n'est pas fini. L'avion présidentiel remonte en chandelle à trois mille pieds et, à nouveau, il repart en piqué. Cette fois, Bess Truman et sa fille Margaret sont prêtes. Elles sautent de joie et agitent les bras lorsque l'avion passe à quelques dizaines de mètres au-dessus de leurs têtes dans un rugissement de réacteurs. Puis l'appareil s'éloigne. Le président se rend à Independance, dans le Missouri, rendre visite à sa vieille mère.

Mme Truman est une très vieille dame de quatre-vingt-dix ans et elle séjourne très souvent chez son fils. Elle ne veut pas dormir dans la chambre de Lincoln. Il faut dire qu'elle est originaire du Sud et qu'elle n'a toujours rien pardonné au président abolitionniste. Elle ne veut pas non plus utiliser la chambre de la reine. « C'est trop chic pour moi », dit-elle. Une autre vieille dame hante les lieux, la mère de Bess, Margaret Gates Wallace. Elle passe ses journées dans sa chambre, et sa fille lui tient compagnie le plus souvent possible. La belle-mère de Truman mourra là, le 5 décembre 1952, un mois après la victoire d'Eisenhower.

Comme tous les présidents avant et après lui, Truman a découvert un endroit où il peut passer ses vacances et se relaxer. Sa « petite Maison-Blanche » est à Key West, en Floride. Roosevelt, on s'en souvient, préférait Warm Springs et ses sources d'eau chaude en Géorgie. Pour Nixon, ce sera San Clemente, et Reagan lui aussi passera beaucoup de temps dans son ranch, en Californie. Il existe bien une retraite officielle affectée par le gouvernement au chef de la Maison-Blanche, Camp David, dans le Maryland, un endroit peu éloigné de la capitale, mais c'est encore un coin où l'on n'échappe pas vraiment aux rigidités de la présidence.

Herbert Hoover, qui aimait la pêche, s'était installé, lui, à Camp Rapidan, en Virginie, dans les Blue Ridge Mountains, un site encore sauvage et assez difficile d'accès. Hoover avait sorti l'argent de son portefeuille pour acquérir la propriété. Les installations étaient plutôt spartiates mais d'illustres visiteurs s'y sont rendus : Charles Lindbergh et des chefs d'État étrangers. C'est un avion militaire qui larguait le courrier puisqu'on ne pouvait se rendre à Camp Rapidan qu'à cheval ou à dos de mule. Trop rustique pour Truman, qui aimait son confort et préférait, de loin, le climat de la Floride.

Tout ayant une fin, les Truman laissent la place à Eisenhower en janvier 1953. C'est rarement un moment très facile pour celui qui la veille encore était l'homme le plus puissant du monde. Et puis, entre Truman et Eisenhower, le courant ne passe plus vraiment.

Truman ne pardonne pas à son successeur d'avoir choisi de courir sous les couleurs républicaines. Et puis la campagne électorale, comme d'habitude, a laissé des traces. Ike trouve que Truman est trop partisan, qu'il ne fait pas toujours preuve du meilleur goût et que cette attitude a entaché, d'une certaine façon, la dignité de la fonction. Bref, l'ambiance est fraîche.

La tradition exige que la limousine d'Eisenhower s'arrête devant le perron de la Maison-Blanche pour prendre au passage le président sortant, sur le chemin du Capitole où a lieu la prestation de serment. On fait savoir au président élu que les Truman l'attendent pour le café. « Non, sans façon, merci. » Du côté des épouses, cela se passe beaucoup mieux. Elles se connaissent depuis des années et Bess a proposé un tour de la Maison-Blanche à « Mamie » Eisenhower, pour qu'elle puisse prendre ses dispositions. Dans la limousine, silence complet. Puis Ike dit : « Vous savez, j'ai évité de me rendre à votre investiture il y a quatre ans parce que ma présence aurait pu distraire l'attention des gens. » Ike est en train de dire à Truman que s'il avait été là, ce jour-là, c'est vers lui que se seraient tournés tous les regards. Réponse de Truman, du tac au tac : « Ike, vous n'étiez pas là parce que je ne vous avais pas invité. » Ambiance.

Dernière tentative d'Eisenhower pour briser la glace. Il demande à Truman qui a donné l'ordre de rapatrier à Washington son fils John – qui est officier dans l'infanterie et qui sert actuellement en Corée – pour qu'il puisse assister aux cérémonies d'investiture de son père. « C'est moi, dit Truman. C'est le président des États-Unis qui a donné cet ordre, parce que le président des États-Unis a pensé qu'il était normal qu'un fils voie son père prêter serment et devenir président. »

Trois jours plus tard, Ike écrit à Truman : « Merci pour la délicatesse dont vous avez fait preuve à l'égard de mon fils John en le rappelant de Corée pour qu'il assiste à ma prestation de serment. Merci surtout de ne pas l'avoir prévenu, ni moi, que vous aviez pris cette initiative. »

Truman est rentré chez lui, dans sa maison d'Independance, Missouri. Le lendemain, il fait quelques corvées. Il vide le grenier et remet un peu d'ordre. Il vit la vie d'un Américain moyen mais continue de militer pour le parti démocrate. Avec son style habituel. En 1960, il fait campagne avec vigueur pour John Kennedy, qui fait face à Richard Nixon et, malgré le poids des années, Truman manie toujours un gros bâton lorsqu'il affronte un adversaire. À San Antonio, il prononce un discours qui fera date : « Les Texans qui voteront pour un type comme Nixon méritent d'aller en enfer. » Scandale. Le président du comité républicain adresse une lettre solennelle à Kennedy : « Les tactiques méprisables de votre acolyte Truman sont inacceptables… » Nixon, de son côté, proteste vigoureusement et il déclare que le langage employé par Truman constitue une menace réelle pour tous les enfants américains. Kennedy, dans un discours prononcé à Detroit, prévient son auditoire : « Il faut que je fasse attention à mes propos, sinon Nixon va se fâcher. J'espère qu'il n'y a pas d'enfants en bas âge dans la salle. »

Cher Truman. Il n'aura été épargné à aucun moment, ni par ses adversaires ni par les événements. Il sera confronté à des décisions terribles, comme l'utilisation de la bombe atomique. Il avait fait ses choix et estimé que la conquête du Japon par des moyens classiques coûterait la vie d'un million de jeunes soldats américains. Il avait dû faire face à la guerre de Corée, à la crispation Est-Ouest, aux difficultés économiques, à l'inflation... Sa popularité était tombée bien bas. Mais l'histoire petit à petit révisera son jugement et, vingt ans plus tard, les Américains apprécieront cette singularité politique, propre à Truman, pour qui caractère et principes constituaient l'essence de l'engagement politique. Après tout, un président qui disait tout haut ce qu'il pensait et qui faisait ce qu'il disait était un animal politique plutôt rare. Les Américains en éprouvent encore une certaine nostalgie.

16

Mamie repeint la Maison-Blanche en rose (Eisenhower)

Eisenhower a toujours arboré un merveilleux sourire. Et il lui doit beaucoup. Ce sera un outil de gouvernement et cela conviendra à la majorité des Américains qui, en l'espace de vingt ans, ont connu la Grande Dépression, la Seconde Guerre mondiale et la guerre de Corée. L'Amérique va comme se rétrécir dans son propre univers. Elle veut consommer, élever ses enfants, se protéger et conserver son mode de vie. Elle n'a peur que d'une seule chose : la bombe atomique. Et cette angoisse laisse planer une certaine paranoïa dans les rangs du Congrès. Ce qui permettra au fascisme de Joseph McCarthy de faire des dégâts considérables dans la société américaine.

Eisenhower est un partisan non déclaré du « laisser-faire », notamment en politique intérieure. Il dit souvent : « Il y a deux sortes de problèmes qui arrivent sur mon bureau. Ceux qui sont signalés "urgent" et ceux estampillés "important". Je me contente des urgences, je n'ai pas le temps de m'occuper de l'important. »

Et puis Eisenhower en a vu d'autres. Il a été le commandant en chef des armées alliées. C'est lui qui a organisé le débarquement en Normandie, le 6 juin

1944. Il a dû mettre en œuvre cette gigantesque machine, faire fonctionner des armées différentes, faire travailler ensemble des gens antagonistes, veiller à tous les détails d'une gigantesque armée en manœuvre. Il a donné toutes ses forces pour mettre Hitler à terre et il déteste la guerre. « Seul un soldat peut détester la guerre autant que moi », dit-il.

Globalement, il estime qu'un président est là pour rassurer ses compatriotes, et c'est vrai, Eisenhower est plutôt rassurant. Il y a ce fameux sourire, et puis son attitude. Un jour du printemps 1955, Ike doit prononcer un discours en plein air, à l'occasion d'une remise de diplômes. Les nuages sont en train de s'amonceler dans le ciel et son frère, Milton, commence à s'inquiéter sérieusement. Si on n'accélère pas le mouvement, la pluie va ruiner la cérémonie. « Bof, dit Ike, tu sais, je ne me suis plus jamais soucié de la météo depuis le débarquement en Normandie. »

Une autre caractéristique du président Eisenhower : une certaine méfiance à l'égard des intellectuels. « Un intellectuel est un homme qui utilise davantage de mots qu'il n'en faut pour en dire plus qu'il n'en sait… » Sans doute. Mais on ne l'entend guère pendant la terrible croisade que mène Joseph McCarthy, le sénateur du Wisconsin, contre les « communistes » qui ont envahi la société, et notamment l'administration et Hollywood. En privé, Ike méprise McCarthy, mais il ne s'élèvera jamais publiquement contre lui, malgré les terribles dégâts occasionnés.

Lorsqu'on l'interrogera, à de rares occasions, sur sa passivité, il se contentera de répondre : « Je ne joue pas à celui qui pissera le plus loin avec un salaud. »

En fait, c'est « Mamie » Eisenhower qui va donner le « la » de la présidence. Elle mérite le détour. D'autant qu'elle va devenir très populaire auprès des Américains. C'est la fille d'un très riche boucher en gros de l'Iowa, John Sheldon Doud ; il gagne tellement d'argent avec son entreprise qu'il peut se permettre de prendre sa retraite avant d'avoir quarante ans à Denver, dans le Colorado. Sa fille, Mamie, fréquente les meilleures écoles et elle est élevée dans la bonne société. Ce qui ne veut pas dire qu'elle va se cultiver beaucoup. Mais enfin, elle prend des leçons de maintien, à la mode Colorado. Elle est assez jolie, et à dix-neuf ans, c'est plutôt un bon parti. Malheureusement pour son père, elle n'a d'yeux que pour un sous-lieutenant tout droit sorti de West Point. Il est beau garçon, il a ce sourire irrésistible et il annonce d'emblée la couleur : « Mon pays passe avant ma femme. » Qu'à cela ne tienne, elle est amoureuse et elle l'épouse. C'est le début d'une aventure douloureuse pour la future *First Lady*. Car la jeune Mme Eisenhower se retrouve en garnison, et l'armée des États-Unis ne fait pas beaucoup d'efforts pour faciliter la vie de ses officiers mariés. Il n'y a ni cuisinière ni domestique. Souvent, dans les casernes, il n'y a même pas l'électricité. La solde est maigre et le lieutenant Eisonhower n'est pas souvent là. Lorsque la Première Guerre mondiale éclate, et lorsque les États-Unis entrent dans le conflit, Eisenhower n'est même pas convié à se rendre sur le champ de bataille européen. Il fait office d'instructeur aux États-Unis. Son moral s'en ressent. Celui de Mamie aussi. Elle est enceinte, et l'accouchement est tellement difficile qu'elle restera dans le coma plusieurs heures. L'enfant, Doud, de santé fragile, mourra dans son jeune âge. Sa mère se sent bien seule et la vie lui paraît bien dure.

Et cela va durer. À tel point que les Eisenhower se demandent si leur couple va survivre à l'épreuve. En 1921, leur fils meurt de la variole ; l'armée, qui n'en a cure, envoie Ike au Panama. Là, c'est la fin de tout. Mamie, qui en a déjà vu beaucoup, n'en revient pas des conditions de vie, entre la fièvre jaune, les moustiques, les rats et les cafards. Son moral, ou ce qu'il en reste, s'enfonce tout doucement. Elle voit son mari se battre le soir à coups de sabre, dans leur chambre à coucher, avec les chauves-souris. Elle est enceinte et exige de retourner aux États-Unis pour accoucher. Elle prendra son temps pour rentrer et elle restera de santé fragile. Mais sa résolution est prise : ce mariage marchera, quoi qu'il advienne.

Les choses vont s'améliorer. Eisenhower suit, avec brio, l'école de guerre et on l'envoie, lui et sa famille, quelque temps en France, où il écrit un mémoire sur les champs de bataille de la Première Guerre mondiale. C'est à cette occasion qu'on découvrira qu'il a une certaine plume.

Ensuite, il est envoyé à Washington où il fait office de chef d'état-major auprès du général MacArthur. Il va le suivre aux Philippines. Quant à Mamie, elle commence à avoir la réputation d'une bonne maîtresse de maison. En tout cas, les collègues d'Eisenhower ne boudent pas ses réceptions.

Mais d'autres épreuves l'attendent. La Seconde Guerre mondiale fait rage et, en 1942, son mari est nommé commandant en chef des troupes alliées. Il est à Londres, pendant qu'elle attend à Washington. Elle travaille pour la Croix-Rouge. Son mari est devenu célèbre. Et son mari est en Angleterre, célibataire. Parmi les jeunes femmes qui lui sont affectées en tant que chauffeurs, il y en a une qui fait parler d'elle. Elle s'appelle Kay Summersby. Elle est plutôt avenante et, très vite, de vilaines rumeurs parviennent aux oreilles de Mamie. Ike vivrait une aventure torride avec la demoiselle, et d'ailleurs, tout Washington en parle. Ike, qui écrit quasi quotidiennement à sa femme, lui jure qu'il n'en est rien et qu'il reste un époux fidèle. Mais la rumeur fait mal. Et surtout, Mamie se retrouve à l'intérieur du cyclone : elle découvre la célébrité et la facture de la célébrité.

C'est sans doute difficile à vivre, mais lorsque Eisenhower est en campagne électorale, quelques années plus tard, Mamie est devenue un atout majeur. Certes, le mari est un héros de la guerre, un demi-dieu, mais Mamie parle au cœur des Américains. Elle n'hésite d'ailleurs pas à s'exprimer, et le *New York Times* estime que pour l'élection de 1952, elle pèse au moins cinquante voix dans le collège électoral. Elle saura cependant garder sa place : « Ike dirige le pays, et moi, je retourne les côtes d'agneau. »

Une fois à la Maison-Blanche, elle va devenir un véritable dragon pour le personnel. Elle passe la majeure partie de sa journée au lit mais elle sait donner des ordres. De garnison en garnison, elle a appris à se faire respecter.

Il faut toutefois signaler un horrible défaut : elle adore le rose, la couleur rose. Après sa première nuit à la Maison-Blanche, après le bal inaugural où elle a fait admirer à tous sa somptueuse robe rose, elle s'est réveillée et a sonné J.B. West, le majordome de la Maison-Blanche. Il la découvre alitée, avec un ruban rose dans les cheveux. Elle porte également une robe de chambre rose.

Elle adore les fanfreluches, jusqu'à la nausée. Au demeurant, elle est plutôt gaie, souriante et les employés de la Maison-Blanche vont découvrir tout un monde nouveau.

D'abord, Mamie ne mâche pas ses mots. Elle fait tout de suite savoir que c'est elle la patronne, personne d'autre. Et puis, elle a de l'expérience. Elle sait faire marcher une maisonnée à la baguette. Trente ans de vie militaire derrière elle. Elle a plus que le sens de la hiérarchie et elle sait donner des ordres. On ne discute pas avec Mme Eisenhower. Même pas son mari, tout général cinq étoiles qu'il est. Le président s'occupe des affaires de la nation, mais pour le reste il n'a pas son mot à dire.

Quelques jours après son installation à la Maison-Blanche, Ike décide d'organiser un déjeuner en l'honneur de ses amis. Rien de bien spectaculaire *a priori*, et le personnel, qui en a vu d'autres, entreprend de satisfaire le chef de l'exécutif. On prépare le menu, les plans de table, pour cinquante invités, et l'on présente le tout, comme une affaire de routine, au président. Celui-ci donne son accord et tout est dans l'ordre.

Le jour du déjeuner, le majordome, Usher West, se rend comme tous les matins au chevet de Mamie, qui tient salon dans sa chambre à coucher. Elle lui montre le menu du jour : « Je n'ai pas approuvé ce menu !

— Le président l'a vu et donné son accord il y a trois jours.

— Écoutez, c'est moi qui dirige cette maison et dorénavant c'est moi qui donnerai les ordres et personne d'autre. »

Un peu plus tard, Mme Eisenhower descend inspecter la table, dans le salon d'État, et elle découvre l'argenterie de la Maison-Blanche et le service à vaisselle de porcelaine acquis par les Truman. Rien à redire, sauf sur les chaises, elles aussi achetées par les prédécesseurs. « Mais ce n'est pas possible, ce sont des chaises pour enfant ! »

Le lendemain, elle fait fabriquer des chaises plus larges.

La chambre à coucher des Truman ne lui convient pas davantage. Elle y dort une nuit et se plaint de l'étroitesse du lit. Elle commande un lit *king-size* et explique qu'elle dort avec son mari et qu'elle adore tapoter son crâne chauve pour s'endormir. Elle exige que le tour et la tête de lit soient roses. Le dessus-de-lit, bien sûr, doit être de la même couleur. Même le banc, au bout du lit, est capitonné de rose. Une indigestion.

Elle introduit d'autres modifications. Dorénavant, le personnel de la Maison-Blanche ne pourra plus traverser la demeure pour aller de l'aile Ouest à l'aile Est. Il faudra sortir et faire le tour. Tant pis s'il pleut. La Maison-Blanche n'est pas un hall de gare.

Il conviendra de traiter Mme Eisenhower « avec respect ». C'est la *First Lady*. Lorsqu'elle quitte la Maison-Blanche, elle doit être escortée par un huissier. Même chose au retour, où l'huissier doit l'accompagner jusqu'à ses appartements. Le protocole interne doit à tout prix être tenu. Le majordome est prié, comme un adjudant d'escadron, de se faire respecter par ses subordonnés. Plus question de l'appeler juste par son nom, et encore moins par son prénom. Ce sera « Monsieur West ». Pour les subordonnés, c'est le contraire : interdiction de leur donner du « Monsieur ». Le nom propre suffira.

Elle met son grain de sel à peu près partout et réforme les plans de table pour les dîners d'État. Elle est la femme du président et entend bien s'asseoir auprès de son mari, contre toute préséance.

Lorsqu'elle reçoit les invités, à la Maison-Blanche, elle étudie différentes formules. Elle n'est pas très grande et on ne la remarque guère. Elle demande donc qu'on installe une plate-forme d'où elle dominera la foule. Mais c'est peu pratique, puisque à chaque poignée de main, elle risque de tomber par terre. Elle choisit donc de s'installer sur la première marche du grand escalier et agite simplement la main pour accueillir les centaines d'invités qui défilent chaque semaine. Elle perfectionnera le système en interdisant que les invités s'approchent de trop près. Histoire d'être plus visible.

Et visible, elle l'est, toute drapée de rose, avec ses diamants, ses décolletés. Elle s'occupe de tout. On reçoit plutôt royalement à la Maison-Blanche. Trente-sept chefs d'État vont dîner là pendant les deux mandats d'Eisenhower. Ce dernier, même s'il n'a rien à se faire pardonner, se montre d'une attention extrême pour son épouse. Lorsqu'on célèbre les anniversaires de mariage, c'est la fête à la Maison-Blanche, avec l'orchestre des marines qui joue la *Marche nuptiale*. Rien n'est trop beau, rien n'est trop grand pour faire plaisir à Mamie. En 1954, alors qu'ils célèbrent leur trente-huitième anniversaire de mariage, Ike s'autorise à inviter sa femme à danser devant tous les invités. On joue la *Valse d'anniversaire*. C'est la première fois depuis seize ans que ces deux-là dansent ensemble, depuis qu'Ike est parti en Europe faire la guerre.

La dame en rose peut être une vraie peste dans son rôle de *First Lady*, mais les Américains l'adorent. Avec sa coiffure bouffante et ses cheveux oxygénés, elle incarne l'Amérique des années 1950 et des grosses voitures. Le bon goût n'a rien à y voir.

« Je ne comprends rien à la politique », dit-elle aux journalistes. On lui apprend que d'après un récent sondage, son mari est le plus grand des Américains. « Ce n'était pas la peine de payer un sondage, j'aurais pu vous le dire moi-même. »

La presse – c'est une autre époque… – est adorable avec elle. Elle ne mentionne pas que Mamie éprouve un petit penchant pour la bouteille. Un effet des années de solitude et de garnison. Mais elle parviendra à restreindre ses mauvaises habitudes à un seul verre par jour. Et la vérité oblige à préciser que si parfois on l'a vue trébucher, c'est qu'elle souffre d'un problème d'équilibre dû à un trouble de l'oreille interne. Bref, à part cette frénétique manie de tout revêtir de rose, on ne peut guère lui faire de reproches.

Pendant ce temps-là, Ike gouverne. Ou plutôt il gère son pays selon son tempérament. Pas de vagues. C'est une de ses caractéristiques : malgré la gloire, il est resté modeste. C'est pour cette raison que Churchill l'a adoré pendant la guerre. Il ne se prend jamais au sérieux, malgré ses cinq étoiles et les responsabilités qui vont avec.

Personne ne comprend un traître mot de ce qu'il dit. C'est un art qu'il a cultivé pour que les journalistes lui fichent la paix. Ses phrases sont souvent incompréhensibles et d'une absolue platitude. C'est un conservateur, mais c'est un conservateur modéré. Il est déçu lorsqu'il constate à quel point les républicains ne veulent pas entendre parler de progrès social ou d'intégration raciale, mais n'en fait pas état publiquement. S'il pense à lancer un nouveau parti, il y renoncera vite. Curieusement, ce n'est pas un leader politique, lui qui a tenu dans ses mains l'avenir, la survie de la démocratie. « On ne peut pas demander à un président de tout savoir, répète-t-il. Un gouvernement ne peut pas fonctionner avec un seul homme... personne n'a le monopole de la vérité et encore moins des faits qui affectent la vie d'un pays. »

Même écho dans les Mémoires qu'il publiera plus tard : « Au bout du compte, mes réalisations sont presque négligeables... Le seul effort significatif, ce serait de pouvoir convaincre toutes les civilisations avancées de l'impérieuse nécessité du désarmement », domaine ou Eisenhower a échoué et il le reconnaît.

Quel dommage, au fond. Les États-Unis n'ont jamais, depuis la guerre, été engagés dans un tel bras de fer avec l'Union soviétique. Et l'entourage d'Ike n'y est pas pour rien, notamment le secrétaire d'État, John Foster Dulles. C'est le champion de la guerre froide et il l'a théorisée comme un joueur d'échecs. « Tout le talent, dit-il, c'est de se rapprocher au maximum de la guerre sans y entrer... Si vous avez peur de flirter avec cette frontière, vous êtes perdu. Il a fallu affronter ce problème lorsqu'on s'est demandé s'il fallait aller vers l'escalade en Corée, en Indochine et à propos de Formose... Nous sommes allés à la limite et on l'a regardée droit dans les yeux. » Une attitude pour le moins inquiétante, mais Eisenhower est un homme qui « délègue ». On l'a d'ailleurs surnommé « le Grand Délégateur ». Il n'empêche que c'est une époque où l'on joue ouvertement avec le risque nucléaire et l'équilibre de la terreur atomique. Comme l'écrit Herman Kahn, dans son livre *La Guerre thermonucléaire*, on pense l'impensable, on songe qu'un jour les États-Unis et l'Union soviétique, au nom d'on ne sait quel équilibre, pourraient échanger la destruction de New York contre celle de Moscou. On s'habitue à vivre « sur le fil du rasoir ».

Quoi qu'il en soit, Ike essaie de faire baisser la tension et il est crédible dans son abhorration de la guerre. C'est lui qui d'ailleurs mettra en garde ses concitoyens, à la fin de son second mandat, sur les risques que fait courir au pays ce fameux « complexe industrialo-militaire » qui semble gouverner le destin de l'Amérique depuis plusieurs années. Un État dans l'État. Eisenhower est un homme lucide, même si son action politique est limitée : « Le potentiel désastreux d'un pouvoir non légitime existe et persistera dans notre pays, écrit-il. Nous ne devons pas laisser le poids de cet appareil militaro-industriel mettre en danger nos libertés et le processus démocratique. Rien n'est jamais acquis. »

Le 16 avril 1953, il va prononcer un discours devant les directeurs de journaux américains et l'on se prend à rêver d'un Eisenhower qui dépasse le stade du constat et agisse, à une époque où l'Amérique a encore bien du chemin à faire dans le domaine de l'égalité des droits. « Chaque fois que l'on fabrique un canon, chaque fois qu'on lance un bateau, chaque fois qu'on tire une fusée, au fond, on vole à ceux qui ont faim et qu'on ne nourrit pas, à ceux qui souffrent du froid et qui ne sont pas vêtus… Savez-vous combien coûte un bombardier lourd ? Une bonne école construite en briques dans trente villes américaines. Un simple chasseur de combat coûte cent mille tonnes de blé. Mettre en chantier un destroyer équivaut à la construction de huit mille logements. »

C'est ce même président, conscient, soucieux des libertés publiques, qui ne lèvera pas le petit doigt contre McCarthy. Il attend qu'il tombe comme un fruit mûr. Mais il garde le silence. Comme lorsque son colistier, Richard Nixon, se retrouve empêtré dans un certain nombre de scandales financiers et qu'il doit faire face aux accusations de corruption. L'affaire est embarrassante et va longtemps poursuivre le vice-président dans sa carrière politique.

Même laisser-faire lorsqu'il s'agit des injustices raciales, la plaie américaine. Le 17 mai 1954, la Cour suprême statue sur la non-constitutionnalité de la ségrégation dans les écoles publiques. L'agitation monte dans la communauté noire, qui réclame l'application de la loi. Eisenhower, publiquement, s'est toujours prononcé pour l'égalité des droits dans son pays. Mais son engagement s'arrête là. Il attendra pendant trois ans avant d'agir. Et encore, c'est parce qu'il y est contraint par le gouverneur de l'Arkansas, Orval Faubus, qui a mobilisé la garde nationale pour empêcher les étudiants noirs de s'inscrire dans une école de Little Rock. Ike envoie sur place l'armée fédérale pour faire respecter la loi.

L'histoire lui adressera d'autres reproches. Par exemple d'avoir encouragé, par l'intermédiaire de son secrétaire d'État, John Foster Dulles, les démocraties populaires d'Europe de l'Est à se soulever contre la domination soviétique. En juin 1953, lorsque les Allemands de l'Est se soulèvent à Berlin, l'Amérique ne lève pas le petit doigt. Lorsqu'en novembre 1956 les

Hongrois se soulèvent et déclarent leur indépendance, les chars soviétiques entrent à Budapest. Là non plus, l'Amérique ne réagit pas. Le soulèvement fait plus de trente mille morts, et plus de deux cent mille Hongrois vont devoir fuir leur pays.

Autre domaine où les États-Unis vont montrer une certaine apathie : les Soviétiques lancent le premier spoutnik dans l'espace, le 4 octobre 1957, mais on ne créera la NASA que l'année d'après. L'Amérique d'Eisenhower semble en retard dans la compétition entre les deux superpuissances.

Et le président est en bien mauvaise santé. Il a été victime d'une crise cardiaque et, pendant quelque temps, sa mémoire s'est affaiblie. Il cherche parfois ses mots ou les inverse dans une phrase. De toute façon, les Américains adorent leur président et ils sont habitués depuis le début à son charabia. Eisenhower est même passé maître dans l'art de prononcer volontairement des phrases incompréhensibles pendant les conférences de presse. C'est aussi le roi du lieu commun soigneusement étudié. Les journalistes s'en amusent et, lorsque le chef de la Maison-Blanche effectue un tour des capitales pour prôner la détente, les reporters accrédités constatent que c'est parti : « le tour du monde en quatre-vingts platitudes ». Qu'à cela ne tienne. Il est convaincant aux yeux de l'opinion mondiale lorsqu'il affirme, sans broncher, que le « seul moyen de gagner la troisième guerre mondiale, c'est de ne pas la déclencher ».

Et puis on sent la fin d'une époque. Eisenhower n'a pas de chance. Au moment où il entreprend de nouer des liens plus solides et plus confiants avec Khrouchtchev, un avion-espion américain de type U2 est abattu au-dessus de l'URSS, et son pilote, Francis Gary Powers, est exhibé un peu partout par les Russes. Ike va reconnaître que son pays pratique l'espionnage aérien mais ne présentera pas d'excuses. Il est vrai que les Russes en font autant.

Et puis Ike ne déteste pas les gadgets que lui présentent ses conseillers militaires, qui lui font remarquer que, de toute façon, les avions-espions volent trop haut pour rapporter de bons clichés du territoire soviétique. On lui propose d'installer des caméras haute définition dans le fuselage de l'avion présidentiel, Air Force One. Le président doit en effet se rendre à Moscou en voyage officiel lors de la dernière année de son mandat. On conduit donc le tout nouveau Boeing 707 dans un hangar discret de la base Andrews, près de Washington. Et on l'équipe. Pour rien, puisque le scandale entraîné par la capture de Powers va entraîner l'annulation de la visite à Moscou.

En tout cas, Ike adore son avion. Il est le premier président à voyager à bord d'un appareil à réaction. Et il va s'en servir. Le Boeing va beaucoup plus vite que l'ancien Constellation. Il est spacieux et silencieux. L'US Air Force, qui aime les statistiques, constate que dans le passé, Eisenhower parcourait environ cinquante mille kilomètres par an. Avec le Boeing, il en fera le double durant la seule année 1960.

Un des problèmes d'Eisenhower, dans la vie quotidienne, c'est qu'il est commandant en chef depuis 1942. Il donne des ordres. Et on lui obéit. Un jour, il accompagne son petit-fils, David, dans un magasin d'accessoires de pêche. Il fait son choix et réunit tout l'équipement nécessaire. Puis il sort du magasin, suivi par l'homme du Secret Service qui porte les paquets.

L'idée n'est pas venue à Ike de payer la note. Le vendeur enverra la facture à la Maison-Blanche. Ike n'a jamais d'argent sur lui. Lorsqu'il prend sa retraite, à Gettysburg, il ne sait pas faire fonctionner le téléphone. Depuis vingt ans, chaque fois qu'il veut téléphoner, il appelle sa secrétaire dans le bureau voisin. Heureusement, Kennedy lui a laissé son garde du corps, et c'est lui qui va apprendre à l'ancien président à se débrouiller seul. Même chose pour préparer du jus d'orange avec un mixer ou pour régler le péage sur l'autoroute. La seule activité dans laquelle il excelle, et depuis longtemps, c'est le golf. À tel point qu'on va lui reprocher de passer trop de temps sur les greens et qu'on va voir apparaître un peu partout des autocollants sur le pare-chocs des voitures : « Votez Ben Logan. Si l'on doit avoir un président golfeur, autant prendre le meilleur. » (Ben Logan, bien sûr, est un champion.)

Lorsqu'il quitte la présidence, Ike est l'homme le plus âgé ayant résidé à la Maison-Blanche, et il est remplacé par un des plus jeunes présidents de l'histoire – le deuxième, en fait, après Lincoln, à quelques mois près. Kennedy est âgé de quarante-deux ans. Il est même le premier président à être né au XXe siècle. Même chose pour la *First Lady*, Jackie.

La passation de pouvoirs se déroule bien. Les deux hommes se sont vus à deux reprises depuis la victoire de Kennedy sur Nixon, en novembre précédent. Ils ont parlé des sujets du jour. Malgré tout, Ike est un peu excédé par la popularité, pour ne pas dire l'adulation que vouent depuis quelques semaines les Américains à son successeur. Mais Kennedy ne se prend pas au sérieux. Même s'il le souhaitait, il n'y parviendrait probablement pas car ce « gosse de riche » est d'une humilité et d'une simplicité désarmantes. Lors de leur première réunion de travail, en décembre, à la Maison-Blanche, le président élu est venu tout seul au rendez-vous. Pas de conseiller, pas d'assistant, pas d'entourage. Kennedy écoute courtoisement ce qu'Eisenhower a à lui dire. Même si Ike ne peut pas s'empêcher, lors d'une autre rencontre, de chercher à impressionner Kennedy. Il appuie sur un bouton, dans son bureau, et ordonne : « Envoyez-moi un hélicoptère. »

Six minutes après, montre en main, un hélicoptère se pose sur la pelouse de la Maison-Blanche. John Kennedy est impressionné.

Ike doit également expliquer au jeune homme qui est assis devant lui comment fonctionnent les règles de l'engagement nucléaire des États-Unis. « Un homme avec une serviette contenant ces règles d'engagement, ainsi que les codes de communication qui vous tiennent relié avec le commandement stratégique aérien, sera en permanence avec vous. Il n'est pas dérangeant, mais il vous suivra tous les jours, partout où vous vous rendrez. »

Une autre passation de pouvoirs a lieu dans le même temps, et elle se déroule dans une atmosphère un peu plus tendue.

Mamie Eisenhower a invité Jacqueline Kennedy à faire le tour de la Maison-Blanche avant d'y emménager. Là aussi, la différence d'âge est considérable. Mamie attend et s'impatiente. La visite est prévue à treize heures trente précises, un jour de décembre 1960. Mamie ne veut pas voir un domestique traîner dans les couloirs. L'ordre en a été donné.

Mme Eisenhower a du mal à considérer qu'une autre femme va gérer la maison où elle réside depuis huit ans. Et puis elle aurait préféré que Richard Nixon l'emporte aux dernières élections.

Elle n'est pas très fan de ce jeune Kennedy, « ce petit génie qui, à la différence des autres, serait incapable de commettre une erreur ». Et puis, à l'occasion de cette visite, se présente un problème inattendu : Jackie Kennedy vient d'accoucher et l'affaire a été douloureuse. On a dû pratiquer une césarienne, et l'épouse du nouveau président n'est pas du tout en forme. On le lit sur son visage. Elle est très pâle et très fatiguée. Avant d'arriver à la Maison-Blanche, elle a fait savoir qu'elle préférerait effectuer sa visite dans une chaise roulante car elle éprouve de véritables difficultés à se déplacer. Le personnel a donc prévu les choses de cette façon mais Mamie Eisenhower ne veut voir aucun serviteur dans les parages. Embarras.

La maîtresse de maison fait savoir qu'on avisera. Si elle a vraiment besoin d'un fauteuil roulant, eh bien ! elle le fera savoir.

Jackie arrive, mal à l'aise, et ce qu'elle voit, il faut bien le dire, ne la réjouit guère. Elle n'est pas comme Mamie, vouée au rose bonbon et aux fanfreluches. Elle salue Mme Eisenhower, et la visite commence. À pied. Et la maison est immense. Elle dure près de deux heures. Après cela, Jackie Kennedy devra rester au lit pendant deux semaines.

17

Les Kennedy : du zénith à la tragédie

« Nous aimerions être à la hauteur de nos responsabilités et du pouvoir qui nous est conféré, nous aimerions exercer ce pouvoir avec sagesse, et nous aimerions réussir à atteindre de notre vivant, et pour le reste des temps, la vision d'un monde en paix, d'une humanité de bonne volonté. »

C'est le discours que nous n'avons jamais entendu prononcer par le trente-cinquième président des États-Unis. C'est le discours que John Kennedy devait prononcer à Dallas le 22 novembre 1963, le jour de son assassinat.

Il a le génie du verbe. Et il inspire les autres dans la même direction. La plus belle épitaphe qui ait été écrite, à la mort du jeune président, on la doit à un autre Américain d'origine irlandaise. Il s'appelle Daniel P. Moynihan. Il est vice-ministre du Travail. C'est un politicien. Il a déjà vu beaucoup de choses dans sa vie, et il en verra d'autres. Ce n'est pas un enfant de chœur. Et il a toujours su garder une certaine distance entre ses sentiments et la réalité de la vie. Alors que l'Amérique est effondrée devant les images de Dallas, Moynihan remarque : « Je crois que cela ne sert strictement à rien d'être irlandais si l'on ignore qu'un jour, le monde va vous fendre le cœur. Simplement, nous espérions que nous avions encore un peu de temps devant nous… Une de mes amies m'a affirmé que nous ne ririons plus jamais. Et je lui ai répondu : "Mais non, Mary, pas du tout. Nous rirons encore. Simplement, nous ne serons plus jamais jeunes." »

L'histoire ne juge pas, et c'est tant mieux, les hommes d'État en fonction de leur physique et de leur charme. Et elle a la dent de plus en plus dure au fur et à mesure que le temps passe. John Kennedy – c'est le revers de la médaille – a été le président le plus vite analysé par les historiens. Et il y a matière à critique sur ces trois années passées à la Maison-Blanche, aussi bien sur le plan politique que personnel. Mais il conserve une place à part, avec Lincoln. Au nom du talent, au nom de la jeunesse, au nom de l'audace. Plus l'Amérique apprend à connaître celui qui l'a dirigée avec cet éclatant sourire, plus elle se familiarise et s'émeut de ses frasques et de ses turpitudes, plus elle apprend à décrypter quelque chose qui transcende une carrière politique : la vie.

John Fitzgerald Kennedy a bien failli la perdre, cette vie, le soir du 1er août 1943. Trois ans plus tôt, il était étudiant à Harvard ; en octobre 1941, il est sous-lieutenant dans la réserve de la Marine. Après le 7 décembre et l'attaque contre Pearl Harbor, il s'engage dans le service actif mais il devra attendre un an avant de se retrouver dans le Pacifique Sud, en cette nuit d'août. Il commande une vedette lance-tortilles, un PT Boat. Le sien porte le numéro 109. Ce soir, sa mission consiste à croiser dans les eaux du détroit de Blackett. Il fait nuit noire et on ne décèle aucun signe d'une présence ennemie. Ce sont des patrouilles monotones. Et un des hommes d'équipage taquine son lieutenant à propos de Winston Churchill. Il a du mal à croire que son jeune skipper, qui n'a que vingt-cinq ans, ait pu connaître le Premier ministre britannique. C'est pourtant vrai puisque Joseph Kennedy, le père de John, a été ambassadeur des États-Unis à Londres jusqu'en 1940.

Soudain, une masse énorme se profile dans le noir. C'est un destroyer japonais, l'*Amagiri*, qui coupe littéralement en deux le PT109. La poupe coule immédiatement, provoquant la noyade de deux membres d'équipage. Les réservoirs d'essence explosent et les hommes sont projetés dans la mer, essayant d'échapper à la succion mortelle du destroyer qui poursuit sa route.

Il y a des blessés, des brûlés ; Kennedy a du mal à rassembler les survivants autour des morceaux d'épave qui flottent encore. Au bout de quelques heures, ce qui reste du PT109 commence à s'enfoncer dans l'eau. Il faut se décider et nager jusqu'à l'île la plus proche. MacMahon, le mécanicien du bord et le vétéran du bateau – il a trente-sept ans – est trop gravement blessé pour pouvoir nager. Kennedy prend entre ses dents la corde d'attache de son gilet de sauvetage et entreprend de le remorquer. Il nage pendant quatre heures. Pendant quatre jours, les survivants du PT109 vont attendre les secours.

C'est pratique d'être un héros de la guerre lorsqu'on se lance dans une carrière politique : les exploits de Kennedy dans le Pacifique ne vont pas lui faire de tort, bien au contraire. Mais lui-même ne parvient pas à prendre tout cela au sérieux. Lorsqu'on lui demande, quelques années plus tard, comment on devient un héros, il répond : « Oh ! vous savez, cela a été tout à fait involontaire. Les Japonais ont coulé mon bateau. » Prié de s'étendre un peu sur ce qu'il a éprouvé à ce moment, il se contente de dire : « Ç'a été une expérience intéressante. »

John Kennedy est doué d'humour. Lorsqu'on le recueille, affamé et assoiffé, sur son île du Pacifique, on lui annonce immédiatement que les secours ont apporté des vivres : « Non, merci, je viens juste de terminer une noix de coco. » Et lorsqu'un médecin de la Marine l'examine et lui demande d'où viennent toutes ces infections cutanées qu'il a récoltées en nageant dans les coraux, il répond : « En me baignant. » Le médecin se met en colère : « Vous savez parfaitement qu'il est interdit de se baigner dans ces coins-là. Vous avez interdiction de vous baigner. »

Kennedy sait manier le verbe, pour s'élever au-dessus de sa propre jeunesse et de sa propre condition. Lorsqu'il prête serment sur les marches du Capitole, en janvier 1961, dans un froid glacial, il explique au monde entier que les choses ont changé : « Faisons savoir qu'à partir de cet instant et de ce lieu, et cela s'adresse aussi bien à nos amis qu'à nos ennemis, le témoin a été passé à une nouvelle génération d'Américains, nés au cours de ce siècle, ébranlés par la guerre, éprouvés par une paix difficile et amère, et fiers de leur héritage… »

Comme Franklin Delano Roosevelt, John Fitzgerald Kennedy est issu d'un milieu extrêmement fortuné. À cette différence près que le père, Joseph Kennedy, est un homme d'affaires peu orthodoxe. Il semble bien que sa fortune se soit bâtie grâce à une totale absence de scrupules. Roosevelt qui, à l'étonnement général, l'avait nommé premier président de la Bourse de New York dans les années 1930, avait eu ce mot fatal : « Ce sera pratique. Il faut un voleur pour reconnaître un voleur. »

Joseph Kennedy a gagné beaucoup d'argent au moment de la prohibition et il a eu le flair d'investir dans l'industrie du cinéma. Et il a des relations. Politiques bien sûr, avec les « parrains » de Chicago. Et dans le milieu, avec les « parrains » de la Mafia. Son fils, lui non plus, ne se montrera pas très regardant sur les gens et notamment les femmes qu'il fréquente, y compris lorsqu'il occupera la Maison-Blanche.

Joseph aura neuf enfants. Le dernier s'appelle Edward, diminutif Teddy. Tous les garçons du clan ont le sang chaud et le père encourage la compétition. La légende veut que Joseph Kennedy ait placé tous ses espoirs, et notamment ses projets politiques, sur son aîné Joseph Junior, qui mourra pendant la guerre dans un combat aérien. Ce n'est qu'après cette tragédie qu'il reportera ses attentes sur John.

Celui-ci, tout athlétique qu'il soit, souffre de nombreux problèmes de santé. Il est notamment très handicapé au niveau du dos. Il le sera jusqu'à la fin de sa vie, malgré plusieurs opérations.

Dès 1946 – il a vingt-neuf ans –, il entame une brillante carrière politique. Il est élu représentant du 11e district de Boston, qui demeurera un fief Kennedy pendant des décennies.

Son air juvénile posera parfois problème lorsqu'il intégrera la Chambre des Représentants à Washington et plus tard le Sénat. On le prend souvent pour le groom dans l'ascenseur. Un jour, un garde lui interdit très sèchement d'utiliser un téléphone au Capitole :

« Ces appareils sont réservés aux membres du Sénat des États-Unis. »

Il voit déjà plus loin mais prend le temps de faire deux choses qui auront un impact majeur sur sa vie et sa carrière : il épouse Jacqueline Bouvier le 12 septembre 1953. Elle est la coqueluche des pages mondaines et se révélera un formidable atout dans la course à la Maison-Blanche, et il écrit un livre, *Profiles in Courage*, qui lui vaudra le très prestigieux prix Pulitzer. John Kennedy se considère prêt pour la présidence.

Il va faire les choses en grand et d'abord faire face à un handicap : il est catholique. Il en conclut que s'il gagne les primaires dans un État résolument protestant, personne ne pourra faire resurgir cette question. Après avoir gagné dans le New Hampshire et le Wisconsin, il se dirige donc vers la Virginie-Occidentale. Il se déplace en avion privé, qu'il a baptisé du nom de sa fille, Caroline, et l'argent de papa est utilisé à bon escient. Hubert Humphrey, son adversaire dans la course à l'investiture démocrate, s'en plaint amèrement : « Je suis comme un petit épicier face à la concurrence d'un supermarché. » Jack Kennedy n'a pas de complexes et, avec humour, il désarme ses critiques un soir en lisant un télégramme que son père lui aurait prétendument adressé : « Fiston, n'achète pas plus de voix qu'il n'en faut, et surtout pas plus de huit dollars par tête. Je ne veux pas payer pour un raz de marée aux urnes. »

La suite appartient à l'histoire. Kennedy affronte lors de quatre débats télévisés son adversaire républicain, Richard Nixon, et gagne avec 113 057 voix d'avance, sur soixante-neuf millions de votes exprimés. Longtemps, le résultat sera contesté mais Nixon, sagement, admettra sa défaite. Inutile d'insulter l'avenir.

Kennedy très vite développe son style et ses idées. Il annonce que le pays va de nouveau se remettre en marche. « Le clairon nous appelle une fois de plus, pas comme un appel aux armes, bien que nous ayons besoin d'armes, pas comme un appel à la bataille, bien que nous nous battions, mais comme un appel pour un combat indécis qu'il faudra mener jour après jour, un combat contre les ennemis de l'homme : la tyrannie, la pauvreté, la maladie et la guerre elle-même… Mes chers compatriotes : ne vous demandez pas ce que ce pays peut faire pour vous, demandez-vous ce que vous pouvez faire pour lui. » Ce sera la « Nouvelle Frontière ».

Posons-nous tout de suite la question : John Kennedy fut-il un grand président ? Les médias en donneront cette image, pendant les mille jours qu'il passera à la Maison-Blanche, et après son assassinat. Mais se montra-t-il exceptionnellement brillant et fin politique dans une période aussi troublée et dangereuse ? Les avis divergent. On lui reprochera son indécision sur bien des dossiers. Encore faut-il toujours garder en mémoire que Kennedy n'a pas eu le temps de mûrir sous la charge. D'autres questions, personnelles celles-là, viennent encore polluer l'appréciation qu'on peut en faire : c'est un homme cynique et débauché, sans aucun scrupule moral dans sa vie personnelle. Il est désinvolte vis-à-vis des autres et notamment à l'égard des femmes, y compris de la mère de ses enfants. Au total, beaucoup d'ambiguïté dans le bilan qu'on peut tirer des années Kennedy. Hormis le fait qu'incontestablement, John est un homme absolument séduisant.

Sa femme aussi. Jusque-là, jusqu'à son mariage, Kennedy était plutôt abonné aux rencontres d'une nuit. C'est un « prédateur » qui collectionne les femmes comme il est de règle dans le clan familial. Joseph, le patriarche, a donné l'exemple dans les années 1930 en colonisant littéralement les petites starlettes de Hollywood à la recherche d'un contrat. Et il ne s'en est jamais caché vis-à-vis de sa famille. Une de ses maîtresses, Gloria Swanson, est venue un été passer ses vacances à la maison, à Hyannis Port, avec Joseph Kennedy. Il faut préciser que la famille tient à une certaine respectabilité que seul le mariage peut apporter. John va donc épouser Jackie. Le vieux Joseph adore Jacqueline Bouvier. Il a repéré en elle l'animal politique. Elle peut aider son fils. Elle ne se fait pas beaucoup d'illusions sur la moralité de son mari. Elle sait qu'il est volage et qu'il collectionne les aventures. Tout de même, elle ne lui pardonnera jamais de l'avoir abandonnée pour aller faire une croisière en Méditerranée avec une cohorte de jolies filles alors qu'elle est enceinte, en 1956. Elle accouchera d'un enfant mort-né.

Les Kennedy, parvenus à la Maison-Blanche, vont transformer le pays. Pas sur le fond, mais dans le style. Jackie va d'abord revoir de A à Z l'aménagement de la résidence présidentielle qui, sous les Eisenhower et la houlette de Mamie, est devenue une sorte de palais des horreurs. Elle se bat avec le Congrès pour que la Maison-Blanche soit classée musée national. Et elle se met en quête des plus beaux meubles pour en faire une demeure dont les Américains puissent être fiers. Les Kennedy, qui vivent dans l'œil du cyclone, ont compris que la télévision avait envahi la vie des Américains. Et la *First Lady* va jusqu'à faire pénétrer une équipe de télévision dans l'intimité de ses appartements. Elle explique en détail quels sont ses projets. Les présidents précédents ne se sont guère préoccupés de l'histoire de la nation, et c'est dommage. Les meubles les plus anciens ont soixante ans à peine. Même la résidence du président de la République colombienne est plus respectueuse de son histoire, dit-elle, et il faut sauver notre héritage. Elle a organisé tout un système de donations venant de particuliers pour financer son projet car le budget fédéral est mince. Devant des millions de téléspectateurs passionnés, elle fait visiter les appartements, les salons, les pièces de réception. Elle fait un malheur. Après tout, c'est là que se prennent les décisions et c'est l'image de la présidence et de la nation qui est en jeu. Jackie sait y faire. Elle sait parler du passé et connaît l'histoire de la Maison-Blanche sur le bout du doigt. De temps en temps, le président fait une brève apparition dans le champ des caméras. Il fait de la figuration. On imagine mal de Gaulle à l'Élysée ou Khrouchtchev au Kremlin se livrer au même exercice.

Et lorsque Kennedy s'exprime sur le sujet, il le fait avec brio : « Cette maison reflète l'histoire de notre peuple, et des grands moments de cette histoire. Après tout, en retrouvant la table de Grant, le lit de Lincoln, et la vaisselle de Monroe, on rend hommage à ces grands présidents... L'an dernier, plus d'un million trois cent mille Américains ont visité notre maison et j'espère qu'ils seront le double cette année. Vous savez, on enseigne mal l'histoire. C'est souvent ennuyeux. Ce sont des dates à retenir. Mais lorsqu'on visite cet endroit, on comprend mieux et on se sent davantage encore américain. Certains de nos jeunes visiteurs

311

penseront peut-être qu'ils peuvent vivre ici un jour. Je le souhaite… et notamment je pense aux jeunes filles. »

Charles Collingwood, l'interviewer, demande au président si l'histoire ne peut pas servir à comprendre le présent. « En tout cas, si le passé ne nous donne pas les clefs de l'avenir, il nous donne confiance dans le futur. Nous sommes sans doute la plus vieille république du monde. Lorsque ce pays est né, il y avait un roi en France, un tsar en Russie et un empereur en Chine. Aujourd'hui, plus rien de tout cela n'existe et pourtant nous survivons. »

Quatre-vingts millions d'Américains vont regarder ce programme et se dire que, décidément, les Kennedy et leurs enfants constituent une bien jolie famille, emblématique à souhait.

Et ce projet de restauration de la Maison-Blanche va être mené avec beaucoup de goût. Jackie Kennedy va s'assurer les services d'un architecte d'intérieur français, Stéphane Boudin, qui a déjà fait ses preuves à l'ambassade de France à Washington. Il fera des merveilles, en évitant le côté pompeux de la plupart des restaurations historiques. Éloge de Jackie envers son décorateur : « Quand on le regardait travailler, on voyait ce qu'aucun Américain n'était capable de faire… L'œil de Boudin était d'une justesse absolue. »

En matière de mode, là aussi, Jacqueline Kennedy va bouleverser une Amérique engoncée dans les séquelles des années 1950. En fait, elle va parvenir à convertir les Américaines aux vertus de l'élégance. La presse féminine, du coup, va beaucoup changer sous l'ère Kennedy. Le « glamour » fait recette. Un magazine de mode affirmera que la *First Lady*, très francophile, dépense chaque année plus de trente mille dollars en robes et chapeaux haute couture, tout droit venus de Paris. Les agences de presse s'emparent de l'affaire qui menace de faire scandale. Jackie rectifie le tir dans le *New York Times* : « Je ne pourrais jamais dépenser autant d'argent pour ma garde-robe, dit-elle, sauf si je portais des sous-vêtements en zibeline. » Les républicains s'obstinent tout de même à alimenter la polémique, et la femme de Richard Nixon fait savoir qu'elle s'habille dans les supermarchés et qu'elle fait travailler les usines de confection américaines. La polémique s'arrête là. Les Américains aiment et admirent leur *First Lady*.

Et ils sont toujours éblouis par le jeune homme auquel ils ont confié leur destin. Kennedy a son style. Il s'entoure d'hommes jeunes, les plus brillants. Les grandes universités se plaignent d'ailleurs de la razzia effectuée en leur sein par le gouvernement. Kennedy n'aime pas les réunions de cabinet en règle générale et se méfie des méandres de l'administration. Il préfère les tête-à-tête avec les membres de son entourage. Et cela ne gêne personne que Caroline ou John John soient fourrés dans les pattes des conseillers pendant les réunions. En général, on s'arrange pour qu'un photographe traîne dans les parages. C'est bon pour l'image du président.

Lorsqu'il y a des manifestants devant la Maison-Blanche, le président leur fait envoyer du café chaud. Il invitera même un de ces protestataires antinucléaires à un dîner donné en l'honneur des prix Nobel de la paix.

On reçoit beaucoup à la Maison-Blanche. Lors de l'inauguration, figurent dans la liste des invités des gens comme John Steinbeck, Robert Frost, Robert Lowell.

Pablo Casals jouera pour Jacqueline Kennedy devant un parterre prestigieux. Même Ernest Hemingway, ours entre les ours, se félicitera d'avoir à la tête du pays « un homme brave, dans ces circonstances difficiles ». Conclusion de Steinbeck : « Quelle joie à l'idée de savoir que la culture n'est plus le signe évident de la trahison ! » Référence au cauchemar McCarthy.

Kennedy est à son meilleur lorsqu'il a affaire à la presse. Lui-même, pendant quelques mois, après sa démobilisation, a été reporter et il aime à le rappeler aux journalistes. Cette connivence crée des liens très utiles.

Il va innover en acceptant de se livrer à l'exercice de la conférence de presse en direct, à la télévision, contre l'avis de ses conseillers, qui voient là « l'idée la plus dingue depuis l'invention du *houla-hoop* ». Ils ont tort. Les Américains sont fascinés. Kennedy est beau, éternellement bronzé pour cause de cortisone, qu'il prend régulièrement pour combattre son mal de dos, et son humour est irrésistible. Ces conférences de presse ont lieu sur un rythme quasi hebdomadaire. Et il parvient même à plaire à ses opposants. Lorsqu'il nomme son jeune frère Robert au poste de ministre de la Justice, il sait que cette décision va entraîner une polémique et qu'on va l'accuser de népotisme. Il doit se montrer adroit pour obtenir l'approbation du Congrès ; lorsqu'il emmène son frère pour répondre aux questions des journalistes, il lui conseille de ne pas afficher son grand sourire habituel : « Sinon, ils vont penser que nous sommes heureux. » Et lorsqu'il justifie cette nomination controversée, en direct lors d'une conférence de presse télévisée, il répond par une pirouette aux critiques qui considèrent que Bobby est beaucoup trop jeune et beaucoup trop inexpérimenté, car, malgré ses études de droit, il n'a même jamais plaidé dans une cour de justice. « Certes, dit Kennedy, mais je ne vois vraiment pas ce qu'il y a de mal à lui fournir une petite expérience juridique personnelle avant qu'il aille pratiquer le droit dans le privé. »

Kennedy ne peut s'empêcher de recourir à l'humour et à l'ironie. Devant une assistance de chefs d'entreprise particulièrement conservateurs, il lâche : « Il serait sans doute prématuré de vous demander maintenant votre soutien pour ma réélection, et il serait tout à fait malvenu de vous remercier pour le soutien que vous avez bien voulu m'apporter lors du dernier scrutin. » On l'applaudit.

Lorsque son tout jeune frère Teddy est élu sénateur du Massachusetts en 1962, le *Time* l'accuse d'avoir un « sourire sardonique ». « Faux, rétorque Kennedy. Robert et moi avons un sourire sardonique. Mais Teddy est encore beaucoup trop jeune. Il lui faudra apprendre et cela lui prendra bien encore deux ou trois ans. »

Parfois l'humour est grinçant, chez cet homme jeune qui semble fasciné par la mort. À bord d'Air Force One, la Maison-Blanche volante, un reporter lui demande ce qui se passerait si l'avion s'écrasait. Sourire du président : « Je suis certain d'une chose. Vous auriez votre nom dans le journal du lendemain, mais en tout petits caractères. » Et à Lyndon Johnson, que Kennedy envoie en tournée au Vietnam et qui sent bien que son vice-président n'est pas très chaud à l'idée d'un séjour à Saigon : « Ne vous en faites pas. S'il vous arrive quelque chose, je vous promets d'organiser les plus grandioses funérailles qu'on ait jamais vues à Austin, Texas. » Cet humour-là passe mal auprès de Johnson.

Dans les voyages à l'étranger, même phénomène. Les Kennedy sont la coqueluche de la planète. À Paris, où sa femme fait un malheur, y compris auprès de De Gaulle, il se présente comme « le mari de Jacqueline Kennedy ». La visite en France est un triomphe, et le président de la République a invité les Kennedy à l'Opéra pour un ballet. À l'entracte, de Gaulle autorise quelques photographes à faire leur travail, puis au bout de quelques instants, les congédie d'un geste de la main. Kennedy admire l'autorité du chef d'État français. Et le lendemain, lorsqu'un reporter lui demande s'il n'envie pas cette façon de contrôler la presse, il répond : « Souvenez-vous que je n'ai pas été appelé à mes fonctions comme le sauveur de la patrie. »

Même lorsque les enjeux sont élevés et que les rencontres se passent mal, les Kennedy font bonne figure. Notamment avec Khrouchtchev, sur lequel Kennedy ne se privait pas de lâcher quelques plaisanteries perfides. Le président américain adorait par exemple raconter l'histoire suivante : un homme court dans les couloirs du Kremlin en criant : « Khrouchtchev est fou, c'est un malade mental ! » Il est immédiatement arrêté et condamné à vingt-trois ans de prison. « Trois pour avoir insulté le secrétaire général du parti communiste, précisait Kennedy, et vingt pour avoir dévoilé un secret d'État. »

En tout cas, la relation n'est pas simple entre Kennedy et Khrouchtchev, qui n'éprouve que peu de respect pour ce président de quarante-trois ans.

Leur rencontre à Vienne va tourner court. Là aussi, ils ont été invités à l'Opéra et, lorsque Khrouchtchev ne regarde pas les danseurs du corps de ballet, il scrute Jacqueline Kennedy, sans la moindre gêne. Manifestement, il est impressionné par sa beauté et son élégance. Le contraste est frappant avec Nina, un peu rondelette, mal fagotée et qui semble extrêmement mal à l'aise en société. Mais les conseillers de la Maison-Blanche aiment beaucoup Mme Khrouchtchev, qui toujours se montre adorable et courtoise dans ses relations protocolaires avec les Américains. Pas son mari. Il est brutal et difficile. À l'évidence, il vit mal la comparaison qui s'impose devant le reste du monde, entre le président américain et le patron du Kremlin. En tout cas, ses seuls sourires, et ils sont spontanés, sont pour Jackie.

Pour ajouter au malaise, les Viennois, c'est le moins qu'on puisse dire, ne sont pas très accueillants vis-à-vis de la délégation soviétique. Et lorsque les voitures officielles défilent dans les rues, les applaudissements sont réservés au cortège américain. Pas d'applaudissements pour le convoi de Khrouchtchev.

Le second jour du sommet, pendant que leurs maris traitent des affaires du monde dans une ambiance de bronze, Jacqueline Kennedy et Nina Khrouchtchev déjeunent ensemble au palais Pallavacini, à l'invitation de la fille du président autrichien. À l'issue du déjeuner, les invités sont conviés à prendre le café dans un salon. Sous les fenêtres, plusieurs milliers de personnes se sont rassemblées et commencent à hurler le nom de Jackie. Ce sont des admirateurs qui veulent voir la *First Lady*. En revanche, personne ne demande à apercevoir Nina Khrouchtchev, qui reste assise, silencieuse, en regardant le tapis. Les conversations s'éteignent dans le salon. Jacqueline Kennedy se lève, se rend au balcon et la rumeur s'amplifie. Mme Kennedy retourne dans la pièce, prend Nina par le bras et la conduit à son tour au balcon. Elle lui tient gentiment la main et pendant quelques secondes les deux femmes saluent la foule. Et puis, timidement, Mme Khrouchtchev agite le bras à son tour. Sous les applaudissements. Mme Kennedy, ce jour-là, s'est révélée être une excellente diplomate.

Sur l'autre front diplomatique, l'atmosphère est plus sombre. Kennedy essaie de réchauffer l'ambiance. Khrouchtchev lui dit, sans sourire, qu'il lui doit sûrement sa victoire sur Nixon. Si les Russes avaient libéré Gary Powers, le pilote de l'avion-espion U2 avant les élections, cela aurait profité au candidat républicain, et vu l'écart très mince entre les deux hommes, Kennedy ne serait sans doute pas à la Maison-Blanche. Kennedy le supplie de ne pas répéter cette histoire : « Si vous dites que vous m'aimez mieux que Nixon, cela va se savoir et ma réputation va en souffrir en Amérique. » Un peu plus tard, Khrouchtchev demande à Kennedy comment il s'entend avec Gromyko, son ministre des Affaires étrangères. « Très bien, répond Kennedy. Ma femme trouve qu'il a un sourire agréable. Pourquoi cette question ?

— Eh bien ! rétorque Khrouchtchev – et la scène a lieu en présence du ministre des Affaires étrangères –, parce que tout le monde pense que Gromyko a le même sourire que Nixon. »

Pour le reste, les dossiers n'avancent guère et, en désespoir de cause, Kennedy demande au dirigeant soviétique s'il ne lui arrive jamais de reconnaître ses erreurs. « Si, répond Khrouchtchev. Cela m'est arrivé devant le XXe congrès du parti, lorsque j'ai reconnu tous les crimes de Staline.

« — Ce n'étaient pas vos fautes, c'étaient celles de Staline », lâche Kennedy, dépité. La guerre froide continue.

Car les crises se succèdent. La première va se traduire par un fiasco retentissant : la baie des Cochons. Depuis plusieurs années, avec l'accord tacite d'Eisenhower, la CIA recrute et entraîne des Cubains anticastristes pour tenter de renverser le régime du Lider Maximo. Entre son élection et sa prise de fonction, Kennedy est mis au courant des projets de l'agence de renseignements américaine. Il s'agit, ni plus ni moins, d'envahir Cuba avec l'aide logistique des États-Unis. Kennedy donne son accord. Le débarquement, en avril 1961, est un échec sanglant et le prestige des États-Unis s'en ressent.

La deuxième épreuve, dans la foulée du sommet de Vienne, est la crise de Berlin. En août, les Allemands de l'Est érigent un mur isolant Berlin-Ouest.

En octobre 1962, Castro refait parler de lui. Cette fois, la crise est très grave. Les reconnaissances aériennes menées par les États-Unis révèlent que les Soviétiques sont en train d'installer des missiles à Cuba, à moins de cent cinquante kilomètres des côtes de Floride. Kennedy a deux options : bombarder les sites de lancement et prendre le risque d'un conflit nucléaire avec Moscou, ou accepter le défi soviétique. Il cherche une troisième voie, dans le secret du Bureau Ovale, où il s'enferme avec ses conseillers pendant dix jours. C'est son frère, Robert, qui trouve la solution : un blocus naval de Cuba, qui empêchera les cargos soviétiques de poursuivre leurs livraisons de matériel, et l'assurance que si les bases de lancement sont démantelées, les États-Unis n'envahiront pas Cuba.

Sur le front intérieur, Kennedy fait preuve de beaucoup d'indécision, malgré ses promesses, et finalement c'est son successeur, Johnson, qui mettra en œuvre la plupart des lois de la Nouvelle Frontière, notamment en matière d'intégration raciale. Comme Eisenhower, quelques années plus tôt, il est confronté à des émeutes, cette fois dans le Mississippi, lorsqu'on refuse à James Meredith, un jeune Noir, l'accès à l'université. Il envoie les troupes fédérales pour maintenir l'ordre. Il faut dire que la pression est forte dans la communauté noire. Les violences sont extrêmes en Alabama. En 1963, Martin Luther King rassemblera des centaines de milliers de personnes à Washington pour réclamer une législation sur les droits civiques.

Au bout de mille jours, ou presque, Kennedy est toujours populaire dans l'opinion, même si percent certaines contradictions. Au Vietnam, par exemple, où les États-Unis ont mis le doigt dans l'engrenage, dans ce qui s'annonce comme une guerre d'enlisement. Un peu comme si le président lui-même était dans un piège. Il offre un double visage. Il ne résiste pas à la CIA ni au FBI qui poursuivent leurs propres objectifs, à l'extérieur et à l'intérieur des frontières. Et sur un plan personnel, il mène une vie de débauche. En public, c'est un père affectueux, mais sa femme, qui vient de perdre encore une fois un nouveau-né, voyage seule à travers le monde, désemparée.

John Kennedy lui aussi paraît perdu parfois, même s'il affecte de ne pas mêler vie publique et vie privée. Il s'expose au chantage en amenant dans son lit, au su de tous, toutes celles qu'il convoite. Déjà, pendant la guerre, il avait eu des démêlés avec le FBI pour avoir eu des relations avec une espionne danoise, Inga Arvard, qui travaillait pour le compte des Allemands. Avec Judith Campbell, connue pour ses relations avec la Mafia, il joue avec le feu. Que dire de son aventure avec Marilyn Monroe, connue dans le monde entier, psychologiquement instable, éperdument amoureuse des frères Kennedy, et dont la discrétion n'est pas la qualité première ? Car Robert, le frère, lui aussi entretient une relation adultérine avec l'actrice. Les choses se compliquent alors. Sinatra, ami des Kennedy, a prévenu la pègre, et notamment Sam Giancana. Le président et le ministre de la Justice, qui dans le même temps mènent publiquement la guerre contre le crime organisé, sont dans la main du chef d'une des « familles » les plus puissantes du pays. En outre, le « crime organisé » a largement participé au financement de la campagne électorale de Kennedy. Et elle en attend un retour sur investissement. J. Edgar Hoover, l'impitoyable directeur à vie du FBI, a lui aussi de quoi faire chanter les deux frères Kennedy, qu'il déteste par ailleurs pour leur origine patricienne. Et il les met en demeure de cesser de fréquenter les « femmes » de la Mafia.

Les jours passent et Kennedy semble mûrir. Il tente de se rapprocher de sa femme après la disparition de leur dernier-né. Et il court moins les filles. Un jour, ainsi va la rumeur, il appelle un de ses amis et lui dit : « Vois-tu, il y a deux jolies femmes nues dans cette pièce, et je lis le *Wall Street Journal*. Crois-tu que je vieillisse ? »

Fin 1963. Il est temps de songer à la campagne électorale pour un second mandat. Et John Kennedy repart sur les routes. Première étape : Dallas. Il sait qu'il n'y est pas très populaire mais Jacqueline est avec lui, et son sourire fera merveille, une fois de plus.

Dallas est une ville violente, extrémiste, et elle en est fière. Les groupes d'extrême droite haïssent Kennedy et le font savoir. Trois ans plus tôt, des manifestants ont craché sur Lyndon Johnson et Lady Bird. Des Texans ! La photographie de Kennedy quelques mois plus tôt a été affichée partout avec la mention *Wanted*. Le 21 novembre 1963, vingt-quatre heures avant l'arrivée du président, un chroniqueur du *Dallas Morning News* écrit tranquillement qu'il n'est pas impossible « que quelqu'un décharge son fusil sur Kennedy s'il prononce le moindre mot sur Cuba, les droits civiques, les impôts ou le Vietnam ».

C'est finalement Lee Harvey Oswald qui se chargera le lendemain de la besogne.

Sur l'aéroport de Love Field, où s'est posé en milieu de matinée Air Force One, l'équipage se repose. Certains sont allés se restaurer à la cafétéria. D'autres, appartenant au service de presse, font des photocopies du discours que doit prononcer ce soir Kennedy à Austin. Le pilote, le colonel James Swindal, prépare son plan de vol pour la prochaine étape.

Le majordome de Kennedy, George Thomas, prépare un nouveau costume, plus léger, pour le président. Il fait chaud au Texas, et John Kennedy veut toujours être impeccablement vêtu.

Le pilote, par habitude, écoute les communications radio entre l'avion et le cortège présidentiel. À midi et demi, il entend des bruits et des cris. Il reconnaît la voix de Roy Kellerman, l'agent du Secret Service chargé de la protection du président dans sa limousine. Un ordre sort de la radio : « Dagger couvre Volunteer. » « Volunteer » est le nom de code de Lyndon Johnson. Il est dans le cortège mais il voyage à bord d'un autre avion, Air Force Two. « Dagger », c'est Rufus Youngblood, le garde du corps du vice-président. Que s'est-il passé ?

Le colonel Swindal est joint dans son cockpit. On lui ordonne de faire le plein de l'avion présidentiel immédiatement. Et de préparer un décollage d'urgence. Direction Washington. Ce qui veut dire que l'incident de Dallas concerne Kennedy, pas Johnson. Une confirmation arrive : le président a été touché par un tireur.

L'équipage d'Air Force One est atterré. Des hommes et des femmes pleurent. Ceux qui sont allés se restaurer entendent une annonce urgente : retour à bord de l'avion présidentiel, immédiatement.

Sur la piste de l'aéroport, on voit arriver la limousine du président, conduite par un des gardes du corps. Le toit, à l'épreuve des balles, a été remis en place. La voiture embarquera à bord d'un C130 militaire pour être examinée à Washington. Les agents du Secret Service, bouleversés, désemparés, tournent autour de la voiture, dont le siège arrière est couvert de sang.

Le pilote d'Air Force One a ordonné qu'on coupe l'alimentation électrique venant des installations aéroportuaires. Il veut pouvoir décoller dans l'urgence. Mais la température, sans air conditionné, monte rapidement à bord. Deux voitures de police arrivent à toute allure, avec une escorte de motards. M. et Mme Johnson se dirigent vers Air Force One, pas Air Force Two. L'agent Youngblood couvre littéralement Johnson de son corps, dans ses moindres déplacements. Il ordonne qu'on baisse tous les stores de l'appareil, au cas où. Johnson est secoué par les événements, mais il prend les opérations en main. Il ordonne aux hôtesses de laisser la chambre présidentielle en l'état : elle sera réservée strictement à Mme Kennedy. Personne ne parle. Johnson est devenu « le président ».

On attend l'arrivée de Jackie Kennedy et du corps du président défunt. Il faut trouver une place pour le cercueil. On ne peut pas le mettre dans la soute de l'avion. On décide de retirer quatre sièges en bout de l'appareil.

La suite du président assassiné « découvre » Lyndon Johnson dans l'avion de Kennedy. Chacun comprend que le vice-président est dans son rôle en ces heures critiques et qu'il serait ridicule qu'il retourne à Washington à bord d'Air Force Two. Johnson va par ailleurs décider de prêter serment en vol. Rien ne l'y oblige, et la cérémonie pourrait attendre quelques heures, mais il sent qu'il doit revêtir le plus vite possible tous les attributs du chef de l'exécutif. Il est quatorze heures vingt-huit et Johnson prête serment devant le juge Sarah T. Hugues, en présence de Jackie Kennedy. Celle-ci vit particulièrement mal cette épreuve supplémentaire, moins de deux heures après l'assassinat de son mari. L'avion décolle enfin pour rejoindre la base d'Andrews.

Vers dix-huit heures, heure locale, l'avion survole le corridor aérien du Potomac et le mécanicien de bord remarque quelque chose d'anormal. C'est l'heure de pointe du trafic aérien dans le secteur de Washington, pourtant aucun avion n'est en vue. Il comprend que tous les pilotes laissent passer Air Force One. Une sorte de salut au président.

Le corps du défunt est acheminé vers l'hôpital naval de Bethesda. Les balles ont traversé le crâne de Kennedy et il faut procéder à un certain nombre d'examens.

Pendant ce temps-là, on prépare la chambre mortuaire à la Maison-Blanche. On trouve un crucifix qu'on installe dans la chambre de Lincoln, où reposera la dépouille. Il fait nuit. On a allumé des bougies et on a placé des feuilles du magnolia d'Andrew Jackson dans des urnes.

Un commandement : « Marche ». Le cercueil fait son entrée porté par des soldats, tout pâles. Un prêtre est là, avec deux enfants de chœur. On s'agenouille pour une prière. La porte s'ouvre. Entrent le frère, Bobby, et le secrétaire à la Défense, Robert McNamara. Et puis Jackie. Ses vêtements sont couverts de sang. Elle s'agenouille près du cercueil, et pose dessus son front. Elle embrasse le drapeau qui recouvre le cercueil. Elle se relève et éclate en sanglots. C'est la première fois depuis l'assassinat. Ce sera la dernière, en public. Pendant les jours qui suivent, elle présentera au monde entier un port de reine. Un exploit inhumain.

18

Johnson : l'homme de la nouvelle société

Lyndon Baines Johnson n'a qu'une seule grande passion. La politique. Dix-huit heures par jour. Et puis, très loin derrière, les femmes. Ce qui n'amusera pas toujours son épouse.

C'est un très grand raconteur d'histoires. Notamment celle-ci. Il se souvient qu'un jour, lorsqu'il était enfant, chez lui, au Texas, un politicien local était en train de décrire une pendaison. Les choses à l'époque se passaient en public. Comme le voulait la coutume, le shérif avait fait savoir au condamné qu'il avait cinq minutes pour s'exprimer, pour dire ce qu'il avait sur le cœur avant de mourir. L'homme avait hésité, puis finalement il avait répondu : « Merci, mais franchement, je n'ai plus rien à dire. Finissons-en. » Et à cet instant, un homme était sorti de la foule, était grimpé sur la plateforme de la potence et avait déclaré : « Eh bien ! si personne ne veut utiliser ces cinq petites minutes, j'aimerais pouvoir en profiter. Voilà, je me présente, je suis candidat pour représenter votre district à la Chambre des Représentants... »

On comprend pourquoi cette histoire avait autant fasciné le jeune Johnson, car il aurait probablement été capable d'accaparer pour son compte les cinq minutes d'un condamné à mort pour un bout de campagne électorale.

Johnson est un animal politique et, si la guerre du Vietnam n'avait pas finalement ruiné ses ambitions, il aurait sans doute été le plus grand président des États-Unis depuis Lincoln. Car peu d'hommes ont montré autant d'énergie et d'intelligence dans la compréhension du fonctionnement démocratique. Et cette compétence-là est réservée aux passionnés de la politique, à ceux qui en connaissent tous les rouages, à ceux qui savent entrer dans le cerveau de l'électeur.

Il a l'instinct. Lors de sa première campagne pour le Sénat, en 1941, il a affaire à une légende du Texas, le gouverneur Lee O. Daniel. Lui aussi est un as. On l'a surnommé « Papy passe les biscuits », car il sait graisser les rouages et c'est le champion toutes catégories du consensus. Son programme électoral est simple : « Je suis à cent pour cent pour notre Seigneur. Je suis en faveur de la veuve et de l'orphelin. Et je respecte les Dix Commandements. » Johnson perd d'un cheveu. Il a trouvé plus populiste que lui et, un peu amer, il rentre à Washington où il est reçu par un de ses mentors en politique, le président Roosevelt, qui lui donne une amicale leçon : « Lyndon, je croyais que depuis le temps, tu avais appris. Tu t'assois sur les urnes tant que les bulletins ne sont pas tous comptés. J'ai compris cela à New York depuis belle lurette. »

Sept ans plus tard, Johnson se représente pour le même siège de sénateur. Il l'emporte avec quatre-vingt-sept voix d'avance, des voix originaires du secteur le plus isolé des collines du Rio Grande. Plus tard, Johnson racontera, de son inimitable façon, que le lendemain du scrutin, un de ses amis avait rencontré un gamin mexicain, en pleurs, dans un petit village reculé du sud du Texas. Il demande au garçon les raisons de son chagrin. « Mon père est venu hier mais il n'a même pas pris le temps de me voir.

— Mais tu sais bien que ton père est mort il y a deux ans !

— Oui, mais hier il est venu au village pour voter pour Lyndon Johnson. Pourquoi ne m'a-t-il pas rendu visite ? »

Les Corses ont encore beaucoup à apprendre.

Johnson est le premier « vrai » Texan qui deviendra président des États-Unis. C'est une force de la nature. Et il ressemble à la terre d'où il vient, d'autant plus que la famille Johnson n'a pas eu la vie facile depuis qu'elle s'est établie dans ces terres inhospitalières. Comme son Texas, Lyndon est grand, brutal, souvent vulgaire, amical et peu porté sur les bonnes manières. Et Johnson est un homme remarquablement intelligent. Car si son ego est immense, c'est aussi et surtout un homme qui a une vision de la politique. Elle doit servir la communauté et elle doit améliorer la vie de la masse.

Sam Rayburn, un autre de ses mentors, texan lui-même, a été très impressionné par les capacités de son protégé : « Il a toujours agi comme s'il n'y avait pas de lendemain. Il fallait tout faire le jour même. » Sa femme Lady Bird et ses assistants n'auront jamais un jour de répit aux côtés de Johnson.

On ne peut lui résister. Il peut parler pendant des heures, il peut flatter, il peut menacer, il peut pétrir des mains jusqu'à en avoir des ampoules. Il a trouvé l'arme absolue pour ne jamais interrompre la machine : le téléphone.

C'est une invention qui a fait relativement tardivement son apparition à la Maison-Blanche, en tout cas dans le Bureau Ovale, sous Herbert Hoover. Johnson en a fait le prolongement de son bras. Il mène plusieurs conversations simultanément. Il ne s'agit pas de communiquer simplement un ordre ou une décision. Il parle et parle encore, cajole, menace, dit du mal, sème des rumeurs, s'informe. Un de ses assistants à la Maison-Blanche, Horace Busby, se souvient d'avoir rejoint un jour Johnson dans l'aéroport de Love Field, à Dallas. Le président était en grande conversation devant toute une batterie de téléphones publics. Les six appareils étaient décrochés et Busby pouvait entendre une bouillie de voix venues de partout. Johnson semblait s'y retrouver malgré tout dans ce méli-mélo.

Avant même de devenir président, alors qu'il est le puissant leader de la majorité démocrate au Sénat, Johnson se déplace dans une limousine, et bien sûr il la fait équiper d'un des tout premiers téléphones mobiles. Nous sommes à la fin des années 1950. Ses collègues sont un peu jaloux ; un jour, le leader de l'opposition, le républicain Everett Dirksen, l'appelle à son tour de sa voiture. Lui aussi dispose du téléphone à bord et il tient à le faire savoir à Johnson. Jamais pris au dépourvu, Johnson décroche : « Pardonne-moi une minute, Everett, mais quelqu'un m'appelle sur mon autre ligne. »

Johnson ne s'embarrasse pas de manières lorsqu'il a besoin d'un téléphone. Si l'une de ses secrétaires est en pleine conversation, il lui arrache le combiné des mains, coupe la ligne et compose le numéro de celui qu'il cherche à joindre. Sans le moindre mot d'excuse, bien sûr. Les secrétaires pleurent souvent.

Il n'y a pas d'horaire pour Johnson. Il appelle à l'aube, tard le soir. Chacun est prié d'être instantanément disponible. C'est un tyran.

On ne va pas aux toilettes. Ou alors, on prévient auparavant le standard de la Maison-Blanche. En revanche, cela ne dérange pas le président d'organiser une conférence avec ses collaborateurs, alors que lui-même est aux toilettes. Il est le président et il est du Texas.

Si vous êtes au restaurant avec un ami, le maître d'hôtel vient vous prévenir qu'on vous appelle au téléphone. C'est le président des États-Unis. Rien d'urgent. Il souhaite juste savoir pourquoi vous êtes là, pourquoi vous avez choisi ce restaurant, de quoi vous parlez, ce que vous mangez, si c'est assez salé… Johnson peut faire dix choses à la fois. Il regarde trois chaînes de télé en même temps et parle au téléphone. Pour le moins, c'est une personnalité complexe. Il incarne tout ce qui peut séduire ou déplaire dans le caractère américain, mais l'histoire lui a rendu justice. Pour l'élite de la Nouvelle-Angleterre, c'était un « péquenot » mal élevé qui a mal lu Machiavel. Pour les Texans conservateurs, c'était un « gauchiste » très culotté, qui n'a pas hésité au début de sa carrière à aller prêcher le socialisme dans l'État le plus conservateur du pays. C'était un fils de fermier, élevé à la dure, et l'Amérique lui doit toute la législation sociale de la « Great Society ». Au fond, il a réalisé, avec son style et ses méthodes, tout ce que Kennedy avait promis de faire et qu'il n'avait même pas commencé à mettre en œuvre lorsqu'il a été assassiné à Dallas. En tout cas, ses détracteurs et ses admirateurs sont d'accord sur un point : Johnson est un génie politique atypique qui savait ce qu'il voulait et qui avait le don de l'organisation et de la persuasion. On ne résistait pas à Johnson. D'ailleurs, il ne se posait même pas la question. Il savait qu'il était un homme puissant, sans doute le plus puissant du monde. Et qu'il le méritait puisqu'il s'était fait lui-même, lui, l'ancien petit instituteur du temps douloureux de la Grande Dépression. Il était sans doute légèrement mégalomane, à sa façon. Un jour, lors d'un déjeuner, son secrétaire de presse, l'excellent Bill Moyers, qui deviendra une des figures légendaires du journalisme américain, dit les prières d'action de grâces au nom de l'assemblée réunie là. Johnson s'égosille : « Parlez plus fort, nom de Dieu, Moyers. Je n'entends rien. » Moyers : « Pardonnez-moi, Monsieur le Président, mais ce n'est pas à vous que je m'adressais. » Johnson se prend-il donc pour une sorte de Dieu, chargé de régir à la hussarde les affaires de la planète ?

De la vitalité, il n'en manque guère et il aura sa première crise cardiaque assez jeune. Pendant la campagne présidentielle de 1964, il va prononcer vingt-deux discours en une seule journée. Trois ans plus tard, il va faire le tour du globe, avec de nombreux arrêts dans les capitales qui l'intéressent, en quatre jours, quinze heures et cinquante-huit minutes. En fait le périple a démarré assez soudainement. Le Premier ministre australien, Harold Holt, s'est noyé et Johnson décide d'assister aux funérailles. Nous sommes à la veille de Noël. Direction l'Australie. Et puis, pourquoi ne pas faire escale au Vietnam sur le chemin du retour… Personne n'est au courant, pas même le pilote d'Air Force One. Au débotté, Johnson décide également d'en profiter pour rendre visite au président du Pakistan. Après tout, c'est à un coup d'aile. Personne, dans l'entourage, n'a en tête autre chose que les obsèques du Premier ministre australien. Avant d'atterrir à Canberra, le président se rend dans le cockpit de son avion. L'air de ne pas y toucher, il demande au pilote de préparer un plan de vol pour le Vietnam, la Thaïlande, le Pakistan, et puis, pendant qu'on y est, on fera une dernière escale à Rome. Pour voir le pape. C'est Noël, non ?

Pendant les trente-six heures qui vont suivre le décollage de Canberra, le monde entier va se demander où se trouve le président des États-Unis. À Rome, personne bien sûr n'attend Lyndon Johnson, et surtout pas le pape, qui a d'autres chats à fouetter en cette veille de Noël. Le pilote, à qui Johnson a demandé le secret le plus absolu, se débrouille comme il peut pour trouver du kérosène aux escales et pour organiser les communications du chef de la Maison-Blanche.

Pendant ce temps-là, Johnson, qui ne peut rester inactif, fait de l'exercice sur la bicyclette d'appartement qu'il a fait installer dans l'avion.

Air Force One se pose finalement à Rome. Un hélicoptère est prêt pour transporter le président jusqu'au Vatican, où finalement le pape a été prévenu de cette visite inopinée. Johnson est venu demander à Paul VI son intervention pour obtenir des Nord-Vietnamiens la libération des prisonniers de guerre américains. Il veut aussi faire comprendre au monde que l'Amérique souhaite la paix.

On échange des cadeaux, comme le veut le protocole. Au dernier moment, les services du Vatican ont trouvé une peinture de la Renaissance que Paul VI offre à Johnson. Celui-ci a apporté son propre cadeau, emballé dans du papier kraft. Le pape a du mal à se débarrasser de l'emballage et, sans façon, Johnson sort son canif de sa poche et entreprend de déchirer le papier qui s'éparpille sur les tapis. Émerge un buste. Un buste de Johnson lui-même. Le pape remercie.

Et la cavalcade reprend. Direction Fiumicino. Johnson veut être à la maison pour le réveillon. En juillet 1968, il rend visite à cinq pays d'Amérique centrale... en vingt-quatre heures. Lorsqu'on lui conseille de se calmer, pour préserver sa santé, il explose : « Ce qui épuise un homme, c'est précisément de ne rien faire. J'ai connu ça lorsque j'étais vice-président. » Bill Moyers, comme tout le monde, a parfois du mal à suivre. Car Johnson a des lubies. Un jour, il appelle son attaché de presse et lui dit tout de go : « Bill, je pars pour Honolulu.

— Pas de problème, Monsieur le Président, je vous rejoins tout de suite pour qu'on en discute. Où êtes-vous ? » Johnson : « Quelque part au-dessus de Los Angeles. »

Non, ce n'était pas drôle tous les jours de travailler à la Maison-Blanche. Et ce n'est pas la présidence qui était montée à la tête de Johnson. Lorsqu'il travaillait à l'administration de la Jeunesse au Texas, dans les années 1930, il faisait déjà travailler le personnel du bureau sept jours sur sept. Une fois élu au Congrès, ses méthodes tournèrent carrément à l'esclavagisme. « Je n'ai pas d'ulcères, avait-il coutume de dire, j'en donne. » Même à Lady Bird, qui a découvert dès sa lune de miel que Lyndon était un despote. Il faut lui cirer ses chaussures, lui porter son café au lit et travailler dur au bureau à ses côtés. Il est plus qu'exigeant. Il répète à sa femme : « Je veux que tu aies meilleure allure, je veux que tu sois mieux éduquée, je veux que tu travailles davantage... » « C'est très stimulant, dira-t-elle plus tard, beaucoup plus tard. Très stimulant et très épuisant. »

Lorsqu'il est en colère, il peut devenir carrément obscène. De toute façon, un de ses collaborateurs remarque qu'« il a une sorte d'horloge interne qui lui dit, au moins une fois par heure, de dévorer quelqu'un ». Il le reconnaît bien volontiers : « Pas de chouchous au bureau. Je traite tout le monde avec le même manque de considération. » Johnson ne s'excuse jamais. Mais, comme tous les séducteurs, il sait se faire pardonner. Un jour, il explose et insulte Jack Valenti, son assistant, qui retourne dans son bureau avec le moral à zéro. En fin de journée, son téléphone sonne. C'est le président : « Pourquoi vous n'inviteriez pas votre épouse Margaret à dîner ce soir à la Maison-Blanche ? » Un autre jour, un visiteur du Bureau Ovale l'entend vitupérer au téléphone son attaché de presse, George Reedy. Les insultes pleuvent. Johnson raccroche et décrète : « Tiens, je vais lui offrir son cadeau de Noël tout de suite. Autant faire ça quand il n'a pas le moral. »

En succédant à Kennedy, il a éprouvé un fort complexe d'infériorité : lui, le petit gars du Texas, face à ce poids lourd de l'aristocratie, ce séducteur tellement charmeur et raffiné dans ses manières. C'est pour cette raison qu'il a pris la Maison-Blanche à bras-le-corps, tout de suite. Pour essayer de faire oublier Kennedy et pour montrer qu'en cent jours il pouvait en faire davantage que son prédécesseur en mille jours. Et il y a réussi.

Johnson n'a plus de complexe. Il parle de *sa* Cour suprême. Il parle de son message sur l'état de « son »

Union. Un jour, il visite des marines qui partent pour le Vietnam. Après son tour d'inspection, il se dirige vers un hélicoptère pour retourner à Washington. Un officier l'arrête et le dirige vers un autre appareil : « C'est celui-ci, votre hélicoptère. » Johnson toise l'officier : « Écoute-moi bien, fils. Ce sont tous *mes* hélicoptères. »

Il ne supporte pas la moindre critique. C'est lui le patron. Lorsqu'un soulèvement éclate au Panama, en 1964, il demande à un assistant de lui passer au téléphone le président du Panama, directement.

« Cela ne se fait pas, Monsieur le Président. Ce n'est pas protocolaire. » Johnson explose littéralement : « Qui a dit que je ne pouvais pas faire comme il me plaît ? Je veux ce président au téléphone, et vite ! » La liaison est établie quelques minutes plus tard et Johnson le rusé, le matois, le grand manipulateur, change de ton : « Ici Johnson, président des États-Unis. Je comprends bien que vous ayez vos propres problèmes à la maison ces jours-ci, mais je veux que cette violence cesse. Et tout de suite. » Les émeutes se calment.

L'ego surdimensionné de Johnson a inspiré les amateurs d'histoires drôles dans les dîners en ville. Comme celle qui décrit une petite promenade au bord de la Pedernales River, près du ranch des Johnson. Lyndon et Lady Bird marchent tranquillement sur la berge et Lyndon demande : « Bird, y a-t-il des journalistes ou des membres du Secret Service dans le coin ?

— Non, Lyndon.

— Alors essayons encore de marcher sur l'eau pendant que personne ne regarde. »

Son accent texan, ses manières, sa rudesse en hérisseront plus d'un pendant son séjour à la Maison-Blanche.

Il adore attraper ses chiens par les oreilles pour leur coller une bise sur la truffe et cela choque les amis des animaux. Il se baigne tout nu dans la piscine de la Maison-Blanche et ne soucie pas des éventuels témoins. Il adore sortir la chemise de son pantalon pour montrer la cicatrice de son opération de la vésicule biliaire. Il se gratte complaisamment lorsqu'il en éprouve le besoin, il éructe à table, se sert volontiers dans l'assiette de son voisin, y compris lorsqu'il s'agit d'un dîner officiel, et il use très couramment d'un langage de charretier. Seulement voilà. Même s'il n'a pas fait Harvard, même si ses costumes ne sont pas sur mesure, même si ses plaisanteries offensent parfois les dames, c'est cet homme-là qui dit : « Je ne veux pas être un président qui bâtit des empires… Je veux être le président qui construit des écoles pour les enfants, qui aide à nourrir ceux qui ont faim, qui aide les pauvres à trouver leur destin et qui protège le droit de chaque citoyen de ce pays d'aller voter. » La politique étant l'art du possible, il a mis en place les droits civiques, la retraite pour les personnes âgées, l'assurance-maladie et des mesures antipollution. Un jour, un sénateur démocrate se plaignait auprès d'un de ses collègues de la frénésie législative de Johnson. « Après tout, Rome ne s'est pas construite en un jour…

— Peut-être, mais Lyndon Johnson n'était pas contremaître sur ce chantier-là. »

Lyndon Johnson, on l'a répété, est texan. Il est grand, maigre comme un coucou et ses parents ne sont pas dans le pétrole. Ils ont même assez souvent du mal à joindre les deux bouts. Car leur coin de Texas est un des plus désolés de la carte, dans le Sud-Ouest, dans les collines. Une terre ravagée par l'érosion où peu de chose pousse. La dépression a pratiquement ruiné le père de Lyndon Johnson qui, à côté de son métier d'instituteur, s'était lancé dans l'agriculture. Lyndon n'a jamais oublié cette période, ni les victimes de ce système économique qui, en une journée, virent le prix du coton divisé par six.

Pour gagner sa vie, à quinze ans, il accepte tout : il cueille du coton, il cire les chaussures des clients du barbier, il lave la vaisselle, sert dans des restaurants… et opte pour la politique locale. Grâce aux relations de son père, il décroche un emploi de secrétaire à la Chambre des Représentants. Et il parle. Sans arrêt. À tout le monde. Il épouse, au pas de charge, Claudia Alta Taylor, qu'une sage-femme a surnommée Lady Bird à sa naissance. Elle et Lyndon Baines ont donc les mêmes initiales, et cela lui convient. Elle n'est pas très sûre d'aimer ce grand escogriffe tout efflanqué mais il la met en demeure de l'épouser. On ne résiste pas à Lyndon. Le jour des noces, il a oublié d'acheter les alliances ; pendant la cérémonie il envoie un de ses amis acheter une bague pour sa jeune épouse. Elle a coûté deux dollars et demi, chez Sears, le supermarché local.

Johnson a de la chance. Lady Bird ne se rebelle jamais et elle sera un soutien très précieux pour son mari. Elle a du mal à accepter les infidélités, notamment lorsque Lyndon s'affiche un peu trop avec une certaine Alice Glass qui fait partie du Tout-Washington. Et des infidélités, il y en aura d'autres. En outre, c'est une femme d'affaires avisée et elle assurera la fortune du couple en rachetant pendant la guerre une station de radio au bord de la faillite au Texas, à Austin. L'entreprise fleurira sous sa houlette et leur assurera des revenus colossaux, qui financeront les campagnes électorales à venir.

En attendant, l'Amérique est entrée en guerre et Johnson demande à servir dans la Marine. En mai 1942, il est en mission d'inspection en Nouvelle-Calédonie. Un mois plus tard, il embarque à bord d'un B26 pour une mission de bombardement contre une base aérienne japonaise. Un des moteurs de l'avion tombe en panne et il est abandonné par le groupe qui fonce vers son objectif. La chasse japonaise y voit une proie facile, et le B26 est littéralement transformé en passoire. Il parviendra à regagner sa base, en très mauvais état. Pour son sang-froid face à l'adversité, Johnson recevra la *Silver Star*.

Retour au Congrès et à son ascension politique. Dix ans plus tard, à l'âge de quarante-six ans, Johnson est le tout-puissant leader de la majorité démocrate au Sénat, et il ne fera aucune obstruction à la politique menée par l'administration Eisenhower. Bizarrement, il accepte la proposition de Kennedy et devient vice-président en 1960. Il s'ennuie. « Au moins, j'ai ma photo dans le journal », remarque-t-il amèrement.

Le 27 novembre 1963, devant le Congrès, il prononce un magnifique discours : « Je donnerais tout pour ne pas être ici, aujourd'hui, devant vous. Mais les rêves de Kennedy ne vont pas mourir. D'abord, faisons que l'on se souvienne de cette session du Congrès comme de celle qui a plus fait pour les droits civiques que les cent sessions précédentes. Mon administration ici, aujourd'hui, déclare une guerre inconditionnelle à la pauvreté. »

Il emploie la « méthode Johnson ». On ne peut rien lui refuser. Et il va chercher du soutien partout où il peut en trouver. Lorsqu'il reçoit un *congressman*, il l'enveloppe, lui enfonce les doigts dans la poitrine, le cajole, colle son visage sous le nez de son interlocuteur. De temps en temps il s'impatiente et donne des coups de pied dans les tibias, pour bien marteler son propos. Avant de devenir vice-président, Hubert Humphrey, sénateur du Minnesota, montre les marques à ses amis. Il soulève son pantalon. On voit sur la peau les coupures infligées par les chaussures de Johnson.

C'est ce même Hubert Humphrey qui racontera un peu plus tard le coup de téléphone que lui a passé Johnson pour lui demander s'il voulait se présenter à la vice-présidence, pendant la campagne de 1964. Johnson : « Hubert, crois-tu que tu pourras la fermer pendant quatre ans ? » Humphrey : « Oui, Monsieur le Président. » Johnson, qui s'énerve : « Tu vois, tu m'interromps déjà. »

Lui qui vient d'un des comtés les plus conservateurs du Texas, il ne comprend pas qu'une grande nation comme la sienne se vautre dans la ségrégation raciale. Et il fait avancer les choses, même si la société américaine rechigne à faire son examen de conscience, et même si la communauté noire s'impatiente et manifeste sa colère, parfois avec violence. Johnson veut convaincre, faire triompher le bon sens. Il réunit des chefs d'entreprise et tente de les persuader d'offrir davantage d'opportunités professionnelles aux minorités. Et il leur raconte, en toute simplicité, les problèmes que rencontre dans sa vie quotidienne sa femme de chambre, Zephir Wright. Elle est noire : « Zephir est avec nous depuis vingt ans. Elle est allée au collège où elle a fait de bonnes études, mais lorsqu'elle vient du Texas à Washington, elle ne sait jamais où elle peut boire une tasse de café. Elle ne sait jamais si elle a le droit d'aller aux toilettes. Elle doit perdre trois ou quatre heures par jour pour sortir des limites du district afin de trouver un endroit où elle peut s'asseoir et commander un repas. Vous ne voudriez pas que votre femme, ou votre fille, ou votre mère, ou votre sœur, vive quelque chose comme ça. Mais d'une façon ou d'une autre, vous acceptez que cela arrive à un étranger, à deux pas d'ici. » Johnson est une brute, mais il a du cœur et il est sincère.

Et personne ne pourra lui reprocher d'être snob. En revanche, au fil des années, les critiques se font plus dures sur son style de gouvernement, sur son « arrogance ». Son vieil ami, le sénateur Fulbright, l'a mis en garde publiquement contre les risques de cette arrogance dans la conduite des affaires du pays, particulièrement au Vietnam. Et Johnson l'a très mal pris. Un soir de mai 1966, il rencontre Fulbright en accueillant, un par un, les invités d'une réception diplomatique à la Maison-Blanche. Il l'arrête et lui tient le bras. La queue s'interrompt et tout le monde peut voir et entendre le président qui sort de sa poche un morceau de papier tout froissé. C'est un petit mot de sa femme de ménage, Zephir Wright, qui fait également office de cuisinière pour les Johnson à la Maison-Blanche.

Johnson parle fort. « Tu vois, dit-il au sénateur Fulbright, tu ne peux pas accuser d'arrogance un homme qui reçoit une note pareille de la part de sa cuisinière. » Lady Bird, qui sent la pression monter autour d'eux, tente d'interrompre son mari dans sa diatribe. En vain. « J'en ai pour une minute, Bird. » Et il lit le message à voix haute : « Monsieur le Président, vous avez été mon patron depuis de longues années déjà et vous m'avez toujours répété que vous vouliez perdre du poids. Pourtant, vous ne faites absolument rien dans ce sens. Maintenant, ça va changer, c'est moi la patronne. Mangez ce que je mets dans votre assiette, n'en demandez pas plus et cessez de gémir. » Voilà pour l'arrogance. Fulbright avait, paraît-il, un bizarre sourire sur le visage en se dégageant de l'étreinte de Johnson.

« Lyndon est originaire d'une terre impitoyable », disait souvent Lady Bird. Et Lyndon Johnson est lui-même implacable dans son activité politique. C'est sa façon d'être, son éthique politique, sa vision de la présidence. Le pouvoir, c'est moins des convictions qu'une façon de gouverner. Malgré les apparences, Johnson est un homme hypersensible, et le complexe d'infériorité qu'il ressent à l'égard de John Kennedy ne va pas s'estomper. « Peut-être que Kennedy a le style, répète-t-il, mais c'est moi qui fais voter les lois. » Et pour bien montrer qu'il est le chef de l'exécutif, il va mettre le Congrès à genoux, et le contraindre à voter son programme législatif, que cela plaise ou non. Johnson n'admet pas le refus. Il contraindra les sénateurs et les représentants à voter la loi sur les droits civiques mais, en pleine guerre froide, il les obligera également à accepter de vendre du blé aux Soviétiques, à investir dans les transports, l'éducation et dans la lutte contre la pauvreté. Et il clame partout haut et fort que l'homme qui prend des décisions dans le pays, c'est lui, pas ses conseillers. Lorsque le consensus qu'il a réussi à établir avec ses compatriotes va commencer à se lézarder, comme dans n'importe quelle relation politique, Johnson va en éprouver une extraordinaire amertume et faire face comme s'il avait subi un affront personnel.

Pourtant, en 1964, lors de l'élection présidentielle, il va infliger à son opposant républicain, Barry Goldwater, une magistrale défaite. Depuis la guerre civile, c'est la première fois que l'Amérique se choisit pour président un candidat originaire d'un État ayant rejoint la Confédération un siècle plus tôt. Et cette écrasante victoire permet à Johnson de soulever un peu le voile de l'héritage Kennedy, qui, par moments, l'étouffe. La campagne électorale a été rude et les démocrates n'ont reculé devant rien pour abattre Goldwater, un homme pourtant respectable et respecté. Un seul souci, pourtant, à son sujet : on se demande s'il ne serait pas capable d'utiliser l'arme nucléaire en cas de crise avec Moscou. Et nombre d'Américains pensent que Goldwater pourrait passer à l'acte. D'ailleurs, les démocrates, dans une publicité négative télévisée, n'y sont pas allés de main morte. On voit une petite fille, angélique, en train d'effeuiller une marguerite. Et lorsque le dernier pétale s'envole, l'horrible champignon atomique apparaît sur l'écran. « Voteriez-vous pour un homme capable de faire sauter la planète ? » Goldwater, indigné par le procédé, exigera et obtiendra que l'on retire la publicité, mais les dégâts sont déjà faits.

Les anges de la politique se sont donc posés sur Johnson, qui a choisi Hubert H. Humphrey comme vice-président. Humphrey est un homme brillant, sénateur du Minnesota, et qui fera preuve d'une totale loyauté à l'égard de Johnson.

Seulement, un gros nuage noir s'annonce. C'est la guerre du Vietnam, dont Johnson a hérité. Et le problème ne date pas d'hier. Truman déjà s'était engagé à intervenir économiquement et militairement pour assurer la stabilité dans la région. Après la chute de Diên

Biên Phu, l'administration Eisenhower, à son tour, avait clairement laissé entendre qu'elle s'opposerait à toute ingérence étrangère dans la région, et les États-Unis avaient fait des promesses très précises au régime de Ngô Dinh Diêm au Sud-Vietnam. Des promesses qui vont constituer le piège de départ dans lequel va s'engluer la présidence de John Kennedy. En 1960, les États-Unis n'ont envoyé sur place, à Saigon, que quelques centaines de conseillers militaires, chargés d'aider les Sud-Vietnamiens à lutter contre la guérilla vietcong. Le nombre de conseillers va passer à 25 000 en moins de trois ans.

Johnson, jusqu'en 1964, va répéter que cette guerre du Vietnam « doit être gagnée par le gouvernement et le peuple sud-vietnamiens ». Mais quelques mois plus tard, la résolution du golfe du Tonkin, adoptée dans l'urgence pour répondre à une supposée agression du Nord-Vietnam contre des navires de la flotte américaine, va précipiter l'engagement des États-Unis sur le terrain. Pourtant, Johnson fait campagne sur le thème de la prudence. « Nous ne voulons pas que nos garçons aillent faire la guerre à la place des Vietnamiens. Et nous ne voulons pas entrer en guerre avec une nation comme la Chine. » Constamment d'ailleurs, Johnson va faire preuve de retenue, y compris lorsque le général de Gaulle décide de quitter l'OTAN et ordonne le départ des troupes américaines stationnées en France depuis vingt ans. Et à l'égard de l'Union soviétique, le maître mot reste « détente ».

Mais pendant ce temps-là, c'est l'escalade au Vietnam, comme un phénomène irrépressible, doté de sa propre énergie. Pour répondre aux attaques vietcongs, Johnson ordonne des bombardements aériens sur le

Nord-Vietnam. En novembre 1965, on compte 165 000 soldats américains au Vietnam. La même année, 1 104 y trouveront la mort. Un an plus tard, ce chiffre atteint 5 008. La machine est en route et vit à son propre rythme. Johnson ne cédera pas et il le fait savoir. Les États-Unis « résisteront à l'agression ». En 1967, les navires américains bombardent régulièrement les côtes nord-vietnamiennes, et l'aviation largue des mines un peu partout. Haiphong et Hanoi sont des cibles quotidiennes. La jeunesse américaine se révolte contre ce conflit où la justice ne semble pas camper du côté des États-Unis. Les personnalités les plus respectées du Sénat commencent à s'élever contre l'engrenage. George McGovern, le démocrate, condamne les bombardements aériens sur le Nord-Vietnam « qui nous rapprochent un peu plus près chaque jour d'une troisième guerre mondiale... C'est de la folie. » Robert Kennedy, lui, cite l'historien romain Tacite : « Nous avons fait un désert et nous l'avons baptisé "paix". »

Le 1er mai 1967, on dénombre 460 000 soldats américains au Vietnam ; la colère gronde et défile dans les rues des États-Unis. Johnson, ce génie de la politique, apprend qu'on ne peut gouverner contre l'opinion et qu'on ne peut négocier avec son ennemi sans un minimum de réalisme. Deux cents soldats meurent chaque semaine dans les rizières. Pour rien.

Cette guerre ronge Johnson comme un acide. Une de ses plus grandes vertus politiques est la lucidité. Il sait que toute son œuvre est en péril ; très tôt, lui qui a mené à bien d'énormes réformes dans son pays, envisage de ne pas se représenter à la présidence. Il y songe dès la fin de 1967, et lorsqu'en janvier 1968 il prononce son discours sur l'état de l'Union devant les plus hautes autorités de l'État (les deux chambres, la Cour suprême, le corps diplomatique), le président des États-Unis pense à l'avenir. Vers la fin de son discours, il plonge la main dans sa poche. Il cherche une feuille de papier. Il a rédigé une déclaration dans laquelle il informe ses compatriotes qu'à la fin de l'année, il ne fera pas campagne pour sa réélection. Seulement voilà, il a égaré cette note et il poursuit son discours comme si de rien n'était.

Johnson hésite. Il a adoré la présidence, et il a été très actif, mais il y a cette guerre. Et puis, il y a d'autres considérations. Sa santé, notamment. Ce Texan, si grand, si fort, si brutal parfois, a peur de la mort. En 1955, il a été victime d'une crise cardiaque. Et l'année précédente, on a dû l'opérer de la vésicule biliaire. Il a des problèmes rénaux. Il sent qu'il a besoin de repos. Il est anxieux. Il ne veut pas mourir à la Maison-Blanche, en activité. Johnson a dit et répété qu'il ne voulait pas finir comme Wilson, paralysé dans son lit, pendant que ses conseillers prenaient des décisions vitales pour le pays.

Johnson pèse et soupèse les arguments, sans arrêt. Il en discute encore et encore avec Lady Bird. Il adore jouer avec son petit-fils et oublier ses soucis avec l'enfant de sa fille Luci. Et puis son autre fille, Lynda, vient d'épouser un capitaine des marines qui doit rejoindre le Vietnam. L'indécision nourrit ses frustrations. Il est le commandant en chef. Que diront les jeunes gens qu'il a envoyés se battre si lui, Lyndon B. Johnson, se retire ?

C'est pour toutes ces raisons que, ce 17 janvier 1968, il a écrit cette note pour expliquer aux Américains qu'il ne briguera pas leurs suffrages à la fin de l'année, qu'il est temps pour lui de se retirer de la vie politique. Quelques minutes avant son message sur l'état de l'Union, il refait le point avec Lady Bird. Que faire ? Sans passion, son épouse lui répète les mêmes arguments. Luci, la fille aînée, voudrait qu'il se retire. Lynda, dont le mari part pour le Vietnam, veut qu'il se représente car elle pense que son époux a davantage de chances de s'en tirer si Johnson est aux affaires pour tenter de trouver un règlement négocié. « Quant à moi, conclut Lady Bird, je ne peux pas te dire ce que tu as à faire. »

En rentrant à la Maison-Blanche, ce soir-là, Johnson est frustré. Il cherche ce bout de papier qu'il n'a pas trouvé dans sa poche lorsqu'il en avait besoin. Il fouille et fouille encore. Interroge Lady Bird, retourne encore une fois consciencieusement ses poches. Et retrouve finalement son message sur une table, près du téléphone.

Finalement, quelques mois plus tard, Johnson renoncera à se représenter. Avant de mourir, en 1973, Johnson confiera à une de ses biographes, Doris Kearns, que la guerre du Vietnam avait totalement détruit sa présidence : « Les jeunes avaient raison. J'ai tout raté… Je savais dès le début que si je quittais la femme que j'aimais, la Grande Société, pour aller me battre dans cette saloperie de guerre, je perdais tout… Tous mes espoirs, tous mes rêves… »

Ces dernières années vont être difficiles. Johnson s'est remis à fumer, malgré l'interdiction formelle de ses médecins. Son humeur est exécrable et il se réfugie dans quelques aventures extraconjugales qui ne sont pas du goût de l'infatigable Lady Bird. Celle-ci a choisi de consacrer sa vie à la défense de l'environnement. Elle croit à la « beauté » ou, plus exactement, elle pense que dans ce monde, on peut toujours améliorer un tant soit peu le paysage. C'est particulièrement vrai dans la capitale des États-Unis, qui a toujours été négligée. On va y planter des milliers et des milliers de fleurs, essayer de rendre l'endroit un peu plus attractif pour les touristes. On va construire des parcs, planter des arbres, nettoyer les avenues. Mais elle non plus ne va pas échapper aux conséquences de la guerre du Vietnam. En 1968, elle a invité un certain nombre de célébrités à la Maison-Blanche pour honorer les femmes d'initiative. Parmi celles-ci, Eartha Kitt, qui à l'époque est une vedette de séries télévisées. Eartha Kitt va plomber l'ambiance en insultant copieusement la *First Lady* au sujet du Vietnam et de l'effet désastreux qu'a cette guerre sur la jeunesse américaine.

19

L'éternel mal-aimé, Tricky Dick
(Richard Nixon)

Richard Milhous Nixon a toujours su se faire des ennemis. Celui qui va, enfin, devenir le trente-sixième président des États-Unis est un mal-aimé. Avec raison. Le premier slogan de ses adversaires politiques va lui coller à la peau. Au-dessous de son portrait, on pouvait lire : « Achèteriez-vous une voiture d'occasion à cet homme-là ? » Réponse : non, évidemment.

L'homme est littéralement fascinant. Le 5 novembre 1962, Nixon vient de perdre son dernier combat. Lui qui a été vice-président d'Eisenhower pendant huit ans, de 1952 à 1960, lui qui a perdu face à John Kennedy à quelques dizaines de milliers de voix près, lui qui est hanté par l'échec et par l'antipathie généralisée qu'il déclenche, y compris dans son propre camp, il perd dans sa dernière tentative de survie politique. Il s'est présenté au poste de gouverneur de Californie, son État, et il a été défait par Edmund G. Brown. La campagne a été rude et il a été anéanti. Il est dévasté. C'est trop. Il est tellement déçu qu'il refuse d'aller reconnaître la victoire de son adversaire devant les journalistes qui ont suivi la campagne. C'est pourtant l'usage, et les mauvais perdants, en tout cas publiquement, constituent une rareté dans la vie politique américaine. Finalement, son chargé de communication, Herbert Klein, lui fait comprendre qu'il n'a pas le choix. « Dites-leur d'aller se faire enculer », lui répond Nixon. Il a ses raisons : il estime que la presse a été extrêmement déloyale à son égard et que dès le départ elle a juré sa perte. C'est une conviction qu'il conservera toute sa vie, quels que soient les événements, quelles que soient les circonstances, quels que soient les enjeux. Herbert Klein insiste : « Il faut y aller. »

Nixon entre dans la salle de presse qui a été installée au Beverly Hilton, à Los Angeles. Plus d'une centaine de journalistes sont là.

« Maintenant que j'ai perdu cette élection, ce qui vous a tous remplis de joie, je voudrais dire quelques mots. » Son attaché de presse commence à blêmir. « D'abord je voudrais féliciter, comme c'est l'usage, le gouverneur Brown pour sa victoire… Je crois qu'il a un cœur, bien qu'il pense que je n'en ai pas. Je crois que c'est un bon Américain, même s'il pense le contraire à mon propos… Je suis fier d'avoir défendu quand il le fallait le patriotisme de mon adversaire… Je suis fier d'avoir même défendu son intégrité, malgré tout ce qui nous oppose… Pour une fois, messieurs les journalistes, je voudrais que vous écriviez ça dans vos journaux. Et pas en bas de page, en tête de colonne. » Son amertume est palpable.

« Et puis je voudrais ajouter ceci, à l'heure où je vous quitte. Pendant seize ans, vous vous êtes bien amusés à mes dépens. Vous ne m'avez pas épargné et je pense que j'ai rendu autant de coups que j'en ai reçus. Et ça a continué jusqu'au dernier jour de la campagne… Je crois qu'il est plus que temps que les journaux fassent preuve d'autant d'objectivité que la télévision. Et je remercie Dieu que la télé et la radio vous contraignent à faire votre travail un peu plus honnêtement... Mais au moment où je vous quitte, je voudrais que vous songiez à quel point je vais vous manquer. Vous n'aurez plus Nixon pour vous amuser, messieurs, parce que c'est ma dernière conférence de presse. »

Ambiance. Herbert Klein, en charge de la communication, est furieux, mais pour une fois, Nixon a le sourire : « Je sais que vous n'êtes pas du tout d'accord, mais je leur ai mis dans le cul. Pour une fois. Et il fallait que ces choses-là soient dites. »

Nixon est un désastre, même s'il n'est pas un politicien incompétent. Loin de là. Mais une ombre sombre le poursuit. Comme le dira un de ses conseillers, Raymond Price, parodiant Churchill lorsqu'il parlait de l'Union soviétique : « Nixon est un mystère enveloppé dans une énigme enfermée dans un paradoxe. » Personne n'a jamais réussi à comprendre Nixon, ni ses meilleurs amis ni sa femme.

Il est à ce jour le seul président des États-Unis à avoir choisi de démissionner plutôt que d'affronter un inéluctable *impeachment*. Il est, encore aujourd'hui, le plus mal-aimé des occupants de la Maison-Blanche, malgré son intelligence et ses résultats. Un de ses proches, qui lui aussi devra payer le prix fort pour le scandale du Watergate, H.R. Haldeman, son secrétaire général, dira : « C'est un homme inexplicable, étrange. »

On l'a surnommé Tricky Dick, Richard l'Arnaque. Et cela ne date pas d'hier.

La personne qui le connaît le mieux, c'est Pat, sa femme. Et leur relation est intéressante. C'est une vraie *lady*. Elle est née dans le Nevada. Une jolie fille, rousse. Elle a eu la vie dure. Son père était mineur et pas toujours très tendre à la maison : la famille déménage en Californie. Le père est malade. La silicose des mineurs. On n'a pas le temps de s'amuser chez les Ryan. Il faut faire bouillir la marmite. D'autant que Mme Ryan va mourir très jeune. Pat n'a que treize ans. Et il faut s'occuper de la famille. Ce qui ne l'empêche pas de réussir d'assez brillantes études. Pour payer l'université, elle fait le ménage, chaque soir, dans une banque. Elle va passer deux ans à New York, comme assistante dans une clinique de radiologie, puis retourne en Californie. Là, elle acceptera tous les petits boulots qui se présentent pour retourner à l'université : assistante dentaire, téléphoniste, vendeuse, enseignante dans une école de dactylographie.

C'est une jolie jeune femme, au point que certains producteurs de Hollywood s'intéressent à elles. Non merci. Elle n'a aucun intérêt pour le cinéma. En revanche, le théâtre est sa passion et c'est en passant une audition pour un théâtre local à Whittier, Californie, qu'elle bute sur un autre acteur amateur, Richard Nixon. Celui-ci est fasciné par Pat la Rousse et lui fait immédiatement la cour. Sans aucun succès. « Trop occupée », lui dit-elle. Mais Richard Nixon n'a jamais pris un non pour une réponse et il lui affirme qu'un jour il l'épousera. En attendant, elle refuse toutes ses avances. Jusqu'à ce que la ténacité de Nixon finisse par l'emporter.

Ils se marient en 1940, mais on la sent encore ambivalente vis-à-vis de cet homme. Surtout lorsqu'il lui annonce qu'il compte bien faire une carrière politique. Il songe à se présenter à la Chambre des Représentants. Elle donne son accord, à une condition : qu'elle ne soit jamais mêlée à la politique et que l'intimité de sa famille soit préservée.

Lorsque Richard Nixon est en campagne, ce n'est pas joli-joli. Il ne recule devant aucune accusation, aucune insinuation, si basse soit-elle. Tout est bon pour réussir, comme en témoigne sa campagne contre l'invasion mortelle des communistes dans la société américaine. Joseph McCarthy et son fascisme à peine larvé ne le dégoûtent pas.

Autant Richard Nixon déplaît, autant sa femme séduit les électeurs, et si Eisenhower finit par proposer à Nixon la vice-présidence en 1942, c'est probablement parce que Pat est un atout.

Elle est là, aux côtés de son mari légèrement blafard, à la télévision, lors d'un « show » qui est resté gravé dans les annales de la politique américaine.

Lors des présidentielles de 1952, Nixon se retrouve englué dans un scandale. On apprend que de très influents et très riches hommes d'affaires californiens ont versé de l'argent, illégalement, au sénateur Nixon pour faciliter ses fins de mois. Eisenhower songe alors à changer de colistier. Il veut un homme honnête et il demande à Nixon d'aller s'expliquer, publiquement, à la télévision. Tricky Dick n'est pas très chaud. Il affirme que ces fonds sont utilisés, non pas à des fins personnelles, mais pour payer ses frais de campagne. Sans doute. Mais on ne saura jamais comment un *congressman* de Californie finira sa vie comme un milliardaire. C'est une autre histoire.

Toujours est-il que Nixon refuse la confrontation avec l'opinion, jusqu'à ce que sa femme l'y contraigne.

Le 23 septembre 1952, les Nixon se retrouvent devant les caméras pour défendre leur honnêteté. Des millions d'électeurs regardent, fascinés.

Le sénateur Nixon explique d'entrée qu'il vient d'un milieu modeste et que tout ce qu'il possède aujourd'hui, il le doit à un labeur acharné. Et il se met à parler de son chien : « Encore une chose que je dois vous avouer... Parce que si je ne le fais pas, on va encore dire des horreurs sur mon compte. C'est vrai, nous avons reçu un cadeau après que j'ai obtenu la nomination du parti républicain à la vice-présidence. Un habitant du Texas a entendu à la radio mon épouse mentionner le fait que nos deux enfants aimeraient bien avoir un chien, et, croyez-le ou pas, nous avons reçu un télégramme nous demandant de nous présenter à la gare de Baltimore. Et là, dans une caisse, il y avait un chiot, un petit cocker, arrivé tout droit du Texas. Il a des taches. Il est noir et blanc. Et notre petite fille, Tricia, qui a six ans, l'a appelé Échiquier. Et nos enfants, comme tous les enfants, sont tombés amoureux de ce petit chien. Eh bien ! sachez que quoi qu'on en dise, on va le garder, ce chien. »

Une fois de plus, les journaux ont pris du bon temps à ridiculiser le discours larmoyant de Nixon, mais les électeurs, eux, ont apprécié.

En sortant du studio de télévision, Nixon était effondré mais les milliers de télégrammes parvenus au quartier général de campagne du parti républicain montraient que Nixon, sur cette affaire, avait gagné.

Eisenhower, qui n'aime pas Nixon, décide, aussitôt élu, de l'envoyer à l'étranger. Et les Nixon voyagent à travers le monde pour représenter les États-Unis. Ce n'est pas toujours de tout repos, et là encore, on admire le courage et le sang-froid de Pat Nixon. Notamment lors d'une visite au Venezuela où le vice-président des États-Unis est accueilli par une foule en colère. On frôle l'émeute, et les Nixon doivent à un moment se réfugier dans leur limousine blindée pour échapper à la colère populaire. Les manifestations antiaméricaines sont féroces. Nous sommes en 1958. À l'aéroport de Caracas, Pat, aux côtés de son mari, écoute avec beaucoup de dignité l'hymne vénézuélien pendant que des hordes de manifestants, sur les balcons, hurlent et crachent sur la suite des officiels. Elle est couverte de la tête aux pieds de ces crachats, qui brillent au soleil sur sa robe rouge. Elle ne bronche pas. Et elle sert d'exemple aux autres membres de la délégation officielle américaine.

Pour elle, tout de même, l'échec de 1960 face à Kennedy est de trop. Elle a accompagné son mari tout au long de la campagne et elle a du mal à accepter la défaite. Elle pousse Richard Nixon à exiger que l'on recompte les voix, tant le score est serré. Il refuse. « Si je faisais cela, explique-t-il, le transfert des responsabilités d'une administration à l'autre serait retardé de plusieurs mois. Le pays ne peut se le permettre. Ce serait le chaos. » Et lorsque la presse s'empare de l'affaire et enquête sur les irrégularités qui ont été constatées à Chicago notamment et en Virginie-Occidentale, c'est Nixon lui-même qui calme les choses. « Notre pays ne peut s'offrir le luxe d'une crise constitutionnelle », dit-il.

Mais les Nixon ont une revanche à prendre en 1968. Pourtant, il avait promis d'abandonner la vie politique et de se consacrer entièrement à sa carrière d'avocat. Lorsqu'en 1962, il avait annoncé lors d'un dîner à ses amis, qu'il se lancerait dans la campagne pour le poste de gouverneur de Californie, Pat avait quitté la table, en larmes. Elle avait même menacé de se suicider.

En 1968, pourtant, elle est là, à ses côtés. Elle veut s'installer à la Maison-Blanche. Et elle va aimer être *First Lady*. Au moins jusqu'à ce que le scandale du Watergate, qui n'éclatera qu'après la réélection de 1972, ne se termine en débâcle. On soulignera malgré tout que Pat Nixon échappera à l'opprobre des Américains. Elle est populaire, à l'inverse de son mari. Elle voyage à travers le monde, répond à des tonnes de courrier. Elle va visiter vingt-neuf pays, elle va aller au Vietnam, sur le champ de bataille, pour rendre hommage aux soldats américains blessés. Et lorsque son mari se rendra à Pékin pour discuter avec Mao, elle lit le Petit Livre rouge, d'un bout à l'autre, pour tenter de comprendre la vie politique chinoise.

C'est une femme d'action et de conviction, féministe comme il se doit. Elle va faire campagne pour qu'une femme soit enfin nommée à la Cour suprême. Et elle va même choquer son mari en posant en pantalon pour un magazine. Nixon déteste les femmes en pantalon.

Les journalistes l'adorent mais à mesure que le scandale du Watergate éclate devant une opinion publique effarée, la presse la sollicite sans cesse pour qu'elle s'exprime sur ce sujet. Elle refuse. D'ailleurs, selon toute probabilité, elle ne sait rien des circonstances qui ont amené son mari, président des États-Unis, à ordonner et à couvrir les agissements d'une bande de petits malfrats qui sont allés cambrioler, dans l'immeuble du Watergate, les locaux du comité démocrate. Interrogée sans relâche, Pat Nixon se contente de sourire, figée. On la surnomme alors « Plastic Pat ». Et lorsque la décision de démissionner viendra, Pat Nixon sera littéralement foudroyée.

L'ambiance à Washington est irrespirable. Nixon s'est enferré dans ses mensonges. La presse, et notamment le *Washington Post*, enquête sans discontinuer, et des fissures de plus en plus nombreuses apparaissent chez les hommes du président qui voient se profiler à l'horizon la perspective d'un séjour en prison. Pat Nixon, pour se distraire et échapper à l'ambiance de la Maison-Blanche, se déguise souvent pour aller faire un tour dans les rues de la capitale. Elle se camoufle derrière de grosses lunettes noires et un foulard. Un jour, on la reconnaît alors qu'elle regarde les vitrines des magasins. « Chut ! supplie-t-elle. Je fais juste un peu de shopping. »

Tout avait pourtant si bien commencé, un peu comme si un « nouveau Nixon » était né. Un Nixon plus apaisé, moins belliqueux, plus franc, plus ouvert. Le président élu reconnaissait lui-même très volontiers qu'il avait changé. « Je me rends compte qu'en vieillissant, on se transforme. On apprend. Et d'ailleurs, si je n'apprenais pas, je ne vaudrais rien. » Et lui, l'anticommuniste primaire des années McCarthy, va se rendre compte que le bloc communiste n'est pas uniforme, ni hermétique, qu'on peut négocier et avancer. D'ailleurs, son idole politique, c'est Wilson, l'homme du traité de Versailles, qui croyait à un monde nouveau, mieux organisé, plus pacifique. Il a fait installer un portrait de Wilson dans le Bureau Ovale, et même le bureau de Wilson, qu'on a ressorti du sous-sol de la Maison-Blanche. C'est une table très large, très imposante, et Nixon adore y poser les pieds lorsqu'il est assis dans son fauteuil de président. Au bout d'un certain nombre de mois, le talon de ses chaussures va laisser des marques sur le bureau. Un de ses assistants, ayant remarqué les égratignures, va profiter d'un voyage de Nixon à l'étranger pour faire restaurer le meuble. De retour à la Maison-Blanche, Nixon va piquer une fameuse colère. Il expliquera, comme un enfant, qu'il n'avait pas donné d'ordre pour cette restauration mais qu'au contraire, « il voulait laisser sa trace dans ces lieux, comme les autres présidents ».

Tout avait vraiment bien démarré. Même la passation de pouvoirs entre Johnson et son successeur. Le 20 janvier 1969, les Johnson, très gentiment, avaient invité les Nixon à la Maison-Blanche pour le petit déjeuner. On avait même convié les vice-présidents pour l'occasion, et Hubert Humphrey, le candidat démocrate malheureux lors de la campagne, avait eu l'élégance de participer à cette petite fête. Aimablement, il s'était entretenu avec son adversaire et avec Spiro Agnew, le nouveau vice-président, qui n'allait pas tarder à faire des siennes et à être remplacé par Gerald Ford. Après le café et le jus d'orange, tout le monde s'était entassé dans les limousines pour se rendre au Capitole. Et Johnson, qui quatre ans plus tôt avait prêté serment en simple costume de ville, avait fait l'effort de revêtir un habit et un pantalon rayé pour la cérémonie, en l'honneur de Richard Nixon.

Dans cette ambiance particulièrement cosy, les Johnson avaient même accueilli la veille deux pensionnaires appartenant au clan Nixon, pour les familiariser avec la Maison-Blanche : Pasha et Vicky, un yorkshire et un caniche qui au petit matin étaient venus accueillir leurs maîtres sur le perron.

Décidément, l'alternance se fait dans la sérénité, et Nixon y est sensible, lui qui se souvient de l'amertume ressentie en 1960, lorsqu'il a perdu face à Kennedy. Il apprécie. Même si le restant de la journée ne va pas toujours se dérouler dans une atmosphère aussi détendue et joyeuse.

Car Nixon n'est pas vraiment populaire et la guerre du Vietnam, sujet de préoccupation numéro un des Américains, est dans tous les esprits. Or Nixon, pendant sa campagne, n'a pas été d'une très grande clarté sur ses intentions.

De retour du Capitole, où il vient de prêter serment, le cortège du nouveau président rencontre une manifestation de pacifistes. Les agents du Secret Service remettent en hâte le toit de la limousine décapotable, tandis que tout un assortiment de projectiles atteint la voiture présidentielle. Un drapeau vietcong flotte au vent et Nixon en est horriblement choqué.

À une heure du matin, après avoir honoré de leur présence les bals qui, tous les quatre ans, ont lieu dans Washington à l'occasion de l'inauguration, les Nixon rentrent « chez eux », à la Maison-Blanche. Nixon s'assied devant son piano, dans ses appartements. Il joue *Rustle of Spring*, et une chanson qu'il avait lui-même composée pour celle qui est devenue sa femme lorsqu'ils étaient fiancés.

Pat soupire joyeusement : « C'est si bon d'être à la maison. »

Johnson a été rongé par le cancer de la guerre du Vietnam. Nixon sera rongé par le scandale du Watergate. Fin 1972, Ron Ziegler, le très célèbre porte-parole de la Maison-Blanche, fait l'habituel briefing de fin d'année devant les correspondants accrédités à la

Maison-Blanche : « L'année a été remarquablement bonne de notre point de vue, à part le Watergate. »

En juin 1972, au début de la campagne présidentielle, le Watergate est cambriolé par des hommes de main du comité républicain pour la réélection du président. On s'aperçoit relativement tôt que l'entourage de Nixon était au courant, et que le président, informé, a décidé de couvrir l'affaire. De toute façon, il est sûr de sa victoire à l'automne. Et puis, au fil des mois, en 1973 et 1974, d'autres révélations font surface. Le gouvernement a accordé certaines faveurs en échange de fortes contributions pour la campagne de Richard Nixon. Une partie de ces fonds a servi à payer les avocats chargés de la défense des cambrioleurs du Watergate. Nixon, on l'a déjà dit, est devenu très riche et on le soupçonne de fraude fiscale. Et les agences gouvernementales, notamment la CIA, n'ont pas hésité à employer des moyens totalement illégaux pour menacer et intimider les adversaires politiques du chef de la Maison-Blanche. Au total, une vingtaine de proches du président sont inculpés et il est désormais évident que le président a tenté, à de multiples reprises, de faire obstruction à la justice. Richard Nixon, crime entre les crimes, a menti.

Au cours de l'été 1974, la Chambre des Représentants s'apprête à déclencher une procédure d'*impeachment* contre Richard Nixon. Tous ses amis lui conseillent de démissionner avant de se retrouver humilié devant le Congrès. Barry Goldwater, comme à son habitude, parle net : « On ne peut supporter qu'un certain nombre de mensonges, et il y en a eu un en trop… Nixon ferait bien de virer son cul de la Maison-Blanche, et vite. »

Les leaders républicains rendent visite à Nixon, dans le Bureau Ovale. Le président est ébranlé. Il tente une plaisanterie : « Si je devais devenir un ex-président, je n'aurais aucun collègue à qui parler. Ils sont tous morts. » Son sourire est blafard. « J'ai une décision à prendre. Mais d'abord je voudrais que vous m'informiez sur l'état d'esprit des deux chambres.

— C'est simple, répond Goldwater, si l'on en arrive à un procès au Sénat, vous ne pouvez compter que sur quinze voix favorables. »

C'est au tour du leader de la minorité républicaine à la Chambre des Représentants, John J. Rhodes, d'Arizona : « Pas plus de dix voix en votre faveur. Pas beaucoup plus. »

Nixon doit démissionner. Le premier président de l'histoire à devoir abandonner sa charge. Une épreuve terrible.

Le 8 août 1974, dans la chaleur des soirées de Washington, Nixon apparaît à la télévision. Il est vingt et une heures. Quelques minutes avant, le président s'est rendu dans le Bureau Ovale. Il s'est assis dans son fauteuil. Les techniciens de la télévision s'affairent autour de lui. Ils installent des projecteurs et procèdent à des essais de son. Il est vingt et une heures passées de quarante-cinq secondes. Le rouge s'est allumé au-dessus de la caméra et Nixon annonce au monde entier qu'il démissionne.

La famille Nixon, au grand complet, écoute le discours dans ses appartements. Ils voulaient être à ses côtés, dans le Bureau Ovale, pour montrer à l'Amérique qu'ils ne l'avaient pas abandonné, qu'ils étaient avec lui. Mais il a refusé et avouera dans ses Mémoires qu'en leur présence, il aurait été incapable de prononcer son message. Nixon est dans un état émotionnel pitoyable. Quelques instants auparavant, Rose Mary Woods, sa secrétaire particulière, est venue lui dire qu'un ancien prisonnier de guerre du Vietnam a appelé le standard de la Maison-Blanche pour inciter Nixon à ne pas donner sa démission. « Dites-lui que nous sommes à ses côtés. Il ne nous a pas laissés tomber… »

Nixon pense à la journée qui vient de s'écouler. Il s'est promené quelques instants dans la Roseraie, après avoir arpenté les colonnes installées par Thomas Jefferson. Gerald Ford lui a rendu visite. Le vice-président est au courant de la gravité de la situation. Il sait ce qui l'attend. Il est sombre. Le silence s'est installé entre les deux hommes. Nixon, toujours dans ses Mémoires, précisera qu'il a tenté de rassurer Ford. « Vous êtes à la hauteur de la tâche. » Les deux hommes discutent de ce qui attend Gerald Ford dans moins de vingt-quatre heures, des décisions à prendre. Nixon lui demande dans quel endroit il compte procéder à la cérémonie de prestation de serment. Ford a décidé de ne pas se rendre au Capitole pour la circonstance. Il a peur que les parlementaires en profitent pour organiser une vraie célébration. Nixon lui suggère de prêter serment à la Maison-Blanche, comme Truman à la mort de Roosevelt.

Nixon devient sentimental. Il raconte à Gerald Ford comment, lorsqu'il avait été élu en 1968, Eisenhower avait déclaré que désormais, il l'appellerait « Monsieur le Président ». « Et ce sera pareil pour vous maintenant, Jerry. Je vous appellerai "Monsieur le Président". »

Les yeux de Ford s'embuent d'émotion. Nixon, lui aussi, contient difficilement ses larmes.

Il travaille sur son discours de démission, puis visite ses appartements privés où les piles de cartons s'entassent. C'est une des caractéristiques de la vie à la Maison-Blanche. Il faut déménager instantanément, en fonction des élections et des drames.

Nixon se rase et se douche. Il change de costume. Il choisit celui qu'il portait deux ans plus tôt, lors d'une visite à Moscou, où il avait eu l'occasion de s'adresser aux Russes, à la télévision.

Il doit encore rencontrer les dirigeants démocrates du Congrès. Ce qu'il fait en fin d'après-midi. Pas dans le Bureau Ovale. Il n'y tient pas. Ce sera dans un bâtiment voisin de la Maison-Blanche, le Old Executive Building. L'entrevue est courtoise, sans plus.

C'est ensuite au tour des membres de son cabinet. L'atmosphère est différente. Ils sont près d'une cinquantaine, entassés dans la salle de conférence. Des amis. Ils se connaissent et ont travaillé ensemble depuis des années. Les adieux sont difficiles. Nixon fait le bilan de leur travail et leur dit combien il a apprécié leur loyauté, à travers les succès et les épreuves. Il leur répète qu'il ne sert à rien de se battre et que la survie de la présidence est plus importante que son destin personnel.

D'après les témoins, l'ambiance est irrespirable dans la pièce. Chacun essaie de ne pas se laisser gagner par l'émotion. Certains pleurent malgré tout. Nixon parle pendant une demi-heure. Et il entend un de ses proches, Les Arends, éclater en sanglots. À son tour, Nixon se met à pleurer. Il ne parvient pas à se lever de sa chaise et un des membres du cabinet doit l'aider. C'est l'heure d'aller regarder droit dans l'œil de la caméra pour trouver une sortie élégante. Un désastre.

Après le discours, il est rejoint par Henry Kissinger, le secrétaire d'État qui, bien souvent, en matière de politique étrangère et dans bien d'autres domaines, a été son âme damnée, l'homme qui a laissé faire et parfois été à l'origine de déviances politiques. En tout cas, ces deux-là ont été très proches et tous deux ont aimé l'exercice du pouvoir.

Kissinger le félicite pour les propos qu'il vient de tenir à la télévision.

Dans ses appartements, Nixon retrouve toute sa famille : Pat, Tricia, Julie, Ed, David. Nixon est pris d'une irrépressible crise de tremblements. Il transpire à grosses gouttes et son entourage s'inquiète.

Dehors, sur Pensylvannia Avenue, on peut entendre, en tendant l'oreille, des manifestants chanter : « Le Chef doit aller en prison. »

Cette nuit-là, Richard Nixon dort peu. Il se lève dès six heures. Nous sommes le 9 août 1974. C'est son dernier jour à la Maison-Blanche. Il se fait servir son petit déjeuner : des œufs pochés et du corned-beef froid.

Il a encore des adieux à faire à la Maison-Blanche. Rendez-vous a été pris avec le personnel dans un des salons les plus spacieux. Auparavant, il reçoit Alexander Haig, le chef d'état-major de la Maison-Blanche, qui lui tend à signer une feuille à en-tête de la présidence. C'est sa démission, qui prendra effet à onze heures trente-cinq, après deux mille et vingt-sept jours passés à la Maison-Blanche.

Pat a fini par pleurer, elle aussi. Elle est épuisée et n'a pas fermé l'œil depuis quarante-huit heures. Elle fait montre de courage et de tenue, mais ce départ si précipité nourrit son amertume.

Les nouveaux occupants de la Maison-Blanche, Jerry et Betty Ford, sont arrivés. Marine One, l'hélicoptère présidentiel, est là, sur la pelouse. Un long tapis rouge mène jusqu'à l'appareil. Nixon grimpe les quelques marches, et se retourne vers la Maison-Blanche. Le ciel est d'une couleur de lave. La Garde rend les honneurs. On voit des visages à toutes les fenêtres de la résidence. Nixon salue et s'installe dans l'hélicoptère. Il ferme les yeux. « Quelle tristesse », murmure Pat, assise à ses côtés.

L'Amérique éprouve un réel sentiment de honte. Autant pour l'attitude de son président que pour les conséquences du scandale dans l'histoire de la nation. La veille, l'Amérique avait entendu Nixon s'exprimer, à sa manière habituelle, sur les fautes qu'on lui reprochait : « Je dirai simplement que si certains de mes jugements ont été mauvais, et certains l'étaient sûrement, ils se sont formés en fonction de ce en quoi je croyais être le mieux pour notre nation… » Drôle de façon de présenter des excuses…

Un mois plus tard, en acceptant le pardon de Gerald Ford, Nixon s'exprima une dernière fois publiquement sur le sujet : « Aucun mot ne peut décrire la profondeur de mes regrets et de ma peine en ce qui concerne mes erreurs à propos du Watergate… » Nixon avait commis des « erreurs », pas des actes répréhensibles.

Des années plus tard, à l'invitation de Larry King, Nixon participa à un *talk-show*. C'était en janvier 1992, deux ans avant sa mort. Bien sûr, Larry King l'interrogea sur ce satané Watergate, l'immeuble le plus célèbre du monde.

« Cela vous est-il pénible de passer en voiture devant le Watergate ?

— Vous savez, je n'y suis jamais allé.

— Vous n'avez jamais pénétré dans cet immeuble ?

— Non, je n'y ai jamais mis les pieds. D'autres y sont allés. Malheureusement… »

20

Ford et Carter :
un modèle de décence américaine

L'ambition suprême de Gerald Ford, c'était de devenir speaker de la Chambre des Représentants dont il avait pendant plusieurs années été le chef de la minorité républicaine. Le destin lui joua un tour deux fois de suite, à quelques mois d'intervalle. D'abord lorsqu'il fallut remplacer au pied levé Spiro Agnew, le colistier de Nixon, empêtré dans des scandales financiers et des affaires de corruption. Ford devint vice-président par désignation, et non par élection. Huit mois plus tard, la démission de Nixon en fait le premier président des États-Unis non élu. Comme le dit si candidement sa femme Betty : « Il fut un vice-président accidentel, un président accidentel, et dans les deux cas il dut remplacer au pied levé des politiciens déconsidérés. »

L'autre caractéristique de Gerald Ford, c'est que tout le monde l'aime. Cet homme n'a pas réussi à se faire d'ennemis, même à Washington. À l'exception peut-être de Lyndon Johnson, qui considère que Ford n'est pas l'homme le plus intelligent du monde. Et lorsque Johnson a quelqu'un dans le collimateur, il ne fait pas toujours dans la dentelle. Il faut dire aussi que Ford, représentant de l'État du Michigan, et leader de la minorité à la Chambre, n'a eu de cesse de critiquer les programmes sociaux de la « Grande Société » chère à Johnson. C'est ce dernier qui lâchera cette phrase : « Ford a trop longtemps joué au football sans casque. » Ou encore : « Ford est si bête qu'il ne peut pas marcher et péter en même temps. » On reconnaît là la délicatesse de Johnson. Lorsque Ford s'oppose à la législation sur l'urbanisme et le logement, qui prévoit tout un programme de construction accélérée pour des zones défavorisées, Johnson perd patience. Il convoque un de ses assistants : « Vous avez un petit garçon. Prenez-lui ses Lego et allez expliquer à Jerry Ford ce que nous sommes en train d'essayer de faire pour le logement. »

Mais, encore une fois, personne ne parvient à détester Ford. Même le représentant de Californie, Paul McCloskey, qui s'est opposé à peu près à toutes les initiatives du nouveau président, ne peut s'empêcher de le trouver sympathique. Et Ford lui-même se décrit comme « un type désespérément sain ».

Ce n'est pas une posture. Ford est un type « désespérément bien ». Une sorte de boy-scout, ce qu'il a effectivement été dans son enfance.

Quelques jours après avoir été « nommé » président des États-Unis, Gerald Ford va passer quelques jours de vacances dans le Colorado, à Vail. Ford adore skier, tout comme il aime nager ou jouer au golf. C'est un sportif. Un soir, pendant le dîner, un des chiens du président s'oublie sur la carpette. Immédiatement, un des domestiques attachés à la Maison-Blanche se précipite pour nettoyer les dégâts. Mais il n'est pas assez rapide pour le président qui lui prend des mains la serpillière, s'agenouille et nettoie lui-même la moquette. « Personne ne devrait avoir à nettoyer après le chien d'un autre. » C'est tout Ford.

Et il apprend à devenir président. L'affaire n'est pas évidente. Le lendemain de sa prestation de serment, toute la presse assiège sa résidence, dans la banlieue de Washington, à Alexandria, de l'autre côté du Potomac. À sept heures du matin, les journalistes voient sortir le nouveau président. Il est en pyjama bleu pâle. Il ramasse ses journaux sur la pelouse et rentre se préparer son petit déjeuner. Les Ford n'ont pas pu emménager à la Maison-Blanche immédiatement ; très aimablement, ils ont laissé la place à Julie, la fille de Richard Nixon, et à son mari, David Eisenhower. Ils ont besoin d'un peu de temps pour déménager.

Ce même matin, le téléphone sonne chez les Ford. C'est un membre du personnel de la Maison-Blanche qui demande à Betty Ford quelles dispositions elle souhaite prendre pour le prochain dîner d'État qui a lieu dans les tout prochains jours. Betty Ford ne sait pas et s'enquiert tout de même du nom des invités : le roi Hussein de Jordanie et sa femme.

Décidément, il va falloir s'y mettre et chausser les souliers de *First Lady*. Betty visite donc la Maison-Blanche et choisit d'installer ses appartements au premier étage. Elle annonce qu'elle fait évidemment chambre commune avec le président. Ce qui rompt avec la tradition et ce qui choque quelques puritains. Elle fait également savoir que son lit lui convient parfaitement et qu'elle le fera porter à la Maison-Blanche. Face aux critiques, Betty Ford s'exprime avec sa franchise habituelle : « Je présume qu'un président doit être eunuque. Eh bien ! ce n'est pas le cas de mon mari. »

Elle n'a pas la langue dans sa poche et c'est une femme indépendante d'esprit. Ce qui lui vaudra quelques soucis. Comme lorsqu'elle déclare en toute candeur devant la presse qu'elle avale un comprimé de Valium tous les jours. On sait qu'elle développera de sérieux problèmes d'accoutumance, doublés d'un penchant assez prononcé pour l'alcool. En août 1975, un an après son arrivée à la Maison-Blanche, elle accorde une longue interview au magazine télévisé « Sixty Minutes », sur CBS. « Oui, dit-elle, si j'étais plus jeune, je fumerais probablement un joint de temps à autre. » « Oui, ajoute-t-elle encore, la Cour suprême a eu mille fois raison de légaliser l'avortement. » « Non, je ne serais pas vraiment surprise si j'apprenais que ma fille entretient des relations sexuelles avec son petit ami. » On imagine le retentissement de l'émission, surtout dans les milieux conservateurs. Mais d'autres ont apprécié son indépendance et sa franchise. Gerald Ford, lui, a pu mesurer l'impact négatif de cette interview : « J'ai perdu au moins vingt millions de voix ce jour-là », dira-t-il. Mais il adore Betty et respecte ses opinions.

Lui-même doit apprendre son nouveau métier. Et ce n'est pas chose aisée sous la surveillance incessante de la presse qui ne parvient pas à croire que Ford est président. On dit qu'il « se conduit » comme un président, qu'il « adopte » une posture présidentielle, qu'il « essaie » d'avoir l'air présidentiel. Tout cela l'irrite au plus haut point. Et puis Ford, d'entrée de jeu, commet la gaffe politique : un mois après son arrivée au pouvoir, il accorde le pardon à Nixon, « pour toutes ses fautes et tous ses crimes ». Ford se justifie : il faut tourner la page et cicatriser les blessures, au nom de la nation ; mais l'opinion ne comprend pas que Nixon s'en tire à si bon compte alors que les hommes qui ont agi à son service sont en prison.

Un autre syndrome se développe autour de Ford. C'est un très bel athlète, extrêmement sportif, qui a fait une belle carrière dans le football universitaire lorsqu'il était étudiant. Mais il a la fâcheuse habitude de se prendre les pieds dans le tapis, ou de glisser, ou de faire un faux pas. Les caméras de télévision l'épient à chaque déplacement. En mai 1975, il descend de l'avion qui vient de le conduire en Autriche. Il bute contre la rampe d'escalier et se retrouve à genoux sur la piste. Le même jour, il effectue deux très jolies glissades avant d'accéder au palais de Salzbourg et, là encore, la presse s'en donne à cœur joie.

Le président ne tient pas debout et c'est devenu le seul sujet d'intérêt pour les médias. En fait, c'est lorsqu'il ne tombe pas, ne se cogne pas la tête, ou ne glisse pas dans la neige que la presse relève que tout s'est bien passé au cours du déplacement. Ford fulmine. Mais rien n'y fait. On attend la prochaine chute.

C'est devenu un thème récurrent dans les émissions humoristiques. Johnny Carson se déchaîne, ainsi que Chevy Chase qui, chaque semaine, dans « Saturday Night Live », imite les dérapages non contrôlés du chef de la Maison-Blanche.

Ford est agacé mais il montre un superbe sens de l'humour, en toutes circonstances. Ainsi, lorsqu'il est invité au traditionnel dîner de l'association des correspondants accrédités à la Maison-Blanche. L'autre invité d'honneur s'appelle Chevy Chase. C'est lui qui entre en scène le premier. Il trébuche et s'écrase littéralement sur le podium. Au passage, il se cogne la tête contre le pupitre et déclare sobrement devant la salle écroulée de rire : « Je viens de demander aux agents du Secret Service de bien vouloir extraire la fourchette à salade qui s'est incrustée dans ma main gauche. » Succès garanti. C'est au tour du président de bien vouloir se lever de table pour monter sur le podium. Ford se lève, se prend les pieds dans la nappe, renverse les assiettes, les verres, les bouteilles, les couverts et les plats au milieu de l'hilarité générale. Il parvient jusqu'à la scène et éparpille par terre les feuillets du discours qu'il doit prononcer. « Monsieur Chevy Chase, dit-il, pour un banlieusard, vous êtes vraiment un type marrant. »

Ford a bien besoin de ses talents humoristiques pour faire face. Il sera le premier président des États-Unis à se rendre en visite officielle au Japon et la photographie du chef de la Maison-Blanche prise à cette occasion va déclencher les fous rires. Ford a revêtu un habit très protocolaire, et son pantalon rayé lui arrive juste au-dessus des chaussettes. Le ridicule peut tuer, mais Ford en a vu d'autres. De retour à Washington, il appelle Bob Orben, l'homme qui écrit ses discours et lui demande innocemment s'il a vu la photo prise au Japon.

« Non, Monsieur le Président. Quelle photo ?

— Vous savez très bien de quoi je parle. Eh bien ! il faut trouver une façon drôle pour l'évoquer publiquement. »

Le soir même, Gerald Ford prend la parole devant une assemblée de boy-scouts réunis à Washington. « Jeunes gens, scouts une fois, scouts toujours. C'est particulièrement vrai en ce qui me concerne. Malgré les années, j'aime toujours la vie au grand air. Je sais toujours faire la cuisine. Et comme vous avez pu le constater en regardant les photos qu'on a prises de moi au Japon, il m'arrive encore de me promener en culottes courtes. »

Ford ne fait pas que trébucher. Il est doué également pour des dérapages verbaux assez spectaculaires. Il ne parvient pas toujours à exprimer précisément ses pensées, même s'il a été un étudiant brillant à Yale. C'est un spécialiste du lapsus : « Si Lincoln était encore vivant aujourd'hui, il se retournerait dans sa tombe. » Cette remarque a fait le tour de Washington en un éclair.

Il commettra des impairs plus graves. Ainsi, lors d'un duel télévisé avec Jimmy Carter pendant la campagne de 1976. « Il n'y a pas de domination soviétique sur l'Europe de l'Est, affirme-t-il avec force, devant des dizaines de millions de téléspectateurs. Et une telle domination n'existera pas sous ma présidence. » Max Frankel, le journaliste du *New York Times*, qui fait office de modérateur au cours du débat, demande à Gerald Ford de « préciser » sa pensée. Et c'est pire : « Eh bien ! je ne crois pas que les Roumains par exemple se sentent dominés par l'Union soviétique. Même chose pour les Polonais. Chacun de ces pays est indépendant, autonome, et dispose de son intégrité territoriale. Les États-Unis ne reconnaissent pas la domination de l'URSS dans cette partie du monde. » Et Ford va encore aggraver son cas. Quelques jours plus tard, sur les conseils de son entourage, il tente de clarifier ses propos une fois pour toutes : « Nous allons nous assurer, du mieux que nous pourrons, qu'une telle allégation de domination soviétique ne devienne pas une réalité. » Comprenne qui pourra. La controverse va durer des jours et des jours, jusqu'à ce que Ford reconnaisse qu'il ne s'était pas exprimé clairement, qu'il y avait bien des forces soviétiques d'occupation dans les pays d'Europe de l'Est, mais que cela ne reflétait pas « la volonté du président des États-Unis ou du peuple américain »…

Pendant ce temps-là, la vie mondaine à la Maison-Blanche a repris des couleurs après le sinistre épisode de l'agonie du Watergate. Les Ford aiment et savent recevoir. Et puis on célèbre en 1976 le bicentenaire des États-Unis. Et même la reine d'Angleterre va faire le déplacement.

Les Ford mettent les petits plats dans les grands. Le 7 juillet 1976, la reine Élisabeth est accueillie au portique Sud. Le tapis rouge est absolument impeccable. On craint un orage, et une tente a été installée, au cas où, dans la Roseraie.

La reine d'Angleterre porte des bijoux somptueux, notamment une tiare de diamants qui fait grande impression sur les invités, triés sur le volet. Les Ford, qui ignorent ce que « snobisme » veut dire, ont tout de même convié une star du base-ball, Willie Mays, aux côtés de Julie Harris et de Telly Savalas. Cary Grant, lui aussi, a reçu un carton et Betty Ford n'a qu'un rêve : danser avec lui. La scène est immortalisée par un cliché que Betty Ford accrochera dans un couloir de la Maison-Blanche, avec une légende de sa main : « Vous pouvez vous dévorer le cœur, les filles… »

Seule ombre au tableau de cette soirée grandiose : lorsque Gerald Ford se lève pour inviter la reine d'Angleterre à ouvrir le bal, l'orchestre entame triomphalement *The Lady is a Tramp*, un refrain immensément populaire aux États-Unis qu'on peut traduire, grosso modo, par « La dame est une coureuse »…

Autre soirée à la Maison-Blanche, autre dîner, autre gala. Cette fois c'est une très jolie chanteuse mexicaine, Vicki Car, qui tient la scène pour les invités du président. Et c'est un succès. Au terme de la soirée, Gerald Ford, en galant homme, reconduit jusqu'à la sortie la si avenante chanteuse qui lui demande, histoire sans doute de faire la conversation, quel est son plat mexicain préféré. « C'est vous », répond Ford sans hésiter. La *First Lady*, qui entend la remarque, réagit très vite : « Cette jeune femme ne remettra plus jamais les pieds à la Maison-Blanche. » Betty Ford est une femme de caractère

Le couple présidentiel est adoré du personnel de la Maison-Blanche. Ils sont chaleureux et d'une simplicité princière. Nixon avait interdit aux gardes de la Maison-Blanche d'adresser la parole au président ou aux membres de sa famille. On change les règles et, comme dans n'importe quel endroit au monde, les gens se saluent. L'ambiance s'en ressent très positivement. Betty le répète à qui veut l'entendre : « Jerry et moi sommes des gens ordinaires qui adorons la vie et qui ne nous prenons pas tellement au sérieux. »

C'est si vrai que le président, qui adore son labrador, une femelle baptisée Liberty, s'en occupe personnellement lorsqu'elle attend une portée. D'habitude, la chienne couche au chenil mais, pour la circonstance, elle dort la nuit au second étage, sous la surveillance d'un employé. Un soir, ce dernier signale au président qu'il doit s'absenter et que Liberty, qui approche de son terme, doit être surveillée. Le président propose de la garder lui-même dans sa chambre.

« Si elle veut sortir cette nuit, elle vous réveillera avec un coup de langue sur le visage. C'est comme ça qu'elle pratique. »

Gerald Ford s'endort du sommeil du juste ; vers trois heures du matin, sa chienne le réveille. Il enfile une robe de chambre, prend l'ascenseur et sort la chienne dans le jardin. Au retour, Ford trouve toutes les portes closes. Les mesures de sécurité sont évidemment draconiennes à la Maison-Blanche. Le président est en pantoufles et en robe de chambre. Les minutes passent. Ford finit par cogner à toutes les portes. Les agents du Secret Service se précipitent en se demandant ce que peut bien faire le président des États-Unis, en cette tenue, à cette heure-là, dans les jardins de la Maison-Blanche.

Lorsqu'il représente son pays à l'étranger, Ford fait montre de la même bonhomie, de la même simplicité, même lorsque les enjeux sont vitaux pour les États-Unis. En novembre 1974, il se rend à Vladivostok pour discuter du Traité sur la limitation des armements stratégiques. C'est une rencontre très importante, surtout pour Brejnev dont le pays s'enfonce dans la débâcle économique. Le secrétaire général du parti communiste soviétique se fait pressant au fil des conversations : « Je ne veux pas infliger au peuple russe une nouvelle guerre. Nous avons déjà tant souffert... » Ford se montre rassurant : « Nous avons déjà accompli des progrès significatifs en termes de limitation des armements. J'espère que la dynamique de ces conversations va se poursuivre et que, dès l'an prochain, nous pourrons finaliser ce que nous avons entrepris ici. »

Brejnev se fait de plus en plus insistant : « C'est de notre responsabilité, à vous et à moi, de finaliser nos travaux...

— Je pense comme vous, renchérit Ford. C'est un grand pas en avant pour éviter une catastrophe nucléaire...

— Il ne s'agit pas seulement de nos deux peuples, rétorque Brejnev. C'est le sort de l'humanité tout entière qui est en jeu… »

Ford ressent très fortement le message de Brejnev et il cherche à faire un geste. Finalement, juste avant d'embarquer à bord d'Air Force One, il ôte son manteau en peau de loup d'Alaska, un superbe cadeau que lui a fait un de ses amis fourreur. Il le tend à Brejnev, en gage d'amitié. Il a remarqué que, depuis le début de sa visite, le leader soviétique regarde ce manteau avec beaucoup d'envie.

Malgré sa bonne volonté et ses bonnes intentions, Gerald Ford perd les élections de 1976, face à Jimmy Carter. Le choc est dur. Il commence à adorer son métier de président et il pense sincèrement qu'il a réussi, après la terrible épreuve du Watergate, à panser les blessures de l'Amérique. Le cauchemar de la guerre du Vietnam est derrière. Saigon est tombée un an plus tôt aux mains des communistes. La conclusion de cette aventure est humiliante pour les États-Unis, mais comme l'annonce le photographe officiel de la Maison-Blanche, David Kennerly, lors d'une réunion du Conseil national de sécurité : « J'ai une bonne et une mauvaise nouvelle. La bonne, c'est que la guerre du Vietnam est terminée. La mauvaise, c'est que nous l'avons perdue. »

Seule satisfaction, au matin de la prestation de serment du nouveau président, en janvier 1977 : Jimmy Carter rendra aux Ford un très émouvant hommage : « Je tiens à remercier mon prédécesseur pour tout ce qu'il a accompli afin de panser nos blessures… Merci en mon nom et en celui du peuple américain. »

Le lendemain matin, Ford est en Californie. Pour oublier, il s'est inscrit à un tournoi de golf. C'est un hyperactif.

Vers la fin des années 1980, la chaîne de télévision ABC diffusa un film consacré à Betty Ford. Interrogé par un journaliste curieux de savoir pourquoi le film était consacré à son épouse plutôt qu'à lui, Ford répondit, sans rire, que « sa femme était un personnage beaucoup plus intéressant que lui ».

C'est peut-être vrai. Betty Ford, avant de rencontrer la politique, était danseuse. Elle avait même suivi les cours de Martha Graham et aurait pu envisager une carrière artistique. Après un séjour à New York, elle avait décidé de rentrer à la maison à Grand Rapids, Michigan. En 1942, elle avait épousé un marchand de meubles, un certain William Warren, un velléitaire qui l'avait menée de déménagement en déménagement à travers tous les États-Unis. Un mariage voué à l'échec.

Betty fait ce qu'il faut pour aider. Elle va même travailler un certain temps à trier des crevettes surgelées dans une usine, avant de jeter l'éponge. Lorsqu'elle rencontre Gerald Ford, elle ne se sent pas prête à redémarrer une vie conjugale. Elle finit par céder et par découvrir que son nouveau mari, qui au passage a lui aussi connu un divorce, a deux femmes dans sa vie : elle et la politique. Il arrivera même en retard le jour de son mariage : il participait à un meeting à l'autre bout de la ville.

Ils vont avoir quatre enfants, que Betty élève seule. Lorsque Nixon démissionne, Betty Ford n'est évidemment pas prête à devenir *First Lady*. Mais c'est sa planche de salut. Et puis, le sort s'acharne sur elle. Les médecins découvrent qu'elle est atteinte d'un cancer du sein. Betty est terrifiée. On doit procéder à une mastectomie. Elle souffre et surmonte l'épreuve. Elle en a fait état publiquement. Du coup on ose parler du cancer aux États-Unis, pour la première fois sans doute. Les Américaines vont aller consulter leur médecin et Betty Ford, à travers son épreuve, va sauver bien des vies.

Betty Ford, depuis longtemps, est une femme nerveusement fragile. Elle abuse des calmants ; lorsque son mari perd les élections, elle décroche dans un premier temps. La déception est trop forte. Elle se réfugie dans la drogue et l'alcool. Pendant deux longues années, Betty Ford s'enfonce méthodiquement et semble se noyer sous le regard de son mari et de ses enfants. On finit par lui proposer une cure de désintoxication à l'hôpital naval de Long Beach. Elle s'y résout, malgré l'énorme humiliation qu'elle ressent. Au bout de quelques mois, c'est une autre Betty Ford qui refait surface. Elle ne parvient pas à oublier les conversations qu'elle a eues, au fil des jours, avec les toxicomanes qu'elle a rencontrés à l'hôpital. En 1982, elle fonde le Centre Betty Ford à Rancho Mirage, en Californie. Pour venir au secours de ceux qui ont touché le fond. Tout cela, elle l'a accompli devant l'œil du public, sans dissimuler quoi que ce soit sur ce qu'elle a vécu, elle, l'ex-Première Dame des États-Unis.

Au fond, Gerald Ford a peut-être été béni des dieux car ce qui attend Jimmy Carter va tourner au cauchemar. L'inflation à deux chiffres va mettre les Américains en colère. Presque autant que l'augmentation du prix de l'essence suite au deuxième choc pétrolier. Sans compter la prise d'otages à l'ambassade des États-Unis à Téhéran. À tel point que Carter est devenu un des présidents les moins populaires de l'histoire récente. On ne peut pas dire qu'il remporte un franc succès lors de ses apparitions publiques vers la fin de son mandat. D'où sa divine surprise, un jour, loin de Washington, lorsqu'il est accueilli par une foule nombreuse qui l'applaudit chaleureusement. Jimmy Carter en reste bouche bée, puis, avec l'ironie qui le caractérise, il remarque : « C'est un réel plaisir aujourd'hui de rencontrer des gens qui me font signe de la main en me montrant leurs cinq doigts en même temps. »

Carter, comme d'autres de ses prédécesseurs, est un *all American boy*, un Américain typique, tenace, courageux, travailleur et idéaliste. C'est aussi un « outsider », et il le revendique. Au fond, sa passion, c'est la Marine, et c'est dans cette direction qu'il va d'abord se diriger. Il rêve de devenir officier navigant ; en 1943, il entre à l'Académie navale. Le jeune homme de Plains, Géorgie, travaille dur pour décrocher ses examens et, cinq ans plus tard, il brigue un poste d'officier sur un sous-marin atomique. On en est aux balbutiements avec ce type d'engins, aussi la concurrence est-elle sévère parmi les candidats. C'est le légendaire amiral Hyman Rickover qui interroge lui-même les apprentis sous-mariniers. Et Carter, pourtant parfaitement préparé, se rend compte qu'il en sait un peu moins que ce qu'il croyait sur le sujet. Finalement, Rickover lui demande si lors de sa préparation à l'Académie navale, Carter a donné le meilleur de lui-même, s'il a fait tout ce qu'il pouvait pour réussir. Carter : « Oui, monsieur. Enfin, non… je n'ai pas toujours donné le meilleur de moi-même.

— Et pourquoi donc, mon garçon ? » lui demande Rickover. Fin de l'entretien. Carter n'oubliera jamais la leçon et mettra toujours toute son énergie dans ses entreprises.

Lorsqu'il annonce à sa mère, au cours de l'été 1974, qu'il va se présenter à la présidence, elle lui demande : « À la présidence de quoi ? » Jimmy Carter est alors gouverneur de l'État de Géorgie, mais c'est l'inconnu le plus illustre de la scène politique américaine. On l'appelle « Jimmy Who ? ». Mais, comme d'habitude, toute sa volonté est tendue vers le projet qu'il s'est fixé. Carter pense que l'Amérique doit moralement évoluer. C'est un baptiste, un homme profondément religieux, et dans son Sud profond, il ne comprend ni n'accepte les relents de ségrégation qui polluent son pays. Il pense que des choses doivent être faites et qu'un président peut faire bouger les lignes, même lorsqu'il s'agit d'une question aussi fondamentale et ancienne que la question raciale aux États-Unis.

Sa campagne va se mener sur un programme simple, qui frôle le populisme : oui, c'est vrai, dit-il, je suis un « outsider » à la porte du monde des « insiders ». Je plaide coupable… mais, malheureusement, l'immense majorité des Américains sont comme moi, des « outsiders ». Son point de vue sur la société est relativement conventionnel, mais plane toujours cette question raciale. Il raconte souvent que son plus vif souvenir d'enfance remonte à l'été 1936, à l'occasion du championnat du monde de boxe opposant Joe Louis à Max Schleming. Le match était retransmis à la radio, en direct, et pour la circonstance ses parents avaient invité des voisins noirs à suivre la rencontre. Dès la première reprise, Joe Louis avait sévèrement corrigé son adversaire ; alors, les visiteurs noirs avaient immédiatement pris congé, dans le plus grand silence, après avoir cérémonieusement remercié le père de Jimmy Carter pour son hospitalité. Ils avaient ensuite emprunté le chemin de terre qui menait chez eux, à une centaine de mètres. Et arrivés là, ils avaient éclaté de joie pour célébrer la victoire de leur idole, Joe Louis. Ils n'avaient pas osé manifester leur contentement dans la maison d'un Blanc, fût-il l'homme le plus aimable de la contrée.

Il n'y a aucune once de racisme chez Carter. C'est un principe d'égalité, non négociable. Andrew Young, dont il fera un secrétaire d'État, dira de lui : « Les Noirs, lorsqu'il s'agit des Blancs, disposent d'une sorte de radar infaillible. Jimmy a subi le test sans problème. »

Et Jimmy devient président. Le score est serré mais il a gagné. De toute façon, il déteste perdre. Il est parfois rigide, comme certaines personnes ultra-disciplinées. Il ne supporte pas les retardataires ; c'est aussi valable pour lui. Pendant la campagne de 1976, son entourage a multiplié les étapes et il sait que l'avion privé qui le mène dans le Nouveau-Mexique sera en retard. Il va voir le pilote et lui ordonne de voler en rase-mottes. Tant pis pour les turbulences. On ne peut pas faire attendre les électeurs.

Il dispose d'un formidable allié dans sa course à la présidence : sa femme, Rosalynn, une belle du Sud, aussi motivée, aussi travailleuse que lui. Pourtant, cette carrière politique, elle ne l'a pas souhaitée. Elle adorait son mari en uniforme de la Marine, et elle aimait les déménagements parfois exotiques qu'entraîne une carrière dans la Navy. Lorsque Jimmy Carter, après la mort de son père, a décidé de reprendre l'exploitation familiale de cacahuètes, Rosalynn a mal vécu le retour au pays, dans le fin fond de la Géorgie la plus rurale. Mais elle a fini par prendre goût aux affaires, et c'est elle qui va faire tourner l'entreprise pendant que Jimmy se fait élire représentant à la législature de l'État, puis gouverneur.

Elle fait campagne avec acharnement et elle aime cela. Elle aime la bataille et le suspense qui va avec. Sa relation avec le candidat est exemplaire : elle est son associé le plus proche, y compris dans le domaine des idées. Carter écoute toujours sa femme, et lorsque ses arguments sont meilleurs que les siens, c'est elle qui a raison. Et on ne discute plus. C'est à cette époque que la presse la surnomme « Steel Magnolia », « le magnolia de fer ».

Quelques mois après son accession à la Maison-Blanche, Carter montrera toute l'étendue de son anti-conformisme et toute la confiance qu'il porte à sa femme. Pour la première fois de toute l'histoire diplomatique américaine, il l'enverra rendre visite, en son nom, à plusieurs pays d'Amérique du Sud avec lesquels les États-Unis rencontrent depuis longtemps des difficultés relationnelles. Elle n'est pas un « ambassadeur de bonne volonté ». Elle représente officiellement le Département d'État. Cette initiative fait grincer bien des dents mais Rosalynn Carter s'acquitte de sa mission avec succès. Elle se montrera aussi active, déterminée et efficace lorsqu'il s'agira d'aider son mari à promouvoir un programme législatif en faveur des personnes âgées et des malades mentaux. Sans parler de ses combats féministes. Les Américains, ceux que cela séduit, ceux que cela agace, voient revenir une deuxième Eleanor Roosevelt. Rosalynn se moque des critiques, s'abrite derrière ses convictions religieuses, son sens du service public et poursuit sa mission. Souvent, elle donne l'exemple. Lors du second choc pétrolier, et alors que Jimmy Carter a ordonné qu'on baisse les chaudières de la Maison-Blanche pour économiser le fuel, Rosalynn fait savoir à la presse qu'elle porte désormais des caleçons longs, pour lutter contre le froid.

Malgré tous leurs efforts, les Carter vont connaître la spirale de l'échec. Hormis la fameuse poignée de main entre Anouar el-Sadate et Menahem Begin à Camp David, qui marque un tournant dans l'histoire du Proche-Orient, les catastrophes se multiplient. Carter a refusé de livrer aux extrémistes iraniens le shah d'Iran, en exil aux États-Unis, gravement malade. En représailles, les hommes de Khomeiny attaquent l'ambassade des États-Unis à Téhéran et retiennent le personnel en otage. Le cauchemar va durer des mois et des mois, sous l'œil de la télévision. Carter va tenter une mission de sauvetage qui échouera lamentablement dans le désert. Pannes mécaniques. Un hélicoptère s'écrase. C'est un fiasco.

Carter consacre toute son énergie à la résolution de cette crise. Il sait que si elle se prolonge, il devra dire adieu à la Maison-Blanche. C'est Rosalynn qui fera campagne à sa place. Cela ne suffira pas. Ronald Reagan est au zénith dans tous les sondages. À l'arrivée, Carter n'obtiendra que quarante-neuf voix au collège électoral contre quatre cent quatre-vingt-neuf en faveur de son adversaire républicain. Il sera distancé de plus de huit millions de voix dans les urnes. Depuis Herbert

Hoover, aucun président n'avait perdu les élections pour un second mandat.

Avec élégance, Carter reconnut la défaite alors que tous les bureaux de vote n'étaient pas encore fermés dans le pays. Il se montra à la hauteur de sa déception : « Il y a quatre ans, je vous ai promis que je ne vous mentirais jamais. Du coup, je ne peux pas me tenir là, à cet instant, devant vous, en prétendant que cela ne fait pas mal. J'ai voulu devenir président parce que j'aime ce pays et parce que j'aime les habitants de cette nation... Un mot encore : laissez-moi vous dire que je suis déçu ce soir, mais que mes deux amours tiennent bon. »

L'Amérique avait à l'évidence envie d'autre chose, envie de tourner la page. Les exigences morales de Carter ne répondaient plus aux urgences auxquelles était confronté le pays. Son sens religieux notamment incommodait une partie de l'opinion. Carter lisait la Bible et priait, chaque jour que Dieu fait, lorsqu'il occupait la Maison-Blanche. Apparemment, ses prières n'étaient pas exaucées. En août 1979, il avait même essayé de convertir le président sud-coréen, un bouddhiste, au christianisme. Sans succès.

Profondément religieux, il n'en est pas moins homme. Et fin 1976, il accorde au magazine *Playboy* une interview qui va faire du bruit, dans l'opinion et chez lui. Il veut dissiper la rumeur selon laquelle il est plutôt coincé et même étroit d'esprit. Il confirme au journaliste qui l'interroge qu'il combat le péché lorsqu'il se présente, mais qu'après tout, il n'est qu'un homme, et donc faillible. Comme l'interview est destinée à *Playboy*, on parle femmes et sexe et Carter se laisse aller. « C'est vrai, reconnaît-il, j'ai regardé beaucoup de femmes avec des idées de luxure derrière la tête. Et le bon Dieu, qui me regarde, est parfaitement au courant. Et il me pardonne. »

Tout fondamentaliste religieux qu'il soit ou qu'il apparaisse aux yeux de certains, Carter est humain. Et notamment lorsqu'il s'agit des personnes du beau sexe. Tout le monde à Washington se souvient d'un dîner auquel Elizabeth Taylor, alors en grande forme, est invitée à la table du président. Il est assis en face d'elle et ne parvient pas à détacher son regard de la star. Celle-ci, légèrement indisposée par l'œil fixe de Carter, décide de s'adresser directement à lui et lui pose une question. Silence. Carter ne répond pas, mais son regard n'a rien perdu de sa fixité. « Eh bien ! monsieur Carter ? » insiste Liz Taylor. Le président semble se réveiller de sa léthargie et remarque piteusement : « Pardonnez-moi, mademoiselle Taylor. Je suis sûr que vous m'avez parlé mais je n'ai absolument rien entendu. »

Carter peut faire preuve d'humour. Dans certaines circonstances. Et à petite dose. D'ailleurs, son entourage se méfie de ses traits d'esprit. Car Carter n'est pas que gentil. Notamment à l'adresse des reporters qu'il a tendance à mépriser. Un jour, l'un d'entre eux, sans doute pour le mettre dans l'embarras, lui demande comment il réagirait si sa fille avait une expérience sexuelle. Carter répond qu'il serait surpris, voire choqué. Et d'ajouter, après quelques secondes de silence : « Mais je dois vous dire que ma fille n'est âgée que de sept ans. »

Au cours de l'été 1980, alors que sa popularité s'effondre chaque jour un peu plus, Carter va faire campagne au Texas, à une cinquantaine de kilomètres de Dallas. La sécheresse s'est abattue sur la région, qui depuis des semaines étouffe sous un soleil de plomb. Au moment où l'hélicoptère du président se pose, l'orage éclate et des trombes d'eau se déversent pendant un quart d'heure, transformant l'aire d'atterrissage en bourbier. Carter attend que la pluie cesse, et pose un pied précautionneux dans l'argile boueuse. La foule au moins a apprécié le déluge. « Bonjour, vous m'aviez demandé des crédits ou de la pluie. Je n'avais pas le budget, alors j'ai choisi la pluie. »

Tout comme Betty Ford avant elle, Rosalynn Carter va vivre très mal la défaite de son mari dans les urnes. Le soir du scrutin, alors que Jimmy Carter affiche son éternel sourire de gentleman du Sud, Rosalynn serre les dents. Lorsqu'on lui fait remarquer que, décidément, le président prend les choses du bon côté, elle répond, furieuse : « Ne vous en faites pas. J'ai assez d'amertume pour deux. »

Le lendemain soir, les époux Carter sont allés se coucher. On frappe à la porte. C'est Amy, leur fille. Elle vient protester auprès de ses parents. Non, elle n'a pas l'intention de quitter sa maison, ni Washington, où elle a toutes ses petites copines de classe, pour aller s'enterrer à Plains, Géorgie, au milieu des champs de cacahuètes. « Vous, vous êtes de la campagne, dit-elle, mais moi je suis née à la ville. »

Et c'est vrai qu'il faudra beaucoup de courage à la famille Carter pour reprendre ses marques. D'abord l'exploitation familiale a totalement périclité, les Carter, par principe, ne voulant pas gérer leur propriété pendant leur mandat à la Maison-Blanche. La petite maison qu'ils ont connue trente ans plus tôt n'est plus guère habitable. Les ronces ont envahi le terrain. Et puis c'est minuscule. Que faire des archives du président ? Le grenier n'est pas équipé d'un plancher. Il faudra bricoler. Et il n'y a plus de domestique pour aider, ne serait-ce qu'à déballer les cartons.

Plus grave, la situation financière est alarmante. Les Carter sont gravement endettés. Vingt-trois années de labeur dans l'agriculture sont parties en fumée. Il faut vendre les installations encore en état. Et cela ne suffit pas. Personne ne pourra prétendre que les Carter se sont enrichis, un tant soit peu, dans la politique.

Les dernières semaines à la Maison-Blanche, en attendant la prestation de serment de Ronald Reagan, se déroulent dans la morosité. Il faut faire ses adieux, et ce n'est pas toujours facile. Et puis les otages américains sont toujours retenus à Téhéran. Le président prie tous les jours pour leur libération, sur le chemin qui le mène de ses appartements au Bureau Ovale.

Tous les soirs, on donne une réception, pour dire au revoir aux amis du président. La Maison-Blanche est pleine. Chacun veut dormir au moins une fois dans la résidence présidentielle avant que les Carter retournent en Géorgie. Et puis, la déception causée par la défaite reste toujours aussi vive. Les Carter ont adoré la vie politique et ils redoutent l'avenir.

Les membres du cabinet font un cadeau au président : un échantillonnage complet d'outils de menuisier et de machines pour travailler le bois. C'est la distraction favorite de Carter, lorsqu'il a du temps libre.

Et puis soudain, le jour de son départ, la situation se débloque en Iran. Jusqu'au bout, Khomeiny a voulu humilier Carter, qui ne tirera nulle gloire de cette libération d'otages tant attendue – le bénéfice en reviendra entièrement à Reagan, pas à lui. Jimmy Carter s'envole immédiatement pour Wiesbaden, en Allemagne, où le personnel de l'ambassade des États-Unis va se poser avant d'être rapatrié aux États-Unis. Carter a mené les négociations du début à la fin, et il n'a pas dormi depuis trois jours. Il est au-delà de la fatigue. À son retour dans sa petite maison de Plains, il dormira vingt-quatre heures d'affilée.

Les Carter referont leur vie, avec classe et avec courage. D'abord ils vont publier leurs Mémoires. Ce sera un succès de librairie et cela épongera les dettes. Ensuite, tous les deux se sont lancés dans de nouvelles activités, selon leurs centres d'intérêt. Lui s'est consacré à l'enseignement à l'université Emory, à Atlanta. Il s'est investi dans des organisations humanitaires. On rencontre parfois Jimmy Carter à l'autre bout de la planète lorsque l'ONU a besoin d'observateurs étrangers pour contrôler la régularité de certaines élections. Jimmy Carter est également très actif dans un certain nombre de projets touchant au développement ou à l'amélioration de l'habitat en zone urbaine. Chaque année, dans les quartiers pauvres de New York, l'ancien président travaille sur des chantiers. C'est un excellent charpentier et il a tous les outils nécessaires.

Rosalynn l'a assisté pour écrire ses Mémoires. On dit que la collaboration n'a pas été de tout repos. Des divergences sur le plan du style sont apparues et les Carter ont connu des semaines difficiles. Elle aussi participe à des projets d'aide aux démunis.

Quant à Amy Carter, elle est allée s'inscrire dans la petite école de Plains. Mais il y avait peu d'enfants de son âge. Et puis, dans la petite ville, on s'est demandé ce qu'il convenait de faire des agents du Secret Service qui tous les jours escortaient l'adolescente. Elle-même trouvait cela très pesant. Pas question de partir pour un week-end de camping avec l'école. Pas question d'aller dormir, ne serait-ce qu'une nuit, chez une copine. Les parents d'Amy ont alors décidé de la placer en pension à Atlanta, avec des adolescentes de son âge. Les choses se sont tassées. Il y a une vie après la Maison-Blanche.

21

Hollywood à la Maison-Blanche
(Ronald Reagan)

Jane Wyman n'aura tenu le coup que huit années. Jane Wyman est pourtant une femme de tête. Elle a fait carrière à Hollywood et en 1948 elle a obtenu l'oscar de la meilleure actrice pour son rôle dans *Johnny Belinda*. Elle incarne le rôle d'une sourde-muette. C'est l'année où elle divorcera d'un acteur de série B, Ronald Reagan. Elle le trouve beau garçon et sympathique mais elle réclame le divorce pour cause de « cruauté mentale ». Elle expliquera au juge qu'elle ne supporte plus de l'entendre parler sans arrêt, sur tous les sujets, y compris les plus ennuyeux. « C'est simple, dit-elle, si vous demandez l'heure à Ronnie, il vous expliquera comment fonctionne la montre. »

Ronald Reagan est devenu une légende. Il incarne l'absolue réussite. Il est né en 1911. Il n'est pas originaire d'un milieu aisé. C'est la vie qui va faire office d'études supérieures. Et c'est le seul président des États-Unis qui pourra se permettre de porter d'abominables costumes marron. Sur Reagan, le costume marron devient élégant. Cet homme est pur instinct, pure communication, et si son programme politique est un des plus réactionnaires que l'Amérique ait connus depuis bien des décennies, ses compatriotes l'ont beaucoup aimé – ce qu'ils ont apprécié chez lui, c'est le bon sens populaire, le sens de l'efficacité et de la réussite.

Reagan est un comédien, de métier. On peut l'admirer sur une affiche de cinéma des années 1940, au lit, en compagnie d'un singe. Le film s'appelle *Bedtime for Bonzo*. « Bonzo, a coutume de préciser Reagan, c'est celui des deux qui ne porte pas de montre au poignet. » Reagan a de l'ambition, peu de scrupules et beaucoup d'humour. Un humour ravageur d'Irlandais. Robert Dole, qui s'y connaît, le classe second derrière Abraham Lincoln dans son classement des présidents les plus drôles de l'histoire. Et Dole de citer quelques perles qui méritent qu'on s'y arrête, puisqu'elles traduisent l'esprit d'un homme qui a pris une place considérable dans l'histoire de son pays, sans disposer d'une intelligence ou d'un génie particuliers.

Interrogé sur les capacités supposées d'un illustre économiste, Reagan répondait ceci : « Un économiste, c'est quelqu'un qui est témoin de quelque chose en pratique et qui se demande si ça pourrait marcher en théorie. » Lui, c'est l'inverse : on appellera cela les « Reaganomics ». Les riches s'en féliciteront. Les pauvres deviendront un peu plus pauvres. Mais le talent de Ronald Reagan est de savoir gagner l'adhésion de ses concitoyens. Il a du flair. Il sent ce pays. Il le flatte, dans tous les domaines. L'adéquation est tellement forte à certains moments, notamment pendant les crises auxquelles les États-Unis seront confrontés, que Reagan en réchappera toujours. On l'a surnommé le « Président Teflon », celui sur qui rien n'attache. Pas même l'échec ou le scandale.

Ronald Reagan est un homme sympathique. Il a soixante-dix ans lorsqu'il arrive à la Maison-Blanche. Il est le plus vieux président des États-Unis. Il est en bonne forme physique. Nancy, sa femme, veille soigneusement sur sa santé. Et le président fait du sport. Il dispose d'un gymnase privé à la Maison-Blanche où il fait des haltères une demi-heure par jour. Il aime aussi la vie au grand air et il passera beaucoup de temps dans son ranch de Californie. On le lui reprochera.

Le 30 mars 1981, le tout nouveau président sort de l'hôtel « Hilton », à Washington, où il vient de prononcer un discours. À l'extérieur l'attend un jeune homme mentalement dérangé, John Hinckley. Il tire sur le président et blesse en même temps son attaché de presse, James Brady (qui restera paralysé), Timothy McCarthy, un agent du Secret Service, et Thomas Delahanty, un officier de police de Washington.

Ronald Reagan est gravement touché à la poitrine. L'arme utilisée par Hinckley est de petit calibre mais l'apprenti assassin a pris soin de charger son pistolet avec des balles explosives.

Jerry Parr, l'autre garde du corps du président, ne réfléchit pas. Il propulse Reagan dans la limousine garée devant l'hôtel et, comme il l'a appris, lui fait un rempart de son corps. La limousine présidentielle fonce à toute allure vers l'hôpital de l'université George Washington. Les médecins ont été prévenus. Dans un premier temps, Reagan ne s'est pas rendu compte qu'il était touché. Il a simplement ressenti la commotion lorsque l'agent Parr l'a bousculé pour le pousser dans la voiture. Mais la douleur se fait maintenant sentir. Le poumon est manifestement atteint. Le président a du sang dans la bouche.

La nouvelle fait le tour de Washington, puis du pays tout entier. Et les Américains vont découvrir qu'ils ont élu un vrai héros de cinéma, une sorte de John Wayne que rien ni personne ne peut abattre. Dans les heures qui suivent l'attentat, Ronald Reagan va rester conscient la plupart du temps et il va faire preuve de sang-froid et de beaucoup d'humour. Lorsqu'il arrive aux urgences, il demande aux médecins qui l'accueillent s'ils sont tous, au moins, de bons républicains. « Monsieur le Président, aujourd'hui, nous sommes tous républicains. » Lorsqu'une infirmière lui prend la main pour une intraveineuse, il remarque : « Est-ce que Nancy est au courant de notre relation ? »

Quelques heures plus tard, trois de ses conseillers les plus proches lui rendent visite : « Il m'aurait étonné qu'on m'épargne une seule réunion de travail. » Et lorsqu'il quittera l'hôpital, quelques jours plus tard, il remercie gracieusement les médecins et les infirmières : « Vous savez, si on avait pris autant de soin avec moi à Hollywood, j'y serais resté. »

Un an plus tard, Ronald Reagan retournera à l'hôtel « Hilton », pour prononcer un autre discours devant la même assemblée. On lui demande s'il se sent anxieux. « Non, répond-il, mais aujourd'hui j'ai décidé de porter mon plus vieux costume. » Et, se tournant vers le public, il précise : « Vous comprenez à quel point je suis heureux d'être de retour devant vous aujourd'hui, mais, si cela ne vous dérange pas, lorsque j'aurai prononcé mon discours, je filerai par la sortie de service. »

Reagan sait y faire. C'est un acteur, et à ceux qui le lui reprocheront au cours de ses deux mandats, il se contentera de répéter que pour être locataire de la Maison-Blanche, il faut savoir jouer.

Au fond, Reagan a l'intelligence de comprendre son rôle : rassurer l'Amérique, restaurer une certaine fierté perdue pendant la guerre du Vietnam, Watergate et la crise iranienne. Et il agit en conséquence, un peu comme le président d'un conseil d'administration qui fixe des directions pour la conduite des affaires. Il ne se tue pas à la tâche.

D'ailleurs, son idole, à côté de John Wayne, c'est Calvin Coolidge, le roi incontesté de la sieste. Reagan a fait accrocher un portrait de Coolidge dans le Bureau Ovale.

Le jour où il doit prêter serment au Capitole, Reagan est invisible. Il est neuf heures du matin et le personnel de la Maison-Blanche s'inquiète. La cérémonie a lieu à onze heures. Interrogée, Nancy Reagan suppose que son mari est encore au lit, en train de dormir. On frappe à la porte du président, qui, effectivement, se réveille à peine.

Quelques jours plus tard, on l'informe des habitudes de la Maison-Blanche en matière d'emploi du temps : début des réunions de cabinet à sept heures et demie. « Pas question, répond Reagan. Ce sera neuf heures. »

Ce qui ne veut pas dire que Ronald Reagan se montrera paresseux. Au contraire. Il travaille, en tout cas c'est ce qu'assure son entourage. Il est discipliné et très rigoureux en ce qui concerne les rendez-vous et les horaires. Il a horreur de faire attendre. Il a horreur aussi de voir son bureau encombré et il prend soin entre chaque rendez-vous de le débarrasser des dossiers qui traînent. Chaque matin, il est là, à neuf heures précises, en veston et cravate. Jamais il n'ôte sa veste, même les jours de grande chaleur. Il a trop de respect pour l'endroit. Lorsqu'il arrive, il a lu la revue de presse qu'on lui a préparée et il a regardé les bulletins d'information des principales chaînes de télévision en prenant son petit déjeuner avec sa femme. Sa journée de travail s'achève à dix-sept heures. Il a déjeuné, légèrement, à son bureau. Le soir, s'il n'y a pas d'obligations, Ronald Reagan reste en tête à tête avec Nancy. On dîne tôt, on regarde le journal télévisé et puis ensuite, on se passe un film du bon vieux temps. À vingt-trois heures, extinction des feux à la Maison-Blanche.

Le cinéma. C'est son vrai métier et c'est encore sa passion. La politique est arrivée tard dans sa vie, et fortuitement. Il a cinquante-cinq ans lorsqu'il est élu gouverneur de Californie, en 1966.

Reagan a tout fait. Il a été journaliste sportif dans l'Iowa. Il travaille pour la radio, et il adore ça. Ce qu'il aime par-dessus tout, c'est commenter en direct les matchs de base-ball, le football et la boxe. Il se construit une réputation, et c'est en accompagnant une équipe de football en Californie, en 1937, qu'il va approcher le monde du cinéma. Sans trop y croire, il se rend à un casting, et il est engagé. Il a un physique à la Robert Taylor, et Jack Warner le trouve sérieux et professionnel. Au total, il va tourner dans cinquante-quatre films. Aucun ne passera vraiment à la postérité pour les qualités artistiques de Reagan. Mais à côté des série B, il joue des seconds rôles dans des films plus ambitieux. Les metteurs en scène l'aiment bien. Il arrive à l'heure sur le plateau, il est discipliné, il connaît son texte et il fait ce qu'on lui demande sans rechigner. Pas comme Errol Flynn, qui ne déteste pas la bouteille et qui se montre rebelle à l'autorité des studios. Ces deux-là vont tourner ensemble en 1942 dans *Desperate Journey*. C'est un western, et Errol Flynn n'est pas content d'avoir à travailler un samedi. Il va saouler soigneusement l'ensemble des acteurs pour qu'on renonce aux prises de la journée. Mais Reagan ne boit pas. On tourne la première scène. Reagan connaît son texte par cœur. Lorsque Flynn lui donne la réplique, il est ivre mort. Il titube, regarde Reagan droit dans les yeux et finit par lâcher : « Pourquoi tu ne vas pas te faire foutre ailleurs ? »

Fin d'une journée de travail à Hollywood.

La guerre vient ralentir la carrière de Reagan, qui de toute façon n'a pas le talent exigé d'une star. Pendant le conflit, il tourne quelques films de propagande pour le ministère des Armées. Sa carrière déclinant, il travaille pour la télévision, avant d'être engagé par General Electrics comme « porte-parole » de la compagnie. Une sorte de *public-relation*. C'est là que Reagan, jusqu'alors démocrate bon teint, va découvrir le monde des affaires et devenir archi-conservateur. Il se fait le chantre de l'entreprise et le pourfendeur des programmes sociaux du gouvernement. Étonnant pour un homme qui est dans le même temps syndicaliste puisqu'il dirige la Guilde des Acteurs. Précisons tout de même que ce syndicat est assez particulier puisqu'il défend systématiquement les intérêts des studios, avec de temps en temps l'aide des milieux mafieux qui ont développé des intérêts importants à Hollywood.

Quoi qu'il en soit, cette carrière cinématographique va se révéler précieuse. Non seulement parce que Reagan sait jouer son rôle auprès des Américains, mais aussi parce que cet homme est tout pétri des films qu'il a vus. Il finit même par croire qu'on peut gouverner un pays comme on tourne un film. Au fond, le cinéma c'est la vie. Lors de son séjour à la Maison-Blanche, il va regarder des centaines de films et ils ont, à l'évidence, une influence sur lui. Souvent d'ailleurs, il extrait des dialogues de ces films des phrases dont il assaisonne ses discours. Comme « *Make my day* », la réplique prononcée à plusieurs reprises par Clint Eastwood dans *Sudden Impact*. Seulement, cette fois, le héros n'est pas confronté à un assassin psychopathe à qui il rêve d'envoyer une balle de 44 Magnum dans la tête au moindre geste suspect. Non. Il s'agit ni plus ni moins d'un président des États-Unis qui s'adresse au Congrès lorsque celui-ci rechigne à augmenter le niveau des dépenses militaires. La classe politique a beau trouver que c'est un peu court comme philosophie, l'opinion publique, elle, adore.

Reagan a tendance à croire à la réalité de ce qu'il voit sur un écran. Il aime le monde des héros et des patriotes, lui qui n'a jamais fait la guerre. Les historiens se demandent même si sa fameuse « Initiative de défense stratégique », plus connue sous le nom de « Guerre des étoiles », n'est pas tout droit sortie d'un film dans lequel il a joué, en 1940, intitulé : *Murder in the Air*. C'est l'histoire d'une invention de science-fiction, un canon à rayons capable de détruire à longue distance les avions ennemis. De toute façon, les films et les acteurs l'inspirent et influencent souvent ses décisions. Lorsque le président a une décision à prendre, il se demande ce que John Wayne ferait à sa place. Et il l'avoue sans complexe à ses conseillers. On notera que ce mode de fonctionnement, hasardeux, a parfois des conséquences positives. En 1983, lors d'une réunion ultra-confidentielle consacrée au missile MX, Reagan va interrompre les explications des stratèges militaires pour leur raconter le scénario de *War Games*, un film qui vient tout juste de sortir. Il leur explique que, d'après ce film, « la seule façon de "gagner" une guerre thermonucléaire est de ne pas y entrer ».

Précisons enfin qu'en quittant la Maison-Blanche, Ronald Reagan s'est vu proposer un contrat à Hollywood par son ancien agent, Lew Wasserman, un des hommes les plus puissants de la place. Reagan a décliné l'offre : « Cela reviendrait à tirer profit de mon passage à la présidence.

— Vous savez, répondit Wasserman, nous ne sommes pas obligés de vous payer un cachet. »

Reagan a développé une rhétorique de droite, notamment sur le plan économique. Il faut réduire le déficit et limiter le train de vie de l'État. Mais les faits sont têtus et le déficit budgétaire aura de très beaux jours devant lui sous la présidence de Ronald Reagan. On ne peut tout simplement pas, sans mentir, diminuer les dépenses fédérales, baisser les impôts et doubler les dépenses militaires dans le même temps. Même au cinéma.

L'étoile de Ronald Reagan, gouverneur de Californie, ne cesse de grimper malgré la rusticité de ses principes politiques ; dès 1968, ses amis le poussent à se présenter à la présidence. Il n'est pas prêt. Et il le sait. Reagan n'est pas un homme présomptueux. Il attend son heure. Ce qui ne veut pas dire qu'il ne croit pas en ses chances : « Je ferais un meilleur président des États-Unis qu'un gouverneur. » De toute façon, il sait qu'il ne fait pas le poids face à Richard Nixon. En 1976, il remporte un vrai succès d'estime dans les primaires, mais c'est Gerald Ford qui va défendre les couleurs républicaines. Quatre ans plus tard, face à Jimmy Carter, c'est le succès. Le pays est en mauvais état et les recettes annoncées par Reagan parviennent facilement à convaincre ses compatriotes.

Il est doué pour faire campagne, même quand il n'offre aucune crédibilité, notamment en économie. Reagan sait parler aux Américains. Il leur ressemble. Lorsqu'on lui explique que les deux plus gros problèmes d'un électeur américain sont son ignorance et son apathie, il répond : « Je n'en sais rien et je m'en fous. »

La presse ne l'épargne pas. Il déclare publiquement que le pays connaît une dépression. Immédiatement, Carter réplique : « Ce n'est pas une dépression, c'est une récession, ce qui prouve bien qu'il n'y connaît rien en économie. » Les journaux y vont de leurs commentaires. Le lendemain, Reagan contre-attaque : « Si l'actuel occupant de la Maison-Blanche veut une définition, je vais lui en donner une. La récession, c'est quand votre voisin perd son job. Une dépression, c'est quand vous perdez votre job. Et ça ira mieux lorsque Carter aura perdu le sien. »

Reagan n'a pas de complexes. « Il y a des réponses simples aux questions compliquées, dit-il. Seulement, ce ne sont pas des réponses faciles. » C'est bien le problème. Tout n'est pas simple, n'en déplaise à Ronald Reagan. Pendant la campagne, il affirme, sans broncher, qu'il conviendra de « rétablir des relations diplomatiques avec Taïwan ». À l'évidence, il va devoir suivre des cours de rattrapage et en histoire et en géostratégie. Il affirme que les États-Unis pourraient être indépendants en matière d'énergie. Ce qui est faux. Il préconise une baisse des impôts pour lutter contre l'inflation. Ce qui est une hérésie économique. Il affirme que ce sont les arbres qui sont la première source de pollution. C'est tout Reagan. Beaucoup d'ignorance, celle de l'Américain moyen, mais une force de conviction et l'art et la manière.

C'est le roi du lieu commun, entre deux répliques soigneusement préparées, par lui et ses conseillers. Sa vision du monde est souvent simpliste : la famille, le travail, les voisins, la liberté, la paix. Mais après tout, qui n'adhérerait pas à un tel programme ?

Et puis, décidément, il adore plaisanter. Il a toujours une bonne histoire sous le coude pendant la campagne. Et il sait les raconter. Comme celle-ci, lorsqu'on l'interroge sur son âge et ses capacités : « Cela me rappelle l'histoire de ce jeune reporter qui visite une maison de retraite. On lui présente un homme de quatre-vingt quinze ans qui fête son anniversaire. Bien sûr, le journaliste l'interroge sur les raisons de cette longévité. "Oh ! c'est très simple : je ne bois pas, je ne fume pas et je ne traîne pas avec les filles." Au même moment, on entend à l'étage supérieur un vacarme assourdissant. Le reporter demande ce qui se passe : "Oh ! rien de grave, répond le vieillard. C'est mon père qui est encore bourré." »

En février 1981, la question de son âge revient lors d'un dîner devant le National Press Club. « Le vieillissement, explique-t-il aux journalistes présents, c'est lorsque vous avez le choix entre deux tentations et que vous optez pour celle qui vous ramènera à la maison à neuf heures du soir. » Et de citer Thomas Jefferson : ne jamais se faire le moindre souci à propos de son âge. Et de conclure : « Depuis qu'il m'a dit ça, j'ai cessé de m'en préoccuper. »

Reagan adore être président. Il adore le cérémonial qui va avec. Il faut dire que la vie lui a offert le meilleur partenaire qui soit : Nancy. Les réceptions et les dîners de gala se succèdent à la Maison-Blanche. La *First Lady* a quelque peu la folie des grandeurs. Ce qui n'ira pas sans déclencher quelques controverses. Il faut dire à sa décharge que Nancy, née Robbins, a eu la belle vie. Sa mère était comédienne à New York. Elle a fréquenté Spencer Tracy, entre autres. Elle a quitté son mari peu après la naissance de sa fille, qui, pendant plusieurs années, sera en pension chez sa tante, dans le Maryland. Et elle a épousé un chirurgien plutôt fortuné, Loyal Davis, qui va adopter légalement la petite Nancy.

Celle-ci va imiter sa mère et se lancer dans la carrière. D'abord au théâtre, puis, grâce à Spencer Tracy, dans le cinéma. Ce n'est pas une grande actrice, mais elle travaille... et elle sort avec Clark Gable. Elle réalise assez vite que sa vocation n'est pas à Hollywood et, la vie étant ce qu'elle est, elle tombe dans les bras de Ronald Reagan qui, lui aussi, cherche à fonder une famille.

C'est une ambitieuse, et pour tout dire, elle ne figurera pas parmi les plus populaires des *First Ladies*.

Elle veut que la présidence de son mari soit marquée par la grandeur. Et elle se lance dans des travaux de restauration de la Maison-Blanche qui vont faire hausser bien des sourcils. Surtout à l'heure où Ronald Reagan dénonce les extravagances du budget fédéral et où le chômage frappe l'Amérique. Le soir de l'inauguration, Nancy étrenne une robe achetée dix mille dollars. Elle porte à son bras un manteau de vison du même prix. Sans parler des escarpins et du sac à main ornés de pierres. James Galanos et Bill Glass sont ses couturiers préférés, et ils ne sont pas donnés. C'est vrai, on prête volontiers des robes de soirée à la Première Dame du pays, mais elle a la fâcheuse habitude de ne pas les rendre. D'ailleurs, lorsqu'elle quittera la Maison-Blanche, le fisc américain lui réclamera la bagatelle de un million de dollars d'arriérés d'impôt. On ne la poursuivra pas pour fraude fiscale, bien qu'elle ait omis de déclarer les cadeaux en nature.

Les Américains sont partagés. Certes, la Maison-Blanche représente le symbole de la nation. Mais Nancy Reagan fait plutôt preuve de mauvais goût. On va la surnommer « l'Evita de Santa Barbara ». Elle dépense sans compter, et le scandale éclate lorsqu'elle fait l'acquisition d'un service de porcelaine pour la modique somme de deux cent mille dollars. L'objet compte quatre mille trois cent soixante-douze pièces et, il faut le noter, n'est pas du meilleur goût.

La presse se régale, ce qui heurte énormément le président. Il ne comprend tout simplement pas. Lui qui rêvait de la Maison-Blanche, il n'y a rien de plus normal à ce que sa chère Nancy fasse pour le mieux afin de redonner du lustre à l'endroit. « La Maison-Blanche avait besoin d'un sérieux rafraîchissement, dit-il dans ses Mémoires. Et surtout, cela n'a rien coûté au contribuable. » Effectivement, les riches amis du président ont mis la main à la poche pour repeindre, changer les tapis, poncer les parquets, revernir les portes. Et Reagan défend, bec et ongles, l'acquisition du fameux service en porcelaine : « Il n'y avait plus assez d'assiettes lors des dîners officiels à cause de la casse et du chapardage. Il fallait utiliser des services dépareillés. On critique Nancy… C'est un coup bas, destiné à me porter préjudice. »

La cote de la *First Lady* est au plus bas. Elle va alors se lancer dans une croisade contre la drogue, le fléau de la jeunesse américaine. Et elle se démène. Elle restera célèbre pour son slogan : *Just say no*. Ses détracteurs ont beau jeu de constater que dans le même temps, l'administration Reagan a décidé de couper les crédits destinés précisément à venir en aide à tous ceux qui essaient désespérément de renoncer aux stupéfiants.

Une autre particularité à signaler lorsqu'on en vient à Nancy Reagan : non seulement elle mène son staff à la baguette, non seulement elle occupe une place très importante dans les décisions qu'est amené à prendre le président, mais elle s'est également entichée d'une sorte de gourou, une astrologue. Celle-ci s'appelle Joan Quigley. Elle la connaît depuis 1981, en fait, depuis la tentative d'assassinat dont a été victime le président. Nancy est terrifiée à l'idée que cela puisse se reproduire et elle a fait appel à un voyant. C'est donc Joan Quigley qui va régler les horaires de Ronald Reagan. Elle a mis au point un calendrier de différentes couleurs, en fonction des bons et des mauvais moments. C'est ainsi que Nancy Reagan fera avancer en 1986 la signature d'un important traité sur la limitation des missiles nucléaires intermédiaires : le président devait faire son annonce à la télévision en début de soirée ; or, c'était dans les « mauvais moments ». On avancera donc la cérémonie en début d'après-midi.

Qu'à cela ne tienne : pendant huit ans, les Américains vont aimer leur président. Il sait saluer militairement aussi bien que John Wayne lorsqu'il passe les troupes en revue, même s'il est en civil. Il sait, en deux minutes, licencier onze mille contrôleurs du ciel en grève, sans remuer un cil. On ne plaisante pas avec le gouvernement des États-Unis. Il fait bombarder la Libye lorsque le terrorisme touche à des intérêts américains. Il fait envahir par les marines et les Rangers la minuscule île de la Grenade, dans les Caraïbes, pour montrer au monde qu'on prend des risques à titiller l'Amérique. Dans le même temps, le même jour, Reagan abandonne le Liban, lorsque des commandos-suicide massacrent les garnisons américaines et françaises à Beyrouth.

Rien n'atteint Ronald Reagan. Pas même le scandale de l'Irangate, lorsqu'on apprend que le gouvernement des États-Unis a livré des armes à l'Iran pour financer illégalement l'aide qu'il apporte aux Contras, les rebelles antisandinistes au Nicaragua. Le Congrès est outré. Reagan n'en a cure et nie en bloc.

Sur le plan économique, on frôle le désastre : « On peut, a dit Reagan, baisser les impôts, accroître les dépenses du Pentagone et équilibrer le budget. » George Bush, qui va finalement accepter la vice-présidence, parle de « voodoo economics ». Chacun comprend. La dette publique gonfle comme un ballon. À la grande surprise des experts, on s'aperçoit que Reagan croit en sa rhétorique. Il est le seul. Même parmi ses conseillers. Il affirme devant le Congrès que chaque dollar versé au Pentagone ne contribue en rien à la dette publique, puisque c'est de l'argent public. CQFD. On aura beau tenter de le convaincre que ce même dollar pourrait aller à l'éducation ou à la santé, si son postulat était exact, avec les mêmes effets : rien n'y fait.

Et c'est un des mystères réservés aux historiens : Reagan, en doublant le budget de la défense, a-t-il réussi à convaincre les responsables soviétiques, en proie à la déliquescence économique, que la compétition était devenue impossible ? Reagan, en un mot, a-t-il bluffé ses opposants et entraîné Moscou vers la faillite ?

L'« empire du mal ». C'est en ces termes que Reagan a fait campagne en 1980 pour dénoncer l'horrible danger que représentait, pour l'Amérique et ses valeurs, l'Union soviétique. Il ne se lasse pas d'aborder ce sujet. Et d'en plaisanter. Ses histoires sur l'incurie communiste sont légion et vont finir par lasser les reporters qui le suivent. Il en a tout un assortiment dont il faut bien extraire quelques perles.

Commençons par celle que Gorbatchev lui-même lui a racontée lors de leur première rencontre. La scène se passe à Moscou. Une queue interminable s'étend devant un magasin d'alimentation. Une journée entière s'écoule et personne ne semble vraiment se rapprocher de la porte du magasin. N'y tenant plus, un homme s'écrie : « Tout ceci est la faute de Gorbatchev. Je vais le tuer. » Et il disparaît.

Le lendemain, la queue est toujours aussi longue, devant le même magasin, et le même individu, les traits tirés, revient prendre sa place. Dans la queue. On l'interroge : « Avez-vous tué Gorbatchev ?

— Non, la queue était deux fois plus longue qu'ici. »

Reagan est intarissable sur le sujet. Il aime à expliquer qu'il faut dix ans d'attente pour pouvoir acheter une voiture en URSS. Et qu'en outre, l'acquéreur doit d'abord verser l'intégralité de la somme. Et de raconter l'histoire de ce Moscovite qui suit très docilement toutes les étapes du processus bureaucratique pour un jour rouler dans son propre véhicule, avec sa petite famille. Il parvient à franchir tous les obstacles et arrive dans le bureau où un fonctionnaire va enfin apposer un tampon sur sa demande. Il donne ses économies et on lui répond :

« Revenez dans dix ans chercher votre voiture.

— Le matin ou l'après-midi ? »

Le fonctionnaire se gratte le crâne : « De toute façon, c'est dans dix ans. Quelle différence cela peut-il faire ?

— Eh bien ! j'ai le plombier qui doit venir dans la matinée. »

Pour Reagan, « un communiste est quelqu'un qui a lu Marx et Lénine. Un anticommuniste, c'est quelqu'un qui a compris Marx et Lénine. »

Autre anecdote dont se régale le chef de la Maison-Blanche : deux citoyens soviétiques sont en train de discuter des mérites comparés de la Constitution de leur pays et de celle des États-Unis. L'un des deux constate : « C'est simple. Notre Constitution nous garantit le droit d'expression et de manifestation. La Constitution américaine garantit les mêmes choses, mais même après la prise de parole et après la manifestation. »

Cet appétit pour les blagues et les histoires drôles n'est pas sans importance dans la vie de la nation. Même George Schultz, le très digne et très brillant secrétaire d'État de l'administration Reagan, y a recours pour être sûr d'être bien entendu et bien compris du président. Il a pris l'habitude, dans les messages codés qu'il envoie à la Maison-Blanche, lorsqu'il séjourne à l'étranger, de parsemer ses communications diplomatiques d'histoires drôles, susceptibles de retenir l'attention de Ronald Reagan. Et lorsqu'il rentre à Washington et se rend dans le Bureau Ovale, il vérifie

407

de cette manière que le président des États-Unis a bien pris la peine de lire ses messages.

Nombre de diplomates et de chefs d'État étrangers ont eu du mal, en tout cas dans un premier temps, à s'adapter aux manières du président américain. Sauf, peut-être, Gorbatchev qui, curieusement, va développer une vraie relation avec Ronald Reagan. Les deux hommes sont partis de très loin, mais Gorbatchev a besoin d'un partenaire, fût-ce Reagan, pour tenter de sortir son pays d'une terrible impasse. Et à ses oreilles, les plaisanteries de Reagan sont bien peu de chose. Lui-même fait preuve d'un solide sens de l'humour ; c'est lui qui fait hurler de rire le chef de la Maison-Blanche, lors du sommet de Genève en novembre 1985, lorsqu'il lui raconte ceci : « C'est l'histoire d'un Américain qui explique à un Russe que l'Amérique est un pays tellement libre qu'on peut se rendre devant la Maison-Blanche, hurler et encourager Ronald Reagan à aller au diable. Réponse du Russe : "Et alors ! moi aussi, je peux aller crier devant les murs du Kremlin et dire à Ronald Reagan d'aller se faire voir ailleurs !" »

Le plus vieux président des États-Unis va se faire rattraper par l'âge : le « Grand Communicateur », comme on l'appelle, à juste titre, va tout de même montrer ses limites dans l'exercice de sa présidence. Les rumeurs commencent à circuler, concernant ses capacités de travail et les longues vacances qu'il passe dans son ranch californien. Ce que l'on ignore encore, c'est que les symptômes de la maladie d'Alzheimer sont apparus. La presse se montre parfois cruelle. Elle évoque ses « difficiles journées de quatre heures », ses siestes « qui feraient passer Coolidge pour un insomniaque ». En temps de crise, écrit *Newsweek,* « le président doit parfois souffrir des après-midi sans sommeil ». Lorsque éclate le scandale de l'Irangate, un autocollant orne les pare-chocs arrière : « Reagan savait-il ou bien était-il en train de dormir ? » Réponse de Reagan à ses détracteurs : « Je sais qu'un dur labeur n'a jamais tué personne, mais pourquoi prendre le risque ? »

Ronald Reagan, tout attaché qu'il soit à la Maison-Blanche, attend l'heure de la retraite. Il est coutumier des gaffes, mais elles commencent à s'amonceler. Comme lorsque le prince Charles et Lady Di sont invités à un dîner de gala. Ronald Reagan les salue et, s'adressant à l'épouse du prince Charles, la présente comme la charmante princesse David. Silence gêné. Commentaire de Peter Ustinov, qui, ce soir-là, fait partie des invités de la Maison-Blanche : « Ce n'est rien, il pense déjà à son week-end à Camp Diana. »

Un autre incident, léger, lors de ces somptueuses réceptions dans les salons de la Maison-Blanche. Ce soir, c'est François Mitterrand qui est l'invité d'honneur. La compagnie est élégante. Les Mitterrand et les Reagan saluent un à un les invités. Il est l'heure de passer à table. Comme l'exige le protocole, les convives attendent, debout, l'arrivée dans la salle à manger de François Mitterrand, accompagné de Mme Reagan, et de Ronald Reagan qui doit conduire à sa place Danièle Mitterrand. Le président français et la *First Lady* arrivent sans encombre à leur siège. Ronald Reagan entraîne Danièle Mitterrand qui reste bloquée sur place. Gentiment, il l'encourage à avancer. Les invités attendent. La femme du président français ne bouge toujours pas. Elle prononce, en français, quelques mots que Ronald Reagan manifestement ne comprend pas. On frôle l'incident, devant une multitude de paires d'yeux. On appelle un interprète, qui accourt, et qui traduit à Ronald Reagan ce que Danièle Mitterrand est en train de murmurer : « Je ne peux pas bouger, vous marchez sur ma robe. »

Ronald Reagan est difficile à détester, même pour ceux, et ils sont nombreux, qui ont pressenti l'impact négatif qu'aurait l'arrivée à la Maison-Blanche d'un ancien acteur, aux idées simples, dans un monde complexe. Son charme a opéré auprès de ses compatriotes : après tout, ils l'ont élu à deux reprises, avec enthousiasme. En novembre 1994, six ans après son départ de la vie publique, Ronald Reagan est supposé se rendre à un dîner donné à Beverly Hills en l'honneur du Premier ministre israélien, Yitzhak Rabin. Il doit lui remettre la médaille d'honneur de l'association qu'il préside. Ronald Reagan sera absent ce soir-là. Sa maladie, dont les symptômes s'accélèrent, lui interdit toute apparition publique. C'est Nancy Reagan qui fera office d'hôtesse pour la soirée. « Je suis désolée que Ronnie soit absent, dit-elle. Il vous embrasse et pense à vous. » Quelques jours plus tôt, dans une lettre adressée aux médias, l'ancien président des États-Unis avait expliqué sa situation : « Lorsque le Seigneur me rappellera, écrivait-il, quel que soit le moment, je partirai accompagné de l'immense amour que je porte à notre pays et j'emporterai également mon éternel optimisme à propos de l'avenir. »

22

George Bush Senior,
le prince de l'ambiguïté

Qu'il est difficile parfois de se faire élire ! Que faut-il montrer de soi pour plaire à ses concitoyens ? Certains ne parviennent jamais à régler définitivement la question et hésitent à se définir vraiment, sous l'œil circonspect de l'opinion.

C'est le cas de George Bush. Plus exactement George Herbert Walker Bush, à ne pas confondre avec son fils, George W., mais c'est une autre histoire, en devenir. On notera tout de même que Barbara Bush, femme de George et mère de George W., sera la seule femme américaine, avec Abigail Adams, à être à la fois la femme et la mère d'un président des États-Unis. Ce qui n'est pas un mince exploit.

Dieu ! que George Herbert Walker Bush est ambigu ! Du début à la fin. Est-il ce patricien de la côte Est, élevé dans la soie, ou bien ce pétrolier du Texas qui cherche fortune dans le désert ? Est-il un des *happy few* dotés de ce curieux vocabulaire pincé de Boston, ou bien un de ces bons gars de Dallas qui boivent de la bière glacée en regardant avec leurs copains le match de football du lundi soir à la télé ? Un Yankee bon teint ou un vrai Texan ?

Ce n'est pas une question anecdotique car on ne pratique pas la politique de la même façon si on veut se faire élire à Houston ou à New York. Et George Bush a bien du mal à se choisir une personnalité. À tel point que lui-même n'a pas toujours l'air de savoir exactement qui il est et ce qu'il est supposé représenter dans l'arène politique.

La réalité est pourtant simple : George Bush est né à Milton, dans le Massachusetts, en 1924. Un chauffeur l'emmène chaque matin à l'école. Son père est une figure extrêmement respectée à Boston. Prescott S. Bush est banquier. Républicain modéré, il a siégé au Sénat pendant une dizaine d'années. Les parents Bush sont des gens bien, et ils sont pointilleux sur l'éducation à donner à leurs enfants. Le père a des principes et la mère veille à ce que les garçons fassent du sport, aillent à l'église et étudient sérieusement. Dorothy Walker met un point d'honneur à ce que sa progéniture n'oublie jamais que les privilèges se méritent. Et George Bush va tout de suite montrer qu'il a bien assimilé ces vertus du Nord-Est. Lorsque les États-Unis entrent en guerre, il s'engage immédiatement. Il n'a que dix-huit ans, et il sera le plus jeune pilote de l'aéronavale. C'est un homme très courageux et il sera décoré trois fois pour la bravoure dont il a fait preuve dans les cinquante-huit missions de bombardement auxquelles il a participé. Il recevra même la DFC, la *Distinguished Flying Cross*, pour avoir poursuivi un bombardement alors que son Avenger était touché par les Japonais au-dessus de Chichi Jima, en septembre 1944. L'avion va ensuite s'abîmer en mer et George Bush va passer quatre longues heures dans les eaux du Pacifique avant d'être miraculeusement récupéré par un sous-marin américain. Un membre de l'équipage, cinéaste amateur, va d'ailleurs tourner quelques images de ce sauvetage où l'on voit le jeune pilote sortir de l'eau, avec un immense sourire de soulagement. Décidément, le jeune Bush est bon patriote et il fait montre d'un grand courage.

En 1945, il reprend ses études et s'inscrit à Yale, comme tout bon fils de banquier. Il épouse Barbara, qui jouera un rôle insigne dans sa vie et, en 1948, il prend une décision étonnante. Il va aller tenter sa chance dans la recherche pétrolière au Texas. Il a vingt-quatre ans, des enfants en route et il va s'installer à Odessa. En 1948, Odessa n'est pas précisément un lieu de villégiature pour un bourgeois du Massachusetts. Tout se passe comme si Bush souhaitait réussir loin de son père, si brillant investisseur, et montrer sa virilité. Il modifie totalement son allure. À Boston, on porte des costumes à fines rayures et des cravates discrètes. À Odessa, on s'habille dans les surplus de l'armée pour aller surveiller ses investissements dans les champs de pétrole. Et le climat est rude. Et les Texans aussi, qui regardent le jeune Bush comme une poule regarde un couteau. Ils ont du mal, de temps en temps, à comprendre son accent et les mots qu'il emploie. À Boston, pour dire qu'on a marché dans quelque chose de malodorant, on dit qu'on est « dans le *deep doodoo* ». Au Texas, on est un peu plus carré et explicite. George Bush s'adapte tant bien que mal, mais ses origines le trahiront toujours, jusqu'à ce qu'il parvienne à la Maison-Blanche ; les Américains, même lorsqu'ils voteront pour lui, se demanderont s'ils ont affaire à un vrai macho ou à un caniche déguisé. Lorsqu'on lui reproche, en 1988, de mener une campagne extrêmement négative à l'égard de son

adversaire, il répond que les démocrates ont été
« méchants » avec lui.

Ses nouveaux amis du Texas sont d'ailleurs les premiers à se montrer méfiants à l'égard de Bush. Molly
Ivins, éditorialiste au *Dallas Times-Herald*, résume le
malaise : « Les Texans fabriqués sont probablement
aussi honorables que les vrais Texans. D'ailleurs, la plupart de ceux qui sont tombés lors de la bataille de Fort
Alamo venaient d'ailleurs… Mais tout de même, Bush
devrait finir par comprendre qu'il y a au moins trois
choses qu'un vrai Texan ne fait pas. Il ne va pas utiliser
le mot "été" comme un verbe pour expliquer qu'il part
en vacances. Il ne porte pas de cravate bleue avec des
dessins de petites baleines vertes. Et quand il est dans
la mouise, il ne parle pas de *« doodoo »*. Nous ne
sommes pas très pointilleux dans nos critères de sélec-
tion, mais ça, c'est le minimum. » Ce nuage d'ambiva-
lence empoisonne George Bush : ses débuts d'apprenti
politicien au Texas se soldent par un échec. Par deux
fois, il se présente en vain au Sénat. Il n'accomplira que
deux mandats de quatre ans à la Chambre des Représentants. En tout cas, lui le conservateur a des principes, et il les applique. Lorsqu'en 1968 il vote pour la
loi sur les droits civiques, ses amis de Houston ne sont
pas contents du tout et ils le convoquent pour le lui
dire. Bush se défend : « J'ai fait ce que je pensais être
juste. Nous sommes d'accord sur la plupart des sujets.
Sauf sur celui-là. J'espère que je dispose encore de
votre soutien. Mais si je l'ai perdu, j'espère que vous
me conserverez votre amitié. Et si je perds votre amitié,
j'en serai désolé, mais je dois voter en conscience. »

Après un échec supplémentaire à un siège de sénateur, George Bush va abandonner la prospection pétro-

lière et occuper des fonctions importantes dans les administrations Nixon et Ford. D'abord comme ambassadeur des États-Unis à l'ONU, puis comme chef de la délégation américaine à Pékin après le fameux voyage de Nixon en Chine. Il s'expatrie donc, avec « Bar » (c'est ainsi qu'il surnomme sa femme), pour trois années passionnantes. Les Bush vont s'investir totalement dans leur nouvelle vie, jusqu'à apprendre le chinois tous les deux. Au passage, ce séjour exotique va resserrer les liens au sein du couple. Barbara Bush n'est pas une femme comblée : George est très occupé depuis quelques années et les cinq enfants, un à un, quittent la maison.

En 1976, nouvelle étape dans la carrière : Gerald Ford propose à Bush de diriger la CIA. Après les années Vietnam et le scandale du Watergate, le défi est difficile. Les Américains sont extraordinairement méfiants à l'égard de l'Agence qui, entre autres indélicatesses, s'est mise à les espionner sur le territoire des États-Unis, contrevenant à la Constitution. Retour à Washington et, cette fois, le choc va être rude pour Barbara Bush. Elle sombre dans la dépression ; son entourage remarque même des pulsions suicidaires. Elle est jalouse notamment des femmes qui entourent son mari, des femmes qui ont investi dans leur carrière, pas dans leur famille. George Bush obtient que Barbara accepte de recevoir un soutien médical pour combattre la dépression. Plus tard, elle reconnaîtra que ce passage a été difficile et s'étonnera même que son mari ne l'ait pas quittée.

George Bush s'acquitte magnifiquement de sa mission à la tête de la CIA. Mais les démons de la politique le taquinent à nouveau. Il se lance dans les primaires pour la nomination du candidat républicain en 1980 et perd à plate couture, ce qui ne l'empêchera pas d'accepter la nomination à la vice-présidence. Pendant les huit années qui viennent, Bush sera le plus fidèle et le plus loyal des serviteurs de l'administration Reagan. C'est la condition, bien comprise, pour accéder à son tour à la Maison-Blanche. Il va même adopter les « Reaganomics », une hérésie économique qu'il avait dénoncée en son temps. Mais pourquoi refuser de se glisser dans le sillage de l'homme le plus populaire du moment ? L'obstination va payer puisqu'il est finalement élu en 1988, avec, toujours, autour de lui, ce nuage d'indécision qui flotte : qui est George Bush ? Un *lap dog*, qui obéit aveuglément à ses maîtres, ou bien cet homme charmant, généreux, intelligent que décrivent ses amis ?

Un psychanalyste ne s'ennuierait probablement pas à étudier la personnalité de Bush, cette sorte de schizophrénie, décrite plus haut, entre machisme et féminité. Son langage s'en ressent au fil des années. On a du mal à comprendre la syntaxe du président qui a aggloméré une sorte d'anglais bizarre entre ses origines culturelles et ce Texas profond auquel il prétend appartenir. Son manque d'éloquence alimente bien des moqueries. Devant la convention républicaine, en 1988, Bush se défend : « J'ai appris très tôt dans ma vie que l'éloquence ne fait pas jaillir le pétrole du sous-sol... Ce soir, devant vous, je vais essayer de dissimuler à quel point je suis charismatique. »

Comme la plupart des présidents américains, Bush cultive l'humour pour renverser certaines situations. On lui reproche bien sûr, pendant cette campagne de 1988, d'avoir du sang bleu dans les veines et de ne pas comprendre les problèmes de l'Américain moyen. « C'est vrai, dit-il, mes ancêtres ont voyagé sur le *Mayflower* pour créer cette nation, mais le navire a fait escale à Ellis Island avant de parvenir à Plymouth. Et vous voyez, mes ancêtres, ce sont ceux qui portent des sacs Bloomingdale, où ils font leur shopping. » Ellis Island, bien sûr, est l'endroit du port de New York où des millions d'immigrants miséreux, venus d'Europe, ont été enregistrés avant d'être autorisés à débarquer et à tenter leur chance en Amérique. L'endroit du monde où l'on n'avait aucune chance de rencontrer un membre du clan Bush.

Bush sait se moquer de lui-même. Après le passage du « Grand Communicateur » à la Maison-Blanche, ses débuts d'orateur sont délicats : « On me reproche très rarement, dit-il, d'être habile avec la langue anglaise. » En 1992, devant le Congrès réuni à l'occasion du message sur l'état de l'Union, suivi à la télévision par des dizaines de millions d'Américains, Bush choisit de présenter d'entrée ses excuses pour ses talents très médiocres de tribun : « J'aimerais vraiment ce soir que ce discours soit un immense succès. Malheureusement, Barbara a refusé de le prononcer à ma place. »

Bush, comme le relèvera le *Time Magazine*, adore son nouveau métier. Il l'a attendu tellement longtemps – et notamment pendant les huit dernières années aux côtés de Reagan. Car l'intellect de George Bush est infiniment supérieur à celui de son prédécesseur. Et le *Time* analyse finement l'état d'esprit du nouveau patron de la Maison-Blanche : « Bush ressemble à un enfant roi, au Moyen Âge. Il s'est réveillé un matin, et c'est lui le souverain, sur le trône. Il agite toutes les sonnettes pour appeler les domestiques, il veut des banquets et des tournois. » Bush n'en revient pas d'être là.

Et comme un gamin, parfois il s'amuse. Il a dans son bureau une abeille mécanique qu'il met en marche lorsqu'il a un visiteur. L'insecte s'envole avec un bourdonnement inquiétant… D'autres jours il se promène dans les couloirs avec un singe en peluche sur l'épaule, un singe qui se tape sur la tête dès que le président ouvre la bouche. Un jour à Aspen, dans le Colorado, alors qu'il circule dans la limousine présidentielle, il aperçoit l'actrice Melanie Griffith qui marche sur le trottoir avec sa fille. Il allume le haut-parleur de la voiture et crie : « Qu'est-ce qui se passe, mon bébé, tu n'as jamais vu une voiture qui parle ? »

George s'amuse, sauf lorsqu'il s'agit d'aller libérer le Koweït, envahi par l'Irak. Sauf lorsqu'il s'agit de négocier avec le Congrès. Pendant la campagne électorale, il a promis de ne pas augmenter les impôts. Seulement voilà, une guerre, cela coûte cher et le déficit budgétaire s'alourdit chaque jour. Il doit céder, ce qui contribuera à son éviction de la Maison-Blanche au profit de Bill Clinton.

Si la popularité de George Bush commence à décliner sérieusement, celle de sa femme est au zénith. Celle qu'on appelle « Silver Fox » a gagné le cœur des Américains. Son surnom, elle le doit à sa chevelure argentée. Et les gens savent pourquoi Barbara a eu les cheveux gris avant même d'atteindre l'âge de trente ans. Sa chevelure a changé de couleur en 1953, lorsque sa première fille, Robin, est morte de la leucémie. La petite fille a passé huit mois à l'hôpital, veillée alternativement par son père et sa mère. Ses cheveux blanchis prématurément sont l'effet du cataclysme qui a touché les Bush. Elle n'a jamais songé à les teindre.

Barbara Bush est le contraire d'une snob, une sorte d'anti-Nancy Reagan. Elle affiche un certain embonpoint et n'entend rien changer à cet état de fait. C'est devenu un sujet de plaisanterie. À son arrivée à la Maison-Blanche, les journalistes l'interrogent sur Nancy Reagan. « Nous avons plein de choses en commun, dit-elle. D'abord, elle adore son mari et j'adore le mien. Elle a entamé une campagne contre la drogue. Moi je me bats contre l'analphabétisme. Et puis elle porte des vêtements taille 3. La même taille que pour mes jambes… »

Un jour, le magazine *Parade* répond à l'une de ses lectrices qui s'interroge sur le poids réel de la *First Lady*. Le journal estime que Barbara Bush pèse entre soixante et un et soixante-six kilos. La femme du président est indignée par l'article et, dès que l'occasion de présente, elle s'adresse à la presse : « Je voudrais préciser que c'est à ma naissance que je pesais soixante et un kilos. »

Et puis on se souvient de sa visite aux soldats américains stationnés dans le désert, quelques semaines avant le début de l'offensive menée contre l'Irak, pendant la première guerre du golfe. On célèbre la fête de Thanksgiving, avec de la dinde au menu, et son emploi du temps prévoit qu'elle doit assister à trois déjeuners dans la journée. Elle entame sa première dinde avec appétit et déclare aux journalistes présents : « Vous voyez, je suis faite pour ce job. »

Tout le monde l'adore pour son franc-parler. Elle a appris à faire campagne pour son mari, avec énergie et avec parfois un sourire d'adjudant : « C'est mon fameux sourire de vainqueur, dit-elle. On croirait que je viens de m'électrocuter. »

Elle ne se prend jamais au sérieux. Sauf lorsqu'on en vient aux adversaires de George. En 1984, alors qu'il était encore vice-président et qu'il fait campagne aux côtés de Ronald Reagan, George Bush se retrouve confronté au candidat du parti démocrate pour la vice-présidence, ou plutôt à une candidate, Geraldine Ferraro. C'est la première fois qu'une femme est en compétition, et Barbara y est sensible, étant elle-même une féministe convaincue. Sauf que Geraldine Ferraro a la dent particulièrement dure à l'égard de son adversaire ; alors, Barbara voit rouge. Ferraro est issue des classes très aisées de New York, et Barbara s'emporte : « Cette chienne pèse quatre millions de dollars. » Pas très courtois, mais très efficace auprès de l'Américain moyen.

Barbara est à l'aise, même lorsqu'il s'agit de contredire publiquement son mari qu'elle trouve un peu trop conservateur sur certains sujets de société : l'avortement ou le contrôle des armes à feu. Elle va tout faire pour essayer de sortir les victimes du sida de leur isolement et embrassera publiquement les malades auxquels elle rend visite, afin d'en finir avec la rumeur selon laquelle la maladie se propage par contact. Elle déploie la même énergie et la même passion lorsqu'il s'agit de faire avancer l'égalité raciale aux États-Unis.

La vie sociale de la Maison-Blanche l'occupe mais, là non plus, elle ne se prend guère au sérieux. Elle invite parfois, au milieu des personnalités politiques, d'illustres inconnus. Comme ce couple de Californiens, Richard et Christina Snyder, qui rêvaient depuis toujours d'assister à un dîner officiel. Ce sont de bons républicains. Lui est propriétaire d'une petite chaîne de *fast-foods*. Il a fait campagne localement pour Bush en 1988. Ils reçoivent un carton d'invitation de la Maison-Blanche et n'en croient pas leurs yeux. Ils sont conviés à un dîner de gala donné en l'honneur de Boris Eltsine. C'est le nouveau président de la Fédération de Russie, et le Tout-Washington sera là. Au total, cent trente-six invités, tous triés, ou presque, sur le volet.

Pour la circonstance, on a mis les petits plats dans les grands, et la soirée est magnifique. George Bush a appris qu'Eltsine est un passionné de tennis. Lui offrir une raquette, comme cadeau officiel, serait peut-être pingre. On réfléchit. Finalement, la Maison-Blanche fait l'acquisition d'une machine ultramoderne, capable de renvoyer les balles, à une vitesse de 150 kilomètres à l'heure. Et l'engin fonctionne sur batterie. Eltsine est ravi.

On mange du caviar, les toasts se succèdent et la soirée s'étire. Jusqu'à ce que les convives rentrent chez eux vers onze heures du soir, comme l'a fixé le protocole. Le leader russe a pris congé et s'est rendu juste en face de la Maison-Blanche, de l'autre côté de Pensylvannia Avenue, à Blair House, la résidence des chefs d'État étrangers.

Mais Richard et Christina Snyder ont du mal à quitter les lieux. La soirée a été magnifique et l'orchestre joue toujours. George et Barbara Bush ont accompagné jusqu'à l'entrée principale leurs prestigieux convives et ils sont de retour dans la salle des banquets. Ils ont envie de danser et ils invitent Richard et Christina à se joindre à eux. Le personnel commence à débarrasser les tables. Christina chuchote à l'oreille de son mari qu'il serait sans doute temps de partir : « Pas question.

Si le président des États-Unis te donne l'ordre de danser, tu danses. »

Malgré leurs origines, les Bush sont des gens simples. En juillet 1991, le président est en visite officielle à Londres où il doit s'entretenir avec Mikhaïl Gorbatchev. L'initiateur de la Perestroïka concentre toute l'attention des médias, ce qui agace un peu George Bush.

Lors du dîner offert par la reine Élisabeth à Buckingham Palace, l'épouse d'un ministre des Affaires étrangères aborde sans façon le chef de la Maison-Blanche. « Oh ! bonsoir Geoffrey. C'est vraiment sympa de te revoir. » George Bush, un peu sèchement, rétorque : « Chère madame, je m'appelle George Bush et je suis président des États-Unis.

— Sans doute, mais vous ressemblez terriblement à Geoffrey. »

James Baker, le secrétaire d'État, et Nicholas Brady, le ministre des Finances, enregistrent la scène. Toute la soirée, ils appelleront George Bush « cher Geoffrey ». Le président ne s'en offusque guère.

Bill Clinton fera un malheur pendant la campagne de 1992 : pour les Bush, l'heure de la retraite sonne. Curieusement, George Bush ne semble pas en tirer beaucoup d'amertume. « Finie la politique, déclare-t-il aux journalistes. D'ailleurs j'en avais jusque-là. » Geste à l'appui.

Et il précise : « Aujourd'hui, Barbara fait le lit elle-même, je fais le café et notre chien Millie fait la vaisselle. » Ce qui n'empêchera pas George Bush de répondre présent chaque fois que le pays a besoin de lui. Sans jamais se départir de sa courtoisie, même à l'égard de Bill Clinton.

Une seule fois, dans sa longue carrière, George Bush sortira de ses gonds. En mai 1995, il démissionne brutalement de la National Rifle Association, une organisation ultra-conservatrice qui se bat depuis des décennies pour interdire toute limitation des armes à feu aux États-Unis. George Bush est indigné par une lettre envoyée à ses membres par la NRA qui compare les agents fédéraux à des nazis. Bush rend publique sa réponse : « Cette comparaison offense profondément mon sens de la décence et de l'honneur. Elle offense également ma conception du service que l'on doit à sa patrie. Elle dénigre des gens qui jour et nuit mettent leur vie en jeu pour le bien de notre communauté. Veuillez recevoir ma démission… »

23

L'ère du rock'n'roll
(Bill Clinton)

Il est rare que l'histoire appelle à la rescousse un scénariste de Hollywood pour caractériser l'essence même d'un animal politique. Mais force est de constater que Joe Eszterhas, l'auteur de *Basic Instinct*, est celui qui a le mieux défini William Jefferson Clinton. Dans un livre délirant, publié en plein scandale Lewinsky, *American Rhapsody*, Joe Eszterhas formulait une théorie qui expliquait tout : les frasques de Clinton, son immense habileté politique, sa vraie générosité et une donnée précieuse : son « américanité ». En résumé, Clinton était « le premier président rock-and-roll ». Ce qui n'est pas totalement dénué de bon sens.

Car, quoi qu'on pense de lui, et on verra que les avis sont contrastés, Clinton est le président de sa génération, celle du baby-boom. Et ce n'est pas tout à fait un hasard si ses collaborateurs l'avaient surnommé Elvis, si son bien le plus précieux est une Ford Mustang 1967 six cylindres, turquoise, intérieur blanc, qui trône aujourd'hui dans un musée de Little Rock, Arkansas, son État natal, s'il joue divinement bien du saxo, s'il a de temps en temps abusé de la marijuana, et s'il a pris beaucoup de libertés avec la morale bourgeoise.

Bill Clinton, c'est l'anti-Bush, lorsqu'il affronte son adversaire républicain en 1992. Lui est né pauvre, dans un État pauvre. Il n'a pas connu son père, qui s'est tué en voiture avant sa naissance. Et il a trop bien connu son beau-père qui rentrait souvent à la maison très éméché et qui molestait sa mère. Jusqu'à ce que le jeune Bill, déjà costaud, intervienne pour y mettre un terme.

Et il est beau, grand et fort, le jeune Clinton. Et brillant. Deux ou trois choses l'intéressent très tôt : la religion et la musique. Il aurait fait un merveilleux prêcheur baptiste. Il aime aller à l'église, lire la Bible et chanter dans la chorale. La musique prend beaucoup de place dans sa vie, au point que l'on va lui proposer une bourse pour approfondir ses études. Mais la politique va l'emporter sur le reste. En 1963 – il a 16 ans –, il visite Washington avec les élèves de son collège. Il va dîner avec un sénateur de l'Arkansas, immensément populaire, J. William Fulbright, et surtout il va serrer la main de John Kennedy, à l'occasion d'une visite à la Maison-Blanche. C'est son idole et c'est aussi le grand tournant de sa vie. Vive la politique.

Avec cette idée en tête, il s'inscrit à l'université de Georgetown, va deux ans à Oxford, comme boursier Rhodes, et termine son parcours universitaire à Yale. Personne ne pourra prétendre que Bill Clinton n'est pas équipé intellectuellement.

Et puis il est doué. Il ne se prend pas au sérieux et la plupart des gens l'adorent. Il sait écouter, même si ce n'est qu'une attitude. C'est un homme charismatique et pressé. Ambitieux.

Et puis il est sympa. Avec tout le monde. Il deviendra le président le plus sympa de toute l'histoire des États-Unis. D'ailleurs, le courrier qu'il recevra à la Maison-

Blanche est unique. On s'adresse à lui comme à un copain, comme à un Américain susceptible de comprendre les problèmes d'un autre Américain. Cette proximité constitue évidemment un atout, lorsqu'il s'agit d'être élu. Mais c'est aussi un handicap lorsqu'on gouverne. Il reçoit des cadeaux : des coupons de réduction chez McDonald (on sait qu'il adore le hamburger). On lui envoie des shorts ou des chaussettes de jogging, on lui adresse des régimes alimentaires pour qu'il lutte contre son cholestérol. Mais une part de la présidence s'envole avec ce manque de distance entre l'homme qui incarne le pouvoir et ses compatriotes. Le système américain, la puissance de la fonction exigent une sorte de mystère autour de l'homme du Bureau Ovale. Les Américains détestent le snobisme ou l'arrogance chez leurs dirigeants, mais ils ont besoin d'élever leur regard vers celui qui tient leur destin entre ses mains.

Clinton ne lutte pas contre sa personnalité. Il vient du Sud, il est ouvert, plutôt joyeux et toujours disponible. On finira par dire qu'il manque de la gravité nécessaire à l'homme d'État. Lui croit dur comme fer au dialogue. « Les citoyens aiment qu'on leur demande leur avis, et même si les décisions prises à l'arrivée ne leur conviennent pas, ils ont le sentiment qu'on les a écoutés. » Dixit Clinton.

Il adore citer Benjamin Franklin : « Nos critiques sont nos amis. Ils nous montrent nos fautes. Ne prenons pas ces critiques personnellement. » Voilà pour la théorie, car bien sûr, les années passées à la Maison-Blanche vont rendre le président un peu plus hargneux à l'égard de ses détracteurs.

Les républicains se sont acharnés sur Clinton. Bien sûr, il y a les écarts et la libido de Bill Clinton, pour expliquer les attaques. Mais au fond, il faut en chercher les raisons ailleurs. Si les républicains vont se déchaîner jusqu'à l'outrance, c'est que Clinton, pour eux, est un homme très dangereux. C'est un animal paradoxal qui a réussi à faire « bouger les lignes », comme on dit.

C'est un professionnel de la politique et il est parvenu à réconcilier le parti démocrate avec le centre. En tout cas aux yeux de l'électeur. Le parti républicain a beau prôner la défense du riche et de l'entrepreneur et dénoncer la culture née à la fin des années 1960, Clinton flirte avec succès avec les décideurs, ceux qui savent qu'ils se porteront mieux avec une Amérique centriste qu'une Amérique idéologique à tendance parfois intégriste et fascisante. Clinton est un vrai danger public, d'où la haine que lui voue l'extrême droite américaine. Il a déplacé le centre, le vrai fonds de commerce démocrate, vers la droite. Crime impardonnable. Et Hillary Clinton n'a pas tout à fait tort lorsqu'elle dénonce un « complot d'extrême droite » contre son mari.

Résultat : Clinton a entièrement ruiné certaines notions importantes en matière de politique intérieure. En politicien talentueux, il a dépolitisé le champ de bataille traditionnel. Ce n'est pas forcément à porter à son crédit. Mais il a réussi, naturellement, un certain nombre d'avancées intéressantes pour la société américaine. Cet homme ne sait pas ce qu'est le racisme. Ses amis le présentent volontiers comme un « innocent ». Et ils racontent cette anecdote, du temps où Bill Clinton fréquentait Yale, qui, à franchement parler, n'était pas l'endroit le plus tolérant du monde à l'égard des minorités. Certes, des Noirs étudient à Yale, mais… bon. À la fin des années 1960, on ne se mélange pas. Sauf Clinton, qui a tout de suite repéré, à la cafétéria, qu'une table est réservée aux Noirs. C'est évidemment là qu'il s'assoit lorsqu'il arrive, en faisant mine de ne pas se rendre compte de la gêne qui s'instaure. Car les Noirs ne sont pas totalement enthousiastes à l'idée de partager leur repas avec ce grand escogriffe doté d'un accent de l'Arkansas à couper au couteau. Clinton vient de violer un code non écrit : on ne mélange pas les races à Yale. Clinton ignore l'hostilité latente qui l'entoure. Il insiste et se fait sa place à la table des Noirs. Il est drôle, il est sérieux, il parle de choses importantes qu'il semble appréhender et, en tout cas, le malaise se dissipe.

C'est à Yale qu'il va rencontrer Hillary. La scène se passe à la bibliothèque. Bill est en grande conversation avec un de ses amis, Jeffrey Glekel. Ils discutent sur le fait de savoir s'il serait approprié de postuler pour le *Yale Law Journal*, un marchepied intéressant pour un apprenti avocat. Hillary travaille à côté et, petit à petit, l'attention de Bill Clinton s'évanouit, à tel point que son compagnon s'inquiète de cette soudaine baisse de régime chez quelqu'un réputé aimer la conversation. À l'évidence, Bill n'est plus en train de penser au *Yale Law Journal*, plus du tout. C'est Hillary qui se porte à son secours. Elle se lève et se présente : « Si vous continuez à me fixer comme ça, et si moi aussi, je passe mon temps à vous regarder, nous ferions peut-être mieux de nous présenter. Je m'appelle Hillary. »

Hillary Rodham est un personnage et elle compte pour moitié dans l'ascension de Bill. Elle est amoureuse d'un homme qui va lui en faire voir de toutes les couleurs, pour cause de libido déréglée, mais il va lui offrir ce qu'aucun autre homme ne peut faire : la Maison-Blanche. Et c'est un cadeau qu'elle va apprécier. En fait, ces deux-là forment un couple ultra-solide, et la suite va le montrer.

Elle est intelligente, plutôt jolie, même si pendant des années elle va s'habiller comme un sac, pour bien montrer quelle est une féministe convaincue. Elle qui vient d'une famille républicaine, dont l'idole est Eisenhower, elle va se radicaliser jusqu'à joindre l'équipe d'avocats qui cherche à faire démissionner Richard Nixon. Et elle décide, en bonne amoureuse, d'accompagner Bill Clinton dans sa quête politique. En l'occurrence, il s'agit de briguer le poste de gouverneur de l'Arkansas. On est loin de la gloire présidentielle.

Elle refuse de porter le nom de son mari et tient à son patronyme de jeune fille. Ce qui déplaît souverainement aux électeurs de l'Arkansas, peu habitués aux subtilités du féminisme militant. Elle renonce au maquillage, se promène avec des tennis et se cache derrière d'énormes lunettes. Et elle parle. C'est une libérale, et nul ne peut l'ignorer. L'Arkansas n'est pas l'État le plus sophistiqué de l'Amérique. Clinton, qui a été élu pour un premier mandat, est remercié au bout de deux ans. Pragmatique, Hillary va se mettre au diapason, aller chez le coiffeur, acheter des verres de contact et se constituer une garde-robe. Clinton est réélu. Elle va également faire inscrire sur ses papiers d'identité « Hillary Rodham Clinton ».

C'est une surdouée. Elle est très bonne avocate et gagne trois fois plus d'argent que son mari. Elle travaille pour le gouverneur à l'occasion et révèle de vraies qualités politiques. Elle élève aussi sa fille, Chelsea, qui est née en 1980.

Ce qu'elle ne contrôle pas, ce sont les pulsions sexuelles de son cher Bill, qui ne voit pas malice à courir après tous les jupons qui passent. Le pouvoir, y compris en Arkansas, apporte à ceux qui l'exercent cette tentation permanente. Et apparemment, c'est une des choses qui intéressent Bill Clinton dans l'exercice du pouvoir. Il ne sait pas refuser. Bill a toujours trompé Hillary, avant même qu'ils soient mariés. Bill s'en cache à peine. Sa libido le guide. Non seulement Hillary s'en trouve parfois humiliée, mais elle craint l'impact de ce comportement sur les électeurs, notamment si Bill Clinton se décide à tenter l'aventure de la présidentielle. Ce qui ne manque pas de survenir pendant la campagne de 1992. Une certaine Genifer Flowers, chanteuse locale, raconte ses ébats sexuels avec le gouverneur de l'Arkansas. L'Amérique est choquée. À tel point que le parti démocrate songe pendant un moment à se trouver un autre candidat à la Maison-Blanche. C'est Hillary, déjà, qui va sortir la maison Clinton du naufrage. Elle accompagne son mari pendant l'enregistrement d'une émission de « Sixty Minutes » sur CBS. Elle est à son côté et le défend contre toutes les allégations. Les sondages montrent que les Américaines sont prêtes à tout, notamment à pardonner à Bill Clinton, si l'adultère n'est pas prouvé. Pour s'en tirer, sans mentir, Bill consent à avouer devant les caméras que son mariage avec Hillary « a connu beaucoup de moments pénibles », mais que tout cela appartient au passé. Il est élu. Et il jure ses grands dieux à sa femme que désormais, croix de bois, croix de fer, il va se tenir tranquille, lui et son sexe, qu'il a baptisé, d'après Joe Eszterhas, « Willard ». Allez savoir pourquoi.

Les Clinton vont gagner la Maison-Blanche et gagner encore malgré les scandales. Car bien sûr, Bill, le séduisant et jeune président des États-Unis, va continuer à vivre dans le risque. On n'est plus dans les années 1960 où la presse, parfaitement au courant des frasques de John Kennedy, s'interdit d'évoquer publiquement les turpitudes du président. L'épisode Gary Hart est passé par là. Le brillant sénateur du Colorado, candidat des démocrates en 1984, a dû renoncer à se présenter. Sa réputation de coureur est telle, à Washington, qu'on l'interroge lors d'une conférence de presse sur ses aventures extraconjugales. Sûr de lui, Gary Hart déclare à la presse qu'il la met au défi de trouver quoi que ce soit qui puisse prouver qu'il est un mari volage. Il faudra quarante-huit heures au *Washington Post* pour se procurer la photo de la dernière aventure extraconjugale du sénateur Gary Hart. Fin de carrière.

On va tout de même s'interroger longtemps sur ce qui a bien pu pousser Bill Clinton à mettre sa présidence en danger pour une stagiaire de la Maison-Blanche, plutôt boulotte et commune : Monica Lewinsky.

Tous les signaux de danger clignotent dans la tête du président lorsqu'il repère dans les couloirs de la demeure présidentielle cette jeune fille un peu perdue, déjà manipulée par d'autres adultes. Bill Clinton n'a peur de rien et il ne sait pas résister à une invite un peu directe, comme « Willard ». Le résultat, s'il fait sourire une partie du monde, frôle la tragédie, personnelle et politique. La nation va suivre en direct, pendant des mois et des mois, les manœuvres menées par le parti républicain et son plus beau fleuron, le procureur Kenneth Starr. Le président a-t-il eu une relation sexuelle avec la jeune fille ? « Mmmouiii », concède Clinton, mais non. Alors comment se fait-il qu'on ait retrouvé une tache de sperme sur la petite robe bleue de la stagiaire ? Question intéressante, ou immonde, ou indigne. Toujours est-il que les tests ADN réalisés pour la circonstance indiquent que ce sperme appartient bien au président des États-Unis.

Ajoutez à cela quelques enquêtes mettant en cause l'intégrité des Clinton concernant leurs affaires personnelles, quelques scandales périphériques, quelques controverses et autres polémiques... bref, la presse à sensation et le parti républicain ne se sont pas ennuyés pendant les deux mandats de Bill Clinton. Ce qui, au passage, n'a pas ôté grand-chose à sa popularité. Comme quoi, l'Amérique profonde est peut-être moins puritaine que ne l'imaginent les idéologues de droite.

Pendant ce temps-là, Hillary, héroïque, porte des lunettes noires pour masquer sa honte et fait front. Même lorsque Vince Foster, conseiller spécial à la Maison-Blanche, se suicide en 1993. Vince Foster était originaire lui aussi de l'Arkansas. Il était beau, séduisant, intelligent et excellent avocat. C'était un ami des Clinton, et surtout, disent les mauvaises langues, d'Hillary. Personne n'a jamais osé affirmer que lui et Hillary étaient amants, mais, n'est-ce pas, on aurait pu comprendre que Madame Clinton, lassée des infidélités de son mari, ait pu songer à trouver quelque consolation auprès d'une épaule amie. Rien n'a été prouvé, et le lendemain de l'enterrement de Vince Foster, la page a été définitivement tournée.

Tout cela ne facilite pas forcément le travail d'un président. Pourtant, Bill Clinton s'est parfaitement acquitté de sa tâche, même si son programme législatif, après huit années d'exercice, semble un peu maigre. En tout cas, il a présidé à la destinée d'un pays qui s'est rarement aussi bien porté. Plus de vingt millions d'emplois ont été créés aux États-Unis entre 1992 et 2000. Clinton a su, lui, comprendre les aspirations de ses compatriotes. Huit ans de croissance continue, un surplus budgétaire inégalé : exactement ce que souhaitent les Américains, qu'ils soient de droite ou de gauche. Sur le plan extérieur, Clinton s'est montré d'un pragmatisme sans faille. Lorsque dix-neuf GI's trouvent la mort en Somalie, l'Amérique ne se lance pas dans les représailles et les discours guerriers, elle quitte le pays. Lorsque les hommes de Ben Laden font sauter les ambassades américaines au Kenya et en Tanzanie, Clinton ne lève pas l'étendard de la vengeance. Il cherche à instaurer la paix entre Israël et les Palestiniens, et il ne passe pas très loin de son objectif. Clinton a beaucoup de défauts dans sa vie personnelle, mais il est rusé et réaliste. Il n'y a guère qu'en ex-Yougoslavie qu'il fera usage de la force. Mais, pour la circonstance, il a l'intuition que l'enjeu est réellement stratégique, vital pour les intérêts des États-Unis. Son profil psychologique est intéressant lorsqu'on le compare à son successeur, George W. Bush. Clinton est véritablement un Américain moyen, qui s'est élevé seul dans l'existence. Il a su résister, lorsqu'il était au pouvoir, au vertige de la puissance, alors qu'il héritait, deux ans après, de la chute du Mur de Berlin. Il a préféré l'influence à la confrontation. Pour son malheur, on retiendra Monica Lewinsky, plutôt que ses talents d'administrateur de la plus grande nation du monde.

On peut avoir rêvé toute sa jeunesse de devenir le successeur de Kennedy et finir par trouver le temps long lorsqu'on se retrouve englouti dans les affres d'un scandale politico-sexuel. Il n'y a plus aucune zone d'intimité dans la vie des Clinton après le scandale Lewinsky. Bill appelle sa demeure « la Grande Prison

Blanche », « c'est le joyau de la couronne du système pénal fédéral ».

Clinton est épié, heure par heure. Pendant que le Sénat débat sur l'opportunité de le limoger, les agences de presse écrivent des kilomètres et des kilomètres de copie. Le président est au gymnase, le président écrit, le président médite. En fait, le président regarde la télévision et compte les voix des sénateurs qui doivent se prononcer à la majorité des deux tiers pour savoir s'ils veulent vraiment se débarrasser d'un président qui a menti sur une affaire relevant exclusivement de sa vie privée. Le vendredi 12 février 1999, la machine infernale s'interrompt. Les États-Unis et ses sénateurs vont s'épargner le ridicule absolu et vont rejeter la demande d'*impeachment* enclenchée par le procureur Starr. Clinton a survécu. Mais le même jour, devant les caméras et les micros de la Roseraie, il va faire pénitence. Son discours est extrêmement bref : « Je veux redire ici au peuple américain à quel point je suis désolé pour ce que j'ai pu faire et dire qui ait amené à cette controverse. » Et d'enjoindre le Congrès de retrousser ses manches et de retourner au travail pour le bien du pays. Il tourne le dos aux reporters rassemblés là et s'apprête à retourner dans son bureau lorsque fuse une question : « Au fond de votre cœur, Monsieur le Président, pouvez-vous pardonner et oublier ? »

Clinton répond d'un souffle : « Toute personne demandant le pardon doit être prête à l'accorder elle-même. »

Hormis l'aspect politique et moral de cette journée, qui avait évité à Clinton de devenir le premier président des États-Unis à être limogé, il y avait un autre enjeu, extrêmement important pour le couple Clinton : le paiement par les contribuables de leurs honoraires d'avocat, qui frôlaient déjà à l'époque les dix millions de dollars. Plus la pension accordée généreusement aux présidents en retraite. Car non seulement Bill Clinton risquait la honte dans les livres d'histoire, mais aussi la faillite.

Bill Clinton avait eu la chance de rencontrer et d'épouser Hillary, qui, au plus fort du scandale, ne l'a pas abandonné. Mais dès 1999, on sent que la *First Lady* a fait le tour du problème et qu'elle se projette dans un avenir personnel. Elle brigue un des sièges de sénateur de l'État de New York, l'emporte, et se prépare à la suite. Laquelle ? Les présidentielles de 2008 ? Peut-être. Hillary est la femme des « premières ». Elle travaille tous les jours, avec intelligence et acharnement, sur son avenir. Bill, lui non plus, ne chôme pas. Il est devenu milliardaire, notamment grâce aux vingt millions de dollars que lui a rapportés la parution de ses Mémoires. On le rencontre un peu partout dans le monde : dans l'océan Indien après le passage dévastateur du tsunami, en Chine, pour aider ceux qui luttent contre le sida, chez lui après la terrifiante correction infligée à l'Amérique par l'ouragan Katrina. Après avoir quitté la Maison-Blanche, il a été opéré deux fois à cœur ouvert. Trop de hamburgers. Il a maigri et a entrepris d'aider la planète à mieux vivre. Il a même fondé un organisme privé : la Clinton Global Initiative. Une sorte d'ONU bis qui fonctionne très bien. Les membres bienfaiteurs ne peuvent rien refuser au séduisant Bill Clinton qui se rend utile là où les besoins se font sentir.

Sauf que les huit années Clinton ont laissé des traces, ou tout au moins, ont brisé une forme de tolérance inscrite dans le système politique américain depuis la nuit des temps. À l'exception de la période McCarthy, on s'interdisait de recourir à certaines armes. Les déboires de Clinton et l'acharnement de la droite à son égard ont sifflé la fin de la partie. Et Hillary Clinton, finalement, a raison de dénoncer une « conspiration » de la droite républicaine à l'égard de son époux. Cette curée idéologique va faire le lit de George W. Bush et aucune des outrances développées pendant sa campagne ne va véritablement choquer une opinion ballottée par le « Monicagate ».

Le magazine *Rolling Stone*, une référence en matière de culture américaine, avait écrit que la cérémonie d'investiture de Bill Clinton constituait « l'avènement d'une ère nouvelle dans l'histoire de la politique ». Et pas seulement parce que Fleetwood Mac avait chanté *Don't Stop* ce jour-là à Washington. Bob Dylan et Jack Nicholson eux-mêmes avaient fait le déplacement. Les Clinton, en arrivant à la Maison-Blanche, avaient ouvert les portes en grand aux Noirs, aux Latinos, aux homosexuels, aux jeunes… C'était la fin de la droite la plus conservatrice, incarnée par Newt Gingrich, les prédicateurs et ce cher George Will, le chroniqueur le plus coincé de la planète. Mais tous ceux-là allaient prendre une revanche qui, par définition, eût été impossible sans la réussite de Clinton… et sans ses turpitudes.

Car les choses iront très loin dans la tempête déclenchée par Monica Lewinsky. En 1996, Clinton affronte Bob Dole, bon républicain, supposé incarner les vraies valeurs. Le contraire d'un hippie lubrique. Sauf que lui aussi va se retrouver éclaboussé. Les digues se sont rompues. Et l'on va apprendre que Bob Dole, sénateur de l'Arkansas depuis des lustres, héros de la guerre où il a perdu presque entièrement l'usage de son bras droit, n'est pas non plus un mari idéal. Il a abandonné sa première femme, celle qui l'a aidé au sortir de la guerre, alors qu'il ne pouvait même pas se nourrir tout seul. Un médecin du Kansas va ensuite raconter, en pleine campagne électorale, comment le candidat républicain a amené un jour une jeune fille à son cabinet, pour procéder à un avortement. C'était en 1972. Au passage, l'interdiction de l'interruption de grossesse fait partie du programme républicain.

Le débat, après la publication du rapport Starr sur la conduite de Bill Clinton dans le Bureau Ovale, va dépasser l'entendement et pulvériser la politique. George Will, en bon éditorialiste conservateur, écrit des choses qu'on n'a guère l'habitude de lire dans un quotidien américain, du genre : « Est-ce que cet homme, que l'on voit se masturber à la Maison-Blanche dans le rapport de Kenneth Starr, doit encore être toléré à la Maison-Blanche pendant vingt-huit mois ? » Pour être sûr de l'emporter sur le plan des arguments, George Will va jusqu'à s'enflammer contre un psychologue qui soutient que « la masturbation ne présente aucun risque et peut procurer une relaxation ». C'est une des justifications avancées par Bill Clinton. Le « job » de président étant particulièrement stressant, on peut comprendre qu'il lui faille, de temps en temps, faire baisser son niveau de stress. Pauvre Amérique. Les experts en communication de la Maison-Blanche, malgré tout leur talent, ne peuvent remettre le monde à l'endroit après un tel cataclysme. Et puis il y a les coups de téléphone qu'échangent Clinton et Monica, la candide stagiaire élevée dans les milieux bourgeois de Los Angeles, originaire très précisément de « la Vallée ». Les Américains sont horrifiés. Enfin… Les messageries roses faisaient un chiffre d'affaires très respectable bien avant l'entrée en scène de Bill Clinton, mais il y a trop de détails dans le rapport judiciaire. Le président aura beau affirmer qu'une fellation ne constitue pas vraiment une relation sexuelle établissant formellement un adultère, la messe est dite. Une superpuissance, qui s'est dotée d'un excellent dirigeant, confrontée à la gestion de l'après-communisme, à la montée de l'intégrisme, a dérapé durablement. Hugh Hefner, le patron de *Playboy*, est monté à l'assaut des détracteurs de Bill Clinton et les effets du Viagra deviennent plus fondamentaux que les objectifs de Ben Laden. Même si, au bout du compte, la plupart des Américains ont trouvé cette croisade anti-Clinton totalement excessive et plutôt ridicule.

La bataille de deux cultures, celle du « rock-and-roll » et de la majorité morale, a fini par s'éteindre. Mais ni dans un camp ni dans l'autre, il ne restait quoi que ce soit à préserver. L'effondrement des « valeurs » ne servait les intérêts de personne, mais le mal n'était plus curable par la politique. Ce qu'a sans doute très bien compris George Bush fils.

24

L'idéologie au pouvoir
(George W. Bush)

Tordons le cou tout de suite à deux idées reçues, qui polluent la vision qu'on peut avoir de George W. Bush. Non, ce n'est pas un imbécile même si, parfois, son curieux regard croisé ne semble pas n'être dû qu'à un effort de concentration. Deuxième cliché à la peau dure : le président des États-Unis, et cela ne vaut pas que pour Bush, serait une marionnette manipulée par des conseillers. Ce qui, en fonction des sympathies ou des antipathies, se révélera rassurant ou très angoissant.

Bush cumulerait un troisième handicap, si l'on s'arrête un instant sur les lieux communs qui s'attachent aux présidents des États-Unis : il est le fils de son père et ne constituerait qu'une prolongation du vieux programme républicain et conservateur. Erreur. Bush Junior n'est l'homme de personne, même si son entourage évidemment pousse consciencieusement les idées des néoconservateurs. À cela, rien d'anormal, puisqu'il croit dur comme fer au néoconservatisme. En revanche, les différences sont notables entre George Walker Bush et son père. Ce dernier, instruit du pouvoir et de l'histoire, avait choisi une rhétorique plutôt musclée et une présidence plutôt souple. Au fond, c'est par opportunisme politique qu'il s'est glissé dans les draps de l'idéologie républicaine. Mais sans en faire trop. On peut même soupçonner que, dans bien des domaines, Bush père n'est pas un ultra-libéral, mais plutôt un homme d'ordre.

Son fils lui succède huit ans plus tard, avec une histoire personnelle et un programme politique bien différents. Et puis, mais c'est une évidence, il va subir un choc qui a été épargné à bien d'autres chefs d'État : le 11 septembre 2001.

Ce matin-là, il fait très beau sur New York. Le ciel est bleu marine et, comme chaque jour, des milliers de personnes entrent comme des fourmis dans les ascenseurs du World Trade Center. À huit heures quarante-huit très précises, un premier avion percute de plein fouet une des deux tours. Dix-huit minutes plus tard, un deuxième avion de ligne, détourné par des kamikazes appartenant à la mouvance Ben Laden, s'encastre, à 600 kilomètres à l'heure, dans la tour sud.

George Bush, qui visite une école en Floride, est prévenu du premier impact juste avant de pénétrer dans une salle de classe. Il est très préoccupé. Un avion percutant un gratte-ciel new-yorkais, cela ne peut que faire des victimes. Peut-être nombreuses. Mais c'est un accident. Il attend des informations plus précises. Son regard est absent.

Les nouvelles vont arriver vite. Le secrétaire général de la Maison-Blanche pénètre à son tour dans la classe où le babillage des enfants se poursuit. Andrew Card se penche vers le président et lui murmure quelques mots à l'oreille : « Un deuxième avion de ligne vient de s'écraser contre une seconde tour. L'Amérique est attaquée... »

Le visage de George Bush se transforme pendant quelques secondes. Ses détracteurs y liront une sorte d'apathie, une sorte de vide de la conscience. Le président est paralysé par l'information qu'on vient de lui communiquer. Tout se passe pourtant en cet instant : ce sont ces minutes-là qui déterminent les années à venir, qui font naître la présidence de George Bush.

Le temps passe, et George Bush reste assis dans cette petite salle de classe, quelque part en Floride. Il parvient à dire quelques mots : « Ces enfants savent vraiment bien lire. » Finalement, on lui enjoint de quitter l'école et de remonter de toute urgence dans Air Force One. Il ne va pas rejoindre Washington immédiatement. D'autres avions de ligne ont été détournés par les pirates de l'air. L'un est tombé au-dessus de la Pennsylvanie. Un autre s'est écrasé sur le Pentagone. Des F16 de l'US Air Force patrouillent dans le ciel de la capitale. Au cas où.

Le vice-président, Dick Cheney, se trouve à la Maison-Blanche. Il s'entretient avec George Bush. Le Secret Service exige que le président ne retourne pas tout de suite dans le Bureau Ovale. On ne sait pas ce qui se trame. C'est la guerre. On craint d'autres attaques. Air Force One va d'abord se poser sur une base sécurisée, à Backsdale, en Louisiane. C'est là que l'Amérique, sous le choc, va voir et entendre son président pour la première fois depuis les attentats, pendant quelques minutes à la télévision. Bush a du mal à s'exprimer. Il lit ses notes, il bafouille, peine à trouver ses mots, et des millions de gens se demandent à ce moment-là si Bush est vraiment à la hauteur.

Encore une étape. Air Force One se rend cette fois à la base d'Offutt, près d'Omaha, dans le Nebraska. L'Amérique profonde. Le président appelle son père, sur un téléphone portable, et lui demande où il se trouve : « À Milwaukee, avec ta mère.

— Que fais-tu donc à Milwaukee ?

— Tu viens d'ordonner une interdiction de vol pour tous les avions de ligne. Je suis bloqué à l'aéroport. »

Le président s'est enquis auparavant de la sécurité de sa femme et de ses enfants. La *First Lady*, ce matin-là, est en visite au Sénat. Elle discute avec Ted Kennedy, qui tente de la rassurer sur les événements qui se déroulent à New York. Les agents du Secret Service interrompent la conversation et poussent littéralement Laura Bush dans un véhicule blindé qui attend près du Capitole. D'autres gardes du corps sont au même moment à la recherche des deux filles jumelles du président : Jenna et Barbara. Toutes deux sont localisées dans leurs campus respectifs, au Texas et à Yale. Elles aussi sont récupérées par des gardes du corps.

Trois jours plus tard, le monde entier va observer George Bush à l'occasion de la messe solennelle célébrée à la cathédrale de Washington en mémoire des victimes du 11 septembre. Et il faut bien admettre que le président des États-Unis, qu'on a vu davantage jusque-là dans son ranch du Texas une tronçonneuse ou un club de golf à la main, va surprendre plutôt favorablement une nation frappée d'anxiété. Ce jour-là, il ne va pas chercher ses mots, il ne va pas trembler. Pourtant, comme son père, c'est plutôt un émotif, qui, dit-on, a la larme facile. Mais, dans cette cathédrale gothique, George W. Bush dit ce qu'il a à dire avec fermeté. Son père est là. Sa mère également. Il évite de les regarder. Il ne veut pas pleurer et il sait que s'il voit Barbara Bush sangloter, il ne pourra pas ne pas montrer l'étendue de son émotion.

George Bush parle : « Nous sommes aujourd'hui dans le deuil. Aujourd'hui, la nation exprime son chagrin pour la perte de tant de vies humaines. Nous nous sommes rassemblés devant Dieu pour prier pour les disparus et les morts, et pour tous ceux qui les aimaient… » Bush appelle à l'unité nationale… et à la vengeance. Il le fait au nom de Dieu, à plusieurs reprises. « Nous sommes une nation pacifique mais féroce lorsque la colère nous habite. » Et cette rhétorique ne cessera plus : « Cette guerre a démarré par la volonté d'autres. Elle se terminera à notre convenance, au moment où nous le choisirons. » Même message quelques jours plus tard devant les deux chambres du Congrès. Aux militaires américains il dit : « Soyez prêts. » À l'ensemble de ses compatriotes, il annonce une guerre sans merci contre les terroristes. Pas une simple bataille, mais une guerre. Et il agit. À la tête d'une coalition internationale, les États-Unis envahissent l'Afghanistan et se débarrassent, pour un temps, des talibans. Ben Laden échappera au piège.

Plus tard, George Bush inclura l'Irak dans sa liste des États voyous. Saddam Hussein tombera. Mais le terrorisme n'est pas mort et la démocratie ne l'a pas emporté en Irak. Et puis, Bush a menti en présentant au monde sa croisade. Les Irakiens, jusqu'à preuve du contraire, ne disposaient pas d'armes de destruction massive. Des centaines de soldats américains sont morts dans les sables du désert ou dans les rues de Bagdad, mais George Bush n'a pas l'intention de se retirer.

Les Américains n'attendaient sans doute pas grand-chose de Bush Junior. Le 11 septembre 2001 a changé la donne politique. Même sa mère, Barbara Bush, a admis, très candidement, qu'elle avait été surprise par la détermination de son fils, avant de se reprendre devant la presse : « Disons que je suis très fière de lui. »

L'Amérique aussi, sans doute, en tout cas une majorité d'électeurs puisque George Bush est réélu en 2004 face au démocrate John Kerry, ouvertement opposé à la continuation de la présence américaine en Irak.

Quatre ans plus tôt, la bataille avait été plus rude face à Al Gore, le vice-président des années Clinton ; de vilaines querelles étaient apparues lors du décompte des voix, notamment en Floride, le fief de Jeb Bush, frère de George. Finalement, Gore avait jeté l'éponge. La nation ne pouvait pas se désagréger pendant des mois et des mois dans une crise institutionnelle. Au passage, on notera qu'Al Gore n'a jamais pardonné les tripatouillages électoraux du clan Bush dans le comté de Dade, en Floride.

Le jour de la cérémonie d'investiture, il fait froid à Washington. George Bush père, invité comme il se doit aux agapes, se relaxe dans un bain chaud, à la Maison-Blanche. Un huissier vient frapper à la porte et lui signale que « le président » l'attend dans le Bureau Ovale. Le père a un peu de mal à accommoder : mais les faits sont là, c'est son fils qui le convoque. Il n'a pas fini sa toilette et, pendant un temps, songe à décliner l'invitation. Après tout, son fils peut bien attendre quelques minutes. Mais finalement, il obtempère, sort de la baignoire, s'habille et, les cheveux encore humides, se rend au Bureau Ovale.

La porte est ouverte. Son fils est là. Il connaît cette pièce où son père a travaillé pendant quatre ans, mais c'est comme s'il découvrait le sceau présidentiel qui orne le plafond et les tapis. À l'évidence, il est impressionné, voire intimidé. Il s'approche du bureau, mais reste debout. Silencieux. George Bush père entre dans la pièce et signale sa présence d'une voix enrouée : « Monsieur le Président.

— Monsieur le Président », rétorque son fils.

Les deux hommes pleurent.

Qui est donc George W. Bush ? Les historiens vont devoir démêler une pelote bizarre et inquiétante. Mais ils n'oublieront pas, évidemment, qu'après tout les Américains ont choisi cet homme-là, à deux reprises, pour mener la nation. Et en connaissance de cause. Quelle part de l'idéologie ultra-conservatrice a façonné cette présidence ? Quelle part du 11 septembre ? Quelle part du contexte politique américain, des effets de la mondialisation, des modifications sociales et culturelles de la planète et de l'Amérique ? Quelle part de l'intégrisme de Bush et de l'intégrisme du reste du monde ?

Le passé de George Bush apporte quelques éclaircissements. Il se marie en 1977 à Laura Welch, une institutrice qui a exercé à Dallas et à Houston. Ils se sont rencontrés à un barbecue. George, qui envisage de se présenter au Congrès, a besoin d'une épouse. Comme son père à ses débuts, il s'est lancé dans la recherche pétrolière. Sans grand succès. George n'est pas un partenaire sérieux. Il boit trop et court les filles. Autant Laura est introvertie, désireuse de se cultiver, autant

George préfère regarder le base-ball à la télé avec ses copains. Il dispose d'un énorme atout : le clan Bush. Et ce n'est pas rien au Texas. Cela aide à gagner sa vie, même quand on n'est pas doué, et cela aide à ouvrir les portes en politique. Et même si vous trouvez que décidément, non, le jeune Bush n'est pas à la hauteur, vous ne pouvez rien refuser à son père, surtout lorsqu'il se retrouve président des États-Unis, en 1988, et que c'est Bush Junior qui a mené le comité de campagne. Dans la foulée, ce dernier fait l'acquisition de l'équipe de base-ball des Texas Rangers, à un prix d'ami. Un excellent investissement qui permettra à Junior de faire partie du club des milliardaires lorsqu'il revendra son équipe.

De là à devenir gouverneur du Texas, puis président des États-Unis...

Ce sera l'affaire de quelques années. Il parviendra au sommet avec son indifférence à l'égard des plus démunis, avec son insensibilité et ses manières de Texan, sûr de son bon droit et de ses convictions. Sa rédemption, après des années d'intempérance et d'alcoolisme, en fait un homme rigide et intolérant à l'égard des questions fondamentales auxquelles une société moderne doit faire face : l'avortement, la peine de mort, les droits des homosexuels. De toute façon, il a décroché le gros lot et peu de choses le font douter. Contrairement à ce qui se dit, ou s'écrit, ce n'est pas un imbécile et c'est ce qui le rend angoissant pour un grand nombre de ses compatriotes. L'ultra-droite religieuse a fait des dégâts sous sa présidence et la régression est palpable, notamment dans les médias. Le journalisme à l'américaine n'a pas résisté aux années Bush. Fini l'« esprit de compromis » qui caractérisait le gouverneur Bush et qui rendait la vie supportable à la législature du Texas.

Pour un hyperpatriote, George Walker n'a pas montré l'exemple dans sa jeunesse. Il a tout fait pour échapper à la conscription pendant la guerre du Vietnam. Les relations de papa lui ont permis de s'enrôler, sans risque, dans la Garde nationale du Texas. C'est pourtant cet homme-là qui osera remettre en cause le patriotisme de John Kerry, héros estampillé de la guerre du Vietnam. Sans aucun scrupule.

La vie à la Maison-Blanche continue. Jusqu'au prochain président. Les attentats du 11 septembre ont considérablement ralenti la vie mondaine à Washington. D'ailleurs, on ne peut plus guère approcher la résidence du président. Des blocs de béton enserrent l'ensemble, pour prévenir toute attaque terroriste. C'est un symbole très fort des transformations vécues par la nation. Et l'on ne peut guère le reprocher à l'Amérique. Les temps ont changé. La question est de savoir si ces transformations se révéleront définitives ou si le pendule basculera dans l'autre sens, dans quelque temps. Les États-Unis ont toujours su corriger leurs excès. Ce qui est de nature à faire patienter les électeurs, même lorsqu'ils trouvent le temps long. Aujourd'hui, les verrous semblent solides, et se traduisent par une certaine anxiété. Bush a-t-il réussi à dynamiter l'esprit de tolérance et de justice qui nous attache si fort aux Américains ? Nous nous sommes tant aimés.

Bibliographie

ANTHONY Carl Sferrazza, *First Ladies*, William Morrow & Co, New York, 1990.

BARTOLOMEI Martine, *John F. Kennedy*, éditions Soline, Courbevoie, 1993.

BOLLER JR Paul F., *Presidential campaigns*, Oxford University Press, 2004.

— *Presidential Inaugurations*, Harcourt, San Diego, 2001.

— *Presidential Anecdotes*, Oxford University Press, 1996.

DOLE Bob, *Great Presidential Wit*, Scribner Book Company, 2001.

BOORSTIN Daniel, *Histoire des Américains*, Robert Laffont, coll. « Bouquins », 1999.

CARO Robert A., *The Years of Lyndon Johnson*, Knopf, New York, 1990.

CLINTON Hillary, *Mon histoire*, Fayard, 2003.

COLLECTIF, *The American Heritage Book of the Presidents and famous Americans*, Dell Publishing Co, New York, 1967.

COOKE Alistair, *Alistair Cooke's America*, Knopf, New York, 1973.

ESZTERHAS Joe, *American Rhapsody*, Albin Michel, 2001.

FURMAN Bess, *With House Profile*, The Bobbs Merril Company Inc., Indianapolis, 1951.

HAY Peter, *All the presidents ladies*, Viking Press, New York, 1988.

KELLY C. Brian, *Best little stories from the White House*, Cumberland House Publishing, Nashville, 1999.

MACPHERSON James M., *Battle cry of freedom*, Oxford University Press, 1988.

MICHENER James A., *James A. Michener's USA: the People and the Land*, Crown, 1981.

O'BRIEN Cormac, *Secret lives of the first ladies*, Quirk Books, Philadelphia, 2004.

PARKS Lillian Rogers, *My thirty years backstairs at the White House*, Fleet Publishing Corp., New York, 1961.

REAGAN Ronald, *Une vie américaine : Mémoires*, Lattès, 1990.

SUSKIND Ron, *Le Roman noir de la Maison-Blanche*, Saint-Simon, 2004.

TRUMAN Margaret, *Harry S. Truman*, William Morrow & Co, New York, 1973.

WOLFF Perry, *A Tour of the White House with Mrs John F. Kennedy*, Doubleday, New York, 1962.

Table

Achevé d'imprimer par GGP Media GmbH, Pößneck
en avril 2008
pour le compte de France Loisirs,
Paris

N° d'éditeur: 51701
Dépôt légal: mai 2008

Imprimé en Allemagne